国家社会科学基金重大项目（152

面地对积极青少年发展领域的理论和方法论做了深入的研究和分析，充分彰显出本土化的智慧。林丹华教授及团队在充分调研访谈的基础上，提出了中国文化背景下儿童青少年积极发展的理论和内涵，并在此基础上开发了基于我国文化特色的青少年积极发展量表，从此我国也拥有了本土化的儿童青少年积极发展测评工具，使"积极青少年发展"从理论构想变得可测量、可量化，为大范围开展长期追踪研究考察我国青少年的积极发展状况和机制奠定了坚实的基础。她所做的系列研究以及全国范围内的大型调查，构建起了我国儿童青少年积极发展领域的理论体系和学术体系，是心理学研究中国化的充分体现。

三是独辟蹊径研究处境不利儿童青少年的发展。这部专著对我国处境不利儿童青少年的发展提出了非常具有创新性的观点。在对处境不利儿童青少年进行长期的深入研究后，林丹华教授创新性地提出了"减少问题与促进积极发展并重"的处境不利儿童青少年关爱政策新思路，对新时期处境不利儿童青少年心理关怀工作起到了重要的指导性作用。《光明日报》整版刊发她和团队所撰写的调研报告，强调不仅要关注"如何减少处境不利儿童青少年的问题与风险行为"，更要关注"如何主动地促进该群体的积极发展"。这些基于研究的政策建议对新时代处境不利儿童青少年心理关怀工作起到重要的指向性作用，对处境不利儿童青少年积极发展乃至推进乡村振兴工作都具有重要意义。

四是注重儿童青少年积极发展研究成果的转化和应用。林丹华教授集"研究—实践—政策"于一体，将研究成果充分地转化到教育实践和公共政策中。开展了基于积极发展视角的儿童青少年心理健康预防和促进工作，面向四川、贵州、云南等省的乡村教师和农村社区工作者开展了处境不利儿童青少年心理关怀工作能力提升培训，逐步摸索形成一套可推广、可复制、有实效的培训模式，同时，将研究成果转化为公共政策建议，相关政策报告被中宣部、教育部采纳，得到中央农办的批示，并产生了较大的社会影响力，人民网、求是网、中国青年网、人民教育网、腾讯网等多家媒体转载。本专著对以上转化和应用也进行了较为全面的论述。

我相信，林丹华教授这本专著的出版会对我国新时代儿童青少年研究和实践工作产生重要的影响，也将鼓舞和激励更多的研究者和实践工作者与作者一样，以更新的方式、更有温度的情怀，大力推进我国亿万儿童青少年的积极发展。

是为序。

林崇德

2023 年 5 月于北京师范大学

POSITIVE

YOUTH

DEVELOPMENT

# 积极青少年发展

理论、实证与应用

THEORY,

RESEARCH

AND

APPLICATION

林丹华 等著

北京师范大学出版集团
BEIJING NORMAL UNIVERSITY PUBLISHING GROUP
北京师范大学出版社

**图书在版编目(CIP)数据**

积极青少年发展：理论、实证与应用/林丹华等著. —北京：北京师范大学出版社，2023.7
ISBN 978-7-303-28941-7

Ⅰ. ①积⋯ Ⅱ. ①林⋯ Ⅲ. ①青少年－发展－研究－中国
Ⅳ. ①D432.6

中国国家版本馆 CIP 数据核字(2023)第 030437 号

图书意见反馈：gaozhifk@bnupg.com 010-58805079
营销中心电话：010-58807651
北师大出版社高等教育分社微信公众号 新外大街拾玖号

JIJI QINGSHAONIAN FAZHAN：LILUN、SHIZHENG YU
YINGYONG
出版发行：北京师范大学出版社 www.bnupg.com
北京市西城区新街口外大街 12-3 号
邮政编码：100088
印 刷：天津旭非印刷有限公司
经 销：全国新华书店
开 本：730 mm×980 mm 1/16
印 张：26.25
字 数：499 千字
版 次：2023 年 7 月第 1 版
印 次：2023 年 7 月第 1 次印刷
定 价：96.00 元

策划编辑：何 琳 责任编辑：何 琳
美术编辑：陈 涛 李向昕 装帧设计：陈 涛 李向昕
责任校对：陈 民 责任印制：马 洁

推荐

北京师范大学出版社即将出版林丹华教授的《积极青少年发展：理论、实证与应用》，这是作者近 20 年心无旁骛、潜心研究处境不利儿童青少年果体现，也是她作为首席专家主持的国家社会科重大项目"流动背景下处境不利儿童青少年积极系研究"的最终成果。这部专著体现了作者领行从全新的思路投入研究获得创新的硕果，体现了教授对我国儿童青少年发展的深刻理解。

这本专著具有以下四个突出的特点。

一是从全新的"积极发展的视角"研究儿童积极青少年发展视角是在对"问题/缺陷"视角的基础上提出的，是发展心理学领域理论与实式的重大变化。积极青少年发展关注所有儿童拥有积极成长和发展的潜能，强调儿童青少年的资源"而不是"需处理的问题"，重视各种内的资源对儿童青少年充分、健康发展的意义，是"减少问题"，从而提供了人的发展的更广阔视角，对我们了解和研究儿童青少年的发展潜能和发展路径均具有非常重要的作用。在金重大项目的资助下，林丹华教授基于积极视角对我国普通儿童青少年和处境不利儿童了一系列的研究，取得了重要的成果，转变童青少年发展的传统观点，深刻揭示了个体有既定的人生宿命而走上积极发展的道路。积极发展视角下的儿童青少年研究进行了现，在研究—实践—公共政策领域都具有

二是充分体现了心理学研究的中国化创新性地立足于我国实际，结合当前我国中存在的"过于重视缺陷和不足"的突出问

# 序　言

　　我国拥有 3 亿左右的儿童青少年，其中包括 7 000 多万的流动儿童以及 640 多万的留守儿童，他们的健康成长始终牵系着党和国家的心。党的二十大报告指出，"当代中国青年生逢其时，施展才干的舞台无比广阔，实现梦想的前景无比光明"。促进儿童青少年立志做有理想、敢担当、能吃苦、肯奋斗的人是新时代我国对广大青少年的殷切希望，也是我国未来人才战略目标得以实现的重要保障。但长期以来，在我国儿童青少年研究和教育实践中仍然以"问题/缺陷"视角为主，过于关注儿童青少年的问题和不足，而对他们的积极优势和潜能的重视严重缺乏，由此易带来给该人群贴负面标签、加重偏见等突出问题，这是对"人"的认识的不全面性，非常不利于儿童青少年充分、健康地发展。积极青少年发展视角（Positive Youth Development）自 20 世纪 90 年代兴起以来，在发展心理学、教育学、公共卫生学、医学和社会工作等领域均产生了重要的影响，该视角强调所有青少年都有积极成长和发展的潜能，强调应重视发挥青少年的"发展资源"而不仅仅是"风险因素"，强调应促进儿童青少年的积极、充分发展而不仅仅是"减少问题"，由此在理论和实践层面均带来了研究范式的重大转变，是儿童青少年发展领域的巨大变革。

　　这一重大变革与我过去 20 多年来一直对我国儿童青少年，尤其是流动/留守儿童等处境不利儿童的观察不谋而合。每个普通的儿童青少年都具有很强的可塑性，都可以通过挖掘他们个人和环境中的积极资源和优势，在人与环境互动中获得全面、积极的发展。不仅如此，那些处境不利儿童青少年也具有积极发展、改变他们人生轨迹的巨大潜能。2000 年左右开始，我在对流动/留守儿童中的研究中已发现了这一重要特点。每每在农村项目点看到这些处境不利儿童表现出勤奋刻苦、有志进取、高独立生活能力、坚毅、乐观、对未来有憧憬和希望等积极品格和能力时，我的内心就会被触动和震撼。2015 年，在国家社会科学基金重大项目的支持下，我系统地考察了我国四类儿童(城市儿童、农村儿童、流动儿童、留守儿童)的积极发展特点和轨迹，结果发现尽管留守儿童初始的积极发展水平低于流动儿童和城市普通儿童，但四类儿童的积极发展轨迹随着时间的推移均呈现出了上升趋势。这一结果明确告诉我们，不管是普通儿童还是处境不利儿童青少年，他们积极发展的整体趋势是向上的。不仅如此，我还通过探究个体差异的方式，考察了留守儿童的积极发展轨迹类型，结果发现随着时间的推移，处于低起点上升组、中起点上升组和高起点上升组的留守儿童分别为 32.60%，43.20%和 10.30%。各种个人和环境的资源因素通过"累积"和"交互作用"的方式促进这些处境不利儿童积极发展，帮助他们摆脱看似既定的人生宿命，走出一条属于他们自己的积极发展的人生道路。这些研究结果和发现多么令人兴奋！

积极青少年发展视角所带来的深远影响还不止于此，它强有力地推动了"科学研究—公共政策—实践"一体化的创新和变革。科学研究层面，在国家社科基金重大项目的资助下，我们扎根中国文化，构建了具有我国文化特点的积极青少年发展的内涵与结构，编制了本土化的积极青少年发展测量工具，并开展了具有全国代表性的四类儿童青少年积极发展追踪调研，建立了我国儿童积极发展数据库和共享平台，掌握了我国儿童青少年积极发展现状的第一手资料。公共政策层面，我们提出了应建立"减少问题与促进积极发展并重"的留守儿童关爱政策新思路，"三报一刊"中的《光明日报》整版刊出我们的政策报告(2019 年 10 月 25 日)，所撰写的内参被《光明日报》《情况反映·知识界动态清样》连续两期刊发(2020 年 3 月 30 日)，并被中宣部、教育部和中央农办采纳。在实践方面，我们构建了处境不利儿童青少年积极发展体系，并在普通儿童和处境不利儿童中开展了诸多促进积极发展的项目，收到了很好的效果。

正是基于以上的研究成果，我在第二十三届全国心理学学术会议上做了报告，系统地介绍了以上的创新性成果。本书也是基于过去长期在儿童青少年方面的研究积累而写成，共包括三个部分。第一部分为理论创新，对积极青少年发展研究的历史、理论和相关研究方法进行了论述，并系统介绍了中国文化背景下积极青少年发展的结构和内涵。第二部分为实证研究，介绍了基于我国文化特点的积极青少年发展量表及简版量表的开发，从个案研究和量化研究两个角度探讨了普通儿童青少年和流动/留守儿童青少年的发展特点及影响因素。第三部分为应用转化，详细论述了青少年积极发展的促进和干预项目、处境不利儿童青少年积极发展体系的构建，以及促进青少年积极发展的公共政策与数据库平台的建设等。本书旨在通过以上三个部分呈现积极青少年发展视角的历史变迁和已有理论，构建中国化的青少年积极发展理论和测量工具，在全国范围内开展青少年积极发展的实证研究，并将研究成果有机地转化到公共政策和实践领域中。我们所做的一切工作，在一定意义上说，都是为了心理学研究的中国化。

本书具有三个突出的特色：第一，前沿性。无论是积极青少年发展领域的理论构建、方法创新还是实证研究，本书均力图体现前沿的内容，以使研究者能全面地了解该领域的前瞻性内容。第二，研究性。本书中既包括基础研究，也包括青少年积极发展促进以及数据库建设等应用研究，旨在全面呈现积极青少年发展领域的研究范式、研究方法和研究内容。第三，实践性。本书非常注重研究结果向实践和政策领域的转化，在青少年积极发展的实践工作开展以及处境不利儿童青少年积极发展体系的构建等方面，均提供了较为详细的指南和指导，以利于从事儿童青少年发展的实践工作者能从中汲取有益成分并运用到日常工作中。鉴于此，本书的读者群适用面较广，本书适合于发展心理学、教育学、社会工作等领域的研究者阅读；本书还适合于儿童青少年实践工作者学习，尤其是从事处境不利儿童青少年关爱工作的实践者。本书提出的"减少问题与积极发展促进并重"的处境不利儿童青少年关爱政策新思路，提供了全新的关爱和支持该儿童青少年群体的新视角，对这些儿童青少年走出属于他们的人生道路具有重要的意义，也将助力于乡村振兴大战略的开展。

非常感谢这些年一起在积极青少年发展领域奋战的国际国内同行们，感谢美国塔夫茨大学积极青少年发展领域的顶尖专家勒纳教授，每次与勒纳教授交流都让我对积极青少年发展领域了解更深，更具有国际视野。感谢和我一起开展积极青少年发展研究的来自河南、辽宁、湖南、江西、上海、陕西等地的研究团队们，尤其是赵国祥教授带领的河南大学团队和刘文教授带领的辽宁师范大学团队，正是你们的大力支持才让积极青少年发展的研究在中国深深扎根，助力于我国亿万儿童青少年的健康成长。我也要感谢我的研究团队中的柴晓运、李晓燕、曹娟等同学，你们的全心投入让该领域的研究，尤其是处境不利儿童青少年积极发展的研究克服重重困难得以顺利推进，谢谢你们的辛勤付出和爱心！

本书由我负责全书的结构和章节设定，并对全书进行了整体的修改审定。写作者包括辽宁师范大学心理学院的刘文教授（第9章），复旦大学心理系的陈斌斌副教授（第2章第2节），湖北医药学院应用心理学系柴晓运副教授（参与第2章第1、3节，第3、4、5章撰写），我的学生李晓燕、曹娟、孙佳宁、冯姝慧、付雪薇、李羽萱等同学也参与了部分章节的写作。

每一个儿童青少年都有属于他们的梦想，教育的作用就是帮助他们实现梦想。在青少年积极发展这条道路上，我们将一起携手，坚定地一直走下去！

林丹华

2023年夏于北京师范大学

# 目　录

## 第一编　理论创新

## 第二编　实证研究

# 第三编　应用转化

# 第一编
# 理论创新

# 第一章  积极青少年发展研究概述

积极青少年发展观及研究（Positive Youth Development，PYD）最早起源于美国，20 世纪下半叶起，随着社会的高速发展，青少年发展问题受到高度关注。传统的以"缺陷""问题"和"病理"视角看待和干预青少年发展的做法受到严重质疑和挑战，学术界、社会组织乃至整个国家都在深度反思青少年发展与服务问题，由此催生了以强调促进青少年积极、繁荣发展为核心的多学科融合合作的应用发展科学的诞生，从此揭开了积极青少年发展研究的序幕，并对青少年公共政策制定和社会实践服务产生了重要而深远的影响。积极青少年发展观强调青少年的资源、优势而非问题或病理，高度重视个体的可塑性、个体的多样性以及个体潜能的充分发挥，认为"每一个人都拥有优势、都具有积极发展的潜能"，强调通过人与环境的互动达到促进个体最优化发展的目的。积极青少年发展视角的广泛影响力充分体现在科学研究、政策制定和实践服务等多个领域，并早已从美国走向世界，在亚洲、欧洲、拉丁美洲和非洲的不同国家、不同文化背景下研究积极青少年发展已成为当今青少年研究的大趋势。本章将回顾积极青少年发展观及研究的历史和时代背景，并阐述在我国开展积极青少年发展研究的重要理论和现实意义。

# 第一节　积极青少年发展研究的历史

## 一、积极青少年发展研究的时代背景

### (一)国外有关青少年政策导向的转变

20 世纪中叶的美国，由于青少年犯罪事件的增加，大量研究者对青少年犯罪问题感兴趣，并且开始关注到惩罚犯罪青少年的努力并不能阻止或减少青少年未来的犯罪行为。由此，研究者及社会组织呼吁应寻找预防青少年犯罪的方法，而不仅仅是惩罚他们。1947 年，美国蓝带(blue-ribbon)委员会在一篇报告中明确指出青少年所处的环境是影响其犯罪的重要因素之一，仅仅惩罚青少年罪犯所带来的效果并不理想，首次暗示通过"矫正儿童"来改变行为的传统模式是有缺陷的(Havighurst，1953)。之后，在处理青少年犯罪问题上，美国的国家政策又有了新的飞跃。1970 年，美国青少年发展与犯罪预防管理局提出一项犯罪预防计划，重点关注了"好孩子"正向发展的背后原因。这种全新的视角转向直接挑战了当时盛行的"为什么坏孩子总惹麻烦"的"缺陷"视角(West，1974)。这些政策导向均在传递看待"青少年发展"问题的方向和目标方面的重要变化，即从"优势"而非"缺陷"的角度理解青少年的发展。这一转变具有重要的划时代意义，不仅指明了以优势视角看待青少年发展的战略方向，而且强调了发展环境在塑造青少年发展中的首要地位。20 世纪末，两份令人瞩目的美国联邦政府报告回顾了积极青少年发展领域，使得它的地位得到进一步提升。其中一份为美国国家研究理事会的儿童、青年与家庭委员会所拟的《促进青少年发展的社区计划》(*Community Programs to Promote Youth Development*，NRCIM，2002)。该报告强调通过研究那些促进健康发展的社区计划的质量和有效性，来更好地评估与分析青少年发展。另一份报告是由美国国家儿童健康与人类发展研究所委托撰写的，主要内容是全面回顾和评估积极青少年发展项目(Catalano et al.，1999)。

虽然积极青少年发展视角起源于美国，并由此向世界各地传播，但东欧各国在推动积极青少年发展的过程中也起着举足轻重的作用。例如，吉卜赛人是欧洲较大的弱势少数民族群体(Council of Europe，2010)，这个群体在历史上被严重地边缘化和歧视。吉卜赛儿童青少年被公认为需要积极的支持，并且他们的成功和积极的适应结果也是目前实践者和政策制定者主要关注的焦点。吉卜赛人具有很强的家庭、社区和同伴联结，因此为研究积极青少年发展创造了一种独特的环境。基于这样的背景，相关学者开展了一些积极青少年发展的研究，关注吉卜赛儿童的家庭、社区、同伴以及多重身份认同等资源所起到的保护性作用（Abubakar & Dimitrova，2016；Dimakos & Papakonstantinopoulou，2012；Dolgozat，2013）。

### （二）社会组织机构的推动

大量基金会组织在推动积极青少年发展研究方面发挥了重要的作用。凯洛格基金会（Kellogg Foundation）、考夫曼基金会（Kauffman Foundation）、卡耐基纽约公司（Carnegie Corporation of New York）以及威廉姆·T. 格兰特基金会（William T. Grant Foundation）等多个基金会传播了有关美国青少年发展轨迹的重要报告，这些报告重在探讨关于美国青少年健康与幸福的更具生命力、普遍深入的问题（Lerner & Damon，2006）。其中，1985 年，卡耐基青少年发展委员会（Carnegie Council on Adolescent Development）发表了《重大转折：帮助青少年做好迎接新世纪的准备》（*Great Transitions：Preparing Adolescents for a New Century*）。该报告虽然也指出青少年高风险行为的高发生率及他们在发展中所遭遇的威胁，但更多是从"积极建设性的角度"强调和大力呼吁应从家庭、学校、社区组织以及媒体等多方面为青少年提供生态环境资源与发展机会（Carnegie Council on Adolescent Development，1995）。1988 年，威廉姆·T. 格兰特基金会发表了一篇题为《被遗忘的一半：美国青年和年轻家庭成员走向成功的道路》（*The Forgotten Half：Pathways to Success for America's Youth and Young Families*）的报告。该报告受埃里克森（Erikson，1969）有关青少年发展理论的影响，认为"青少年并非生来脆弱、不正常或不负责任；相反，如果有机会，青少年会富有责任、资源和弹性"，并建议应集中将社区和社会情境的改变作为个体发展的建设性资源（Sukarieh & Tannock，2011）。1995 年，一篇题为《时间问题：校外时间的风险与机会》（*A Matter of Time：Risk and Opportunity in the Non School Hours*）的报告呼吁社区应投入资金，进一步建设"安全和促进青少年成长的环境"（Hamburg & Takanishi，1996）。这三份报告均指出，发展的历程对绝大多数青少年都是充满风险的，"青少年问题"不只限于一小部分的高风险青年。同时，不能仅仅关注"社会该如何最好地处理风险青少年"的问题，还应识别出积极的、有利于青少年成功发展的因素，并整体改变影响青少年发展的社区及整个社会化系统（Lerner & Damon，2006）。

### (三)社会环境的变迁

20 世纪中期，随着整个社会的快速发展和进步，家庭结构发生了巨大变化。首先，由于妇女解放运动的掀起，妇女不再满足于只抚养孩子，而是追求自己的职业生涯，选择出门工作。据统计，美国某州在 1960 年只有 20% 的妇女工作，到了 20 世纪 90 年代这一数据则超过 70%（姚伟，1991）。这种趋势最终使得双职工家庭增加，父母陪伴孩子的时间逐渐减少。因此，双职工家庭父母开始担忧儿童缺乏充分的照看，并有意识地关注青少年在放学后的时间段内获得技能、兴趣和能力的持续学习机会。其次，妇女由于出门工作获得经济独立，逐渐摆脱了对丈夫的依附，助推了 20 世纪美国的离婚率持续上升（Rosenfeld，2007）。随之而来的是单亲家庭比例大幅增长，生活在这种家庭中的青少年与生活在完整家庭的青少年相比，更易缺乏情绪和行为的社会适应性。除此之外，由于被照看和监督的时间减少了，电视成了美国儿童"最亲密的伙伴"。有调查表明，20 世纪 80 年代，从小学到高中，看电视占据了美国儿童青少年的大量时间，平均每天 2.2 小时（Weissbluth et al.，1981）。长时间地接触电视，使得有关色情、暴力、毒品的媒体宣传在儿童青少年群体中得到了广泛传播。因此，青少年所面临的严峻的家庭与社会危机引发了社会各界对美国青少年的成长状况的担忧，加强对青少年健康发展的研究的呼声日益高涨。在这种需求与呼吁的促使下，大量以社区为基础的课外项目得到了大力发展，从青少年的优势、潜能和社区环境来促使青少年的积极发展，如较具有影响力的 21 世纪社区学习中心（The 21st Century Community Learning Centers；Lerner et al.，2005）。

## 二、青少年研究领域的学科发展

### (一)青少年研究的发展历程：从关注病理问题到关注资源和优势

斯滕伯格和勒纳（Steinberg & Lerner，2004）对青少年科学研究进行总结时提到，青少年研究上呈现了同样的发展特点和脉络，共经历了三个阶段。1904 年霍尔（Hall）的两卷本著作《青少年期》的出版，被认为开启了科学研究青少年的里程碑。霍尔受进化论学家达尔文的影响很大，他以"缺陷"的视角看待青少年期的发展，假设所有的发展都源于由基因决定的生理因素的控制，而环境因素对于发展的作用微乎其微。根据霍尔的观点，由于生理因素的影响，12～23 岁的青少年期是一个充满"暴风骤雨"和压力的阶段，是一个普遍且不可避免的"动荡"时期，伴随着冲突和情绪波动。他的这些观点奠定了青少年心理学相关研究的基础。在接下来的 20 世纪的大多数时间里，在整个心理学学术研究领域，青少年都被描述为有"缺陷"和不正常的。弗洛伊德(Freud)是青少年心理学发展的另一位早期贡献者，他认为青少年的发展是由早期性心理发展塑造的。当该观点被批评为对人类发展持消极态度时，新弗洛伊德主义者试图淡化性的作用，更强调社会环境的影响。例如，埃里克森(Erikson)强调了社会关系在人格每个发展阶段的重要性。弗洛伊德和新弗洛伊德流派虽然秉承的人性假设存在着不同之处，但他们根植的人性假设却有一个共同特点，即采用"缺陷"视角看待青少年，认为青少年期注定是一个问题发生期，把青少年看作有问题和存在"缺陷"的，认为青少年处于"危险边缘"，并且需要得到矫正。显而易见，关注病理学的"缺陷"模型忽视了人类的潜能，缺乏对青少年潜能的关注、开发与培养，这种无意间给青少年贴上的"问题"标签无疑会造成更多严重和深层的问题。

20 世纪 70 年代中叶开始，有关青少年的科学研究进入了第二个发展阶段 (Steinberg & Lerner，2004)。在这个阶段，青少年研究成为发展科学 (developmental science)中重要的研究力量，其特点表现在重点关注青少年发展的可塑性和多元化特点，研究方法更加精细和多元，并将青少年研究的成果应用和服务于现实生活(Lerner et al.，2000)。这个阶段有关青少年研究的成果非常丰富，出现了一系列关注青少年理论和实证研究的学术期刊，青少年研究协会(Society for Research on Adolescence)相应产生，会员人数迅速上升到 1000 多人，吸引了心理学、社会学、教育学、医学、精神病理学、犯罪学和护理学等领域的研究者和实践领域的专家(Lerner，1991)。斯滕伯格和勒纳 (Steinberg & Lerner，2004)总结的该阶段发展如此迅速的原因如下。

第一，人类发展生态系统观所带来的持续性影响。布朗芬布伦纳 (Bronfenbrenner，1979)提出的生态系统观关注人类发展的整体体系，突出先天和后天的"融合"，强调家庭、学校、同伴、社区等环境对青少年发展的重要性。其中环境包含不同的系统，每个系统嵌套在另一个系统中，相互影响与作用。之后，很多研究者开始采用生态化研究来理解青少年在整个生命过程中的发展。例如，埃克尔斯(Eccles，1993)探索学校环境是否适合青少年的发展需要。该研究指出，青少年的适应不良可能与糟糕的环境有关。此外，勒纳和他的同事(Lerner et al.，2005)提出的积极青少年发展观得到了广泛关注，其强调青少年发展的"相对可塑性"是由发展规律造成的。这种"发展规律"是个体与多系统的环境相互影响、相互作用而形成的，并且青少年与他们所处的多系统环境之间有着积极和能动的互动。

第二，研究方法的改进和对青少年研究的应用领域的高度关注。青春期研究方法的改善为研究者们提供了强大的助力，使他们可以从生物学和环境两个角度同时对个体发展的生物社会模型开展研究。此外，各研究基金会也更关注资助青少年研究的应用领域，尤其鼓励开展青少年反社会行为、药物使用、非婚怀孕和抑郁等青少年期容易出现的典型问题的研究。

20世纪90年代开始，一种以"优势"为基础的关于青少年发展本质的新理论——积极青少年发展视角（PYD）开始出现在青少年发展的研究中。这一理论视角超越了传统的"缺陷/病理"观，关注青少年自身具备的健康、充分发展的潜能以及所拥有的积极品格与发展结果，强调所有青少年都拥有积极成长与发展的潜能，包括那些来自不利家庭环境和背景的青少年（Lerner et al.，2000）。因此，应聚焦于青少年发展轨迹的资源和积极方面以及个体发展过程中潜在的可塑性（Lerner，2000；Lerner et al.，2015），以促进青少年长远的积极发展。积极青少年发展视角的提出，是发展心理学理论和实证研究范式的一次巨大转变，不再将青少年期视为"疾风暴雨和压力期"，而是将青少年期看作"渴望探索世界、培养技能，并获得对世界做出贡献的才能"的时期（Damon，2004）。这种视角的变化对青少年心理、教育和公共政策等领域均产生了重要的突破性影响，并取得了丰硕的研究成果。

总体来说，第二阶段的青少年研究具有以下四个特征（Steinberg & Lerner，2004）。第一，关注"关系"领域的研究。该阶段非常重视在关系框架中研究青少年与环境的互动对其发展的影响。第二，高度重视个体的可塑性。个人的特质和差异性成为促进青少年自身发展的重要因素（Lerner et al.，2015），由此，青少年领域成为多学科合作广泛开展人类发展研究的典范。一些研究者开始采用以个体为中心的方法，从个体差异角度开展人类发展领域的研究（如 Magnusson & Stattin，1998）。第三，强调可塑性、个体的多样性、个体差异所带来的作用以及个体的优势和能力等。这些改变意味着青少年发展中的"问题"只是全部发展结果中的一部分而不是全部，可塑性为"每一个人都拥有优势、都具有积极发展的潜能"的观点提供了坚实的理论基础。第四，青少年时期是生命全程中研究积极发展的最佳时期，一些重要且关键的个体和环境"发展资源"（Benson，2003）可以有效地促进青少年的积极发展。因此，以社区为基础、以促进改变为导向的干预方案和公共政策的大量出现，成为这一阶段的重要特征和趋势。

21世纪以来，"科学研究—实践—公共政策"的紧密合作是青少年研究第三个阶段的重要核心特征（Steinberg & Lerner，2004）。在这个阶段，关于青少年发展本质的新理论视角——积极青少年发展已被广泛应用在青少年研究中，研究者强调应把青少年作为一种资源去培育，而不是作为一种问题来管理（Roth & Brooks-Gunn，2003）。在该阶段，科学家、政策制定者、实践者之间的相互合作成为青少年研究的核心框架，该阶段仍然反映并力图拓展第二阶段青少年研究所强调的个体与环境的互动关系、发展系统、可塑性、追踪方法论以及应用等重要问题，并通过整合"研究—政策—实践"于一体，推动和促进青少年研究的深入开展以及社会的发展。由此在传统发展心理学的基础上逐渐形成了一门新的学科——应用发展科学（Applied Developmental Science，ADS）。应用发展科学反映了当前发展心理学研究思路的转型，更多地强调多学科知识的整合性应用、深入社区的实践应用及其对社会公共政策制定和实施的影响，是对传统发展心理学研究领域和研究范式的延伸与拓展（张文新等，2009）。

### （二）发展干预科学：基于应用发展科学的干预新范式

随着应用发展科学的不断发展，研究者开始将知识研发与应用结合起来描述、解释、干预和促进个体发展，高度关注已发现的研究结果，以促进个体生命历程中的积极发展（Damon，2004；Lerner et al.，2000），通过整合生物学、社会学和行为科学等多领域学科的研究成果，强调积极的个体发展和家庭功能是生物学与社会环境相互作用的产物，由此也对发展干预科学（Developmental Intervention Science，DIS）产生了巨大且深远的影响。

发展干预科学与传统研究的不同之处在于，传统研究仅专注对青少年吸烟、酗酒、吸毒等问题行为的干预和纠正，而发展干预科学深受应用发展科学的影响，其预防干预的概念基础发生了重要转变（Catalano et al.，1999）。发展干预科学倾向于促进青少年的积极发展，认为个体没有问题行为并不等于获得了积极的发展，预防消极行为的出现与促进青少年积极发展完全不是一回事，着重强调积极调整和功能优化的重要作用（Roth & Brooks-Gunn，2003）。干预的目的在于改变个体自身变化的轨迹，既重视个体间差异的变化（如社会阶层、性别间的差异），也重视个体内的变化（如与青春期有关的变化等）（Damon，2004；Lerner et al.，2005；Lerner et al.，2000）。发展干预科学注重强调健康、常态的发展过程、初级预防和最优化发展，致力于确定个体、群体和情境所拥有的优势或资源，而不是个体、家庭或社区的缺陷、弱势或问题。发展干预科学还逐渐扩大评估干预效果的标准范围，除了先前关注的风险因素的减少外，还着眼于更一般的积极调整和功能优化的指标。例如，代表幸福感的心理健康和心理弹性等（Masten & Coatsworth，1998）。具体而言，发展干预科学着重强调以下方面（Catalano et al.，2004）。

1. 关注多重环境的共同作用

早期的预防干预项目只针对青少年自身的个体因素进行研究，并未涉及青少年群体生活的文化环境或社会背景（如家庭、学校以及社区）。如果不能改变导致青少年个体问题行为的关键环境，那么项目实施的效果就会大大减弱，甚至可能会被抵消。有效的积极青少年发展项目应考虑多种社会环境共同参与的作用(Hawkins & Catalano，1990)。

家庭环境一直是积极青少年发展的重要研究领域。家庭干预一般可分为两类：父母培训项目(Patterson et al.，1982)和父母参与项目(Davis & Tolan，1993)。父母培训项目通常直接向青少年的成年监护人传授教养策略，然后让他们与孩子一起练习这些策略。父母参与项目通常会让家庭参与到干预措施的实施中，可能通过事件或活动，也可能通过其他策略，让父母了解孩子接受干预措施背后的原则。以上两类项目可以让家庭获得有关青少年发展明确的、可理解的信息以及相应的教养技能和方法。

学校同样是青少年积极发展过程中不可被忽视的环境。许多有关积极青少年发展的干预项目都是以学校为基础的。例如，生活技能培训课程(Life Skills Training)、促进选择性思维策略课程等，以班级为基础的社会能力提升项目是经常被实施的预防方法(Bond & Compas，1989；Dryfoos，1990；Weissberg et al.，1991)。不仅如此，以社区为基础的积极青少年发展项目受到越来越多的关注(Hawkins et al.，1992；Weissberg & Greenberg，1997)。这类研究通常发生在社区中心、教堂、服务机构、青年俱乐部、公园或其他公共集会场所。通过整合家庭、学校和社区等多领域，与青少年发展紧密相关的多重环境的共同作用被充分发挥出来，可以达到很好的干预效果。一项对161个积极青少年发展干预项目的深入分析发现，整合家庭、学校、社区于一体的干预项目提高了青少年对社会服务的投入度，青少年拥有更高水平的学业成绩、认知能力和社会技能，并在拒绝吸烟、酗酒、吸毒等物质滥用行为时自我效能感更高(Catanalo et al.，2004)。

2. 强调对保护性/促进性因素的干预以促进积极发展

起初，对于家庭和青少年的干预措施主要是针对青少年现有的问题行为而设定的，干预的重点是减少青少年犯罪或改变青少年的不良性格(Agee，1979；Clarke & Cornish，1978；Gold & Mann，1984)；之后，预防的重点转到问题行为发生前影响青少年发展的保护性因素和促进性因素。研究发现，通过对青少年的能力、自我效能感、亲社会规则、参与亲社会活动的机会、联结、未来信念和心理弹性等因素进行干预，可以有效提高青少年的积极发展水平，并在很大程度上提升青少年自觉抵制吸烟、酗酒等行为的自我效能感，降低物质滥用行为的发生率(Catanalo et al.，2004)。此外，研究者也从只聚焦单一问题行为到聚焦多种健康损害和健康促进行为进行干预，结果表明这些聚焦多种行为的综合性干预项目通常更有效(Derzon et al.，1999)。

这一转折点的出现是由于研究者和实践工作者开始整合来自纵向研究的结果开展预防干预研究，这些追踪研究结果确定了青少年问题行为的重要预测因素，之后的预防工作开始利用这些预测因素来阻止特定问题行为的发生。例如，物质滥用预防项目发现了青少年物质使用的预测因素，包括同龄人对物质使用的影响以及宽恕会促进积极社会规范的形成等（Ellickson & Bell，1990；Flay et al.，1988）。这些结果使越来越多的研究者主张除了注重预防问题的风险性因素之外，还应注重针对促进青年积极发展的保护性/促进性因素等优势和资源进行干预，以促进个体的繁荣（thriving）发展。

## 三、中国传统文化与积极青少年发展

在我国五千多年的历史中，儒家、道家和佛教作为中国传统文化的主流，共同构成了中华文明的精神支柱，尤其是居于核心地位的儒家思想，对历代中国人的精神信念、道德规范和人格养成均产生了独特而深刻的影响。与此同时，由于社会文化的变迁和历史的变革，中国当代社会文化对积极青少年发展及其路径也有着独到而深刻的影响。

以儒家文化为核心的中国传统文化，关注"人"的问题，旨在解决"理想的人"的特征、人的价值、人如何与他人相处、如何实现自我等问题（王晓霞，2000）。概括起来，仁民爱物、孝亲爱国、重义轻利、礼敬谦和、诚信自律等五大方面是我国传统文化所蕴含的核心内容。

第一，"仁"是儒家思想乃至整个中国传统文化的基本价值观。孔子认为"仁"的要义是"恭""敬""忠""孝"，如"君子务本，本立而道生，孝悌也者，其为仁之本与"（《论语·学而》）。孟子明确提出"仁者爱人"的观点，并将孔子的忠恕之道具体化为"老吾老以及人之老，幼吾幼以及人之幼"和"亲亲而仁民，仁民而爱物"。孟子还从"性善论"的角度提出人皆有四心，即"恻隐之心""羞恶之心""辞让之心""是非之心"，这四心分别体现了"仁""义""礼""智"。归结起来，"仁"既可以是个体修身成德的一个目标，也可以是修身成德的终极目标，涵盖了其他目标，是一切德行的根源。仁民爱物，体现了个体极高的价值追求，驱动着个体不断完善自我和奉献自我，从而形成自强不息的精神和较强的责任担当意识（张忠纲，2006）。

第二，在塑造中国人的道德品格方面，"孝"是"仁"之后较为重要的一个道德范畴。孔子提出"孝悌其为仁之本"，孟子进一步强调孝对培养人的道德品质的重要意义，认为仁的实质就是事亲，也就是孝（林安弘，1992）。孝道所唤起的关爱他人、关爱社会、热爱国家的情感和民族情怀，对培养年青一代的爱心、感恩心、责任感具有非常重要的意义和作用。

第三，作为中国传统文化中又一个占主导地位的价值观，"义"对中国人的道德信念和道德行为发挥着至关重要的作用。孔子提出"君子义以为上"，以义为君子立身之本。孟子强调，人要"居仁由义"，主张重义轻利，并提出"舍生而取义"，把维护"义"看得比生命还重要。在这种价值观的引导下，中国历史上产生了一批又一批明辨是非、见义勇为、重义轻利、舍生取义的正人君子。

第四，我国传统文化非常重视"礼"的重要作用。孔子认为，礼体现了尊敬、节制、谦让的精神，是一个人融入社会的重要基础。礼义修身，可以成为君子人格。儒家思想中强调"仁"与"礼"的结合，通过内在道德情感与外在行为规范的统一，达到培养理想人格的目的。

第五，诚信也是儒家伦理思想中的重要内容，孔子主张"敬事而信""谨而信"，要求人诚信不欺、恪守信用。孟子提出"诚身有道"的观念，主张通过"思诚"，即通过反省和扩充道德良知以达到圣人的境界。"诚信"所体现的诚实不欺、恪守信用的精神以及通过自我反省和自我克制以落实诚信的修养方式，均对我国道德规范水平的提升和个人人格的完善起到了重要的作用，这些思想在今天的社会仍然发挥着重要的作用，对我国现阶段培养德、智、体、美、劳全面发展的创新人才具有举足轻重的意义。

虽然道家文化不像儒家文化受到许多统治者的扶持，但是道家文化对人与自然的思辨性认识却对世世代代的中国人有着很大的影响(陈业新，2005)。"道"和"德"是老子的思想中重要的内容，"无为"是围绕着"道"而展开的，强调人应该顺应自然的规律，与自然建立和谐的关系(兰喜并，2005)。道家文化强调人的自由意志，尊重人作为独立的个体，如"道大、天大、地大、人亦大"宣扬的就是人的独立性和重要性。在宣扬人的独立性的同时，老子也推崇人应该遵从自己的本性，"居善地，心善渊，予善信，正善直，事善能"，讲的就是人应该像水一样坚守自己的原则，公正不偏，不与外界同流合污。除此之外，《道德经》中还谈到"知人者智，自知者明"，强调人需要更好地认识和了解自己，建立起对自我的价值感和尊重感，以到达人生的新境界。《道德经》中还提出知守互补，如"知其白，守其辱"，意思是要在黑暗中寻找光明。这对我们现在的启发是要在事物的相对性中看到希望，保持乐观的心态。

中国传统文化在教育青少年成就仁德的同时，其过程中的一些方法在某种程度上也可被视为促进青少年发展的积极资源。例如，孔子针对道德教育方法总结了四点：一是慎言敏行，言行一致；二是改过迁善，扬善抑过；三是自我修养，以友辅仁；四是严以责己，以身作则。此外，《礼记·中庸》讲到"慎独""诚"及"发而皆中节"的"和"的状态。这些均指出了内省、自我约束、升华及控制在个体发展中的价值(陈勇，胡正强，1995)。

孟子提出了六条途径：一是存心寡欲，二是反求诸己，三是知耻改过，四是求放心、存夜气，五是养浩然之气，六是磨炼意志，表现了自我控制、修正、鼓励、气度和意志品质在个体发展中的积极作用。经典名句"天将降大任于是人也，必先苦其心志，劳其筋骨，饿其体肤，空乏其身"（《孟子·告子下》），也强调了意志品质对于成才的意义。宋明理学的开山人物周敦颐以"诚"为修身的核心思想，其方式即"必是惩忿窒欲，迁善改过而后至"，在强调自我调控能力方面有类似的思考（黄广晋，王引兰，2008）。

程颢在他的《识仁篇》中说："学者须先识仁。"这强调了认识的重要性。程颢、程颐认为折中认识需通过两种方式："诚敬"和"格物致知"。"诚敬"即内心保持平静专注的状态；"格物致知"即通过对圣人经典、历史文化的学习，或者在现实生活中应事接物时体认道德法则，强调体认对于个体修行的意义。与之类似的还有朱熹的"居敬穷理"（《朱子语类》卷九）。朱熹在《白鹿洞书院揭示》中将博学、审问、慎思、明辨、笃行视为学习的五序，系统地指出了"穷理"所应具备的品行（杜泮泮，2006）。

志向也是成才的重要内在因素，"有志者，事竟成"（《后汉书·耿弇列传》），"少年心事当拿云，谁念幽寒坐呜呃"（《致酒行》）。清代王夫之提出了三点重要的方法与途径，即立志、自得、力行。其中立志即"志于道"；自得是要求学生有道德修养的自觉性；力行强调将道德知识转变为实际行动，即强调知与行的统一。以上这些我国传统文化中与教育和人格培养有关的重要思想和内涵，对当前新时代我国优秀创新人才的培养具有极其重要的参考和借鉴意义。

## 四、中国当代社会与积极青少年发展

中国传统文化千年的历史沉淀及其核心内容在新时代的不断发展和变化，使其对现代社会的中国人产生着巨大的影响。改革开放以来，我国经济社会高速迅猛发展，对创新型青年人才的需求极其迫切，培养什么样的人、如何培养人成为我国高度重视的教育和战略问题。

2021年修订的《中华人民共和国教育法》第五条规定："教育必须为社会主义现代化建设服务、为人民服务，必须与生产劳动和社会实践相结合，培养德智体美劳全面发展的社会主义建设者和接班人"。1999年，《中共中央国务院关于深化教育改革 全面推进素质教育的决定》要求全面推进素质教育，要从德育、智育、体育、美育多方面培养学生。其中提到，德育方面，要"培养学生坚韧不拔的意志、艰苦奋斗的精神，增强青少年适应社会生活的能力"等；智育方面要"激发学生独立思考和创新的意识……培养学生的科学精神和创新思维习惯"；体育方面要"培养学生的竞争意识、合作精神和坚强毅力"；美育方面要"培养学生欣赏美和创造美的能力"等。2010年，我国公布了《国家中长期教育改革和发展规划纲要（2010—2020年）》，明确提出将社会主义核心价值体系融入国民教育的全过程，"富强、民主、文明、和谐、自由、平等、公正、法制、爱国、敬业、诚信、友善"，这 24 个字既是对中国传统文化的继承与发展，也对个人的积极发展提出了新的道德要求和价值导向。《国家中长期教育改革和发展规划纲要(2010—2020 年)》还从德育为先、能力为重、全面发展三个方面，对我国学生的积极发展做出了规定，要求"促进德育、智育、体育、美育有机融合，提高学生综合素质，使学生成为德智体美全面发展的社会主义建设者和接班人"。2016 年，为落实国家立德树人的根本任务，适应世界教育改革发展趋势，提升我国教育的国际竞争力，我国推出了中国学生发展核心素养，对学生应该具备的能够适应终身发展和社会发展需要的必备品格和关键能力进行了界定，确立了学生核心素养的六大领域：人文底蕴与科学精神(文化基础)、学会学习和健康生活(自主发展)及责任担当与实践创新(社会参与)。中国学生发展核心素养为我国青少年的积极发展奠定了良好的基础，指明了方向和目标。

2017 年，中共中央、国务院正式印发并实施《中长期青年发展规划(2016—2025 年)》。该规划是我国首个青年发展的纲领性文件，是依据党和国家的有关政策法规、按照我国经济社会发展的总体目标和要求，并结合青年发展的实际情况制定的。该规划明确提出，青年兴则民族兴，青年强则国家强，促进青年更好成长、更快发展是国家的基础性、战略性工程，由此将青年的积极发展提到了前所未有的重要位置，为我国青年的健康、积极发展明确了方向。该规划提到，在青年思想道德方面，要加强青年的理想信念教育，在青年中培育和践行社会主义核心价值观等；在青年教育方面，要提高学校育人质量，强化社会实践教育，促进青年终身学习，培育青年人才队伍；在青年健康方面，要提高青年体质健康水平，加强青年心理健康教育和服务，提高各类青年群体健康水平，加强青年健康促进工作；在青年社会融入与社会参与方面，要着力促进青年更好地实现社会融入，引领青年有序参与社会公共事务等。

以上各种政策和重要研究结果，彰显了我国对积极青少年发展的高度重视，是我国经济社会的发展对青少年创新人才的强烈需求，反映了将创新型青少年的积极发展和培养放在国家发展战略地位的重要意义，直接影响到我国的人才战略、未来的发展前景和国际竞争力。

## 第二节　我国开展积极青少年发展研究的意义

青少年是社会进步与发展的重要资源之一。当青少年朝着积极的方向发展时，他们将造福于家庭、社区乃至整个社会。尽管国际上的研究者对积极青少年发展的基本理论、结构、测量模型及其影响因素等方面做了大量的探索和研究，但是这些研究成果（如理论、测量结构）都是基于西方国家文化的累积（如青少年积极发展的"5C"模型，Lerner et al.，2015），可能会低估或忽略其他国家文化背景下积极青少年发展的独特性内涵。因此，在国际化背景下应用基于西方文化发展的积极青少年发展的理论或模型，可能存在一定的局限。作为世界上青少年人口比例最大的发展中国家（0～17岁儿童约2.71亿；UNICEF，2015），开展我国积极青少年发展的相关研究，将为积极青少年发展研究的国际化提供来自中国的理论和实证依据，并将助力于我国新时代的青少年工作。

## 一、有助于青少年心理学研究本土化概念的建构与实践

由于目前大量的积极青少年发展研究的概念、理论和测量工具均来自西方文化，直接应用于我国文化背景下的研究和教育实践存在一定的局限，因此，我们既不能完全放弃西方研究中的最新理念和基本原理，也不能完全照搬概念、测量和理论。我们需要基于主位和客位相整合的取向，提出中国文化背景下积极青少年发展的概念，开发对应的测量工具，并探索我国积极青少年发展的测量框架和基本指标，这将为积极青少年发展结构可能存在的文化独特性提供实证依据，同时，也将为构建基于多元文化情境中的积极青少年发展的基本原理提供来自中国的理论和实证依据。开发与积极发展相关的量表，也将为探索我国积极青少年发展的前因、后果及发展过程与机制提供可靠的测量工具，并以此弥补教育实践中只重视青少年的"问题与缺陷"而忽视"积极发展特征"的不足。此外，量表的开发也为与积极青少年发展相关的教育项目的设计和评估提供了基本依据。

总之，理论上，基于优势的积极青少年发展观有助于我们揭示积极青少年发展的文化属性，这将对从本土化的角度理解和评估我国文化背景下积极青少年发展的文化特异性因素产生重要的理论贡献。实践上，打破了聚焦"问题与缺陷"的青少年研究和实践思路，强调"没有问题不等于积极发展"的理念。具体而言，强调通过丰富内外部发展资源，以促进青少年积极特性的发展，进而达到减少风险、问题行为的目的，这将为新时期我国青少年的发展提供新的思路。

## 二、有助于解决我国处境不利青少年发展的困境

由于城市化进程的加快，我国大量的农村人口到城市工作，由此导致了大量的留守儿童和流动儿童出现，他们的身心健康问题得到了全社会的共同关注。虽然通过各方努力，农村留守儿童人数和城市流动儿童的人数都出现了下

降，各种极端问题出现的概率也降低，但对这类人群的关爱和保护工作仍然面临很多挑战。其中一个最重要的方面是，先前的研究都基于"缺陷与问题"视角，多关注他们的各种内外化问题，不能促进这部分青少年的全面、积极发展。从优势/资源的积极发展而非缺陷的角度看待这些青少年的发展，强调各类环境和个体所存在的资源或促进性因素对青少年积极、主动发展的重要意义和价值，将扭转过去片面强调这些青少年存在"问题"的视角，有利于从更全面和更宽阔的研究视野看待流动儿童和留守儿童的"全人"发展，这是 20 多年来对这些群体研究的一次重大突破，也为落实国家发展战略提供了坚实的研究基础。

本书聚焦在"流动背景下处境不利青少年积极发展"这一重要且关键的学术和现实问题开展系列深入、系统的研究，创新性地利用中国文化背景下的积极青少年发展理论框架，建设我国第一个真正意义上的包含流动儿童/留守儿童的全国代表性的积极青少年发展数据库，并基于科学研究结果建构促进该群体积极发展的综合体系。本研究结果将极大地丰富和完善我国有关青少年发展，尤其是处境不利青少年发展的理论和观点，填补我国在积极青少年发展方面的研究空白，并将推动相关学科前沿领域的创新和发展。数据库建设可以全方位地了解这些身心积极发展的规律、特点以及发展路径，确定影响青少年积极发展的核心因素，建构促进青少年积极发展的整体框架；也能为其他研究者和教育实践者提供准确、权威的科学数据和具体可行的教育建议，有助于教育工作者把握流动儿童和留守儿童发展的规律与特点，开展有针对性的教育。

## 三、有助于为青少年健康行为的干预提供新路径

先前大量的青少年健康行为的干预，主要集中于预防或以问题为中心（prevention/problem-centered）。近年来，越来越多的干预集中于以青少年发展为中心（youth development centered）。在这个领域，基于积极青少年发展框架下的健康行为干预研究得到了重视，大量的系统综述和 Meta 分析研究对积极青少年发展干预项目的有效性进行了探讨。多数系统综述的结果显示，积极青少年发展干预项目有利于健康行为的干预。例如，华盛顿大学的卡塔兰诺教授等（Catalano，2004）对 25 项基于家庭、社区或学校的 6～20 岁美国青少年积极干预研究进行系统综述，发现其中的 24 项研究显示攻击与暴力行为、高危性行为、物质滥用等危险/问题行为得到了显著改善。加文等（Gavin，et al.，2010）系统综述的 30 项聚焦于预防性健康和生殖健康的青少年干预研究和梅伦德斯-托尔斯等人（Melendez-Torres，et al.，2016）的元分析均得到了类

似的结果。因此，我们的观点是两种取向要相互结合，即"预防与促进"相结合。一方面，对于普通青少年，我们主要关注成功因素，通过资源促进青少年的全面健康发展；另一方面，对于风险青少年，可以在预防风险行为和问题的基础上，通过创造丰富的外部生态资源，将其作为基于"预防"取向干预的重要补充，多角度促进风险青少年的积极发展。

## 四、有利于我国处境不利青少年公共政策的修订和完善

积极青少年发展的视角，对于当前我国公共政策的制定，尤其是为政策制定者提供促进这些青少年积极发展的关键指标、评估手段和促进体系具有重要的启示。具体来说，结合国内外研究成果，进一步撰写政策咨询报告将对我国青少年发展、教育的公平性和均衡性的提高起到重要的推动作用，特别是对于留守儿童和流动儿童的健康发展具有长远的影响。

2014 年年底，国务院颁布的《国家贫困地区儿童发展规划（2014—2020年）》指出，应健全留守儿童等特殊困难儿童的关爱服务体系，要从学校教育与管理、家庭教育与指导以及社区关爱和服务等多个方面建立健全留守儿童关爱服务体系。党的十八大报告明确提出，应把立德树人作为教育的根本任务，全面实施素质教育，培养学生的社会责任感、创新精神、实践能力，让每个孩子都能成为有用之才。根据《国家中长期教育改革和发展规划纲要（2010—2020年）》，流动儿童深层次教育问题是未来教育发展的重点。以上政策均告诉我们，应创设良好的促进留守儿童和流动儿童积极发展与成长的环境和氛围，激发留守儿童和流动儿童的内在潜能，深入探索有助于这些儿童最优化发展和成长的路径、模式与体系，以促进我国规模庞大的留守儿童和流动儿童的积极发展，切实落实我国国家发展战略，并推动我国人力资源强国战略目标的实现。

总之，积极青少年发展的研究结果将极大地推动并促进我国处境不利青少年的发展。鉴于留守和流动经历可能给发展中的青少年带来长期且深远的影响，基于学术和理论研究成果建构的流动背景下处境不利青少年测查体系、全国代表性数据库及积极发展促进体系，将从政策决策、实践领域等多个层面极大地促进这些青少年的积极发展，真正实现习近平同志在党的十八大上提出的"让每个孩子成为有用之才"的战略目标。

### 建议阅读资源

Catalano，R. F.，Berglund，M. L.，Ryan，J. A. M.，et al.（2004）. Positive youth development in the united states：research findings on evaluations of positive youth development programs. *Annals of the American Academy of Political & Social Science*，591(1)，pp.98-124.

推荐理由：该文章基于积极青少年发展视角，阐述了青少年预防干预实践从单一问题转向对多个问题同时进行干预的理由和思考，即同时减少青少年的问题并促进他们积极发展。该文章还首次对 25 个积极青少年发展干预项目的有效性进行了分析，在此基础上提出了积极青少年发展的 15 维结构，并深入阐述了家庭—学校—社区相结合的综合性干预对儿童青少年积极发展的重要意义和作用。

Lerner，R. M.，Lerner，J. V.，Bowers，E. P.，et al.(2015)．Positive youth development and relational-developmental-systems．In R. M. Lerner (Ed.)，*Handbook of Child Psychology and Developmental Science*(7th ed) (Vol. 1，pp. 607-651). Hoboken，NJ：Wiley.

推荐理由：这是美国塔夫茨大学著名发展心理学教授勒纳主编的《儿童心理学和发展科学手册》中的一个章节，高屋建瓴地对积极青少年发展领域最新的关系发展系统理论和基于此的实证研究进行了深入论述，是了解积极青少年发展领域新进展的一个重要章节。

# 第二章 积极青少年发展观的理论基础

　　青少年阶段是个体毕生发展的重要阶段。在这一时期，他们将迎来人生发育的第二高峰期（青春期），也将经历向成人的过渡等重要的发展转折点。青少年是社会进步与发展的重要资源之一。当青少年朝着积极的方向发展时，他们将造福于家庭、社区乃至整个社会。积极青少年发展作为一个概念或研究视角，既产生于人类发展的基本概念、理论及实证模型，又指导着该领域的具体研究，丰富和拓展了相关的理论（Benson et al.，2006）。下面将对积极青少年发展的概念、理论基础与研究中实证模型逐一进行介绍。

## 第一节 积极青少年发展的概念

　　什么是"积极青少年发展"？在具体的文献描述中，积极青少年发展是一个多层面的术语，在不同的话语情境中这一术语表达的含义不尽相同。但是，一般可以从理论含义和操作化定义两个角度来理解积极青少年发展的概念。

### 一、积极青少年发展的理论含义

　　在积极青少年研究和实践中，研究者逐渐明确了这一术语的理论含义。概括起来，积极青少年发展的含义涉及三方面（Hamilton et al.，2004），分别为：第一，作为一个发展过程；第二，作为一套基本原理或方法论；第三，作为一种实践或项目的积极青少年发展。

## （一）作为一个发展过程的积极青少年发展

积极青少年发展作为一个发展过程，是指以"过程"取向考察积极青少年发展的相关问题。换言之，积极发展（也称为"充分发展"，thriving）涉及青少年与发展情境之间相互作用并积极互动的过程，青少年在此过程中具有主动性，并有潜能获得最佳发展（Bundick et al.，2010）。例如，勒纳等人（Lerner, et al.，2015）提出的青少年积极发展的"关系-发展系统模型"就是将积极发展看成一个"过程"的典型范例。在这种视角下，青少年的积极发展主要涉及个体成长的一种特性，表现为充分、健康、适应性的和最佳的发展，且是一个动态变化的过程（Lerner et al.，2015）。此外，戴蒙（Damon，2008）有关青少年人生目的（youth purpose）的研究、马斯顿（Masten，2014）有关心理弹性的研究，也是从过程的角度去探索青少年的积极发展的。后文将详细叙述有关心理弹性、积极青少年发展的关系-发展-系统模型等有关青少年积极发展过程的研究。

## （二）作为一套基本原理或方法论的积极青少年发展

积极青少年发展作为一套基本原理或方法论，主要是指以积极青少年发展观为行动指南，指导青少年发展科学的理论和实践研究。在理论上，先前研究者对青少年的认识长期聚焦在"问题与缺陷"的理论框架下，总是力图预防和干预青少年的问题和风险行为，因此关注的只是青少年群体中的少数人群（Hamilton et al.，2004）。作为一套基本原理或方法论的积极青少年发展强调解决"问题和风险行为"的最佳路径可能是帮助青少年充分利用内在优势和外部资源。换言之，就是通过促进青少年积极的或健康的发展指标（如能力、自信等）的建立，或是丰富生态发展资源（如积极的家庭、学校和社区环境等）来达到减少问题行为的目的（Lerner et al.，2015）。

在实践上，先前的青少年发展项目仅为特定群体（如有某种风险行为的青少年）提供干预和服务支持。一方面，这样可能会对参加项目的群体造成"污名化"（如贴上"问题青少年"的标签）；另一方面，这样没有考虑到更大比例的其他青少年群体获得咨询与服务的需求（Hamilton et al.，2004）。实际上，所有的青少年在成长过程中都需要来自家庭、学校和社区提供的支持、发展机遇和服务。一个典型的项目是埃克尔斯和古特曼（Eccles & Gootman，2002）的促进青年发展的社区项目（community programs to promote youth development）。在这个项目中，他们提出了积极发展的四个方面的资源（身体发展、智力发展观、心理与情绪发展、社会性发展），并强调了社区提供积极青少年发展的环境是非常重要的。勒纳和斯滕伯格（Lerner & Steinberg，2004）指出，基于积极青少年发展取向的项目，至少应该具备三个基本特征：第一，积极、可持续的成人-青年关系，成人必须是有能力、有爱心的，这种支持和关爱持续至少1年，如教练、导师或老师等；第二，建立在活动基础上的生活技能（如自我调节）；第三，在具有一定价值的家庭、学校和社区活动中给予青少年领导和参与的机会。因此，积极青少年发展观倡导整合各种外部生态资源，促进全体青少年的积极发展。

### (三)作为一种实践或项目的积极青少年发展

积极青少年发展的第三个含义主要是描述促进积极发展的实践项目或案例（Hamilton et al.，2004）。这一含义为："积极青少年发展"作为一个项目，通过在学校、家庭或社区层面增加支持，在积极的氛围中提供机会，促使青少年的个体层面和发展生态情境系统层面发生积极的互动，进而增加积极的发展结果（如亲社会行为和学业成就），减少消极的发展结果（如攻击行为和学校违纪）（Durlak et al.，2007）。因此，作为实践项目的积极青少年发展整合了前面提到的作为"发展过程"和"基本原理"的积极青少年发展的含义。勒纳等人（Lerner et al.，2015）指出，美国存在很多积极青少年发展的实践项目或组织，如"4H"（Head，Heart，Health，Hand）项目，男孩女孩俱乐部（Boys & Girls Clubs）、大哥哥大姐姐（Big Brothers/Big Sisters）和童子军（Boy Scouts）等，这些项目将促进青少年在某个方面（如社会情绪）或多个方面的积极发展作为目标。总的来说，积极青少年发展实践项目或组织在积极青少年发展的基本原理、项目的设计与评估方面具有重要的影响力（Lerner et al.，2015）。下面，以积极行动项目（Positive Action Program）为例，说明作为实践项目的积极青少年发展的内涵与作用。

奥尔雷德（Allred）和弗雷（Frey）等人建立了一个综合的青少年发展项目——积极行动项目，旨在促进青少年在多领域的健康和积极发展，如学业、问题行为、学校氛围、社区关系和家庭关系等（Flay，2002；Flay & Allred，2003）。该项目的设计有三个基本的逻辑基础：第一，植根于自我概念理论的积极行动哲学（Positive Action philosophy）（Purkey & Novak，1996）。该理论认为，个体是根据自己做什么，而不是思维或情感来确定自我概念；积极、健康的行为会带来积极的自我价值。第二，思维-行动-情感环（Thoughts-Actions-Feelings Circle）（Flay et al.，2009）。如图2-1所示，我们的思维指导行动，这些行动会影响我们对自我的情感，进而影响思维。因此，在积极青少年发展的项目中，实践者的任务就是促进个体的积极行动，构建一个健康的、积极的"环"。第三，真实的积极行动内容。整个项目的干预体系中，有关积极行动的内容均包括以下六个单元：自我概念，对身体和思维的积极行动，负责任的自我管理，和他人友好相处，对自我和他人诚实，提高积极行动的持续性（Flay & Allred，2003）。后续的评估研究结果显示，这个干预项目对青少年的积极发展有正向的长期效应，主要体现在学业成绩、健康行为、自尊、社会技能、对学校和家庭的依恋等方面的积极发展，以及违纪行为、暴力行为、物质滥用行为和情绪问题的减少（Flay & Allred，2010）。

**图 2-1　思维-行动-情感环**

## 二、积极青少年发展的操作化定义

上文介绍了积极青少年发展的理论含义，但在实证研究中，"积极青少年发展"是一个具体的变量，研究者可通过考察其前因后果来探索积极青少年发展的过程和机制，以便寻找后期青少年干预或促进项目的关键要素。此时，就需要对这个概念进行操作化定义。回顾文献发现，不同的研究者对此概念的操作化定义存在一定差异。例如，有研究者将其操作化为由乐观、自我概念和生活满意度构成的总体幸福感（Oberle et al.，2014）。但是目前广泛被认可和应用的操作化定义来自勒纳（Lerner et al.，2005）提出的"5C"模型，即采用"能力（Competence）、品格（Character）、联结（Connection）、自信（Confidence）和关爱（Caring）"。5 个具体指标的总和表征青少年的积极发展水平（如 DuBois & Keller，2017；Geldhof et al.，2014a）。考虑到文化因素可能影响对积极青少年发展概念的理解和建构，在该文章中我们基于中国文化背景提出了积极青少年发展的四维概念结构（林丹华等，2017），将这个概念操作化定义为青少年的品格、能力、自我价值和联结的有机整合。总之，操作化定义反映了对概念的测量问题，在有关测量的章节里我们将重点介绍。

综上所述，"积极青少年发展"既与该领域的理论的产生和发展有关，代表了一种青少年研究理论和教育实践取向，又在实证研究中被操作化为不同的指标，并丰富了该领域的理论。

## 第二节　积极青少年发展观的元理论和具体理论

关于青少年的研究从"问题与缺陷模型"到基于优势的"积极发展模型"的转变，是以发展情境论(Lerner，1991)、毕生发展观(Baltes et al.，1999)和生命历程理论(Elder，1998)等人类发展的基本理论的核心假设为依据的。这些理论或模型所反映的核心假设都与当下发展科学研究中的最新理论范式——关系发展系统元理论(Relational Developmental Systems Metatheory)密切关联(Overton，2013，2015)。此外，在实证研究和教育实践中，研究者逐渐发展出了更具体的反映"积极青少年发展观"的实证模型，主要包括：心理弹性(Masten，1989)、发展资源模型(Scales et al.，2000)和积极青少年发展的关系-发展-系统模型(Lerner et al.，2015)等。需要注意的是，元理论、理论和实证模型在积极青少年发展的研究中是相互影响并循环作用的关系(Overton，2015)，而非割裂的孰先孰后的关系，是如图 2-2 所示的相互影响的关系。

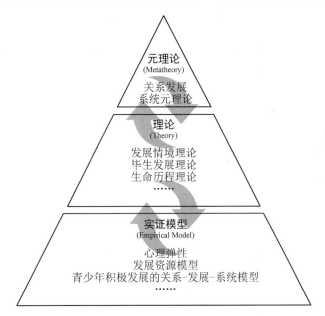

图 2-2　积极青少年发展观的元理论、理论和实证模型及其相互关系

### 一、元理论基础：关系-发展-系统

奥弗顿(Overton，2013，2015)从更整合的视角，分析了发展科学研究中

基本概念和理论分化演变的过程，如图 2-3 所示，从最初的元理论出发，本质上代表了人们的世界观（worldviews），主要分为两大类：一是笛卡儿的二元机械论，即机械论模型；二是过程-关系范式，即有机论模型。基于世界观的元理论，进一步指导了处于中段的元理论方法论（mid-range metatheory-methodology）。从基本的元理论世界观出发，方法论上也分化为大的两类：一类基于二元机械论，提出了如心智的计算、经典联结主义和进化的现代综合论等元理论方法论；另外一类基于过程-关系范式，提出了关系-发展-系统的方法论取向，具体表现为具身系统论、辩证系统论、动态系统论、交互系统论和发展心理生物系统论等。在元理论方法论基础上，具体的理论也可以分为两大类：一类以机械论模型的元理论和方法论为基础，如信息加工模型、早期的人工智能、进化心理学和认知主义理论等；另外一类同样基于过程-关系范示的元理论和方法论，代表人物如皮亚杰（Piaget）、埃里克森、维果茨基（Vygotsky）和鲍尔比（Bowlby）等，还包括一些重要的理论，如马斯科洛-费希尔（Mascolo-Fischer）的动态技能理论、图瑞尔（Turiel）的社会关系理论、勒纳的积极青少年发展"5C"理论、库琴斯基-德莫尔（Kuczynski-DeMol）的社会关

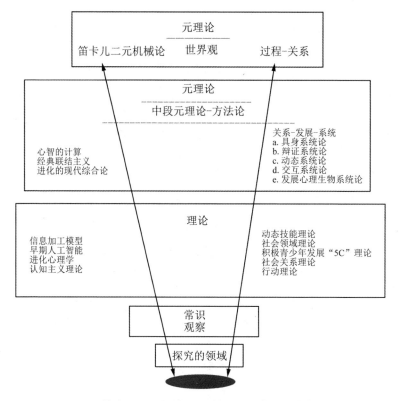

图 2-3　笛卡儿二元机械论和过程-关系范式的概念背景

系理论以及行动理论(Action Theories)。这些具体的理论又进一步指导我们对常识(commonsense)和观察(observations)进行探索,并延伸到具体的未知研究领域。需要说明的是,这些世界观、方法论、理论、常识和观察以及具体研究领域是相互影响的,共同构成了我们认识世界的循环往复过程。就目前而言,处于图 2-3 右侧的关系-发展范式逐渐成为发展科学研究的主流哲学基础。

纵观发展心理学研究历史,奥弗顿(Overton,2006)指出笛卡儿的"心物二元论"长期影响着发展心理学研究的理论基础。其典型的形式就是用二分对立的观点来认识多样性的世界,认为世界存在着两个相互独立的实体:一个是"物质实体",另一个是"精神实体"。应用于发展心理学,二元论观点典型的体现形式就是"先天"(nature)与"后天"(nurture)的对立划分。另外还有一些发展心理学领域内对立二元划分包括连续性与非连续性、质变与量变及个体内因素和情境因素等。

但是,上述这些二元划分在理论和实证研究上都是有缺陷的,这种机械的二元论观阻碍了我们对心理发展基本过程和因果关系的认识(Lerner & Steinberg,2004)。例如,作为笛卡儿物质实体在发展心理学研究中代表的"基因还原论"(Genetic Reductionism),解释了基因是如何为人类行为发展提供基本的物质基础的,并衍生出了如"行为遗传学""社会生物学"等理论(Lerner et al.,2013a),但是,却明显地忽视了心理发展的生态和情境作用。

当代发展心理学更重视先天与后天的相互作用,个体与情境的相互影响(Thelen & Smith,2006)。尤其是当今发展科学的前沿理论——"关系发展系统元理论"(Relational Developmental Systems Meta-theory)(Overton,2010;Overton & Müller,2012)。要分析和探讨心理发展,就需要聚焦于过程、实现、整体性、关系性分析及多视角和解释形式(Overton,2015)。过程(process)指的是系统性变化,不是单变量的变化,也不是某个时间点的状态,而是在发展系统内的动态、系统变化的机制。实现(becoming)指的是从潜力到现实,并且有着过去、现在和未来的发展过程。因此,实现是对过程的进一步展现。我们聚焦于实现,才能站在更高的角度来设计干预的项目。整体性(holism)指的是个体与相关活动的意义源自所处的情境。这就要求在研究过程中不能脱离实际情境,因为情境会赋予文化价值和意义。例如,我们研究亲社会行为的时候,在集体主义文化下,更注重的是纯利他行为,而功能性的利他行为(例如,为了以后获得他人的帮助而去实施帮助的行为)可能在集体主义文化下并不被接受(Chen & Chang,2012)。关系性分析(relational analysis)指的是在发展系统内评估相互影响的关系,也就是强调组织、个体与其所在情境之间的相互作用和影响关系的过程机制。这些关系被看作适应的发展性调节,涉及互惠性的个体-情境关系。在关系发展系统元理论中,发展性调节是人类生活的基本特征，是演化的结果，是人类在应对环境挑战的过程中的适应性表现。此外，关系性分析注重多水平、双向的关系模式，涉及环境（物理的、社会的、文化的）、心理和行为、神经活动及基因活动之间的双向关系。多视角和解释形式（multiple perspectives and explanatory forms）指的是使用多种以理论为基础的、解释发展系统中变化的模型。影响个体心理发展的因素是多方面、多层次的，涉及生物和生理、文化和历史等领域。仅仅依靠单个模型，可能并不能真实客观地理解个体心理发展的全貌，因此，多视角和解释形式是更全面、系统地了解个体心理发展的重要手段。

在人类生活的生态环境中，所有水平的组织系统都会在各类相互影响的关系模式中运行（Overton，2006；Overton & Müller，2012）。大至社会历史文化变迁，小至家庭环境，都是影响个体发展的情境。在不同的历史阶段，社会经济文化的变化都会使得个体的发展留下历史的烙印。例如，华人发展心理学家陈欣银及其团队的研究发现害羞行为的适应性因不同历史阶段人们对其赋予的社会价值的不同而出现变化。他的一项经典研究调查了上海地区 1990 年、1998 年以及 2002 年三个不同阶段的儿童的害羞行为以及以同伴评价、教师评价、自我评价为基础的社会适应指标。结果发现，1990 年时儿童害羞与社会适应指标之间是正相关；到了 1998 年它们之间的相关变得不那么明显或者不一致了；到了 2002 年，儿童害羞与社会适应指标之间呈现了负相关（Chen et al.，2005）。又如，辛自强及其团队运用横断历史研究方法，发现 1992 年至 2005 年中国青少年的焦虑水平逐年上升，并且受到社会发展指标（如基尼系数、离婚率、失业率和犯罪率）等影响（Xin et al.，2010）。家庭对于青少年发展影响的研究更是层出不穷。例如，亲子关系质量（Laursen & Collins，2009）、父母婚姻质量（Gable et al.，1992）及隔代养育（Dunifon，2013）等。诸多家庭环境因素对青少年的发展有长期的影响，是青少年成长历程中最重要的外部生态环境之一。

关系发展系统元理论重视在个体发展过程中个体与情境关系的多样性，以及个体间的差异性所导致的发展路径的多样性（Lerner et al.，2013b）。首先，个体发展过程中个体与情境关系的多样性强调个体在变化，情境也在变化，它们之间的关系也会发生相应的变化，使得个体与情境关系模式变得复杂而多样。我们一起来看一个出生在农村的女孩的例子。刚出生的头两年父母及祖父母都在其身边，但是在三岁时，父亲为了改善家庭经济状况进城打工，此时家庭情境发生了变化，又过了两年母亲离开了，这个女孩就成了留守儿童，需要爷爷奶奶来抚养，家庭情境发生变化，她的适应性也发生了变化（Wen & Lin，2012）。又过了两年，这个女孩入学了，学校成了新的情境。等到女孩上到小学二年级时，父母在城市立了足，把女孩接到城市居住，此时这个女孩既要适应父母在城市中的新的家庭情境，又要适应城市新的文化、学校的新文化环境（Chen，2014；朱倩等，2015）。又过了两年，父母生了一个弟弟，此时，这个女孩的家庭情境又有了新的变化，她需要适应弟弟出生后的同胞关系（陈斌斌，2018）。从这个例子我们可以看到，在个体发展的过程中，个体与情境的关系模式是动态变化的。其次，个体间的差异性导致发展路径的多样性。个体发展存在着显著的差异性，因此他们的发展路径就会不同。如果综合考虑情境因素，那么他们的发展路径变得更加复杂而多样。例如，同样是出生在农村的两个女孩，如果一个女孩的气质是易养型，另一个女孩的气质是难养型，那么即使她们面对相似的情境，她们的发展轨迹也会有所不同。如果再考虑这两个女孩的气质特点与父母养育行为之间的交互作用的话，那么这两个女孩发展结果的差异就会变得更加显著（Mesman et al.，2009）。

值得注意的是，关系发展系统元理论强调个体心理结构，例如，人格都具有可塑性，这才使得探讨个体与情境间的关系变得有意义。例如，在过去40年间，"大五人格理论"（Five Factor Theory）所划分的开放性、宜人性、尽责性、外向性和神经质这五大人格特质成了人格研究的重要领域（Costa & McCrae，1992；Soldz & Vaillant，1999），也是具有主导地位的模型。尽管人格心理学家们会认为人格特质是具有生物基础的、稳定的心理结构，但是近年来的研究陆续发现人格特质是不稳定的，会因情境而发生变化（Branje et al，2004；Sturaro et al.，2008）。因此，这种不变性的观点被关系发展系统元理论持有者摒弃了（Overton，2015）。

关系发展系统元理论还强调，发展心理学家在聚焦个体与情境关系的研究时，需要注意特定的时刻。奥弗顿（Overton，2015）在一项研究项目中强调，发展性的分析涉及不同的点，这些点被称作时刻（moment）。第一个时刻为对立面的认同（identity of opposites）；第二个时刻为认同的对立面（opposites of identity）；第三个时刻为关系的整合，即整体的综合分析（synthesis of wholes）。第一个时刻，即对立面的认同，认识到个体与情境两者互相定义对方。它们之间不是完全对立的，而是在某个时刻有区分的联系的（Overton，2015）。因此，对立面的认同强调融合个体与情境的双向关系是理解发展问题时进行分析的基本单位。所以，人格是稳定的、不受环境影响的问题，在关系发展系统元理论看来是需要摒弃的。第二个时刻，即认同的对立面，静态地对系统中的某部分进行聚焦性的分析，其最终目的是能够对整个系统进行分析。例如，仅对个体特征进行分析，而暂时搁置情境，或者相反，仅对情境特征进行分析，而暂时搁置个体。我们很多初期的研究，大多数可能处在这样的时刻。例如，分析儿童和青少年的攻击行为以及不同类别，而忽视分析影响攻击行为的情境因素。第三个时刻，即整体的综合分析，是将前两个时刻整合在多视角的过程关系范式下进行的研究和分析。这就要求我们要同时进行前两个时刻,它们都是必要的。

当基于个体与情境的关系来描述和解释个体发展时,关系发展系统元理论强调优化个体和情境的关系,进而实现二者互惠互利,这是促进个体积极发展的重要基础。勒纳等人(Lerner et al.,2013)认为研究者基于这种关系,需要回答如下问题:

· 个体具有哪些基本特征(例如,生物和生理特征、认知能力、动机、情绪能力或者气质和人格等);

· 个体所在群体具备哪些地位特征(例如,所处的发展阶段、性别、种族、宗教、地理位置等);

· 所处的情境有什么特点(例如,家庭条件、社区状况、社会政策、经济水平以及历史发展阶段);

· 这些情境有哪些适应性功能(例如,能否维持和促进健康的家庭、社区和社会的功能)。

如果能够综合考量上述问题,那么发展心理学家就能够据此进行应用性的研究,开发相应的干预项目。他们可以细化具体的个体特征,个体所处的具体生态环境,所在的具体发展阶段,从而促进最优化的心理发展变化。目前,国际上一些综合性的追踪项目,如"积极青年发展 4-H 研究"(4-H Study of Positive Youth Development;Lerner et al.,2005),就是基于关系发展系统元理论,对上述问题细化分析之后,描述和解释个体发展的过程,并且形成了丰富的优化个体发展的相关策略。例如,勒纳等人的"积极青少年发展 4-H 研究",聚焦于发现青少年的优势特征(例如,"5C"模型,本书的后面章节详细介绍),探寻与这些优势能力相匹配的来自家庭、学校和社区的优质资源,从而开发促进青少年健康发展的最优化的策略;同时,注重正向发展的青少年为所处的环境和社会做出贡献,从而形成进一步利于自己发展的良性双向互动机制。

另外,在研究方法上,关系发展系统元理论强调不能只局限在量化研究上,而应该结合质性研究,通过混合研究方法来解决发展心理学的相关问题(Lerner & Callina,2014)。尽管量化研究相对更客观,但是测量工具不能深入了解某些心理结构及其深层次内涵(如积极青少年发展中的品格、关爱、能力等心理结构)。而且如果要回答上面的四个问题,不能单纯靠量化研究就能完成。因此,依靠质性研究和量化研究的混合设计研究,才能更好地理解我们要探讨的发展心理学领域中的心理结构,才能深入地挖掘关系发展系统元理论所强调的动态双向互惠关系、发展的可塑性等思想指导下的发展与变化的心理结构。

勒纳等人(Lerner et al.，2013b)寄希望于未来发展心理学研究更加重视严格的基于关系发展系统元理论的研究，探讨个体与情境的相互关系及其动态过程，并将此嵌套在更宽广而复杂的个体发展所处的生态环境之中。尤其是青少年发展研究非常适合在关系发展系统元理论下进行。一方面，对于青少年来说，生理、情绪、认知和行为等都在发生巨大的变化；另一方面，青少年期也经历着各种情境的变化，如学业的过渡，与同伴关系的变化，与父母关系的变化，步入职业生涯，等等。青少年时期是非常适合进行个体与情境关系探讨的发展阶段。另外，关系发展系统元理论也指出，应该在方法上有所突破和创新，这样方可更加科学地去研究关系发展系统所涉及的这些具体问题(例如，具体个体特征、群体特征、情境特点等)(Overton，2015)。为了让每一个个体都能匹配情境从而实现适应性发展，以人为中心的分析方法相对于以变量为中心的方法更能体现其优势。

## 二、积极青少年发展观的理论基础

从人类个体毕生发展的角度看，青少年期处在第二个十年期(Lerner & Steinberg，2004)。较早期的研究似乎将青少年期看作麻烦不断的"狂风暴雨"期，或者是问题层出不穷的过渡期(Petersen，1988)。因此，青少年被看作对自己和社会有危险的群体，持这样观点的理论都被看作"缺陷"模型。但是，近年来，越来越多的学者开始认识到，不能仅看到青少年有问题的一面，也应该看到其具有潜力和蓬勃发展的一面(Benson，2003；Lerner et al.，2003a；Roth & Brooks-Gunn，2003)。随着对积极青少年发展的重视及整合重要的发展科学研究的理论和思想，学者逐渐形成了具有推动积极青少年发展观的学科理论和观点。这里介绍四个主要理论，它们分别是发展情境论、毕生发生观、生命历程观和演化生命史观。

### (一)发展情境论

发展情境论(Developmental Contextualism)是当今发展科学研究中重要的理论之一(张文新，陈光辉，2009)。该理论是在早期已有理论(如生态系统理论)的基础上提出来的(Lerner & Kauffman，1985)，强调发展的情境不能被简单地看作一个环境刺激，而应该被看作生态环境。环境内部存在着嵌套关系，并且在整个发展过程中整合生理、心理和社会文化等。因此，从这一层面来说，发展情境论的核心思想是在发展过程中，个体与多重情境变化间互惠的动态关系(Lerner，1991)。

与关系发展系统元理论一样，发展情境论强调个体与情境的双向作用，强调个体受到情境的影响而展现出可塑性。另外，值得注意的是，发展情境论中所论的情境的内涵包括四个方面（张文新，陈光辉，2009）：第一个是物理环境，如社区的建筑、游乐设施、家庭装饰、学校和教室的照明等；第二个是社会关系网络，包括直系亲属、学校同学和老师、社区和社会支持（如医生、教练）等；第三个是发展中的个体，这不仅是发展的主体，也是发展情境中的一部分；第四个是时间变量，如个体的年龄变化、物理环境的更迭、科学技术的突飞猛进等。由此可见，发展情境论中的情境是非常复杂的。总的理论模型如图 2-4 所示。

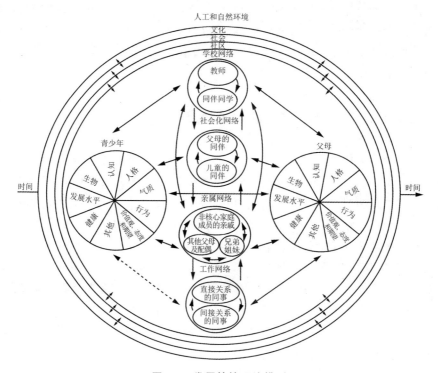

**图 2-4　发展情境理论模型**

　　基于发展情境论分析青少年时，有必要分析青少年所经历的各种变化及与其关联的、变化的情境。发展情境论被当成非常有用的理论来理解和解决积极青少年发展研究中的挑战，这些挑战包括全球普遍存在的青少年现象，如青少年在青少年期成了父母、父母离异青少年、青少年移民、受到网络和现代通信技术发展而影响的问题青少年等，以及从我国国情出发的独特挑战，如因社会变迁而出现的流动或留守青少年、饱受学业和升学压力困扰的青少年等。这些问题的解决，不得不依赖于对动态变化的情境及与青少年个体间的互惠关系的综合考虑。对于这些挑战，我们用发展情境论去思考和分析时，不难发现情境对青少年产生影响的同时，青少年反过来也在影响情境。试想一下，来自农村的流动青少年进入城市，新的学校环境会影响他的行为，他的行为也会反过来影响学校。例如，城市孩子对流动儿童表现出排斥态度，流动儿童的自尊因此受到影响，从而使他们做出针对城市孩子的欺凌行为（Chen，2014）。因此，发展情境论重视探讨青少年是否拥有足够的情境资源来满足他们身心向着积极的方向发展的需要，以及如何开发干预项目来匹配个体与情境之间的良性动态关系。

### (二)毕生发展观

毕生发展观(life-span developmental perspective)关注个体发展的整个人生阶段，从妊娠到死亡，以此来定义发展的基本过程(Baltes，1987)。该理论通过年龄和关键期等来定义个体所处的发展阶段，并且强调研究个体发展并不是只研究儿童期和青少年期，要超越这些阶段，纵贯整个生命期。例如，当我们使用毕生发展观探讨亲子关系及其互动时，就可以探讨父母与未成年子女之间的影响方向和互惠影响机制，并且能对比父母与其成年子女之间的影响方向和互惠影响机制。

毕生发展观认为，常规的年龄相关因素在毕生发展中具有重要作用。"常规性"(normative)在毕生发展观看来就是在统计层面上，在特定社会或者文化群体中大多数人都有某些心理和行为现象或者成熟标志。例如，青少年期冒险行为的"双系统模型"，就是基于年龄因素来探讨的(Steinberg et al.，2008)。以刺激寻求为主导的"热"系统的出现与青春期成熟有关，呈现曲线增长的模式。刺激寻求在10岁至15岁逐渐上升，随后下降并处于稳定的状态。相反，作为冲动控制为主导的"冷"系统，并不与青春期成熟有关，但是与年龄本身的增长有关，呈线性关系，从10岁开始逐渐上升。该模型认为，青少年中期最易出现冒险行为是由高的刺激寻求倾向和相对不成熟的自我控制能力导致的。但相比儿童期和青少年期(也就是个体发展的头20年)，年龄与个体身心成熟之间的常规关系在20岁之后的成年中后期和老年期会变得比较复杂。研究所获取的年龄相关的发展信息不是很充分，争论也比较多(Baltes & Smith，2004)。

在毕生发展观看来，个体在发展过程中有三个目标，即成长、维持和因功能退化而调整(任真，桑标，2003)。成长意味着个体在成长过程中需要不断地提升能力水平，以适应成熟阶段的环境。维持说明了因在发展过程中应对新的挑战以及出现暂时的损耗的情况下，需要恢复到正常的发展水平。因功能退化而调整是个体因为衰老等出现功能退化，但须继续为适应环境而做出相应调整。例如，巴尔特斯(Baltes，1997)的研究发现，对于个体而言，其工作记忆呈现一种倒U形的发展趋势，也就是在发展初期不断地提升，到了成年早期开始逐步衰退。还有一种被称为才智（wisdom）的能力，包括言语知识、专业技能等，可以一直持续发展到 70 岁左右，尽管发展的速度比较缓慢。从这两种能力的发展中，我们就不难发现个体的三个目标的具体实现情况了。尤其是第三个目标因功能退化而调整可以体现为工作记忆能力下降，而才智却仍能保持较高水平来适应随着身体衰老而面临的新的生活挑战。

### （三）生命历程观

与毕生发展观在概念上有一定相似性的是生命历程观（Life Course Perspective）。尽管它也探讨个体的发展过程，但还分析个体所处情境的结构、功能和变化以及所处的历史阶段对个体的影响（Elder，1974）。历史相关的影响因素包括经济萧条、战争、社会变革、重大社会政策、大型流行病传播、技术革新以及重大的教育改革等，较著名的是埃尔德在其《大萧条时期的孩子们》（*Children of the Great Depression*）一书中介绍的研究（Elder，1974）。该研究基于"奥克兰成长研究"项目，在 1932 年开始调查，探讨当年 5～6 年级的来自五所小学的 167 名学生，评价他们的身体指标、智力和社会性发展，他们在青少年期遭受了经济大萧条。这个项目一直跟踪至 1981 年，评价了他们的健康状况、人格以及相关生活经历等。发现在经济大萧条期间，处境不利的青少年的发展状况不同于经济发展良好历史时期的青少年的发展状况，并且，他的研究中也见证了个体从生活得非常好变成生活得穷苦潦倒的过程。不良的经济状况让他们频繁搬家以及更换工作，儿童在经济处境不利情况下出现了超越该年龄所拥有的成熟，当家庭经济状况好转时又恢复了该年龄所应该有的青春活力。这项研究正好非常生动地反映了个体的生命历程。

生命历程观有五大基本原理（Elder，1998；Elder & Johnson，2002）。

第一，毕生发展。如同毕生发展观那样注重个体发展的整个人生过程。

第二，能动性。在历史和社会环境所给予的机遇和限制范围内，个体通过主动选择和行动来建构他们自己的生活。例如，我国的"80 后"是独生子女政策执行后的第一代群体，他们普遍比之前的几代人受到了更好的教育，而且他们出生于改革开放时期，所处的经济环境相比起来是比较好的，但同时也受到巨大的社会变迁所带来的社会化价值观的冲击。他们是继续保持传统的集体主义价值观，还是追求西方的个体主义价值观，这就需要"80 后"个体主动选择来建构他们自己的生活。一项研究探讨了生活在上海的"80 后"群体对子女养育的社会化价值态度，以及受教育程度对此的影响（Chen，2018）。结果发现，"80 后"一代的父母在培养孩子时，仍然重视中国传统的教育理念，如孝顺和勤奋；但同时也秉持现代的家庭教育理念，如重视孩子的独立思考能力等。另外，他们的受教育水平越高，越不看重传统的子女养育社会化价值（如听从父母），也不会过多地看重孩子学业方面的能力（如一定要好好学习）。受教育水平越低的"80后"父母，越重视传统的育儿价值，尤其是如果自己的子女是男孩，那么更重视孩子未来要孝顺、勤奋等。可见，在特定的社会和环境中，个体会主动建构自己的生活和行为方式。

第三，时期和地域。个体的生命历程是嵌套在他们毕生所生活和经历的某个特定的历史时期和地域环境中的，并被它们塑造。例如，我国巨大的社会变迁，使得父母的养育态度和行为都会发生巨大的变化。例如，比起农村的父母，城市的父母因为受到更大的社会经济改革的影响，更鼓励子女独立，并且较少地使用控制行为（Chen et al.，2010）。

第四，时机。生活经历、生活事件及与行为模式相关的发展的前因后果都因个体在其生命历程中的时机不同而出现不同。例如，埃尔德（Helder）在"奥克兰成长研究"中发现，大多数男性青少年都有服兵役的机会，这是一个重要的生活事件，也是重要的转折点。处在经济萧条期的这些青少年因为服兵役的机会，重新开始自己的生活，这会对他们的发展产生重要的影响。目前高级心理统计模型的发展，让研究者可以探讨历史与个体发展之间的关系。例如，研究者使用潜在增长曲线（latent growth curve）分析的手段，对跟踪了四年的青少年所经历的生活事件与抑郁状况之间的关系进行了调查，结果发现压力生活事件经历的增加会加剧女孩的抑郁症状的出现，但对男孩却没有这样的影响（Ge et al.，1994）。

第五，相联的生命。生命之间是相互联结的，社会历史的影响是通过这些相互联系的关系网络（如婚姻关系、亲子关系、友谊关系）起作用的。一项美国的研究调查了 1955 年至 1976 年的青年的社会信任，发现物质主义价值观在所调查的 20 年间不断增强，导致青年对他人的信任感逐渐减弱（Rahn & Transue，1998）。

总之，生命历程理论在理解个体的发展时，更加重视事件发生的"时间性"（timing）、人类自身"主动的能动性"（active agency）、"生活的相互关联"（linked lives）和"历史的时空性"（historical time and place）等（Elder et al.，2015）。这些基本概念和假设逐渐被积极青少年发展的相关理论和研究吸纳和拓展。例如，对"时间性"的重视，引起了研究者对积极青少年发展过程中"情境-敏感性"（contextually-sensitive）这一问题的重视（Cantor et al.，2019）。再如，"能动性"的假设，使研究者更加相信青少年自身具有积极发展的潜能（Lerner et al.，2015）。

值得注意的是，毕生发展观和生命历程观之间具有关联性。我们一起来考虑中国经济发展的地区差异对青少年发展的影响。例如，同样是青少年初期，生活在城市地区的青少年和生活在农村地区的青少年的某些行为就会出现显著的差异，而且这种差异导致他们的适应性也会出现差异（李丹等，2011）。在这个例子中，生命历程观解释了为什么城市和农村的青少年会存在适应的差异，而毕生发展观则解释了处于同样发展阶段的青少年因为所处的情境不同而出现了显著的差异。

此外，毕生发展观和生命历程观都强调可塑性，即受到各种年龄分层、历史分层和生活事件因素影响以及交互影响，个体的发展出现了变化（Baltes & Smith，2004）。研究者可以通过实验模拟的方法，探讨不同的学习经历对发展结果的影响。例如，设置一定时间范围的认知训练，以分析青少年在自我控制方面的变化；在研究方法上，既要重视跟踪设计的方法，也要结合自然时间的自然观察来分析个体的发展变化。

### (四)演化生命史观

演化生命史观（Evolutionary Life History Perspective）是进化发展心理学的元理论。该理论强调，维持个体生长、发育、繁衍等的资源是有限的。为了更好地适应环境条件，人类在发展过程中，会将有限的时间和资源进行合理分配，从而更优化地促进个体的身心发展（Del Giudice et al.，2015；Griskevicius et al.，2013；Hill & Kaplan，1999）。生命史理论有助于我们去分析个体是如何在权衡成本和收益以及不同发展模式之后，发展并形成环境决定性的生命史性状的。这是当前在演化视角下，青少年心理学相关研究中较前沿的方向（Brumbach et al.，2009）。

演化发展心理学家贝尔斯基（Belsky）及其同事在1991年的《儿童发展》这一发展心理学领域权威学术期刊上提出了"社会化的演化理论"（Evolutionary Theory of Socialization），从演化的视角系统地分析了在应对不同的生态环境条件时早期的依恋模式会对个体社会性发展产生深远的影响（Belsky et al.，1991）。该理论模型可以被看作最早运用演化生命史观来分析早期童年经历对个体在青少年期和成年期的发展是如何受到特定环境条件的影响，最终为了实现繁衍相关的演化目标而发展出不同的适应策略。

贝尔斯基提出演化适应环境时，假设它是一个在一定时期内相对比较稳定的生态环境。尤其是对于一个个体来说，其最初的二三十年都是在较稳定的某种生态环境中生活的（Belsky，1997）。因此，这就保证了个体在童年期形成的依恋模式能够反映其面对当前环境条件时（养育状况）做出的适应性的应对策略。从童年期到成年期，一致的环境条件使得青少年期和成年早期的各种与繁衍相关的行为仍能够受到其童年时期的生活环境条件所塑造的生命史中介机制的影响，促使个体朝着特定轨迹发展相应的策略，最终实现繁衍适应和成功。

不同轨迹反映的是不同的繁衍策略的权衡，包括权衡成长投入还是繁衍投入，权衡目前繁衍投入还是未来繁衍投入，权衡择偶投入还是养育投入。这些权衡在功能上并不是完全相互独立的。以个体何时以及如何分配时间和资源为特点的生命史策略差异就会体现在快和慢的连续维度上（Figueredo et al.，2006；Nettle，2010）。慢策略包括缓慢成长和推迟繁衍，往往与寿命长、高亲本投入、子女数量少但质量高、青少年死亡率低等生命史性状有关联性，在社会行为上表现为信任、自我控制能力强。相反，快策略包括快速成长和提早繁衍，往往与寿命短、低亲本投入、追求短期择偶（不重承诺）、子女数量多但质量低、只看重即刻的回报、青少年死亡率高等生命史性状有关联性，在社会行为上表现为缺乏合作、具有高冒险性（Baumard，2019；Chen & Chang，2016；Griskevicius et al.，2013）。

演化生命史观强调基于早期环境条件来分析个体的与繁衍相关的生理、心理和行为策略。演化发展心理学家埃利斯等人（Ellis et al.，2009）总结了促进繁衍成功的生命史策略的环境条件，大致可以分为两个基本维度：严酷性（Harshness）与不可预测性（Unpredictability）。环境严酷性被定义为个体长期经受疾病与死亡的威胁，或者处在高发病率和死亡率（morbidity-mortality）的环境中以及处于资源极度匮乏的恶劣条件下。环境不可预测性指的是环境严酷程度随时间和空间的变化变异情况大，而且不确定性高（如灾难和意外，家庭成员去世，父母缺失尤其是父亲缺失，搬家，转学等）。从演化的视角看，个体已经演化了某种特定心理机制来帮助他们调整生命史策略，以应对特定的环境线索（Del Giudice et al.，2009）。这两种不利的环境条件都会引发个体发展出快的生命史策略，从而进一步发展出与此策略相关的行为和心理。

近年来，基于演化生命史观的理论假设来探讨青少年发展的研究在不断地积累（Belsky et al.，2010；Ellis et al.，2003；Simpson et al.，2012）。例如，我国演化发展心理学家张雷及其研究团队（Chang et al.，2019）针对来自9个国家的1 245名青少年及其父母进行了6年的追踪研究，以探讨童年期的环境条件是如何影响青少年发展的。环境的严酷性和不可预测性（如消极的生活事件、不安全的社区、家庭混乱状况、家庭收入的变化）都会负向预测两年后慢生命史策略相关的行为模式（如计划和控制、亲子关系、社会支持等），而它又反过来预测两年后的行为问题以及学业表现，而且这些关系模式在9个国家中得到了一致结果。

从演化生命史观的视角探讨积极青少年发展的研究才刚开始。一项初步的研究分析了青少年感受到的环境的预测性会通过生命史策略这一中介机制来影响他们的外部和内部发展优势（Chen et al.，2017），由此可以说明青少年的发展优势是个体面对可预测的环境时所表现出来的慢生命史策略的结果。因此，从该视角探讨青少年的积极发展为未来政策制定和干预项目的开发提供了新的思路，也就是理解了青少年发展优势的终极根源。青少年感知到所处的环境是可预测的，就会在慢生命史策略机制的推动下展现出低风险、长远的发展模式。因此在实践中，有必要增加投入为青少年建立稳定可预测的环境，提升社会环境质量。总之，演化生命史观为理解和促进青少年积极发展提供了新的视角和方向。

# 第三节　积极青少年发展研究中的实证模型

关系发展系统元理论和与之相关的发展科学中的基本概念及理论为积极青少年发展观的兴起提供了基本的概念框架。伴随着这些基本理论的不断更新和发展，研究者从不同视角逐步提出或验证了一系列积极青少年发展的实证模型，成为当代青少年应用发展科学研究和实践中重要的组成部分（郭海英等，2017）。下面将介绍该领域中三个重要的实证模型。

## 一、心理弹性：青少年在高风险或逆境中的积极适应

心理弹性是什么，与积极青少年发展有什么关系？"心理弹性"这个术语是否只是针对特定的人群？对这些问题的思考有助于我们认识心理弹性的本质及其与积极青少年发展的关系。在概念上，研究者大体上从特质、过程、结果的角度去定义心理弹性，也通过整合以上三个方面来理解（Wright et al.，2013）。早期研究者常常把心理弹性描述为个体在历经风险或逆境后的良好适应或发展，如沃纳和史密斯（Werner & Smith，1982）及拉特（Rutter，1987）。他们的研究发现，生活在风险环境（如创伤、贫穷）中的青少年在适应方面存在较大差异，部分青少年会表现出良好的适应状态，这种现象被描述为"无懈可击的"（invulnerability）、"抗逆的"（stress resistance）或"钢化效应"（steeling effect），后期逐渐使用术语"心理弹性"（resilience）来表征这种现象。此后，更多的学者将心理弹性定义为一种类特质（trait-like）的个性特征或能力。例如，瓦格奈尔德和杨（Wagnild & Young，1993）将其视为一种调节压力的消极影响并促进个体适应的人格特质，科诺尔和戴维森（Connor & Davidson，2003）将其定义为一种在逆境中的压力应对能力。目前，心理弹性被广泛定义为在经历威胁个人生存和发展的事件后，个体具有的恢复并保持良好的适应系统功能的能力（Wright et al.，2013）。从发展的视角来看，要理解心理弹性的本质，必

须将其放在个体的发展系统中，即关注并解释个体如何才能在逆境中积极适应的过程，这包含了一个个体↔情境相互作用的动态过程（Masten，2014b）。从这个角度来说，心理弹性的定义具有明显的过程属性，与关系发展系统元理论的基本观点是密切相关的。

心理弹性研究中的三个核心问题及建构如表 2-1 所示（Masten & Barnes，2018）。三个核心问题分别为：挑战是什么，个人如何做，支持成功的过程是什么，分别对应具体研究中的风险因素、适应性成功的标准和促进性或保护性因素。

**表 2-1　心理弹性研究的核心问题及建构**

| 挑战是什么 | 个人如何做 | 支持成功的过程是什么 |
| --- | --- | --- |
| 风险因素 | 适应性成功的标准 | 促进性或保护性因素 |
| 创伤 | 发展性任务 | 神经生物的 |
| 忽略 | 心理健康 | 行为的 |
| 儿童期逆境经历 | 生理健康 | 家庭和关系的 |
| 贫穷 | 幸福 | 社区的 |
| 自然灾难 | 工作成就 | 文化的 |
| 战争 | 照料 | 社会的 |

心理弹性视角已经对许多与儿童发展相关的儿科专业的实践模型产生了变革性影响，将模型从关注风险和脆弱性的缺陷导向方法转向更广泛的关注积极目标、模型和措施的方法，并以优势导向的哲学（strength-oriented philosophies）为指导（Masten，2011）。总的来说，马斯顿（Masten，2011）指出了基于心理弹性框架的促进应该包括下面几个基本要素：①有积极目标的使命；②模型和测量应该包括促进性和保护性因素以及评估成功的积极指标；③降低风险、增加资源和调整适应性系统的方法；④多部门和多学科的联合，为促进积极变化创造协同效应；⑤进一步转化与协同，即将心理弹性相关的模型、方法、结果、争议以及新的问题进一步整合，重新回到增强心理弹性的使命、模型和测量等，形成一个循环。总体而言，干预的基本策略应基于减少或降低风险，丰富促进儿童青少年健康和发展的资源，重塑其强有力的适应性系统。

还存在的一个问题是，既然心理弹性和积极青少年发展观都强调个体的积极适应，那么二者有区别吗？对这个问题的回答直接影响研究者在探讨青少年发展相关问题时的理论建构和应用导向。为此，马斯顿（Masten，2014）和勒纳等研究者（Lerner et al.，2013）对这两个概念做了详细的辨析。他们认为，二者的理论框架都是基于人类心理与行为发展的系统观和动态观，但是二者也存在一些重要差异，主要表现在：①积极青少年发展观关注如何促进全体青少年的充分发展，而心理弹性研究者则重点关注那些历经风险的青少年是如何积极适应的；②积极青少年发展观强调促进最佳的心理功能的充分发挥，而心理弹性研究者所指的"积极适应"特指在风险情境中完成好与年龄相匹配的发展任务，尤其是对个体↔情境的交互作用以及在连续高风险与逆境中的适应功能感兴趣。总的来说，心理弹性反映了在高风险或逆境中个体的积极适应过程，可以被认为是青少年积极发展的一种特例，也即心理弹性的实例，仅在该理论分布的位置方面有所不同。图 2-5 所示将逆境/风险看成一个连续体的话，心理弹性重点关注的是处于该连续体最右的一部分。

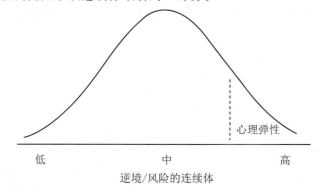

**图 2-5　在面对不同程度的风险和逆境时，适应性的个体↔环境关系
实例的理论概率分布（Lerner et al.，2013a）**

## 二、发展资源模型：积极青少年发展研究的重要取向

受心理弹性研究和预防干预科学的影响，青少年身心健康的研究者开始对青少年积极、健康和充分发展的路径进行定义和理论化。较为典型的就是对青少年发展资源及其理论框架的探索（Benson et al.，1998）。与此同时，有关"青少年应该作为一种资源去开发"的观点也一并出现（Scales et al.，2000）。研究者逐渐摒弃青少年发展的"问题与缺陷"观，进而转向考察促进青少年积极发展的个人和生态资源（Lerner et al.，2005），从发展过程的角度理解个人与情境的互动关系。他们使用"充分发展"（thriving）[①]这一术语来代表青少年的积极发展（Scales et al.，2000），"充分发展"主要指青少年没有问题行为的同时，具有健康发展的指标（如学业成功等）。青少年的充分发展至少应包括相互

---

[①]　有关"thriving"的翻译，中文含义"繁荣的、昌盛的"，但中文语境中形容"青少年"似乎不合适。本文中采用《儿童心理学手册》第六版（中译版）（华东师范大学出版社，2006 年，第一卷，第 16 章，张卫译）的中文版的译法，译为"充分发展"。

联系、不可分割的三部分(Benson & Scales，2009)：①充分发展代表了一个伴随时间变化的动态的过程，在这一过程中，青少年通过发现自身的专长和带有鼓励性、指导性的发展情境(包括人和地方)相互影响；②充分发展包含一个伴随时间而发展的连续性和非连续性的平衡过程，达到平衡状态意味着个体和他(她)的发展情境达到了最佳融合；③充分发展涉及青少年在人生路上何处实现理想人格以及他们是否走在积极的人生路上，且这条路的显著特征是青少年能根据环境和自我的实际情况进行适应性的自我调节(adaptive self-regulation)。综上所述，青少年的充分发展包含了个体与情境关系中的"平衡与可塑""连续性与非连续性""动态与过程"，且青少年在任何一个时间点都或多或少有充分发展的倾向性，而不是充分发展的"是或否"(Benson & Scales，2009)。图 2-6 反映了这样的一个动态的过程。

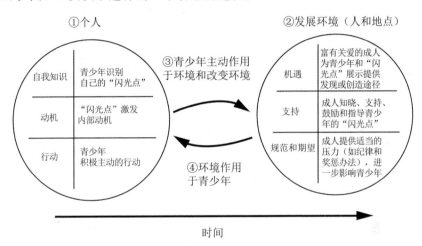

**图 2-6  青少年充分发展的动态过程**

依据本森和莱弗特(Benson & Leffert，2001)的定义，发展资源主要指能够促进青少年健康、积极发展，并减少问题和风险行为的一系列发展经验、资源和机会。基于此，本森及其团队最终提出了青少年积极发展的 40 种资源，内部资源和外部资源各 20 种，如表 2-2 所示(见综述，Benson et al.，2006；常淑敏，张文新，2013)。外部资源主要涉及促进青少年健康发展的家庭、学校、社区和社会资源；内部资源主要反映了个体自身的发展优势，如社会能力、积极价值观、自我肯定等(Benson & Scales，2011)。

表 2-2　青少年积极发展的 40 种资源

| 类别 | 外部资源 | 类别 | 内部资源 |
|---|---|---|---|
| 支持 | 1. 家庭支持 | 投身于学习 | 21. 成就动机 |
| | 2. 积极的家庭沟通 | | 22. 学校参与 |
| | 3. 与其他长者建立良好关系 | | 23. 家庭作业 |
| | 4. 关怀的邻居 | | 24. 关心学校 |
| | 5. 关爱的学校氛围 | | 25. 阅读乐趣 |
| | 6. 父母参与学校生活 | 积极价值观 | 26. 关爱 |
| 授权 | 7. 社区重视青少年 | | 27. 平等与社会公正 |
| | 8. 青少年是一种资源 | | 28. 正直 |
| | 9. 为他人服务 | | 29. 诚实 |
| | 10. 安全 | | 30. 责任感 |
| 规范及期望 | 11. 家庭规范 | 社会能力 | 31. 克制 |
| | 12. 学校规范 | | 32. 制订计划和决策能力 |
| | 13. 邻里规范 | | 33. 交往能力 |
| | 14. 成人角色示范 | | 34. 文化的能力 |
| | 15. 积极的同伴影响 | | 35. 抵制技巧 |
| | 16. 高期望 | | 36. 和平解决冲突 |
| 有效利用时间 | 17. 创意活动 | 自我肯定 | 37. 个人潜能 |
| | 18. 青少年项目 | | 38. 自尊 |
| | 19. 宗教社团 | | 39. 目标感 |
| | 20. 留在家中 | | 40. 积极看待未来 |

资料来源：Benson(2006)、常淑敏和张文新(2013)。

　　发展资源模型将个体与发展情境相联系，具有坚实的理论和实证研究基础，是一个重要的关于人类积极发展的理论模型，其提出的一些重要的理论假设都得到了验证(Benson et al.，2006)。具体如下。第一，资源的累积。个体拥有的资源越多，越有利于增加其积极发展结果(如学业成功)和减少其风险行为，这被称为资源的"垂直堆积"(Benson et al.，2006)。一系列的实证研究都表明，从资源贫乏到资源富足，资源数量的增加与青少年的积极发展结果存在显著的正向预测关系(Scales et al.，2000；Sesma et al.，2005)。此外，来自家庭、学校和社区等多维度的生态资源相互配合时，也可以促进积极发展，这被称为资源的"水平堆积"(Benson et al.，2006)。例如，一项对非裔美籍青少年中学过渡期的研究发现，同时在家庭和学校环境中有更丰富资源的学生，要比仅有一种环境资源的学生，有更好的学业成就和学业效能感(Gutman & Midgley，2000)。第二，虽然发展资源在不同领域中的表现可能不尽相同，但是总体上具有普遍相关性，也就意味着对不同社会阶层的青少年都可能适用

(Benson et al.，2006)。需要注意的是，资源对发展结果的解释或预测程度可能会因为文化、种族的不同而存在差异。例如，塞斯马(Sesma et al.，2005)的研究发现，来自家庭、学校的规范限制和期望对预防有色人种青少年的反社会行为来说具有重要作用，但这种作用在美国多种族混血青少年、欧裔青少年中的保护性作用更强。第三，只要以特定的方式设计和组织青少年发展的环境，资源就能得到丰富。例如，社区资源的改变或重组是通过青少年发展项目促进青少年积极发展的重要路径(Schwartz et al.，2013)。总之，发展资源模型为后续研究者识别不同发展情境中(如不同文化、发展阶段)的关键资源特征、探索发展资源促进积极青少年发展的内部机制以及设计基于资源的青少年项目提供了基本依据。

## 三、积极青少年发展的关系-发展-系统模型：来自"4H"项目的证据

在积极青少年发展的研究中，具有里程碑意义的是积极青少年发展的"5C"结构的提出(Eccles & Gootman，2002；Lerner et al.，2005)，即将积极青少年发展的特征操作化为 5 个指标：能力(Competence)、品格(Character)、联结(Connection)、自信(Confidence)和关爱(Caring)，简称为"5C"。每个"C"的具体含义如表 2-3 所示。金等研究者(King et al.，2005)在基于访谈的定性研究中发现，青少年自己、父母和社工表述的积极发展的特征也可以被概念化为 5 个"C"。目前，基于"5C"的操作化定义在青少年发展的实证研究中得到了广泛应用(如 Dubois & Keller，2017；Geldhof et al.，2014a)。

表 2-3　积极青少年发展"5C"结构的定义

| 结构 | 定义 |
| --- | --- |
| 能力 | 指一种个人对特定领域能力的主观评估，包括社会、学业、认知和职业等不同领域，如社会能力中的人际技能，认知能力中的决策，学业能力中的成就，职业能力中的职业探索等。 |
| 品格 | 主要涉及尊重社会和文化规则，拥有正确行事的标准；也涉及道德上的对与错的感受、正直等。 |
| 联结 | 反映一种与组织机构及重要他人的积极纽带，具体表现为个体与家庭、学校和社区的积极的双向互动关系。 |
| 自信 | 涉及对积极的自我价值和自我效能的内在感受，是一种总体上而非特定领域的信念。 |
| 关爱 | 主要指对他人的同理和同情。 |

注：以上内容来自 Lerner 等(2005)和 Roth，Brooks-Gunn(2003)的研究。

在后续的研究中，积极青少年发展的"5C"结构在勒纳等人（Lerner et al.，2005）领导的"4H"项目中得到了实证数据的支持。基于关系发展系统元理论，研究者将这 5 个指标嵌套在一个发展系统中，提出了积极青少年发展的关系-发展-系统模型，该模型也被称为勒纳和勒纳模型（Lerner et al.，2015；Lerner et al.，2018），如图 2-7 所示。在这个模型中，积极发展被嵌套在了青少年优势与生态资源之间的适应性发展调节的过程中（Lerner et al.，2015）。

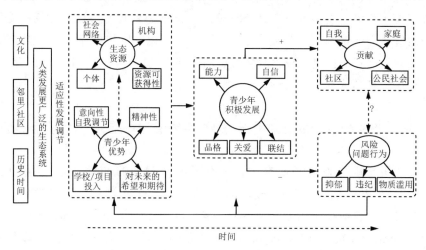

**图 2-7　积极青少年发展的关系-发展-系统模型(Lerner et al.，2015；Lerner et al.，2018)**

这个模型的基本假设为：如果青少年的自身优势（如学校投入、对未来的希望和期待、意向性自我调节等）和发展生态资源（如具有支持性的成人-青少年关系、构建技能的活动、担任组织领导的机会等）能良好地结合，那么青少年的积极发展过程将会被优化，就会在积极发展的 5 个关键特征方面表现出较高的水平（Lerner et al.，2005）。此外，拥有高水平"5C"的青少年也可能会出现重要的积极发展结果——对自我、家庭、社区和公民社会的贡献（Contribution），这被称为"5C"之后的又一个"C"（与"5C"合称为"6C"）。同时，拥有高水平"5C"，也可能意味着有更少的风险和问题行为（Lerner et al.，2015）。换言之，如果积极的发展源自青少年和其所处的生态情境的相互增益的关系，那么青少年可能是积极地进入与周围世界的联系，且可能有更少的风险和问题行为倾向（Lerner et al.，2015）。与此同时，这些适应性发展的结果，又会对个体和其所处的发展情境有一个反馈效应，并为个体更进一步的适应性发展奠定基础。从图 2-7 中我们可以发现，适应性的发展调节和后继出现的积极、消极结果，共存于一个人类发展的更广泛的生态系统（如文化的、社区的和历史的因素）中（Bronfenbrenner & Morris，2006）。需要注意的是，在此模型中，青少年发展的积极特征和消极特征之间是不是此消彼长或完全相反的关系，目前的研究结论还不一致(Schwartz et al.，2010)，还需要进一步的探索。

综上所述，积极青少年发展观的理论依据和实证模型，为研究者在更具体的情境中(如不同文化、毕生发展的不同阶段、不同教育背景)探索积极青少年发展的过程和机制提供了核心的概念或假设。例如，将"个体↔情境"动态的相互作用关系作为理解发展的基本单元，利用"可塑性"优势和主观能动性(如意向性自我调节)促进发展，通过优化发展转折期的轨迹促进个体生命历程中的积极过渡等。但这些成果多基于西方的社会文化背景，我们需要更深入地探索其在我国文化背景下的适用性及与其相关的文化特异性特征。

## 建议阅读资源

Masten，A. S.（2014）. *Ordinary Magic：Resilience in Development.* New York：Guilford Press.

推荐理由：马斯顿是美国明尼苏达大学儿童发展研究所教授，在心理弹性领域取得了卓越的成果。该书整合了她几十年来有关心理弹性的重要研究成果，对于快速了解该领域研究动态具有重要的帮助。

# 第三章　积极青少年发展的研究方法

在积极青少年发展的研究过程中，伴随着关系发展系统论逐渐成为发展科学研究的重要元理论基础（Overton，2015），积极青少年发展的研究在方法学上也呈现出一定的特点。发展心理科学学科进展著作《儿童心理和发展科学手册》（*Handbook of Child Psychology and Developmental Science*）第 7 版第一卷中，重点突出了这一领域在研究方法上的进展（Overton & Molenaar，2015），如注重发展研究的系统方法（systems methods for developmental research）、混合研究（mixed methods）和以个体为中心的方法学取向（person-oriented methodological approaches）等。这些新的方法学进展或取向在积极青少年发展的研究中得到了广泛的应用。深入理解这些方法学背后的原理和应用，对于继续推进积极青少年发展的研究和应用具有重要的意义。首先，我们先了解一下社会科学研究在方法论上的总体认识。

美国社会科学方法学研究者、国际混合研究法研究协会主席克雷斯韦尔（Creswell，2002）指出，在方法论上，有关知识的主张主要包括四个学派：后实证主义、建构主义、变革主义和实用主义。这四个学派分别对应社会科学研究中不同的方法学取向。图 3-1 显示了研究要素、研究取向和研究设计过程之间的关系。从图 3-1 中可以发现，有关知识的主张是理解社会科学中研究方法的重要基础。因此，我们首先需要了解这四种知识主张及对应的方法学取向。

第一，后实证主义的知识主张（Postpositivist Worldview）。在科学研究的方法论上，实证主义的研究常常被称为"科学的方法"，主要采用量化的方法，如心理测量、实验验证等。实证主义坚持比较激进的经验主义立场，即唯一的现实是感官所体验的事实。而在后实证主义的观点中，科学家不能被动地等待通过感官经

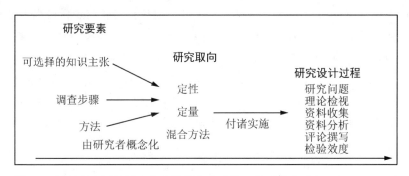

**图 3-1　引导研究设计取向与步骤的知识主张、策略与方法（Creswell，2002）**

验收集经验数据，必须积极从事批评任务，通过建构理论来解释观察到的现象背后的现实，并验证其理论解释（Hwang，2019）。后实证主义（Postpositivism）主要指在实证主义之后的思想，强调挑战传统观点中有关"知觉绝对真实"的观点（Phillips & Burbules，2000）。总的来说，后实证主义研究者认为绝对的真实并不可得，研究的结果可能永远不完美，因为研究的过程往往改变或舍弃了一部分客观事实，因此只能通过一定的客观数据（证据）试图建立相关的情况，以验证一些基本的理论假设（Creswell，2002）。

第二，建构主义的知识主张（Constructivist Worldview）。建构主义主要主张通过构建基于个人经验的对特定物体或事件的主观意义，来探究事物事件的联系（Gergen & Kenneth，1985）。意义的产生往往具有社会性，来自与人们的社会互动（Crotty，1998）。例如，在对学习的研究中，建构主义将学习看作一个个体建构自己的知识和理解的过程。该流派坚持将人的心理过程看成一个社会建构的过程，话语是基本媒介，因此话语分析是研究的重要途径，尤其倡导从人与人、人与社会的互动过程中理解心理现象及其规律（杨莉萍，2004）。在定性研究中，如基于访谈的扎根理论取向等，多从基于访谈者的对话数据中经过归纳和分析来建构意义。尽管建构主义思想的根源可以追溯到经验主义和理性主义思想流派之间长期的争论，但建构主义试图超越这两种传统都信奉的二元论，并将知识置于社会互动的过程中。充分发展的建构主义可以为理解科学的过程提供一种方法，并为心理探究的评价提供另一种标准（Gergen & Kenneth，1985）。

第三，变革主义的知识主张（Transformative Worldview）。变革主义学派的研究者认为，在帮助社会边缘人群的行动议程方面，社会建构主义的立场走得还不够远（Creswell，2002）。因此，他们主张研究与当今重要社会问题有关的具体问题，如赋权、不平等、压迫、统治、压制和异化等问题。在他们的调查研究中，参与者被视为积极的合作对象（Mertens，2009）。因此，变革主义的知识主张强调了研究过程中的政治性、研究者和参与者的合作性以及研究目的的社会变革性(Creswell，2002)。

第四，实用主义的知识主张(Pragmatic Worldview)。实用主义研究者不再聚焦于方法，而是更多地强调研究问题以及所有可能的解决问题的方法(Rossman & Wilson，1985)。总的来说，实用主义的观点被更多地应用于混合方法的研究上，以使研究者更好地结合定性研究和定量研究；同时，研究人员在研究方法上有选择的自由，他们可以自由地选择最符合他们需要和目的的研究方法、技术和程序(Morgan，2007；Creswell，2002)。因此，对于混合方法的研究者来说，实用主义为多种方法、不同的世界观、不同的假设以及不同形式的数据的收集和分析打开了大门(Creswell，2002)。

基于上述主张，目前的社会科学研究中，研究方法主要分为定量取向(Quantitative Approach)、定性取向(Qualitative Approach)和混合取向(Mixed Approach)。这三种取向在青少年发展心理研究中也得到了广泛应用。下面主要归纳和总结不同取向的研究方法在探索积极青少年发展相关问题上的应用。

# 第一节　定量研究中以个体为中心的方法

## 一、以个体为中心的方法在揭示积极青少年发展特征和过程中的作用

关系发展系统元理论特别强调个体发展的多样性、动态性和情境性，主张从整体、互动和发展的视角考察个体的心理与行为过程(Overton，2015)。由于先前的发展心理学研究，更多是从平均数的角度去看待发展的，忽略了个体的差异，因此越来越多的研究者逐渐强调以个体为中心取向(Person-oriented)、个体化心理学(Idiographic Psychology)和差异心理学(Differential Psychology)。具体来看，强调特殊规律或个体化取向(Idiographic Approach)，即对个体进行深入、详细的调查，以获得独特的理解，而不是一般化取向(Nomothetic Approach)，即认为个体只是普遍规律的复杂结合体，对人类进行研究时，最好通过大规模的、更一般的研究方法。表 3-1 呈现了这些不同取向的比较，这是理解以个体为中心取向的重要基础。

表 3-1　假设、分析的目标以及以个体为中心取向、个体化和
差异心理学方法所需要的数据(Von Eye et al.，2015)

| 比较的内容 | 发展研究的取向 | | |
| --- | --- | --- | --- |
| | 以个体为中心取向<br>(Person-oriented) | 个体化<br>(Idiographic) | 差异的<br>(Differential) |
| **假设** | | | |
| 样本种群数量 | 可能有多个；$n=1$ 是可能的 | 首先将每个个案视为单独的人群 | 越少越好，也许只有一个 |
| 集合体 | 根据个别参数；一个先天群体可能存在 | 基于个体的参数 | 如果种群数量较少，则不需要 |
| 度量属性 | 必须被建立 | 假设的，即使有很多重复 | 假设的，经过权衡的工具特征 |
| **分析目标** | | | |
| 目标单位 | 集合或个人 | 个人的；如果群组被创建，就可集合 | 个体中的差异 |
| **发展研究中要求的数据结构** | | | |
| | —如果分组是先验存在的，则采用标准抽样<br>—如果分组是先验未知的，则为个体序列 | 个体序列 | 标准抽样 |

概括起来，冯·艾和伯格曼(Von Eye & Bergman，2003)提出的个体为中心的研究取向包含 7 个核心的原理，分别如下。① 整体论视角(holistic perspective)。它假定个体之间可以有系统的差异，而这些差异不属于测量误差。②强调多重因素确定的发展结果。在大多数情况下，个体的发展结果都是多个因素综合作用的结果。③个体间的差异存在于个体内的恒常性和变化，即假定发展参数不是普遍的，不是每个人都经历同样的发展阶段。④发展、恒常性和变化必须用所涉及因素的模式来描述，而不是用单个变量的恒定性和变化来描述。⑤人们必须考虑到，在数字上，差异的数量可能是极端的，以至于没有两个个体可以被认为是相同的。在数据分析上不能仅仅看到总体的差异，而应该通过基于群组的差异，创建亚群体(sub-group)。⑥发展的模式可能被识别为发展的轨迹，以及与年龄相关的发展的模式等。⑦群组或个体的比较要采用相同的度量属性。在很多情况下，相同的分数或许不能代表相同的现象，即使他们来自相同的量表。

在这些方法论思想的影响下，积极青少年发展领域的研究在方法学上也呈现出与之呼应的方面，这对于我们进一步理解复杂的人类积极发展过程具有重要的意义。研究者除了采用横断的大样本、多元文化下的样本对积极青少年发展的结构进行建构（如"5C"模型）和对基本特征进行宏观描述外，在解释、预测和促进积极青少年发展的相关研究中，采用了大量的追踪研究设计，且在统计方法上多突出以个体为中心的方法（Person-centered Approaches），而不是以变量为中心（Variable-centered）的方法（Von Eye et al.，2015）。

以变量为中心的方法主要以线性模型为基础，其基本假设是个体间是同质的，其统计方法所揭示的通常是平均的变量关系或心理过程，如线性回归、均值的差异检验等（纪林芹，张文新，2011）。而以个体为中心的方法的目的在于揭示群体中的异质性和多样性，其理论基础为整体互动观（Magnusson，2001）。它不单是统计方法上的"以个体为中心"（如潜类别/剖面分析、聚类分析、配置频次分析、潜变量增长混合模型等），而是强调在研究设计和结果解释上重视个体差异、发展过程中的动态因素、个体与情境的双向互动关系等（杨之旭，辛自强，2016）。在积极青少年发展领域，这种方法取向得到了广泛应用。基于以个体为中心的方法，为我们了解青少年发展过程中表现出的多样性、复杂性和动态性提供了一定的方法学依据，尤其是为我们发现积极青少年发展的轨迹类型提供了可能性。此外，在具体的教育实践中，并不是每个青少年都会从干预项目中获得积极成长。哪些人群获得了成长，哪些没有从中受益？单纯的以变量为中心的分析（如前后测差异检验）无法获知这些信息。因此，在积极青少年发展的干预研究中，研究者也开始重视采用以个体为中心的取向来理解不同群体在干预效果上的内部差异（Catalano et al.，2002；Tolan，2014）。例如，通过基于以个体为中心的分析（如干预效果指标的发展轨迹类型分析），研究者就可以看到干预效果在人群中的异质性，这有助于研究者从中寻找这种"差异"的原因，对于后续开展更精准的干预具有重要意义。综上所述，以个体为中心的方法学取向，有助于我们更全面、深入地描述、解释和预测积极青少年发展过程的多样性，并为后续的干预研究提供更科学、合理的依据。

## 二、应用案例

### (一)潜变量增长混合模型的应用：积极青少年发展轨迹的亚组

青少年在发展过程中随时间推移会表现出什么样的特点呢？如果采用传统

的以变量为中心的追踪数据分析方法(如潜变量增长模型),我们可能仅能得到青少年总体上处于上升、稳定或下降的趋势,而无法了解群体内部可能存在的差异,也就是说是否存在亚组。费尔普斯等人(Phelps et al.,2007)基于"4H"项目的数据考察了青少年发展过程中积极指标("5C")和消极指标(以抑郁为指标的内化问题及以物质滥用和违纪为指标的外化问题)的发展轨迹,不仅让我们对青少年发展轨迹的异质性有了清晰的认识,还探索了青少年发展过程中积极指标和消极指标可能的共存性。

被试来自"4H"项目,共有3次纵向数据(T1—T3被试数分别为:1 722,1 872,1 600),分别代表了从5年级到7年级的青少年。以个体为中心的统计方法主要采用了潜变量增长混合模型来分析青少年各发展指标的轨迹类型。研究结果显示,从5年级到7年级,积极青少年发展指标("5C")呈现出5种发展的轨迹类型(见图3-2):高水平组(持续高水平)、中等水平组(持续中等水平)、降低组(发展水平从高降到低)、升高组(发展水平从低升到高)和低水平组(持续低水平),分别占比28.79%、35.35%、14.00%、17.40%和4.45%。青少年的外化风险行为共存在3种发展的轨迹类型(见图3-3):升高组(发展水平从低升到高)、稳定低水平组(长期处于较低水平)、无外化风险组(自始至终没有表现出风险行为),分别占比3.96%、42.76%和53.28%。青少年的内化风险共存在4种发展轨迹类型:低稳定组(一直处于较低的水平)、降低组(前期处于较高水平,后期降低)、升高组(前期处于较低水平,后期升高)、升高-降低组(前期升高,后期降低),分别占比70.70%、13.90%、8.90%和6.50%。

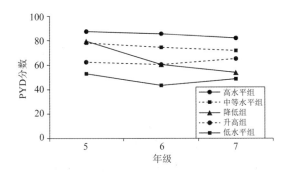

**图3-2 5～7年级积极青少年发展的轨迹类型(Phelps et al.,2007)**

此外,研究者还对积极指标和消极指标的轨迹类型做了双轨迹分析(dual trajectory analysis),解释了青少年发展过程中积极指标和消极指标可能不是此消彼长的现实。例如,积极发展水平处于中等水平组的青少年也可能属于无外化风险组,但这种概率仅为59%;积极发展水平处于升高组或降低组的青少年有接近相同的概率(约为20%)属于无外化风险组。总体而言,该

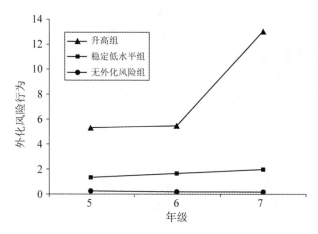

图 3-3　5～7 年级青少年外化问题的轨迹类型（Phelps et al. , 2007）

研究采用潜变量混合增长模型的分析方法，让我们看到了青少年发展过程中积极发展指标和消极指标轨迹的不同亚组，以及不同亚组之间的复杂关系模式，也让我们意识到了实际上有更多的青少年在发展指标上是不同于平均增长模式的。

### （二）潜在剖面分析：成人过渡期青少年的积极发展与心理病理结果

青少年向成人过渡意味着有更多的自我探索，包括对社会角色和世界观等诸多方面的再调适（Arnett，2000）。这一时期可能是青少年积极发展的重要窗口期，也是各种风险行为和心理健康问题多发的时期。以往的研究中，往往采用传统的单一模式去考察青少年的发展问题，即要么单纯考察积极发展结果，要么仅仅探索可能出现的问题行为，较少同时关注二者之间的关联。在方法上，以变量为中心的方法仅是寻求确定一个群体中所有成员共有的过程，然而如果结果反映了许多不同潜在关系的平均值，则可能具有误导性。欧·康纳等人（O'Connor et al.，2012）的研究采用了以个体为指向的方法（潜在剖面分析）来考察青少年向成人过渡期的积极发展指标和心理病理指标之间可能存在的关系。

研究的被试为 1 158 名澳大利亚青少年，年龄在 19～20 岁。在该研究中，积极发展采用 5 个指标：社会能力，生活满意度，对他人的信任和容忍，对权威和组织的信任，公民行动和投入。心理病理指标主要涉及内化问题（抑郁、焦虑和压力）和外化问题（反社会行为、问题性酒精使用和问题性大麻使用）两个指标。基于这 7 个指标的潜在剖面分析显示，青少年的积极发展指标和心理病理指标的模式存在 6 种潜在的剖面（见图 3-4）：充分发展组（较高的积极指标和较低的心理病理指标），良好适应组（两类指标均处于平均水平），无所事事组（心理病理指标处于平均水平，但积极发展指标较低），内化问题组（突出表现为较高的内化问题水平和较低的生活满意度），中等外化问题组（较高水平的外化问题，同时积极发展水平较低），严重外化问题组（非常高水平的外化问题和很低的积极发展水平），分别占比 33.6％、47.7％、4.7％、5.5％、7.2％和 1.3％。总之，这些不同亚组的存在，不仅说明了青少年在向成人过渡期间理解个体差异的重要性，而且强调了考虑更有针对性的干预方案设计以提升促进健康的价值。

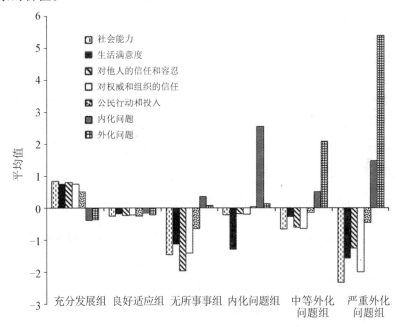

图 3-4　青少年积极发展和心理病理结果的潜在剖面（O'Connor et al.，2012）

### （三）配置频次分析：不同模式的父母教养与积极青少年发展结果

配置频次分析（configural frequency analysis）是对多变量进行交叉分类的一种方法，也是以个体为中心的取向，主要目的是确定某种典型或特例（Von Eye et al.，2010）。有关配置频次分析的具体方法，读者可以参考冯·艾等人（Von Eye et al.，2010）的文献，中文介绍可以参考杨之旭和辛自强（2016）的文章。在青少年的发展过程中，"选择"（selection）是重要的内部优势——意向性自我调节的重要成分之一，反映了一个人对目标的选择，包括设定目标、承诺目标、制定目标层次结构，以及在一个或多个目标上投入精力（Gestsdottir et al.，2010）。一般来说，简单的"选择"并不能保证个体目标的完成，个体必须将识别、分配、改进和部署内部与外部资源作为实现目标的手段或策略。但以往学者缺乏这种对"选择技能"和积极青少年发展结果（"5C"）之间关系的研究。在生态资源方面，父母教养（如父母温暖、父母监控以及父母的学校卷入）等也是积极青少年发展的重要因素。那么作为个体优势的"目标选择"和"父母教养"是如何预测积极青少年发展的结果的呢？纳波利塔诺等人（Napolitano et al.，2011）应用配置频次分析法对这一问题进行了探索。

该研究的数据来源为"4H"项目，抽取了被试 9～11 年级的数据。研究者对在 11 年级的积极青少年发展水平（"5C"之和）高于中位数且至少参与过两次调查的被试（n＝510）在 9、10、11 年级时的选择技能水平、母亲温暖水平、父母监控水平、父母学校卷入水平进行了配置频次分析。总体的研究结果发现，尽管持续高水平的选择技能和高于中位数水平的父母养育变量（温暖、监控和学校卷入）是促成积极青少年发展（"5C"）最常见的路径，但研究也发现，无论养育因素如何，从 9～11 年级，持续低水平的选择技能也与 11 年级的积极发展有关。研究者认为，这种低水平的选择技能可能反映了一种自我探索行为，那么多种基于选择的目标也有可能是通往成功的途径——包括有高度组织的目标层次结构，但也有高度分散的目标选择行为等。

**（四）干预研究中的潜变量增长混合模型：青少年物质滥用项目的干预效果**

评估项目干预效果的研究多采用以变量为中心的方法，如考察受干预者总体的变化效果，这样我们可能无法了解这套干预方案在不同个体中间差异化的效果。因此，越来越多的干预研究在考察干预效果时开始基于以个体为中心的取向来考察干预效果的多种结果。例如，康奈尔等人（Connell et al.，2006）就采用了这种取向，探索了一个以家庭为中心的青少年过渡阶段项目（the family-centered adolescent transitions program）对青少年物质滥用的干预效果。

物质滥用是西方国家青少年面临的一个重要问题，诸多青少年发展项目都关注这个问题。该研究中的以家庭为中心的青少年过渡阶段项目是一个随机控制的干预研究项目，对于从家庭层面减少青少年问题行为的实践具有重要的指导意义。被试为来自美国的 698 名青少年及其家庭，研究者追踪在干预条件下，青少年从 6～9 年级物质滥用的发展轨迹。从干预过程来看，比较符合青少年积极发展理论的发展资源理论，即通过丰富青少年的家庭发展资源来减少青少年的风险行为。例如，提供以父母为中心的家庭管理咨询服务，包括个体咨询、电话咨询、反馈孩子在学校的行为以及提供有关家庭教育的书籍和视频资料等，以丰富家庭层面的青少年发展资源。

如图 3-5 所示，潜变量增长混合模型的分析结果揭示了 6～9 年级青少年物质滥用发展轨迹的不同亚组，包括：低水平组或很少使用组（始终处于较低水平），不使用组（无物质滥用情况），下降组（初期物质滥用水平高，后期下降

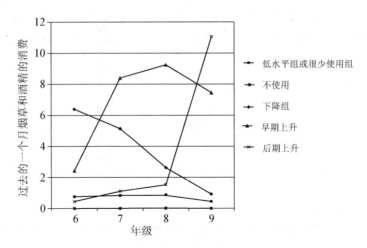

**图 3-5　6～9 年级物质滥用的发展轨迹类型（Connell et al.，2006）**

到低水平）、早期上升组（早期物质滥用水平上升，后期有所降低）和后期上升组（早期物质滥用水平低，但后期却明显上升），分别占比 51.86％、25.79％、7.02％、6.30％和 9.03％。通过上述分析，我们看到了干预效应在青少年群体中的异质性，特别是在早期上升组和后期上升组中具有重要的意义，需要研究者去探索为何在干预条件下，青少年的物质滥用水平在特定时期还会出现上升。干预效果的分析中，采用以个体为中心的取向，有助于我们反思干预方案的可靠性与有效性，为个性化的干预方案制订提供基本的数据支撑。

# 第二节　定性研究方法的探索性应用

## 一、定性研究方法在理解积极青少年发展特征和过程中的独特价值

长期以来，对研究方法客观性的强调，使得基于定性方法的研究发表到发展心理学研究的顶级期刊上（如 *Child Development*，*Developmental Psychology*）（Lerner & Tolan，2016）的可能性降低。实际上，社会现象和认知现象可以用话语的方式来表征，也就是用定性的语言来表征（Harré，2004）。目前，诸如现象学研究、参与行动研究和基于扎根理论的主题分析等定性方法学取向，逐渐被发展科学研究者接纳，对于探索人类毕生发展的基本规律发挥了独特的作用（Tolan & Deutsch，2015）。

对于人类发展过程的特定问题的研究，应取决于研究的问题，通过定性还是定量的划分本身是武断的（Yoshikawa et al.，2013）。而实际上，定性的数据也可以通过定量的分析技术进行处理，如通过对研究主题的编码以及对应的频次进行分析等。在后实证主义定性研究的取向中，研究者以尽可能量化的方式来使用传统的定性方法（如访谈、案例研究）（Ponterotto & Joseph，2010）。例如，研究者可能会基于文献回顾（探索性的、实证取向的），准备一个较长的（25 个问题）半结构化访谈提纲，访谈平均时长为 40 分钟。提纲对所有访谈者都是一样的，数据由一组研究者和核对者进行分析，以保证编码的可靠性（对单一事实达成一致）。此外，研究者在访谈过程中必须与访谈提纲保持一致，不能与访谈者有情感上的联系。

在积极青少年发展研究领域，定性研究方法的拓展进一步深化了该领域的研究成果。勒纳和托兰（Lerner & Tolan，2016）指出，定性研究对积极青少年发展研究的持续发展尤为重要，因为它关注的是代理、过程、参与和差异等问题，而传统定量研究方法则没有。正如埃尔利希等人（Ehrlich et al.，2016）强调的，首先，定性研究方法有助于捕捉积极青少年发展过程中比较独特的方面，这些内容在理论上是重要的，但是定量研究是不能被测量的（如随时间变化的发展情境和过程）。例如，我们可以通过访谈、观察和参与式设计等方式，去呈现青少年真实的声音和成长过程等。其次，在定性研究中，如叙事研究等，往往更易于揭示个体与环境的互动，以及如何对他们所处的环境施加影响。最后，定性数据相比于定量数据，往往更加丰富和复杂，目的在于回答发展过程中的如何（how）和为什么（why）等问题，如个别访谈、焦点团体访谈和视觉数据可以让研究者看到这个过程是如何发生的。因此使用创新的定性研究方法，会对积极青少年发展研究领域的拓展和深化起到重要的作用。

在理论上，关系发展系统元理论（RDS）是发展科学领域中的前沿理论（Overton，2015）。该理论避免了还原论、实证主义和机械论的机制模型的分裂，聚焦于个体与情境相互作用的过程、有目的的基于目标导向的行为等。这些要素构成了一个发展系统模型（如 Lerner 和 Lerner 模型，Lerner et al.，2015）。这种自生关系发展系统的整体和自我建构特征，要求理解个人的意义形成过程和目的，以及个人所发展的生态的现象学经验（Spencer et al.，2015）。因此，单纯依靠定量研究方法（如测量、实验），很难理解诸如个体-情境相互作用过程中，个体的经验、意义感以及与外部情境的复杂互动关系。因此，定性研究取向有助于我们理解关于个体和发展情境是如何互动、如何彼此有益的，以及个体是如何产生适应性的调节的（Lerner & Tolan，2016）。实际上，早期的有关积极青少年发展的相关理论都源自定性研究。

## 二、应用案例

### (一)理解非正式注册(undocumented)大学生的贡献

非法移民在美国的移民中占到了约三分之一。这意味着他们的子女进入大学后(非正式注册大学生),也依然没有合法的地位,进而影响到其获得各种发展资源。因此,有必要更深入地了解这些青年在各种不利条件下表现出的弹性或积极发展的方式。"贡献"是积极青少年发展研究中重要的概念,对家庭和社区的贡献是反映积极青少年发展的重要形式(Lerner et al.,2005)。在对移民青少年的研究中,先前研究者借助考察青少年的社会责任感来探索积极青少年发展过程中的"贡献"。社会责任感是超越了自我,并延伸到家庭成员、同伴、社区乃至整个社会的一种责任和义务感(Wray-Lake & Syvertsen,2011)。卡齐法拉斯等人(Katsiaficas et al.,2016)采用参与式行动研究(Participatory Action Research,PAR)的范式,并结合定性研究的思路,探索了非正式注册大学生积极发展的重要方面——贡献。被试来源于参与"非正式注册学者夏季研究项目"(Undocu Scholars Summer Research Program)。

该项目是一个为期 12 周的针对非正式注册大学生学术能力提高的项目,目的在于帮助他们成功获得学位。本研究采用方便取样和"滚雪球"的方式抽取了 18 名非正式注册大学生作为研究对象,4 名本科生研究者和 3 名研究生研究者作为主试。有关参与式行动研究(PAR)主要包括六个部分:第一,介绍,反思以及让研究工作更接地气;第二,协同设计定性研究的元素;第三,访谈培训;第四,执行定性研究项目;第五,分析数据;第六,研究成果的设计与传播。研究小组成员参与到整个过程中,他们与被试积极互动,完成研究工作。研究收集了两层的定性数据:言语数据,即访谈的文本;视觉数据,即家庭身份地图(family identity map)(Futch & Fine,2014),要求被试画出"他们认为的他们的家庭的样子"。图 3-6 呈现了其中 2 名被试所绘制的家庭地图。

总体而言,研究结果揭示了非正式注册大学生有关"贡献"的重要内容,包括以下两个方面。

第一,上大学作为一种贡献。对于移民大学生来说,通过上学比他们的父母走得更远,这本身就是一种贡献,因为这可能意味着他们有更多的机会对家庭做出贡献。

第二,集体贡献和"追逐梦想"的负担。通过分析发现,这种"贡献"是一把双刃剑,"上大学对这些移民青少年而言,确实是为家庭和社区做出贡献的一种切实可行的方式,但也给他们带来了沉重的负担"。例如,"如果自己失败

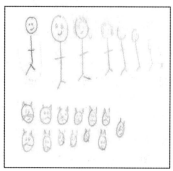

**图 3-6　被试的家庭地图举例（Katsiaficas et al.，2016）**

了，不仅仅是你自己失败了，好像是整个家庭的失败"，"甚至是整个社区的失败"。因此他们也面临情绪和心理上的压力。通过对话语的分析，研究发现了移民青少年和他们父母的"无私"（selflessness）信念的代际传递，这就是一种集体贡献的意识。对非正式注册的移民青少年而言，对家庭和社区的贡献是作为一种家庭价值观代代相传的，体现了二者的互惠性，这是我们理解该群体积极发展的重要途径。

### （二）青少年-成人"联结"：助力青少年的积极发展

从发展资源理论的角度来看，联结也可以作为一种促进青少年积极发展的重要环境资源（Benson et al.，2012；Bowers et al.，2014）。其中在社区或学校中，与"非父母成人"之间的联结受到了研究者的广泛关注（Bowers et al.，2014）。尽管我们知道积极的和有影响力的成人关系的存在或缺失会影响青少年一系列的发展结果，但我们关于这些关系中的真实过程及青少年自身是如何互动的却知之甚少（Ehrlich et al，2016）。埃尔利希等人（Ehrlich et al.，2016）的研究通过定性的访谈考察了积极青少年发展中的与"非父母成人"的联结感（sense of connection）作为一种关系资源（relational assets）在青少年发展中的重要性，以及在这种"关系"中联结的概念。

研究的数据来自一项青少年-成人关系的纵向、混合方法研究。研究者从289个被试中抽取了40个被试作为访谈对象，并对深度访谈的内容进行了编码分析。通过对文本的分析，研究者发现了一些重要的现象。首先，共同的兴趣或人格特质在青少年-成人关系中可能起到推进作用，也可能起到阻碍作用。结果发现，多数情况下共同的兴趣爱好和个性特征都是青少年与成人形成积极关系的催化剂。但是在一些情况下也可能不利于积极关系的形成。例如，其中的一个个案提到，"因为有相似的个性，所以多数时候都可能是喜欢彼此的想法并愉快地相处，但是一旦看到对方做了自己不喜欢的事情，就可能会变得非常生气"。其次，情境是影响青少年-成人关系的重要因素。在理解青少年与成人联结纽带的特征以及在实际的双向交流过程中，研究者发现青少年是基于他们对成年人的角色期望（如他是老师）来评估这些特征的质量的。青少年-成人的关系有着明显的角色界限（role-bound）。例如，如果将教师作为非常重要的成人时，往往这种联结或关系是超越了传统的师生关系的，也就意味着不仅仅是课堂中的互动关系，更可能体现在课后的深度交流和联系上。最后，不同联结水平（高低）的青少年-成人互动的关系存在差异。比如，在"高联结"模式中，青少年与成人在建立亲密关系的过程中主动性均更高。总之，个案的描述帮助我们更近距离地考察这种"联结"的各个方面，这在传统的定量研究中是无法获知的。

### （三）青少年的"教师"体验促进积极发展

目前多数研究中对积极青少年发展结果的测量都是基于定量的测量（如勒纳等的"5C"），很少在"5C"的框架中采用定性的实证工具去理解积极青少年发展的经历以及为什么这些经历是重要或有意义的。沃克等人（Worker et al.，2019）的研究考察了青少年在校外时间作为更小年龄青少年教师的经历，以及这种经历在其积极发展过程中的重要意义。该项目来自加利福尼亚大学的"4H"青年发展项目。研究者访谈了 32 个经历过教师体验的青少年（平均年龄 15 岁），主要内容涉及他们的体验、成长和学习，根据基于一致同意的归纳主题分析（consensus-based inductive thematic analysis），通过分类发现了 26 个编码节点，与勒纳等积极青少年发展模型的 6 个指标具有一定的一致性。

通过表 3-2 可以发现，青少年参与这个项目的动机，既有外在的因素（如潜在的外部激励），也有内在驱动力（如"觉得好玩或好奇心"）。通过内容分析发现，青少年在这个过程中的体验与积极青少年发展"6C"的核心内容具有一定的一致性。

表 3-2　32 位青少年"教师"的访谈内容编码

| 分类 | 编码 |
| --- | --- |
| 动机 | 外部激励 |
| | 好玩和好奇心 |
| | 领导与教学（领导与教学的机会） |
| | 个人与项目的联系 |

| 分类 | 编码 |
|---|---|
| 能力 | 协同建设（与他人学习和教学的能力） |
| | 解决冲突 |
| | 灵活性 |
| | 远见 |
| | 领导能力 |
| | 自我意识（意识到自己和他人对自己的影响） |
| | 自我调节 |
| | 善于交际（更少害羞） |
| | 教学技能（包括公开演讲、教学准备、项目组织、问题解决） |
| 自信 | 自我效能 |
| | 自尊 |
| 联结 | 建立关系（与孩子、同龄人和成年人） |
| | 归属感（青少年描述的归属感） |
| | 与同龄人和成年人一起工作（具体到项目） |
| 品格 | 和解 |
| | 克服感知到的局限（勇气） |
| | 对项目的责任和承诺 |
| 关爱 | 同情 |
| | 共情 |
| 贡献 | 主动性（按自己的意愿行事的独立能力） |
| | 对项目的影响 |
| | 意义感（帮助他人，改变世界，对世界的重要性和使命感） |

正如沃克等人（Worker et al.，2019）指出的，主流的积极青少年发展文献采用的是一种先验的结构（如"5C"结构），并没有太多定性的实证工作来从青少年的角度理解积极发展的经验。该研究最初并不是围绕一个理论框架（如"5C"）来设计的，而是在青少年讲述他们的经历时识别出的编码，但最终还是反映了"5C"的基本要素。但是，本研究有关积极青少年发展的描述（编码节点）反映了先前定量测量研究中（"5C"测量模型）中没有覆盖到的内容，这些内容与该项目以及特定的情境是密切关联的，如"能力"中的教学技能，"品格"中的对项目的责任和承诺，"贡献"中的"主动性"和"意义感"等，反映了青少年在特定发展情境中的学习和成长过程。因此，如果采用标准化的定量评估方法，那么就可能会导致在一些项目评估的过程中遗漏青少年从中可能获益的重要方面，给政策制定者、项目资助者的认知带来一定的偏差。总之，评估或研究方法的多样化可能在积极青少年发展的研究中非常重要。

### (四)留守儿童的积极发展：有关父母外出的意义取向应对

我国留守儿童的发展问题长期受到研究者的关注，他们如何积极发展是一个值得关注的问题，尤其是如何应对父母长期外出带来的各种困难是这些儿童面临的首要问题。从认知的视角来看，"意义"（meaning）为我们提供了理解世界和我们自己的基本图式。意义取向应对（meaning-focused coping）是在问题取向应对（problem-focused coping）和情绪取向应对（emotion-focused coping）的基础上提出的一种新的基于认知的应对策略（Folkman & Moskowitz，2007）。

以往的研究多关注留守儿童群体身上存在的诸多问题和发展困境，较少关注他们是如何在持续的逆境中实现积极适应的。付和劳（Fu & Law，2018）的研究采用深度访谈的方法，考察了意义取向的应对在留守儿童积极、健康发展中的角色。具体来看，从积极青少年发展的视角或心理弹性理论来看，虽然留守儿童被认为是脆弱的，在内外化问题上是易感的，但是他们依然有一些保护性因素来帮助他们减轻外部风险因素的影响。在留守儿童面临的现实问题中，直接的问题就是由于父母外出造成的长期亲子分离。那么留守儿童是如何看待这件事呢？先前的定量研究很少涉及这个理解留守儿童积极发展的重要环节。意义取向的应对被认为是除了问题和情感取向应对之外的另一种基于认知的应对策略，描述了在面对压力时利用信念、价值观和目标产生积极意义的努力（Park & Folkman，1997）。因此，这个研究重点关注了留守儿童是如何对"父母外出"建构积极意义的。

研究采用了基于现象学的逻辑，即确定研究问题，并采用深度访谈的方法，去感知和理解被试的真实感受。17个留守儿童（平均年龄14.1岁）参与了访谈，并对其话语进行了分析，对内容主题的编码结果如表3-3所示。

**表3-3　研究结果的主题和亚主题**

| 主题 | 亚主题 |
| --- | --- |
| 长期的父母和孩子分开生活 | 习惯它，增加的任务 |
| 矛盾情感 | 渴望父母，遥不可及的父母 |
| 构建父母外出的意义 | 分担家庭义务，父母外出的益处 |
| 意义主导的策略 | 与弹性相关的信念，目标承诺 |

研究揭示了留守儿童从两个角度建构了父母外出的积极意义。一是分担家庭义务。研究发现，多数留守儿童在认知上表达了对父母外出务工的接受和理解，尽管他们在情感上觉得这是不可取的。他们的父母和照料者都告诉他们，

外出务工将改善家庭的经济状况，这是分担家庭义务的方式。二是从父母的外出中获益。从编码分析来看，留守儿童可以对父母外出这件事做出积极的意义建构，如将来可以获得更好的受教育机会，获得了独立生活的机会，教会了他们应该勤奋。此外，研究还揭示了留守儿童意义应对的具体策略：第一，形成了与弹性有关的信念（resilience-related beliefs），如"吃得苦中苦，方为人上人"等信念有助于留守儿童更积极地应对父母外出带来的困境。第二，目标承诺（goal commitment）。一些被试表达的父母外出打工的积极意义反映了他们的基本目标，这对他们的应对方式具有重要意义。例如，父母的流动一方面给留守儿童带来了学业上的压力，另一方面也为他们努力学习提供了动力。总之，这个研究从定性的视角，让我们对留守儿童可能存在的积极发展过程有了一定的了解，是未来研究留守儿童发展的重要方向。

# 第三节　混合研究方法的应用

混合研究方法（mixed methods）被称为定量研究方法和定性研究方法之外的"第三种研究范式"，是定量研究方法和定性研究方法的天然补充（Johnson & Onwuegbuzie，2004），近年来已经逐渐被应用于心理学、教育学、社会学及健康科学等领域的学术研究中。可见混合研究方法已经成为一种新的学术研究方法趋势。本节将围绕混合研究方法设计及其在积极青少年发展研究中的应用以及应用案例展开介绍。

## 一、混合研究方法设计及其在积极青少年发展研究中的应用

### （一）混合研究方法的历史起源

霍桑实验（Howthorne studies）是心理学史上的研究案例，也可以说是心理学历史上最早采用混合研究方法的研究，因美国芝加哥西部电器公司所属的霍桑工厂进行的实验而得名，这个系列的实验由当时哈佛大学的心理学教授梅奥（Elton Mayo）于 20 世纪二三十年代主持开展。

霍桑工厂具备较为完善的制度和环境设施，但是工人们的工作业绩却非常不理想，管理者试图理解并解决这个问题。当时在科学管理背景下研究者认为工人们的工作情况由外界条件和制度决定，如工厂照明、温度、休息时间和福利待遇等。研究者在这样的背景下开展了一系列的霍桑实验，主要包括照明实

验、福利实验、访谈实验和群体实验(Mayo，1949)。

第一，照明实验的目的是探究照明的强度对生产效率的影响。研究者的理论假设是提高照明度可以减少工人的疲劳，进而提高劳动生产率。然而，经过两年半时间的实验，结果并不支持假设，无论实验组的照明强度是增大还是减小，实验组和控制组都增产，且无差异。这一结果让研究者感到迷茫和困惑。

第二，福利实验的目的是查明福利待遇的变化与生产效率的关系，但是实验结果显示，不管福利待遇如何变化(包括工资支付办法的改变等)，都不影响产量的持续上升，甚至工人自己也不知道生产效率提高的原因。后来对照明实验和福利实验的过程进行进一步深入分析，发现工人生产效率提高的原因在于工人额外的关注，实验之前所有参与者都曾被单独约谈，工人有一种被关注与被期待的感觉，这就是霍桑效应。在之后的心理学随机对照实验研究中，研究者均会将考虑到霍桑效应作为基本控制条件。

第三，访谈实验是研究者开展的结构式访谈计划，旨在了解工人对管理政策、工作条件和领导者的态度等问题，以探究工人工作业绩不高的原因。访谈过程中工人们将访谈的主要内容进行了极大拓展，远远超出了访谈计划中的提纲内容。研究者详细记录了工人提到的工厂管理和工人人际的方方面面的问题及情况。而经过两年多访谈后，工人工作效率也提高了，可能的原因是访谈提供了发泄不满的机会，使得工人士气提高了。

第四，群体实验是研究者开展的非正式群组设计，以期待提高工作效率。结果发现选定在一个单独房间里工作的工人的产量只保持在中等水平，而且每个工人的日平均产量都差不多，且工人存在不如实报告的情况。经过研究和调查发现，这个非正式群组为了维护群体的利益，自发地形成规范，约定了谁也不能干得太多以突出自己，也不能干得太少以影响集体的产量，并且不能够向管理当局告密。工人之所以维持着中等的产量，是因为担心产量提高而改变奖惩制度或者裁减人员使得部分员工失业。这一研究表明群体有自己的行为规范，对于人的行为起着调节和控制作用。

在霍桑系列实验中，研究者用到了定量的前后测实验、控制组设计、访谈和观察定性研究方法，将定量和定性方法融合到一起，所得结论互相补充与验证，共同推动霍桑实验以寻求真实的答案。霍桑实验尽管遭受后人的一些批评，但在心理学和管理学研究范式上的重要意义是毋庸置疑的。它不仅对当时泰勒提出的科学管理理论产生了质疑，还引领研究者开始关注到个体本身、人际与群体间的关系，更重要的是它开创了心理学领域最早的将定量研究方法和定性研究方法相结合的混合研究方法这一全新的研究范式。

混合研究方法是在定量研究范式和定性研究范式斗争中诞生的第三条道路，在心理学研究中具有重要的意义。定性研究有助于我们了解更多研究过程的细节，并且理解个体发展过程中的异质性及其特点，然而这种研究方法的研究样本具有局限性，难以被推广到更广泛的群体中；定量研究采用标准化测量工具或随机对照实验，通过大样本测查或实验，进而探讨变量间关系，其结果便于推广和应用，却无法提供相关问题更深入、更详细的信息（Onwuegbuzie et al.，2009）。由此可见，定性和定量两种研究范式各有千秋，也有各自的局限，采用混合研究方法可以在较大程度上弥补单一方法的局限性（Creswell，2011；Woolley，2009；Yin，2006），心理学研究试图客观地揭示人内在的心理活动及其内在发生机制，这就意味着不仅仅要有定量的规律性问题，个体与个体间的差异及其个体内的细节信息也是非常重要的，且有助于研究问题的解决。

**（二）混合研究方法的定义及核心特征**

通常来讲，混合研究方法指整合了定量研究和定性研究的视角和方法，旨在拓宽对研究目标的理解广度或加深对研究主旨的理解深度的研究方法（Johnson et al.，2007）。《混合方法研究杂志》（*Journal of Mixed Methods Research*）创刊号上将混合研究方法定义为：研究者在单个研究或者某个研究方案中同时使用定性和定量研究方法，以收集、分析数据资料，整合研究发现以及做出推断。在混合研究方法中，研究者往往从多个角度收集多种来源的研究资料，以形成对研究结果的整合或拓展（Greene，2007）。它的主要优势在于通过挖掘多重数据和信息，让研究资料互相印证、相互补充，最大限度地减少研究偏差对研究结论的影响，从而提高研究结论的科学性、准确性和可推广性（Axinn & Pearce，2006）。

混合研究方法以定量方法和定性方法混合使用为核心特征，同时整合定量数据的统计趋势与定性的个人故事和个人经验。这一混合方法比单一使用某一种方法能更好地理解研究问题。定量方法和定性方法的混合可以运用在概念构建、研究设计、数据分析、数据整合和研究结论等研究的全部过程和阶段中（Johnson et al.，2007）。如图 3-7 所示，根据混合程度及在混合后研究中定量研究和定性研究的地位，可以将混合研究方法细分为三种，即定量为主导的混合研究、定性为主导的混合研究和定量与定性均为主导的纯混合研究。定量为主导的混合研究中以定量方法为主、定性方法为辅助；定性为主的混合研究中以定性方法为主、定量方法为辅助；纯混合研究中定量方法和定性方法占据同等重要的位置，不分主次。

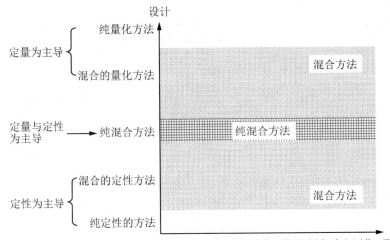

**图 3-7 定量研究方法、定性研究方法和混合研究方法**

混合研究方法不是简单地收集定量数据和定性数据，不是定性研究加上定量研究或定量研究加上定性研究，也并非一个简单的研究标签，需要有坚实的理论依据来论证何以能使用这一混合方法。该方法也不同于多元方法研究（multimethod research），不是简单地收集多种形式的定性数据，也不是简单地收集多形式的定量数据。混合研究方法是为了更好地解决研究问题，同时收集和分析定量数据和定性数据，使用严格、明确说明的定性研究方法和定量研究方法来整合定性数据和定量数据，并基于这种整合进行诠释，有时研究设计还需基于某种哲学或理论（Creswell，2014）。

## 二、应用案例

基于在何阶段以及如何整合定量和定性两种方法，混合研究方法有三种基础设计方案，分别为：聚敛式平行设计（convergent design）、解释性序列设计（explanatory sequential design）和探索性序列设计（exploratory sequential design）。聚敛式平行设计的目的是同时收集和分析定量数据及定性数据，最后基于比较两种结果的目标，对定量数据和定性数据进行整合分析，以达到相互验证的效果。解释性序列设计的意图在于先收集定量数据，然后使用定性数据来更深入地解释定量研究的结果，此种设计逻辑比较清晰、简单明了。探索性序列设计旨在先用定性研究探索尚不明确的研究问题，然后用定量研究加以验证（Creswell，2014）。三种基本的混合研究设计方案见图 3-8。

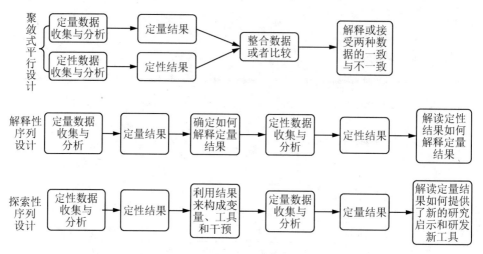

**图 3-8　混合方法的三种基本设计方案**

　　混合研究方法的以上三种基本设计方案在积极青少年发展研究领域均有涉及。以下将选取该领域研究的案例来分别详细介绍三种研究方案及其研究问题、研究过程和研究结论。

**（一）积极青少年发展的结果——聚敛式平行设计**

　　以探索积极青少年发展结果为主题，采用混合研究方法中的聚敛式平行设计，北卡罗来纳大学亨德森等人（Henderson et al.，2005）通过比较在 6 个夏令营项目中收集的量化和质性两种数据，整合性地探讨了积极青少年发展结果的衡量指标，为更好地理解校外营地教育环境中青少年是如何获得积极发展及其内在机制提供了重要信息和支持。聚敛式平行设计主要的特点是定量研究和定性研究平行开展的。

　　研究被试为来自 6 个营地教育中的青少年，采用问卷调查和个体访谈两种形式收集相应的数据，研究目的是通过比较在 6 个营地收集的两种形式的数据，探索青年发展结果的指标。这些数据包括为衡量露营者选定的积极青年发展结果而编制的定量问卷的结果，以及在收集定量数据的 6 个营地进行的定性实地观察。定量数据来自一项研究，该研究对美国营地协会（ACA）认可的 6 大营地中 5 281 个参加过营地教育四周及以上的家庭进行了抽样问卷调查，测查变量包括积极认同、社交技能、领导力、积极的价值观以及思维和身体技能等领域。定性数据来自前一年参加定量研究的 6 个营地的现场观察，以现场笔记的形式尽可能多地记录观察到的数据点，现场观察的指导问题框架为包括社交技能、价值观等方面的 12 个问题，每天观察后用 2～3 小时补写笔记，相应地用观察到的情况对 12 个问题进行回应。

对两种方法获取的结果分别排序，虽然在定量和定性数据的比较中发现存在不一致的地方，但这两种方法提供了一些趋同和互补的数据。这项研究提供了一个机会，运用外部的角度和内部的自我报告方法来探讨营地经验的测量。运用这些研究方法和结果可以更好地理解营地环境中的青少年发展计划是因何工作和如何工作的。

### (二)积极青少年发展的促进干预研究——解释性序列设计

以"通过体育参与改善社会处境不利青少年的生活前景"为题的一项研究(Super et al.，2014)采用定性数据来解释定量数据的混合研究设计，探讨了体育参与对于青少年生活前景的影响。解释性序列设计分为两个阶段：第一阶段，主要任务是收集和分析定量数据；第二阶段，主要任务为收集并分析定性数据，以帮助研究者解释定量结果。这两个阶段是连续和相关的，首先收集定量数据，然后用定性方法对一个群体的成员进行个别访谈，由此利用定性数据提供基于定量发现结果的更具深度的背景和细节的信息(Creswell & Clark，2007)。总之，解释性序列设计的基本原理是通过使用统计数据结果(定量)和探索参与者的叙述(定性)来提供对研究问题的总体理解，以对研究问题有更完整和细致入微的理解(Creswell & Clark，2006)。充分利用定性和定量这两种方法的优势，可以同时科学评估青少年发展方案的关键背景特征及如何促进青少年积极发展(Eccles & Gootman，2002；Roth & Brooks-Gunn，2003)。事实上，美国国家研究委员会和医学研究所(NRCIM)曾指出"混合方法是回答一个干预方案之所以有效的最合适的方法"，这也突出了使用解释性序列设计关注积极青少年发展的重要性。

该研究发现体育参与和生活前景的改善有关，如学习成绩和就业前景。因此，促进体育参与可能是改善生活前景的一种方式，特别是对社会处境不利青少年而言。然而，体育参与对这些结果的因果效应的证据仍然有限，对在这种可能效应中起作用的因素知之甚少。这项研究的开展具有四个方面的目的。第一，研究体育参与和青少年生活前景之间的因果关系，并探讨这种关系的潜在机制；第二，研究青少年在体育环境中的生活经历，可能有助于技能发展；第三，探索产生积极影响的社会条件，因为体育在特定条件下可能产生积极影响；第四，本研究旨在为青少年关怀组织和当地体育俱乐部建立成功的伙伴关系提供支持。为此，研究者选择荷兰鹿特丹三个地区的某一青少年护理组织开展干预活动，其目的为增加 12~23 岁社会处境不利青少年的体育参与活动。其中一个地区是实验组，另外两个为控制组，这两个控制组的青少年受到了一如既往的照顾。先采用问卷调查收集青少年的生活前景、感知到的凝聚力和自我调节能力等变量数据，然后对青少年、体育教练进行了深度个体访谈；通过与体育教练进行访谈，探索他们在青少年技能发展中的作用，并围绕技能发展的生活经历及其技能提升的影响因素等问题对青少年进行了个体访谈，探讨生活经历中影响生活前景的潜在机制。

总之，该研究先通过量化研究证明体育活动有助于促进青少年积极发展，然后用质性研究对量化结果进行了解释性探索。该项研究的结果为青少年护理组织和地方体育俱乐部通过体育参与来改善社会处境不利青少年的生活前景提供了证据与支撑。

### (三)积极青少年发展的外在和内在影响因素——探索性序列设计

2002 年，美国国家研究委员会和医学研究所制定了一个框架，旨在指导从业人员如何促进青少年发展。它建议通过建设以外部资源为特征的环境对青少年的个体资源产生积极影响，从而促进青少年发展。尽管研究者普遍认为，参加体育运动有助于青少年的积极发展，但国家青年管理委员会的框架并没有得到充分利用，也没有进行实证研究。因此，研究者开展了一项混合方法研究(Heilman，2011)。首先，通过定性研究了解处于青少年早期的竞技滑雪运动员的外部社会心理环境资源(包括自我、与任务相关和关爱相关的氛围)与内部个人资源(例如自我效能、内在动机、乐趣和联结)之间的关系；然后，来自美国西部九个高山滑雪比赛队的男孩和女孩($n = 88$，Mage $= 13.44$ 岁，$SD = 50$)自愿完成了可靠有效的测量。该研究的定量分析部分，检验了外部社会心理环境和内部社会心理资源之间的关系。结果显示，运动员对涉及任务的氛围的积极看法显著预测其内在动机，对关爱氛围的积极看法显著预测其动作连贯性、滑雪自我效能和一般自我效能。总体而言，定量研究结果表明，涉及任务的关爱氛围可能有益于青少年运动员。定性研究对 7 名(平均年龄为 13.42 岁)女孩和男孩的半结构化采访探索了优化其积极发展的社会心理环境的各个方面，包括养育和支持的气氛、团队工作和教练风格等。基于这些主题，快乐、合作和支持行为的要素被确定为促进青少年积极发展的影响因素。

### 建议阅读资源

Von Eye，A.，Bergman，L. R.，Hsieh，C.-A.(2015).Person-oriented methodological approaches. In R. M. Lerner(Ed.)，*Handbook of Child Psychology and Developmental Science* (7th ed) (Vol. 1，pp. 789-841). Hoboken，NJ：Wiley.

推荐理由：该章节来自发展心理学领域的权威手册 *Handbook of Child Psychology and Developmental Science*。冯·艾等研究者从哲学、方法论和实证研究等角度，阐释了个体为中心方法学取向诞生的背景、具体研究方法和应用。这些内容对于我们理解为何以个体为中心的方法受到越来越多的重视具有很大的帮助。

# 第四章　中国文化背景下积极青少年发展的结构与内涵

　　长期以来，我国心理学研究者一直高度关注青少年的发展问题，通过全国协作组开展了很多具有重要意义的全国性的青少年发展研究，针对我国青少年在不同时代的发展特点和规律提供了翔实、全面的数据。本章将对我国与积极青少年发展相关的重要研究进行回顾，在此基础上介绍新时代基于我国文化背景的积极青少年发展的结构与内涵，以提出我国积极青少年发展的理论内涵和框架，为后续的深入研究奠定坚实的基础。

## 第一节　我国与积极青少年发展相关的重要研究

　　过去的几十年间，我国心理学家在青少年发展方面从不同层面做了很多全国范围的重要研究，这些研究结果为我们理解中国文化背景下的积极青少年发展奠定了基础。这些研究主要涉及青少年心理健康素质的内涵与特征，当代中国儿童青少年心理发育特征，青少年情感素质研究和中国学生发展核心素养研究等。理解并梳理前期我国青少年发展的重要研究成果，对未来研究具有重要的启示和意义。

### 一、青少年心理健康素质的内涵与特征

　　根据党的十六大报告和青少年身心发展特点，国内心理学家沈德立教授团队率先提出了"心理健康素质"的概念(沈德立，2009；沈德立等，2008)。该课题组在征求不同学科专家、学生和教师等的意见的基础上，构建

了心理健康素质的结构，如图4-1所示。课题组认为，心理健康素质是指青少年在遗传和环境的相互作用下，所形成的某些内在的、相对稳定的心理品质，且这些心理品质决定着青少年的心理、生理和社会功能，进而影响他们的心理健康状态(沈德立，马惠霞，2004)。

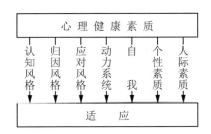

**图4-1 心理健康素质的结构**

在此基础上，课题组进一步通过大样本调查，开发了对应的量表，即《中国青少年心理健康素质调查表》(沈德立等，2007)。该调查表共8个分量表243道题目，包括认知风格、归因风格、应对风格、动力系统、自我、个性素质和人际素质7个素质分量表和1个适应分量表。多次实证调查检验证实了该量表具有较高的信度和效度。

随后，课题组进行了全国调查，并在此基础上进行了数据资料的整理和成果总结。课题组采用分层抽样的方法，共抽取我国23个省、区、市的青少年，有效被试共44 063名(沈德立等，2008)。该样本具有良好的代表性，如涉及13个民族，年龄区间为11~18岁，学段覆盖了小学高年级到高中，抽样地区分布到了西北、西南、东北、华中、华东和华北。该调查也取得了丰富的研究成果，主要包括以下几点(沈德立等，2008)。第一，心理健康素质8个维度上处于"低水平"的人数比例很低(1.25%~3.5%)，这说明青少年心理健康素质的总体水平优良。第二，在年龄上，青少年初期心理健康素质得分较高，之后随年龄增长存在起伏，在青少年晚期得分又有提高。第三，影响青少年心理健康素质的因素包括：自身因素，如性别、是否独生子女等；环境因素，如学校类型等学校环境因素，家庭成员结构等家庭因素等。

"心理健康素质"的概念在国内外均是首次提出，在青少年心理健康与发展研究领域具有重要的理论和实践意义。与"积极心理学"思潮不谋而合，青少年心理健康素质的研究不仅针对早发现、早干预的有心理健康问题的人展开，也重视开展如何让健康者更加健康，即让全体青少年生活得更加充实和有意义(Seligman & Csikszentmihalyi，2000)。正如沈德立等(2008)指出："青少年心理健康教育应当面向全体成员，而不是仅仅针对少数心理健康有问题的青少年；青少年心理健康教育的重点是培养青少年的心理健康素质，而不仅仅是解决青少年的心理问题；青少年心理健康教育工作者应当从发展的角度对待和处理青少年心理健康问题。"

## 二、当代中国儿童青少年心理发育特征

作为 21 世纪初期我国重要的儿童青少年研究项目，"中国儿童青少年心理发育特征调查"取得了丰硕的研究成果，对指导我国儿童青少年教育与实践产生了长远的影响。该项目是由科技部部署、北京师范大学"认知神经科学与学习"国家重点实验室牵头、全国高校和临床研究机构共 52 所参加的项目，共调查了除港澳台外的我国 31 个省、区、市的 95 000 余名 6～15 岁儿童青少年及其抚养人(董奇，2001a)。

研究结合中国儿童发展的实际、中国文化的特色和中国基础教育的实际，项目组组织全国专家经过百余次研讨，建立了 98 个工具编制组，共提交工具和论证报告 207 套，形成了拥有数千条题目的题库，并进一步组织了 4 次不同规模的 2 万余人次的全国预试以及基于正常和临床样本的信度和效度研究，对题目进行了选择和修订，在严密科学设计的基础上，按照统一标准化程序，在全程质量控制下研制完成了我国第一套全面反映儿童青少年发展关键特征的多级指标体系和一系列具有自主知识产权、适合我国国情的儿童青少年认知能力、学业成就、社会适应和成长环境的心理发展评估工具——"中国儿童青少年心理发育系列标准化测验"，建立了我国第一套 6～15 岁儿童青少年心理发展的全国、城乡和区域常模标准，并建设了公益共享数据库(董奇，2011a)。

首先，在测量方面，"中国儿童青少年心理发育系列标准化测验"包括了 5 个工具包："中国儿童青少年认知能力测验""中国儿童青少年语文学业成就测验""中国儿童青少年数学学业成就测验""儿童青少年社会适应性量表""儿童青少年成长环境量表"。这些量表具有良好的心理测量学属性，其测验难度和区分度的设置反映了年龄间、亚群体间以及个体间的差异，具有敏感性；测验内容和材料的设计紧扣我国不同地区、城乡儿童青少年的生活背景和经验，保证了文化公平性；各领域的工具均可集体施测，简便易行，适用性强(董奇，2011a；李红，2011)。其次，在数据库方面，该项目不仅构建了大型的全国代表性样本数据库，还制定了我国第一个全国性的 6～15 岁儿童青少年发育特征常模(周宗奎，田媛，2011)。尤其是在常模方面，囊括了儿童青少年发育的认知能力、学业成就和社会适应三个领域，并在不同经济区域、城乡、性别和年级等层面分别做了常模。这些常模数据为深入多角度了解我国儿童青少年发育的实际情况提供了可靠的标尺。最后，该项目形成了 5 本系列研究报告(董奇，2011b；周宗奎，田媛，2011)，分别为：①总体工作报告——《当代中国儿童

青少年心理发育特征》；②专门介绍儿童青少年心理发育特征的关键指标体系的《中国6～15岁儿童青少年心理发育关键指标与测评》；③详细介绍整个心理发育特征调查项目中所使用的标准化测查工具的《中国儿童青少年心理发育标准化测验简介》；④系统而全面地阐述从工具设计到数据的清理录入等项目分析的方法和技术的《中国儿童青少年心理发育特征调查项目技术报告》；⑤系统介绍6～15岁儿童青少年心理发育特征国家基础数据库的构成和使用规范的《中国6～15岁儿童青少年心理发育数据库手册》。总体而言，这些研究成果不仅对我国儿童青少年教育的理论和实践有重要指导价值，而且为后期我国开展类似的大型调查提供了借鉴。

### 三、青少年情感素质研究

随着素质教育的推进，研究者对青少年的健康情感和健全人格越来越关注。上海师范大学卢家楣教授提出了"青少年情感素质"（adolescent affective quality）的概念。青少年情感素质是个体在遗传和环境的共同作用下，经实践形成的相对稳定和基本的、与青少年的发展阶段相适应的、积极的情感心理特征（卢家楣，2009）。青少年情感素质的结构是由2层6大类29种情感组成的系统，具有明确的年龄特点和教育的导向性，为丰富和完善整个素质概念做出了贡献，为促进青少年的情感教育提供了支持。

课题组从青少年生活、新课改文本、文学和语言以及理论四个层面收集信息，形成了2层6大类情感：情感的本体层次和对情感的操作层次，前者包括道德情感、理智情感、审美情感、生活情感、人际情感5大类，后者仅是情感能力。这6大类情感可以进一步归纳出42种具体情感，如道德情感包括爱国感、责任感、荣誉感、正直感、关爱感等（卢家楣，2009；刘伟等，2010）。随后课题组组织近百名中小学教师对42种情感中的每一种情感给出至少20条符合青少年表现特点的样例。在此基础上，课题组专家编制和确认了6点计分的313道题6个分量表的调查问卷，然后在上海选取小学、初中和高中各一所共1 067人，进行了探索性因素分析和验证性因素分析，最终确认了正式版量表包括135道题及2道测谎题。

运用自编"中国青少年情感素质问卷"，采用分层抽样，课题组对我国9大城市（第一层次：北京、上海、广州；第二层次：长春、郑州和西安；第三层次，西宁、贵阳和海口）117所学校的25 485名学生进行了调查（卢家楣等，2009），结果如下。第一，青少年总体情感素质得分为4.51分，处于6点等级评分中"有点符合"和"基本符合"之间，道德情感、理智情感、审美情感、生活情感、人际情感和情感能力6种情感分量表得分也都没达到"基本符合"程度，说明我国青少年情感素质整体上虽然处于积极正向状态而非消极负向状态，但情感素质亟待提高。第二，女生的总情感素质得分略高于男生，但在具体维度上，如女生在审美情感、人际情感和道德情感上得分显著高于男生，男生在理智情感上的好奇和探究以及积极学业情感上的得分显著高于女生。更确切地说，男女生情感素质差异主要存在结构性差异，而非总体水平的差异。第三，情感素质未随学段升高而升高，反有下降趋势，其中乐学感和自信感下降达显著水平。第四，情感素质与学习成绩的自我评价、父母受教育水平正相关。第五，师生关系良好、教师有情施教对青少年各方面情感素质的发展具有重要且直接的促进作用。

"青少年情感素质"概念的提出具有一系列现实意义。首先，从理论上明确提出了青少年情感素质概念的内涵，有助于我们科学地细化心理素质的概念，并且指导和促进教育心理学中结合青少年的情感维度科学育人。其次，从实践上强调了情感在青少年素质教育中的特殊地位，促进了人们教育理念的转变。

## 四、中国学生发展核心素养研究

为了更好地回答在我国教育中"立什么德，树什么人"的问题，林崇德教授团队围绕中国学生发展核心素养，开展了一系列创新型研究（核心素养研究课题组，2016）。该项目团队汇聚了国内多所高校教育、心理等领域的近百名研究人员，联合开展基础理论研究、国际比较研究、教育政策研究、传统文化分析、现行课标分析和实证调查研究等，历时三年集中攻关，取得了丰硕的研究成果。

一方面，该项目团队定义了什么是学生发展核心素养，并提出了其基本理论框架。具体来说，学生发展核心素养主要是指"学生应具备的，能够适应终身发展和社会发展需要的必备品格和关键能力"，是学生知识、技能、情感、态度、价值观等多方面要求的结合体，具有过程导向的特点（林崇德，2017）。在此基础上，该项目团队提出了基本的理论框架，即以"全面发展的人"为核心，分为文化基础、自主发展、社会参与三个方面，综合表现为人文底蕴、科学精神、学会学习、健康生活、责任担当、实践创新 6 大素养，如图 4-2 所示（核心素养研究课题组，2016；林崇德，2017）。另一方面，就如何落实与推行中国学生核心素养的教育与实践，该项目团队提出了 5 条具体的路径（林崇德，2017）：①各学段要根据教育的任务、学生的身心发展特征等，构建符合本学段的核心素养分体系；②要基于核心素养的总框架，制定学业质量标准，使其更加符合新时期人才培养的要求；③要构建基于核心素养的课程体系结构，如教学目标和内容要体现核心素养等；④教师专业发展要落实核心素养的基本要求，进而引领教育教学实践；⑤要创设符合核心素养培养的学生学习环境，家庭、学校和社会要共同促进学生核心素养培养的实践。

学生发展核心素养体系的提出，是深化教育领域综合改革的迫切需要和必然趋势，引领着当前学校教育教学和课程改革的脚步。学生发展核心素养从全面发展的人的角度，提出了教育目标的具体任务和领域，推进了课程改革向"以人为本"发展，对于全面推进素质教育具有重要意义（林崇德，2016；辛涛等，2016）。

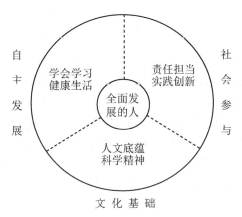

图 4-2　中国学生发展核心素养基本框架

# 第二节　我国文化背景下积极青少年发展的结构与内涵：一个四维结构

## 一、积极青少年发展的结构与内涵：已有证据与不足

积极青少年发展是青少年发展研究领域的最新理论和实践取向，反映了西方青少年心理学研究视角的转变，即从关注青少年的"缺陷模型"转向"关注青少年的积极发展"（Lerner et al.，2005）。这种转变源自发展系统论中有关人类发展具有相对可塑性的假设和促进青少年积极发展的理念（Belsky & Pluess，2010；Ford & Lerner，1992）。围绕积极青少年发展的理论基础和实证依据，国外研究者在发展心理学元理论和青少年发展促进项目等领域做了大量的探索（郭海英等，2017）。作为世界上青少年人口比例最大的发展中国家（0～17 岁儿童约 2.71 亿；UNICEF，2015），中国积极青少年发展的结构与内涵是什么呢？已有研究尚未给出清晰的答案。

有关"积极青少年发展"的操作化界定，卡塔兰诺等人（Catalano et al.，2004）对美国25个青少年发展项目进行了综述，提出了积极青少年发展的15个目标，主要包括联结、能力、积极的自我认同、亲社会行为等。在此基础上，谢克等人（Shek et al.，2006）结合中国香港当地社会和文化的特点，开发了测量中国香港积极青少年发展结果的15维量表。后续学者又进一步提出了包括认知-行为能力、亲社会性、积极的同一性和一般积极发展品质的四维高阶结构（Shek & Ma，2010）。在实证依据方面，较有影响力的当属勒纳等人（Lerner et al.，2009）基于"4H"项目提出的积极青少年发展的核心特征，即包括能力、品格、自信、联结和关爱的"5C"模型（Lerner et al.，2015）。其中，能力主要指个体在特定领域中对自我行动潜能的知觉，如社会能力、学业能力等，为个体实现成就目标提供内在条件；品格涉及个体对社会规则与多元文化的尊重、基本的行为品德及正直等；自信涉及一种整合的对自我价值和自我效能的知觉，对个体在挑战情境中发挥能力和品格的力量至关重要；联结反映了个体与他人或机构积极双向的互动关系，如与同伴、家庭、学校和社区的积极关系等（Hamilton et al.，2004；Lerner et al.，2005；Roth & Brooks-Gunn，2003）。"5C"模型的提出为积极青少年发展的教育促进、测量等研究提供了新的思路，主要体现在以下5个方面。

第一，"5C"理论结构模型是在已有研究和理论的基础上提出的，根据实际情况和经验增加了新的内容（加入"关爱"caring），并在实践和长期的追踪研究中得到了验证、修订和完善。据此，我们的研究中也要注意既基于已有的研究结构，又考虑文化背景、社会需要等多方面的因素，在已有的结构上不断创新，去掉不适应的内容，保留精华内容，发现中国青少年独有的、具有中国特色的积极青少年发展的结构，并在追踪研究和实践研究中进行不断验证。

第二，研究者还提出当青少年的"5C"结构得到发展时，就能够积极地对自我、家庭、社区以及整个社会做出贡献（Lerner et al.，2015），所以今后的研究要在多个领域，如家庭、学校和社区中考虑青少年的"5C"发展情况，对于多个领域的关注也有助于其更好地完成社会化过程，实现其积极发展。

第三，由于"5C"是基于西方文化背景提出的，关于"5C"的本土化研究也较少，已有的研究也是在翻译原英文量表的基础上进行的，但是"5C"是否具有普适性还尚未可知，因此，有必要进行本土化的自下而上和自上而下的研究，充分考虑中国传统文化的作用，同时，也必须考虑社会背景因素的重要影响，要把当今社会的主流价值体系，如社会主义核心价值观等内容纳入积极青少年发展的指标体系中。

第四，"5C"结构中的五个"C"又包括了多个子维度，这些子维度在青少年发展的各个阶段可能各有侧重，这是人类发展的不同阶段有不同的发展任务所导致的。因此，我们的研究要充分考虑青少年所处发展阶段和相应的发展任务，把在一定发展阶段是否完成该阶段的发展任务以及完成的程度纳入是否获得积极发展的评估体系。

第五，"5C"结构测量工具的编制过程也尤其值得借鉴。研究者先确定各结构的具体内涵及结构，再根据其定义选择相应的测量工具，而不是直接根据理论结构全部重新形成条目。这种问卷编制方法既简单明了又经济高效。在我们的研究中，由于积极青少年发展的指标体系本身是一个相对复杂的结构，根据其各部分的内涵分别借鉴相应的已有研究工具中的条目，形成新的完整量表，既能充分利用已有的中国文化背景下的量表，又便于同已有的研究进行比较，给未来进行再研究提供方便。

与此同时，国内研究者也对我国积极青少年发展的相关领域做了一定的探索，如强调"学生发展必备的品格与关键能力"的学生发展核心素养研究，创新性地提出了"自主发展、文化基础和社会参与"三大领域的六种核心素养（如学会学习、科学精神和实践创新等），旨在解决我国教育实践的现实诉求（林崇德，2016，2017）。此外，基于积极心理健康取向的中小学生积极心理品质（官群等，2009）、以"四自"（自立、自尊、自信和自强）为基础的健全人格构念（程科，黄希庭，2009）和青少年的情感素质发展（卢家楣等，2009，2017）等研究，也从不同层面涉及并考察了青少年的积极发展问题，以上研究为我国积极青少年发展的研究和实践提供了有益的借鉴。尽管如此，在积极青少年发展的结构以及结构间的关系等问题上，尤其是如何基于个体、家庭、学校和社区等多视角发现并挖掘促进积极青少年发展的路径和模式，尚需要更深入、细致的研究和论证，以为教育实践提供有力证据。

总体而言，有关积极青少年发展的结论主要来自西方国家的青少年研究，考虑到我国的国情、文化差异和教育实践等因素，探索中国文化背景下积极青少年发展的结构与内涵显得尤为必要。从教育现实需要来讲，《国家中长期教育改革和发展规划纲要（2010—2020年）》指出，目前我国的教育还不能适应社会经济文化的发展需要。如何推进教育改革，以适应我国各项事业的快速发展是我国心理学家迫切要解决的问题。从文化差异上来说，积极青少年发展的结构与内涵会受到不同社会文化背景下的价值观、社会规范和道德等的影响，如中国文化背景下更看重人际关系，西方更强调自我价值等（Shek & Ma，2010）。

综上所述，建构中国文化背景下积极青少年发展的结构与内涵，对于政府部门、研究机构和教育实践团体联合建设具有中国特色的青少年发展项目，提升我国青少年整体素质，确保我国人力资源强国战略目标的实现具有重要的理论和实践意义。在研究方法上，质性研究以开放的方式（如访谈）收集资料，探索当事人视野中的"某种概念或现象"，进而建构理论或概念（陈向明，2000）。采用质性研究方法对中国文化背景下积极青少年发展的结构与内涵进行研究较为适合，有助于推进积极青少年发展在我国的本土化研究，丰富积极青少年发展的理论。因此，我们拟通过基于访谈的质性研究，探究中国文化背景下积极青少年发展的结构与内涵，以期为促进我国积极青少年发展提供符合当下国情需求、体现我国民族特色的理论和实证依据。

## 二、研究方法

本研究是对我国文化背景下积极青少年发展内涵与结构的探索，主要采用基于访谈的定性研究取向，总体框架如图 4-3 所示。首先，以家长、社工、专家、学生和教师的个案访谈为基础，依据最新的积极青少年发展的基本理论和专家的论证初步确定概念的内涵与结构；然后，再次请发展心理学专家、中小学教师、发展心理学领域的青年教师等，综合我国文化特色与现实依据以及已有研究的实证依据，最终确定本研究中积极青少年发展的内涵与结构。

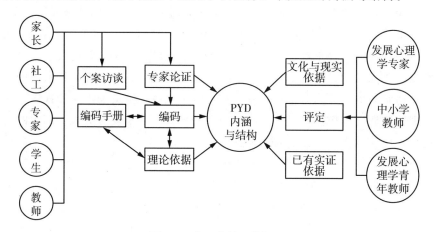

**图 4-3　本研究的总体框架**

### (一)研究对象

本研究基于质性研究的非概率抽样原则，采取目的性取样的方法（陈向明，2000），抽取了来自北京、辽宁等地的专家、教师、中小学生、家长和社区工作者，共 112 人参与了访谈，如表 4-1 所示。专家指具有副高级及以上职称的心理学、教育学和社会学（社会工作）等领域的研究人员，共 15 人。教师指教龄在 5 年及以上、经验丰富的中小学班主任或德育主任等，共 29 人。中小学生指由教师推荐的各方面发展较好或较优秀的在读小学生和初/高中生(小学四年级至高三年级),共 30 人。家长指由教师推荐的各方面发展较好/较优秀的中小学生的父亲或母亲,共 28 人。社区工作者主要指社区居委会和社区服务站专职从事社区管理服务的工作人员以及非政府组织中专职从事社会工作的人员,共 10 人。

表 4-1　参与访谈的被试

|  | 类型 | 人数 | 地区 |
|---|---|---|---|
| 中小学生 | 小学生 | 30 | 北京、辽宁 |
|  | 初/高中生 |  |  |
| 家长 | 小学生家长 | 28 | 北京、辽宁 |
|  | 初/高中生家长 |  |  |
| 教师 | 小学教师 | 29 | 北京、辽宁 |
|  | 初/高中教师 |  |  |
| 社区工作者 |  | 10 | 北京、江西 |
| 专家 |  | 15 | 北京 |
|  | 总计 | 112 |  |

**(二)研究工具**

第一,访谈提纲。本研究首先根据以往国内外关于积极青少年发展的相关研究结果,编制了半结构式的访谈提纲,主要内容包括:对儿童青少年而言,什么样的发展是积极的发展或最优的发展;发展良好的儿童青少年有什么特点;就中国儿童青少年而言,哪些积极发展的特点具有特别的意义。不同的访谈人群基于以上三个核心要点,在访谈内容和提问方式上进行调整。

第二,质性资料编码工具。本研究将访谈文本导入质性研究工具 QSR Nvivo11.0 进行编码分析。

**(三)研究程序**

第一,访谈。首先,我们对参与访谈的调查员进行了访谈技术的培训,并在预访谈的基础上,编制了《访谈标准规范手册》,用于指导后续的访谈过程。然后,在约 4 个月的时间里,课题组深度访谈了 112 位被试,每次访谈持续40~60 分钟。所有访谈个案均获得被试知情同意。

第二,转录。由专业数据转录公司将语音资料转录为文本。为保证转录的还原性和信度,研究者事先将所有可能出现的专业词汇提供给转录人员,且要求每份录音由两人分别负责转录和再次核查。最后，研究者对照录音对所有文本进行校对。

第三，编码分析。本研究的编码过程主要遵循基于扎根理论的文本内容分析，总体过程如图4-4所示。首先，对9个个案的文本进行预编码，形成预编码手册。然后，三组编码者正式编码。三组编码者每周进行一次编码讨论会，根据讨论结果更新编码手册后，对前期编码个案进行再次编码。如此循环，完成所有个案编码。遇到协商不一致情况时，由课题负责人组织相关领域专家召开论证与研讨会。编码过程主要涉及：一级编码，对积极青少年发展结构与内涵的文本进行逐句编码，产生原始的编码节点及三级指标；二级编码，对原始的编码节点进行进一步关联式的编码，归纳出积极青少年发展结构与内涵的二级指标；三级编码，根据文本资料以及以往研究的结论，提出了积极青少年发展的核心类别，即积极青少年发展的一级结构。

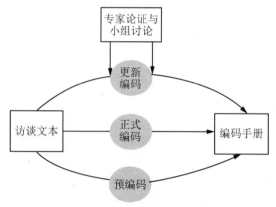

图 4-4　文本编码过程

## 三、研究结果

### (一)访谈资料编码结果

根据编码者对访谈资料的文本分析，共形成了78个编码节点，最终形成如表4-2所示的编码结果。编码结果显示了中国积极青少年发展的四维结构，分别为：能力、品格、自我价值和联结。对应12个二级指标，分别为：学习能力、社会能力、生活能力，爱、志、信、毅，自尊自信、自我接纳，家庭联结、学校联结和社区联结。同时，12个二级指标对应了相应的三级指标与编码节点。

**表 4-2　访谈资料编码结果**

| 一级结构 | 二级指标 | 三级指标及编码节点举例 |
|---|---|---|
| 能力 | 学习能力 | 基本学习能力：学业任务和成绩、学科专长，理解与领悟等。 |
| | | 创造性思维能力：好奇心、创新思维等。 |
| | | 批判性思维能力：学习过程中的反思、质疑等。 |
| | 社会能力 | 研究与实践能力：研究能力、实践能力等。 |
| | | 基本社交技能：沟通与交友技能、团队意识等。 |
| | | 情绪能力：情绪与识别、情绪调节、共情等。 |
| | 生活能力 | 自理能力：生活中的独立、自理等。 |
| | | 健康能力：体育方面的专长、参与喜好、良好的身体素质等。 |
| 品格 | 爱 | 爱：友善、善良、感恩、爱集体(国家)、助人和孝顺等。 |
| | 志 | 志：勤奋与刻苦、主动与进取、有志向和自主等。 |
| | 信 | 信：诚信、信赖、责任心和自律等。 |
| | 毅 | 毅：乐观、开朗、坚毅、专注等。 |
| 自我价值 | 自尊自信 | 自尊：对自我持有的积极体验。自信：相信自己的能力，觉得自己能行等。 |
| | 自我接纳 | 自我接纳：来自心理、生理和社会层面的自我接纳等。 |
| 联结 | 家庭联结 | 家庭联结：亲子关系，与家人的沟通，对家庭的情感，参与家庭事务等。 |
| | 学校联结 | 学校联结：师生关系，同伴关系，与学校、教师的情感等。 |
| | 社区联结 | 社区联结：参与社区事务、对社区关心的感知等。 |

## (二)中国文化背景下积极青少年发展结构的内涵与编码节点分析

### 1. 能力

本研究编码结果显示，积极青少年发展结构中的能力部分包括：学习能力、社会能力和生活能力。

学习能力是指青少年完成学业任务所需要的能力，其内涵包括：第一，基本学习能力，即对学生而言学习方面的基本能力要求，如按时高质量完成学业任务，有好的学业成绩等。例如，一位心理学专家谈道："……在学校期间，我们把学业成绩作为最核心的指标判断，学业成绩是这个小孩现在很重要的一个指标，不能够把这个事轻易抹掉……"第二，创造性思维能力，主要是指学生在学习过程中保持对学习的兴趣和好奇心，能从多种角度、应用多种方法解决学习中各种问题的能力。例如，一位教育专家说："真正积极（发展）的人是有创造性的……"第三，批判性思维能力，涉及学生在学习过程中对学习内容的反思、质疑等。这与一位小学语文老师的观点是一致的，她认为积极发展的青少年应该是"爱质疑，很有质疑，（有）怀疑精神……"第四，研究与实践能力，主要指学生对知识的实际应用情况，综合反映了学生将"知识"转化为"技能"的过程。一位小学老师在回忆自己认为发展不错的学生时说："……就是那个小孩啊，动手能力非常强……我们老师讲了什么东西，他就去实践，到后期，特别是上高中以后啊，发现他动手能力，干什么事儿，比我们老师强多了……"

社会能力是指青少年在社会生活中与他人、社会实现良好互动的能力，代表了青少年社会性发展的重要方面，主要包括：第一，基本社交技能，着重强调了青少年在人际交往中的基本能力，如沟通、交友、合作、解决交往中的问题等方面的能力。例如，一所小学中负责德育的主任谈道："从我的角度来讲，一个孩子积极发展，应该包含以下几个特征，……第三，在人际交往方面的积极发展，应该是指能够友善和和谐地和大家在一起，然后能够尽可能地减少恶性冲突。"第二，情绪能力，综合反映了如何体察、理解情绪及调节情绪的能力。一位青少年心理发展专家指出："青少年的积极发展，……一个是控制他自己的情绪，这样他能更好地与人相处，甚至能够平衡自己内心的一些东西……"

生活能力是指青少年能够实现独立生活并保持自身健康的能力，主要包括日常生活中的自理能力和通过体育运动促进健康的能力。一位中学化学老师谈道："对于青少年积极的发展，……身体健康是很重要的。"一位社区人员认为："……对于积极发展（青少年）而言，要培养孩子的自理能力……"

图 4-5 显示了与能力相关的 24 个编码节点的频次。频次最高的前 10 个节点中，与学习能力有关的编码节点最多，如"学业任务和成绩"（占 73.21%）、"学科专长"（占 56.25%）、"理解与领悟"（占 27.68%）、"自主学习"（占 25.89%）、"创新思维"（占 23.21%）、"兴趣广泛"（占 21.43%）和"实践能力"（占 21.43%）；其次是与社会能力相关的编码节点，如"沟通与交友技能"（占 47.32%）、"共情"（占 24.11%）和"团队意识"（占 21.43%）等；此外"自理"（占 37.50%）与个体的健康生活能力相关。

2. 品格

品格（character）主要指在一定的社会文化中，为了使自我更有能力、更好地生活而需要不断发展的技能、行为倾向和优势特征（Lapsley & Narvaez，2006）。本研究的文本编码的四个结构中，涉及品格的形容词或短语多达 40 多个，如表 4-3 所示。

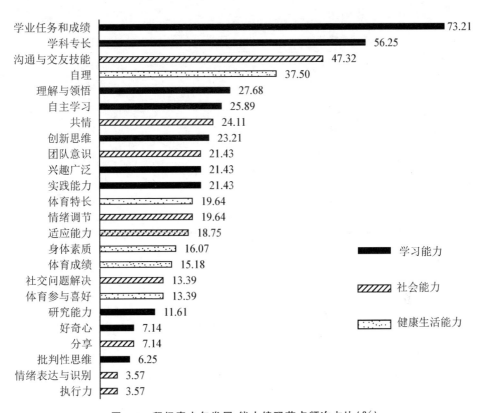

图 4-5　积极青少年发展-能力编码节点频次占比（%）

表 4-3　核心品格特点的初始编码节点

| 序号 | 品格特点 | 序号 | 品格特点 |
|---|---|---|---|
| 1 | 勤奋与刻苦 | 12 | 听话 |
| 2 | 坚毅 | 13 | 孝顺 |
| 3 | 乐观与开朗 | 14 | 自主 |
| 4 | 主动与进取 | 15 | 宽容 |
| 5 | 认真与严谨 | 16 | 尊重 |
| 6 | 好学 | 17 | 礼貌 |
| 7 | 责任心 | 18 | 勇敢 |
| 8 | 助人 | 19 | 关爱 |
| 9 | 善良 | 20 | 友善 |
| 10 | 有志向 | 21 | 稳重与踏实 |
| 11 | 爱集体 | 22 | 正直 |

| 序号 | 品格特点 | 序号 | 品格特点 |
|---|---|---|---|
| 23 | 感恩 | 35 | 随和 |
| 24 | 规则意识 | 36 | 真诚 |
| 25 | 爱国 | 37 | 热情 |
| 26 | 公益服务 | 38 | 开放 |
| 27 | 良好习惯 | 39 | 节俭 |
| 28 | 平和 | 40 | 谦让 |
| 29 | 诚信 | 41 | 意义感 |
| 30 | 幽默 | 42 | 多元价值 |
| 31 | 谦虚 | 43 | 自强 |
| 32 | 是非观念 | 44 | 自省 |
| 33 | 未来期望良好 | 45 | 知足 |
| 34 | 好奇心 | 46 | 公正 |

项目团队对这些初始编码节点再次进行了分析和归类，合并了比较接近的节点，最终归纳为 37 个编码节点。此外，项目团队邀请了国内 30 位发展心理学专家对这些词或短语进行了重要性评价，如表 4-4 所示，并取重要性得分较高的 27% 的形容词，同时结合五类访谈人群中编码频次较高的 27% 的形容词，最终得到 18 个积极青少年发展的核心品格特征，如图 4-6 所示。

**表 4-4 核心品格特点专家评定均分**

| 序号 | 品格特点 | 评分均分 | Z | 序号 | 品格特点 | 评分均分 | Z |
|---|---|---|---|---|---|---|---|
| 1 | 责任心 | 8.53 | 1.29 | 11 | 关爱 | 7.80 | 0.58 |
| 2 | 乐观 | 8.40 | 1.16 | 12 | 明辨是非 | 7.80 | 0.58 |
| 3 | 友善/善良 | 8.40 | 1.16 | 13 | 主动/进取 | 7.77 | 0.55 |
| 4 | 坚毅 | 8.40 | 1.16 | 14 | 自主 | 7.77 | 0.55 |
| 5 | 可信赖/诚信 | 8.37 | 1.14 | 15 | 助人 | 7.73 | 0.51 |
| 6 | 宽容 | 7.93 | 0.71 | 16 | 正直/公平 | 7.63 | 0.41 |
| 7 | 好学 | 7.87 | 0.65 | 17 | 规则意识 | 7.60 | 0.38 |
| 8 | 感恩 | 7.83 | 0.61 | 18 | 认真 | 7.50 | 0.29 |
| 9 | 好奇心 | 7.83 | 0.61 | 19 | 良好习惯 | 7.37 | 0.16 |
| 10 | 孝顺 | 7.80 | 0.58 | 20 | 开放 | 7.33 | 0.12 |

| 序号 | 品格特点 | 评分均分 | Z | 序号 | 品格特点 | 评分均分 | Z |
|------|---------|---------|------|------|---------|---------|------|
| 21 | 有志向 | 7.33 | 0.12 | 30 | 热情 | 6.70 | −0.50 |
| 22 | 爱国 | 7.33 | 0.12 | 31 | 谦让 | 6.67 | −0.53 |
| 23 | 勤奋/刻苦 | 7.23 | 0.02 | 32 | 意义感 | 6.27 | −0.92 |
| 24 | 自强 | 7.20 | −0.01 | 33 | 谦虚 | 5.93 | −1.25 |
| 25 | 礼貌 | 7.03 | −0.17 | 34 | 幽默 | 5.83 | −1.35 |
| 26 | 勇敢 | 7.00 | −0.20 | 35 | 谨慎 | 5.33 | −1.84 |
| 27 | 爱集体 | 6.87 | −0.33 | 36 | 节俭 | 5.13 | −2.03 |
| 28 | 公益服务 | 6.83 | −0.37 | 37 | 听话/顺从 | 3.63 | −3.50 |
| 29 | 平和 | 6.73 | −0.47 | | | | |

注：Z为标准分。

在此基础上，本研究结合中国传统文化、我国现代社会的时代特点以及对人才培养的需求，将积极青少年发展框架下的品格特征分为四类，分别是爱、志、信、毅。

"爱"主要涉及青少年与他人、家庭、集体及国家的关系层面的品格，如善良、孝顺、感恩、爱集体和爱国等。一位母亲在谈及自己孩子的积极发展的特征时提到："……第一，小孩她本质比较善良……我特别看重并肯定的是小孩的感恩心……她对她身边的人，所有的物体都有感恩的心，还有就是善良、豁达……""志"反映了有助于促进青少年自身成就发展的品格，如勤奋与刻苦、主动与进取、有志向等。访谈中一位青少年发展研究领域的专家提出中国青少年独有的积极发展的特点之一是："勤奋或者是能吃苦耐劳……到哪儿都勤奋，而且能吃苦……""信"指更好地社会化或融入社会所需的诚信、自律和责任心等。一名小学生在谈及优秀同学的特点时指出："品质方面，……要是有一次没有诚实的话，可能那就没有人相信了……""毅"主要指青少年在成长过程中遇到逆境和困难时所需的良好品格，如乐观与开朗，坚毅和专注等。一位中学数学老师认为积极发展的特点是"围绕一个目标你能够一直坚持下去，就是说这个韧性或者耐性很重要……"；一位青少年心理学专家也认为积极发展的青少年"能够比较阳光地去对待生活中的这些挫折，……中国的文化特别看重的是一个人的坚持性和毅力"。与品格相关的编码节点频次分析结果如图4-6所示。四类受访人群中，提及的频次占比超过50%的编码节点有：乐观与开朗（占70.54%），坚毅（占70.54%），勤奋与刻苦（占67.86%）和主动与进取（占62.50%）。

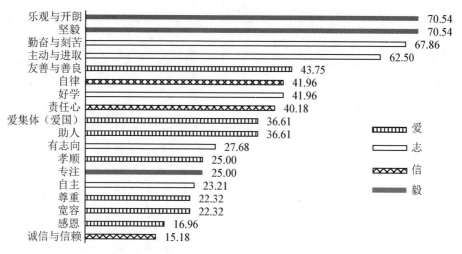

图 4-6　积极青少年发展-品格编码节点频次占比(%)

3. 自我价值

自我价值(self-worth)是指个体对自身价值的判断和体验,具有认知、情绪和行为倾向的特征(黄希庭,杨雄,1998)。研究结果显示,我国积极青少年发展结构中的自我价值包括自尊、自信和自我接纳。自尊主要指个体对自我所持有的一种情感性评价(Mecca et al.,1989)。自信是指对自己信任,表现为有信心,不怀疑(毕重增,黄希庭,2009)。一位发展心理学专家提到:"积极发展的青少年特点,……第一个是,……他应该是很自信的……他对自己有一个比较积极的自我概念。"一位发展比较好的中学生的家长说道:"……我儿子还有一个(特点),他有自信,自信是最重要的一个品质。"自我接纳主要是对个体自身优势和劣势的真实的、客观的自我知觉(Bernard,2014),涉及心理、生理和社会自我接纳。例如,一位家长提到了这方面的内容:"积极发展的孩子……能自己分析自己的优点缺点,什么样的适合你……"

图 4-7 显示了与"自我价值"相关的 5 个编码节点的频次情况。编码节点频次高低依次是"自信"(占 48.21%)、"自尊"(11.61%)、"生理自我接纳"(占 6.25%)、"心理自我接纳"(占 4.46%)和"社会自我接纳"(占 0.89%)。

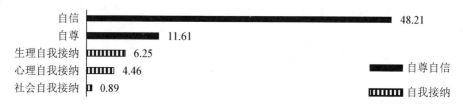

图 4-7　积极青少年发展-自我价值编码节点频次占比(%)

4. 联结

联结(connection)是个体对周围世界社会关系的觉察，一种能更好地描述个体对自我—他人及环境关系体验的心理概念，反映了个体与环境关系的良好互动(Lee & Robbins，1995；Hamilton et al.，2004)。访谈中一位青少年儿童教育与公共政策专家指出："对于儿童的一个积极发展，……我觉得更多是一种人际关系的，……能不能跟其他人，跟父母，跟同伴，跟老师，甚至包括社会，形成一种积极的一种人际关系，支持型的人际关系。"编码结果显示，积极青少年发展的联结主要包括：学校联结、家庭联结和社区联结。学校联结反映了青少年在学校中与同伴、教师和学校整体环境的关系知觉。一位教育专家谈道："与同伴的交往，师生交往这个方面，……有一个比较良好的发展，我觉得这就是一种积极的发展。"家庭联结主要指青少年与家庭及家庭成员的关系的知觉。一位母亲谈到积极发展时，说道："我觉得亲子关系一直还是挺重要的，……一个好的亲子关系应该能够对他始终有一种包容和鼓励……这样好的一个亲子关系，能够让他感觉到安全。"社区联结主要指青少年与家庭地域上的社区组织及邻里的关系的知觉。一位社区工作者表达了青少年社区联结的意义，"社区会给他们(孩子们)一些照顾，……除了经济上的帮助，对他们成长上，对他们心灵上应该也是有一些关爱的，这个关爱他们感受到了以后，肯定是对他们的生活态度啊，如乐观啊，或者(觉得)生活、社会(是)美好的……"。与联结相关的编码节点的频次分析如图 4-8 所示。不难发现，编码频次占比最高的是与学校联结相关的编码节点(如"同伴关系"占比 40.18%，"师生关系"占比 25%)，其次是家庭联结(如"亲子关系"占比 16.96%)，占比最低的是与社区联结相关的编码点("社区关心"和"参与社区"均占比 0.89%)。

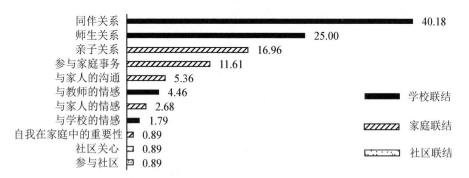

图 4-8　积极青少年发展-联结编码节点频次占比(%)

**(三)我国积极青少年发展四维结构的内在逻辑**

总体而言，对于一个积极发展的中国青少年而言，能力、自我价值、品格和联结四个方面相互联系，缺一不可，构成了如图 4-9 所示的结构模式。"爱""志""信""毅"构成了积极青少年发展的品格要素。学习能力、社会能力和生活能力组成了积极青少年发展的核心能力。品格和能力相互促进，共同构成积极青少年发展的核心要素。二者既是青少年在社会中立足生存的基础，又是青少年实现自我价值和社会价值的基石。与此同时，源于对自身能力和品格知觉的自我价值，是积极青少年发展的重要基础。这种对自我的积极认知和情感，不仅有利于促进个体在社会中寻求合适的成就目标，实现个体的多样化发展，也有助于提供促进积极发展源源不断的正能量。与家庭、学校和社区的良好联结，反映了个体与环境互动的质量，是青少年获得优秀品格、能力和自我价值的桥梁。品格、能力和积极的自我价值又会促成更多更高质量的联结。总之，品格、能力、自我价值和联结共同构成了一个积极发展的系统，系统内部各部分协同发展，才能最终实现青少年的充分的发展。基于此，我们将积极青少年发展的内涵界定为健康、充分发展的青少年所具备的品格、能力、自我价值和联结方面的核心特征，这些特征反映了个体与发展情境之间良好的双向互动关系。

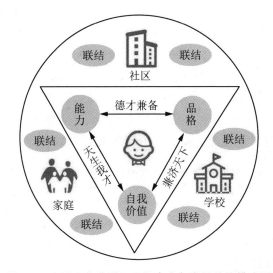

**图 4-9　中国文化背景下积极青少年发展结构模式图**

## 四、讨论与启示

### （一）与西方积极青少年发展结构和内涵的比较：相似与差异

本研究基于质性访谈，提出了我国积极青少年发展的四维结构，并对其丰富的内涵做了详细的阐释。与以往西方学者(Catalano et al.，2004；Lerner et al.，2005)的研究相比，总体结构上具有相似性，即强调青少年在各领域中的能力、社会联结、积极自我、良好品格等方面的积极发展。但在具体内涵上，本研究提出的积极青少年发展的内涵具有鲜明的独特性和文化性，也更加全面。

在独特性和文化性上，西方积极青少年发展的内涵贯穿着与其社会现实和文化有关的内容，如多元价值观、个人价值及精神灵性等(Catalano et al.，2004；Lerner，2004；Roth & Brooks-Gunn，2003)。而本研究结果则充分融入了我国优秀的传统文化，如在积极"品格"中，更重视勤奋刻苦、主动进取、自律等与自身修为有关的品质。此外，在表述积极青少年发展的术语上，存在语义差异。例如，"5C"模型中，自信主要指一种整合的积极自我价值和自我效能(Lerner et al.，2005)。而在中文语境中，"自信"常与"自卑"等在同一个概念水平(毕重增，黄希庭，2010)。所以用"自信"来概念化涉及青少年对自身整体上的信心、积极的自我评价和自我接纳的编码节点似乎不妥。根据国内有关"自我"的研究(黄希庭，杨雄，1998)，并结合文本编码及中文的表达习惯，我们使用"自我价值"取代"5C"模型中的"自信"来反映积极青少年发展的重要特征。由此说明，对积极青少年发展的结构与内涵的认知和表达存在一定的文化差异①。

另外，就积极青少年发展的内涵而言，本研究结果的阐释更全面、更彻底。例如，与"5C"模型相比，在学习能力层面，增加了创造性、批判性、研究与实践等内容；在社会能力层面，补充了情绪能力作为社会能力的重要组成部分；在生活能力层面，提出了与生存密切相关的自理能力作为积极青少年生活能力中的重要构成。这些增补的内容与青少年终生学习、我国及国际教育实际等密切相关。与此同时，本研究提出的以"爱""志""信""毅"为内核的积极青少年发展中的品格结构，涵盖了自身道德修养、成就志向和个人与集体关系等诸多方面的内容，为全面理解青少年的品格发展提供了详细的结构。因此，我们在积极青少年发展的具体内涵的解读上更加丰富和完整，更能反映出新时期我国文化背景下积极青少年发展的核心内涵。

### (二)与我国积极青少年发展相关研究的比较：继承与发展

本研究是对以往我国积极青少年发展相关研究的继承与发展。具体来看，我们持续关注了以往学者研究的焦点问题，如品格、能力、自我价值和联结的

---

① 关于"自信"和"自我价值"的用法，在后续量表(见 Chai et al.，2020；柴晓运等，2020)论文发表时，国际同行专家提出，为便于与勒纳等(2015)的"5C"模型进行对比，建议将"自我价值"(self-worth)更改为"自信"(self-confidence)，我们接受了这一建议。

内涵与以往学者关注的积极心理品质(官群等，2009)、健全人格(程科，黄希庭，2009)、情感素质(卢家楣等，2009)和学生发展核心素养(林崇德，2016)等一脉相承。此外，本研究基于关系发展系统理论下的积极青少年发展(Lerner et al.，2015)，对积极发展的不同领域做了更系统、全面和细致的阐释和再建构，提出了中国文化背景下积极青少年发展的结构模式。

在以往的相关研究中，学生发展核心素养(林崇德，2016)影响最大，对当下我国教育改革最具有现实指导意义。本研究中的积极青少年发展的结构与内涵与其既有一定的契合性，又带有自身鲜明的特色。首先，两者在具体内容上具有一定的一致性。例如，在核心素养指标中(林崇德，2017)，责任担当素养中的"社会责任""国家认同"与积极青少年发展中品格中的"爱"(如爱国家和集体，友善和感恩等)、"信"(如诚信、自律)等内容相辅相成。其次，在价值定位上，学生发展核心素养立足于社会主义核心价值观和党的教育方针，重要目的在于引导如何培养"全面发展的人"，对教育政策的落实具有宏观指导性(林崇德，2017；辛涛等，2016)。积极青少年发展以"积极发展"为视角，重点强调积极发展四个方面的系统性和联动性，并关注积极发展的个体差异，为促进不同群体青少年的多元积极发展提供了理论指导和实证依据(Lerner et al.，2015；叶枝等，2017)。最后，在促进途径上，本研究着眼于学校、家庭、社区和青少年自身的共同努力，形成了一个良好的关系发展系统，从而促使青少年的各项能力达到最优。本研究在继承以往国内学者对积极青少年发展研究的基础上，结合发展心理学最新理论，对我国文化背景下积极青少年发展的结构与内涵做了建构，并提出了促进积极青少年发展的路径、策略和模式，在理论建构和教育实践中均具有一定的开拓性。

### (三)本研究结果的文化根源与时代诉求

我国传统文化虽然没有明确提出与积极青少年发展相关的术语，但与之相关的思想和文化根源是存在的。例如，积极青少年发展结构中的品格，更多地植根于儒家和道家有关个体修身治世的思想，如《论语》中的"士不可以不弘毅，任重而道远"，《尚书》中的"天道酬勤"，《道德经》中的"善者吾善之，不善者吾亦善之，德善。信者吾信之，不信者吾亦信之，德信"等体现了儒道哲学对理想人格和个人发展的导向，如积极进取、自强坚毅、勤奋刻苦、与人为善、宽容、信赖和诚信等。此外，我们对涉及积极青少年发展中的联结进行文本编码分析时发现，参与访谈的个案常用"关系好"相关的词汇来描述青少年与家庭、学校和社区以及这些环境中重要他人的良好互动联系。这充分体现了中国人心理与行为的重要特征之一——关系取向(何友辉等，1991)。总之，中国积极青少年发展的四维结构及内涵蕴含着我国优秀传统文化的基因。

与此同时，积极青少年发展结构中的能力、自我价值及品格的内涵，也体现了当今社会发展对人才的时代要求。首先，关于学习能力中的批判性思维、创新能力和实践能力等，国际和国内已经形成了大规模的研究和实践潮流。例如，美国面向中小学生的 21 世纪技能计划，突出了学习与创新技能、生活与职业技能等在学生发展中的重要地位(靳昕，蔡敏，2011)。其次，青少年的基本社交技能、情绪能力等社会能力和良好的自我价值感也是国际教育界广为关注的内容。例如，美国伊利诺伊大学提出的社会情绪学习标准体系中就包含了本研究提出的积极青少年发展结构中与社会能力、自我价值相关的要素(王福兴等，2011)。此外，我们对积极青少年发展过程中生活能力的重视，与我国增强公民健康素养的政策导向相符合。例如，《中国公民健康素养：基本知识与技能(2015)》中就明确了健康生活方式与行为的内容，对于提升青少年的生活能力具有重要借鉴意义。与此同时，积极发展品格内涵中的"坚毅、乐观和主动进取"等品质，也是当代青少年教育领域关注的重要主题。例如，教育中流行的"坚毅"，被认为是预测青少年在各领域成功的重要品质(Duckworth et al.，2007)。总的来说，本研究的结果既体现了我国优秀传统文化的精髓，又在此基础上弘扬了新时代对人才培养的需求，充分体现了中国文化背景下积极青少年发展结构与内涵的民族性和时代性。

**(四)主要启示**

本研究提出了中国积极青少年发展的四个核心结构，并对其具体的内涵做了阐释。研究结果对在中国文化背景下探索积极青少年发展的本质及影响机制具有重要的理论和实践意义。主要启示有：第一，需要深入挖掘我国优秀传统文化中的教育资源，推动具有民族特色的品格教育的开展，进而促进青少年的积极发展；第二，重视能力的多元发展，不仅要发展学习能力，还要突出社会能力和生活能力在能力发展中的地位；第三，家庭和学校教育中应重视青少年自我认识的发展，培养积极的自我价值感；第四，应重视推动我国社区建设，优化青少年发展的社区环境，家庭、学校和社区应携手创设有利于积极青少年发展的各种资源和机会，促进青少年形成更多、更高质量的联结；第五，应该整合学者、学术机构、公益组织、家庭、社区等力量，形成较为系统的积极青少年发展资源网络。

**建议阅读资源**

林崇德.(2016). 21 世纪学生发展核心素养研究. 北京：北京师范大学出版社.

推荐理由：该书是我国心理学家林崇德教授主持的教育部哲学社会科学研

究重大课题的核心成果，从整体上对我国学生核心素养进行了深入、全面的探索与研究，尤其是提出了中国学生发展核心素养的总框架和基本内涵，从中观层面回答了"立什么德、树什么人"的根本问题，引领着我国课程改革和育人模式的深刻变革。

Lerner，R. M.，Lerner，J. V.，Bowers，P. E.，et al.（2015）. Positive youth development and relational-developmental-systems. In R. M. Lerner（Ed.），*Handbook of child psychology and developmental science*（7th ed.，Vol. 1，pp. 607-651）. New York，NY：Wiley.

推荐理由：该章节来自发展心理学领域权威研究系列丛书 *Handbook of Child Psychology and Developmental Science*，主编理查德·M. 勒纳（Richard M. Lerner）从关系-发展-系统论和积极青少年发展的角度，总结了近年来积极青少年发展的最新研究成果，对于我们了解本领域学科的前沿以及未来的研究具有重要的启示。

# 第二编
# 实证研究

# 第五章　我国青少年积极发展的测量

当前，我国尚没有基于我国文化和国情特点的积极青少年发展测量工具，国外研究者基于西方文化背景编制了一些青少年积极发展问卷，这些测量工具并不能真正反映我国文化和青少年的实际特点。因此，我国亟须编制一套基于我国文化和国情特点的青少年积极发展测量工具，使青少年积极发展可测量、可研究，并基于此深入探索我国青少年积极发展的特点、规律和轨迹，为后续的预防和促进工作奠定坚实的基础。本章首先介绍西方文化背景下青少年积极发展的测量，然后就我国文化背景下青少年积极发展测量工具的编制进行深入分析和探讨。

## 第一节　西方文化背景下青少年<br>积极发展的测量

通过对积极青少年发展的理论基础和实证模型进行回顾，我们对积极青少年发展在不同理论（或实证）模型或文化背景下的概念框架有了全面认识。要推进该领域的研究，尤其是评估青少年积极发展的特征或结果，或是评估一个青少年积极发展干预项目的有效性，就必须以积极青少年发展的概念结构为基础，开发可靠的测量工具。本节就已有研究中如何测量青少年的积极发展进行系统的综述。

### 一、发展资源理论视角下的充分发展的测量

斯凯尔斯等人（Scales et al.，2000）基于发展资源理论，对青少年积极发展的结构和测量进行了探索。他

们提出了青少年"充分发展"的 7 个指标，分别为：①在学校的成功；②领导力；③助人行为；④保持健康；⑤延迟满足；⑥价值多元；⑦战胜逆境。基于这 7 个指标的量表在后续的研究中得到了一些应用。但是由于该量表的每个维度仅有 1 道题目，因此整体量表的心理测量学指标不佳（如信度和效度很低），影响了其应用推广性。后期，本森和斯凯尔斯（Benson & Scales，2009）综述了以往研究的成果，更新了关于积极发展指标的测量要素，这些要素主要涉及自信、社交技能、行为能力（如自我控制）、学习能力、品格与道德（如责任、勤奋、美德）、自我实现的潜能（如主动行动、抓住机会）、个人的成长性（如设定目标、寻找帮助并实现）和智慧性（如遇到挑战的应对与适应）等。但是，后续并没有实证研究将这些测量要素开发为可以使用的测评工具。因此，基于发展资源理论的积极青少年发展的测量仅是一个初步的探索，但这些努力为后期其他理论指导下的测量的开发提供了一些初步的依据。

## 二、基于青少年积极发展 15 维结构的测量

以卡搭拉诺（Catalano et al.，2004）提出的积极青少年发展的 15 个目标（社会能力、情绪能力、自我决定、心理弹性和联结等）为基础，考虑中国香港的社会和文化背景，中国香港学者开发了一套测量积极发展结果或指标的量表。该量表共 90 个项目，具有良好的信度和区分效度（Shek et al.，2007）。后续研究中，有研究者（Shek & Ma，2010）以参与中国香港青少年积极发展项目的青少年为被试，通过因素分析，进一步提出了青少年积极发展的四维二阶结构，即青少年积极发展的 15 个一阶因子从属于四个二阶因子，分别为：认知-行为能力，主要涉及在生活中的问题解决和做出积极选择的能力；亲社会属性，主要包括对亲社会行为的卷入和相关规范的认同；一般积极发展特征，主要包括心理弹性、社会能力、自我效能、道德能力和对积极行为的重视；积极认同，主要反映个体对自我未来的积极期待和清晰、稳定的积极自我评价。其测量结构如图 5-1 所示。

尽管该测量工具具有良好的心理测量学指标，但其理论基础是基于西方青少年发展项目的总结，因此应用于中国青少年的时候可能存在一定的局限。比如，"一般积极发展特征"中的指标"精神性"（或灵性，spirituality），在西方文化中涉及宗教的内容，不符合我国的文化和社会实际。此外，"心理弹性"也被当成青少年积极发展测量结构下面的一个子指标，在理论上不符合主流的发展心理学家对"心理弹性"和"积极青少年发展"概念区分的共识（Lerner et al.，2013a；Masten，2014a）。

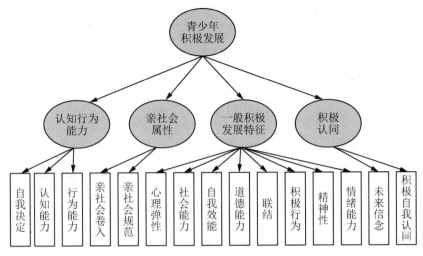

图 5-1　舍克和玛青少年积极发展量表的测量结构

## 三、基于积极青少年发展"5C"模型的测量

基于积极青少年发展"5C"模型(Lerner et al.，2005)，勒纳及其团队利用"4H"项目的追踪数据，开发并逐步完善了测量青少年积极发展指标的工具，通过对青少年积极发展"5C"量表进行不断修订和完善，最终证实了该量表的一阶和二阶模型，为该量表的心理测量学属性提供了基本的实证依据(Bowers et al.，2010；Phelps et al.，2009)。量表的项目要素与来源如表5-1所示。

表 5-1　青少年积极发展 5C 量表：项目要素与来源①

| 5C | 项目要素 | 项目来源 |
|---|---|---|
| 能力 | 学习能力 | 儿童自我知觉量表(Harter，1982，1983) |
| | 成绩 | 自我报告的学业成绩 |
| | 社会能力 | 儿童自我知觉量表(Harter，1982，1983) |
| | 体育能力 | 儿童自我知觉量表(Harter，1982，1983) |
| 自信 | 积极认同 | 学生生活概况：态度和行为问卷(Benson et al.，1998；Taylor et al.，2005) |
| | 自我价值 | 儿童自我知觉量表(Harter，1982，1983) |
| | 外貌自信 | 儿童自我知觉量表(Harter，1982，1983) |

---

①　表格主要内容依据勒纳等人(Lerner et al.，2005)、菲尔普斯等人(Phelps et al.，2009)的论文总结整理。

| 5C | 项目要素 | 项目来源 |
|---|---|---|
| 联结 | 家庭联结 | 学生生活概况：态度和行为问卷（Benson et al.，1998；Taylor et al.，2005） |
| | 社区联结 | 学生生活概况：态度和行为问卷（Benson et al.，1998；Taylor et al.，2005） |
| | 同伴联结 | 同伴支持量表（Armsden & Greenberg，1987） |
| | 学校联结 | 学生生活概况：态度和行为问卷（Benson et al.，1998；Taylor et al.，2005） |
| 品格 | 个人价值 | 学生生活概况：态度和行为问卷（Benson et al.，1998；Taylor et al.，2005） |
| | 社会责任 | 学生生活概况：态度和行为问卷（Benson et al.，1998；Taylor et al.，2005） |
| | 价值多元 | 学生生活概况：态度和行为问卷（Benson et al.，1998；Taylor et al.，2005） |
| | 人际技能 | 学生生活概况：态度和行为问卷（Benson et al.，1998；Taylor et al.，2005） |
| 关爱 | 同情 | 艾森伯格同理心量表（Eisenberg et al.，1996） |
| | 同理心 | 人际反应指数量表（Davis，1983） |

由于先前开发的青少年积极发展量表的项目数量太大，被试作答需要很长时间，使其在研究和实践中的广泛使用受到限制，因此，研究者对原始的量表进行了简化，最终形成了简版和极简版两种形式的量表（分别为 34 个和 17 个项目），并验证了"5C"结构的双因子测量模型（Geldhof et al.，2014a；Geldhof et al.，2014b），如图 5-2 所示。

基于"5C"模型的青少年积极发展测量工具尽管在美国文化背景下表现出较好的心理测量学属性，但能否在其他文化背景下准确地评估青少年积极发展呢？先前的研究表明，特定的社会文化因素会影响对"积极青少年发展"的建构和测量（B.-B. Chen et al.，2017）。学者基于"5C"的青少年积极发展量表（或修订版）及模型在爱尔兰（Conway et al.，2015）、立陶宛（Erentaite & Raižiene，2015）、挪威（Holsen et al.，2016）、冰岛（Gestsdottir et al.，2017）和中国（B.-B. Chen et al.，2018）的青少年群体中进行了验证。

具体来说，来自挪威的研究结果对青少年积极发展的结构二阶测量模型和双因子模型均不支持；立陶宛的研究结果支持双因子模型，但不支持二阶测量

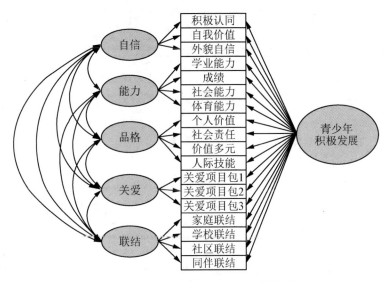

**图 5-2 青少年积极发展"5C"测量模型**

模型（Erentaitė & Raižienė，2015；Holsen et al.，2016）。关于信度，来自立陶宛和爱尔兰的研究结果发现，"能力"量表的信度很低。此外，在爱尔兰的研究结果中，"关爱"和"品格"的残差是相关的，且在二阶模型中关爱在青少年积极发展量表上的因子负荷较低（$\beta=0.34$）。以上研究结果说明，基于青少年积极发展的"5C"测量工具并不完全适用于其他文化背景下的青少年，这意味着"青少年积极发展"在概念操作化和测量时还应考虑更多的文化属性。

此外，在中国青少年群体中的研究结果发现（B. -B. Chen et al.，2018），原始量表的验证性因素分析结果并不理想，进一步的探索性结构方程模型结果发现：第一，"自信"和"能力"的测量指标从属关系不清，即存在严重的双重负荷，两个因子不能很好地区分；第二，虽然"关爱"和"联结"两个因子的测量指标从属关系清楚，但指标负荷过低，不符合心理测量学要求；第三，"品格"中的测量指标"品行道德"和"能力"中的"社会能力"均被纳入因子"自信"。研究者认为，这一结果体现了测量项目存在一定的文化差异，如在个人主义文化中个体更强调"自信"和"能力"，中国文化集体主义文化中个体更强调"品格""关爱"和"联结"（B. -B. Chen et al.，2018）。因此，基于"5C"的青少年积极发展量表的测量指标及因子之间的从属关系在中国文化背景下不完全适用。

此外，基于"5C"的测量工具在体育运动科学领域有着广泛的应用。例如，研究者为测量运动员在体育训练中的积极发展情况，基于积极青少年发展的"5C"模型，提出了"4C"测量模型及相应的测量工具（Vierimaa et al.，2012），即能力、自信、品格和联结。该测量工具在操作化"4C"时带有明显的领域特异性，具体表现为："能力"和"自信"特指在竞技比赛中表现出运动能力和自信,"品格"具体表现在运动场景中的亲社会和反社会行为,"联结"仅指与教练员和队友的联结(Vierimaa et al. , 2012)。在后续的实证研究中,该量表在排球运动员(Erickson & Côté, 2016)、足球运动员(Allan & Côté, 2016)和篮球运动员中得到应用(Vierimaa et al. , 2018)。但是,这些研究仅仅报告了该量表的信度指标,并没有对其结构效度等效度指标进行探索。

## 四、积极心理学理论指导下的测量

在积极心理学思潮的影响下,一些心理学家企图突破在儿童青少年发展评估方面长期采用消极指标的局限,转而采用积极指标。典型的表现为将与幸福感(well-being)相关的指标作为评估青少年积极发展的重要指标。这些研究者认为,高水平的主观幸福感是个体的人格和社会性功能发展良好的重要标志(Bird & Markle, 2012;Park, 2004b;Ryan & Deci, 2001)。例如,有研究者将情绪幸福感(包括乐观、自我概念和生活满意度)作为青少年积极发展的指标(Oberle et al. , 2014)。有学者开发了学生主观幸福感问卷,以考察在学校情境中学生积极发展的心理特征(Renshaw et al. , 2015)。也有研究者关注儿童健康的积极指标(Lippman et al. , 2011)或儿童发展指数(child indicator)(O'Hare, 2012)的积极方面。此类研究中测量的要素主要包括两个层面的指标:①个体层面的指标,如健康水平、认知发展和教育获得、心理和情绪发展、行为和社会性发展;②关系层面的指标,如与学校、家庭、同伴和社区的积极关系等(Lippman et al. , 2011)。

此外,塞利格曼(Seligman, 2002)的"价值在行动"项目(Values in Action,VIA)重点关注了人类积极发展的重要方面——品格,提出了包括6个方面(智慧和知识、勇敢、仁爱、公正、节制、超越)的24种品格优势,并编制了分别适用于青少年和成人的问卷(N. Park & Peterson, 2005)。该问卷在不同的国家或地区中得到了广泛的验证和应用(Ruch et al. , 2010;Singh & Choubisa, 2010),是目前积极心理学视域下测量青少年积极特质的重要工具。但是,这个工具更多关注的内容是"品格",忽略了青少年积极发展其他层面的特征。

## 五、我国文化背景下青少年积极发展相关的测量

我国学者在评估青少年积极发展的特征方面也做出了一些有益的尝试,相关的研究成果为我们从积极发展视角认识我国青少年的发展特征提供了一定的依据。例如,由沈德立(2009)主持的"中国青少年心理健康素质调查研究"摒弃了以往病理取向的心理健康观,吸收了积极心理学的基本思想,首次提出了

"心理健康素质"的概念。课题组将此概念操作化为认知风格、归因风格、应对风格、动力系统、自我、个性素质和人际素质、适应 8 个方面，并编制了"青少年心理健康素质调查表"。在一系列的研究和分析之后，该量表被证明具有良好的信度和效度(沈德立，2009；沈德立等，2008)。再如，孟万金及其团队在 24 种品格优势问卷的基础上，开发了测量我国中小学生和大学生积极心理品质的问卷(官群等，2009；孟万金，官群，2009)。此外，在青少年积极发展观视角下，盖笑松和兰公瑞(2013)首次探索了大学生积极发展指标的结构，并编制了问卷。该研究首先基于访谈资料，初步确定了积极发展的指标，然后开发了包括积极乐观、努力坚持、领袖品质、关爱他人、自信等 10 个因素的大学生积极发展问卷。该问卷被证明有良好的信度和效度。

我们发现，在不同的理论模型下，研究者对积极发展概念结构的认识和测量存在一定的差异。在这些测量工具中，目前广为认可或广泛应用的为勒纳团队的青少年积极发展的"5C"量表(Geldhof et al.，2014a)，但该工具在不同文化背景下的青少年群体中应用时的测量学指标并不稳定。因此，基于西方文化背景开发的青少年积极发展的模型和测量可能忽略或低估了文化的影响。在非西方文化背景下运用时，学者有必要修正或发展本土化的测量模型。

# 第二节　基于中国文化背景的青少年<br>积极发展的测量

## 一、我国青少年积极发展的测量结构与量表编制

基于前文对青少年积极发展结构与测量的综述，我们发现已有研究中评估青少年积极发展的量表多是基于西方文化背景的理论建构，较为典型且广泛应用是勒纳等以青少年积极发展"5C"模型为基础开发的量表(Geldhof et al.，2014a；Lerner et al.，2005)。需要说明的是，即使是在与美国经济、政治和文化等共通性较高的欧洲国家的青少年群体中(如爱尔兰，Conway et al.，2015；挪威，Holsen et al.，2017)，"5C"测量模型的结构、项目的适用性和信效度也并非完全良好。由此说明，文化因素可能会影响人们对青少年积极发展这一概念的理解和建构。如果直接使用或简单修订其他文化背景下的测量工具，就等于用一个外来的概念强行解释本地人的心理特征，这样会忽视个体的社会属性，忽略人类发展过程中表现出的文化意义(F. M. Cheung et al.，2001)。对于占世界儿童人口总数近 13% 的中国(UNICEF，2015)，其青少年

积极发展的特征或结构是什么呢？怎样去评估和测量呢？是否在测量模型或要素上存在一些与文化相关的独特性要素呢？

我们发现，虽然舍克等人（Shek et al.，2007）以中国香港样本为基础开发了青少年积极发展量表，但其理论基础依然源自美国文化背景下的积极青少年发展的模型（青少年积极发展的 15 个目标，Catalano et al.，2004）。这意味着该量表还是采用客位的取向（基于西方的理论模型）来理解超越文化差异的青少年积极发展的一般特征，没有关注到可能存在的文化独特性。正如勒纳等人（Lerner et al.，2019）指出，任何基于西方文化建构的青少年积极发展的模型都可能会忽略或低估一些与青少年发展相关的潜在的、独特的文化因素。更重要的是，两项实证研究均发现（B. Chen et al.，2018；Wen et al.，2015），"5C"测量模型的结构在我国青少年群体中并不能被很好地识别，可能需要重新定义我国青少年积极发展的特征和结构。总之，与文化相关的青少年积极发展结构的特异性问题在先前研究中尚未得到很好的解决。

尽管先前基于深度访谈的定性研究提出了本土化的积极青少年发展的四维概念结构和内涵（林丹华等，2017），初步回答了我国青少年积极发展的结构（品格、能力、自我价值和联结），但该理论模型尚未获得实证数据的支持。因此，我们需要进行额外的定量数据来检验和探索其测量结构的合理性和稳健性，并通过开发量表的方式来检验测量模型在研究和实践中的适用性。在量表编制时，本研究进一步通过主位和客位相整合的方法（Helfrich，1999），在量表层级结构的设计和项目来源中，既考虑"青少年积极发展"的概念结构中可能存在的文化独特性成分（主位），又充分借鉴西方文化中被广为认可的测量模型（如"5C"模型，Lerner et al.，2015；15 个积极发展目标，Catalano et al.，2004）的有益成分（客位）。总之，本研究拟在先前定性研究概念模型的基础上，通过量表编制来进一步探索青少年积极发展的测量结构，以期提供一套评估中国文化背景下青少年积极发展的测评工具，为青少年积极发展研究的国际化提供来自中国的理论和实证依据。

**(一)研究方法**

1. 项目编制与内容效度

本研究中量表的项目来源主要有两个。第一，提取先前定性研究中（林丹华等，2017）来自教师、专家、青少年及家长（共 112 位）的原始访谈资料，对其中有关代表"青少年积极发展"特征的句子或句群进行归纳和总结，并依此自编相关的测量项目。第二，参考以往相关研究中的量表项目，或翻译修订，或进行表述方式等方面的修改，将其作为重要项目来源。这些量表包括：自我描述问卷（Harter，1982，1983），VIA-品格优势问卷（Seligman，2002），自尊量表(Rosenberg，1965），家庭、学校和社区联结问卷(Bolland et al.，2016；Crespo et al.，2013；Resnick et al.，1997），自我接纳问卷(Bernard，2014），社交技能评定量表(Gresham & Elliott，1990），情绪智力量表(Schutte et al.，1998)和学习的动机与策略问卷(Pintrich et al.，1993)等。

为提高量表的内容效度，本研究邀请了5名发展心理学领域的专家、3名心理学博士生对原始的项目进行了评定、修改和删减，以确保这些项目能够反映中国文化背景下青少年积极发展的特征。此外，我们还根据"积极青少年发展的四维结构"对量表项目进行了再次修订，形成了共307个项目的原始项目库。

最后，在初始量表正式运用之前，我们选取了四川省德阳市和河南省开封市小学生、初中生和高中生共759名对编制的项目进行了预测，然后通过项目分析，对"漏答率"高(>20%)、因子载荷过低(<0.30)、与因子总分相关较低(<0.40)的项目进行了删除或修改，最终形成了青少年积极发展量表的正式项目库。该项目库涉及品格、能力、自我价值和联结四个量表，共168个项目。

2. 研究被试

样本1。采取方便取样的方式抽取辽宁省大连市的小学、初中和高中各1所，然后抽取四年级、五年级、七年级、八年级、高一、高二的学生共695人(女生，321人，男生331人，信息缺失43人)，年龄在9~18岁[①]($M=$13.82，$SD=2.40$)。依据被试的学段特征，将被试分为3个年龄组，小学组(四年级、五年级)237人，初中组(七年级、八年级)235人，高中组(高一、高二)223人。样本1的数据主要用于对初始量表进行探索性因素分析。

样本2。运用与样本1相同的抽样方式，在河南省开封市和北京市共6所学校(小学、初中和高中各2所)进行取样，获得1 404名被试(女生611人，男生704人，信息缺失89人)，年龄在9~19岁($M=13.89$，$SD=2.51$)。其中，小学组(四年级、五年级)408人，初中组(七年级、八年级)427人，高中组(高一、高二)569人。该数据主要用于对探索性因素进行分析后的量表进行验证性因素分析、测量等值、信度和效标效度分析。

重测信度样本。两周后，本研究抽取了样本2中580名来自北京市小学、初中和高中的被试(女生258人，男生266人，信息缺失56人)，年龄在9~17岁($M=13.59$，$SD=2.41$)，进行重测，以计算本研究编制量表的重测信度。

---

① 多数研究中，一般将10~20岁作为青少年时期，又分为早期(10~13岁)、中期(14~17岁)和晚期(18~20几岁)三个阶段(Sawyer et al.，2018；田录梅等，2014)。本研究中样本抽取小学阶段(四~五年级)青少年时，均为整班抽取，我们在编制项目时，考虑了这个年龄段(9~10岁)青少年对项目的理解能力，并对可能存在理解困难的项目进行了预测和修订。同时，9岁样本所占比例比较低，如样本1中为0.3%，样本2中为0.9%。因此，年龄对本研究测量项目的作答结果影响不大。

3. 研究工具

(1)青少年积极发展量表

青少年积极发展量表用于对青少年积极发展进行测量，主要包括品格量表、能力量表、自我价值量表和联结量表四个量表。

品格量表的初始版本共 79 个项目。经过因素分析后的正式版本共 42 个项目，包括四个分量表"爱""志""信""毅"，项目个数分别为 20、9、7 和 6。典型的项目，如"当我看别人需要帮忙时，我会尽力而为"（"爱"），"我想将来在工作与事业上取得成就"（"志"），"我说过的事情都会做到"（"信"），"如果目标已确定，即使遇到障碍我也不轻言放弃"（"毅"）。

能力量表的初始版本共 44 个项目，经过因素分析后的正式版本共 26 个项目，主要包括学业能力、社会情绪能力和生活能力，项目个数分别为 12、9 和 5。典型的项目，如"我以所学的内容为起点，并努力形成自己的观点"（学业能力），"知道如何交到更多的朋友"（社会情绪能力），"我能做好家务活"（生活能力）。

自我价值量表的初始版本共 15 个项目，经过因素分析后的正式版本为单因子量表，共 13 个项目。典型的项目，如"我对自己持肯定的态度"。

联结量表的初始版本共 30 个项目，经过因素分析后的正式版本共 17 个项目，包括家庭联结、学校联结和社区联结，项目个数分别为 6、6 和 5。典型的项目，如"我和家人在一起时非常高兴"（家庭联结），"在学校里，我能获得很多鼓励"（学校联结），"除家人外，邻居街坊中也有人会真正关心我"（社区联结）。

以上量表均为 5 点计分，从 1 到 5 表示从"完全不符合"到"完全符合"。得分越高，表示在该领域的积极发展水平越高。

(2)效标效度量表

主观幸福感在一定程度上反映了青少年的积极发展水平，且二者是正相关关系（Park，2004b；Sun & Shek，2010）。青少年的积极发展与外化问题行为（如违纪、攻击等）存在负相关关系（Bowers et al.，2010）。本研究将主观幸福感和外化问题行为作为效标效度的指标。

主观幸福感采用简版牛津幸福感问卷（Hills & Argyle，2002）。该问卷共 8 个项目（如"我对我生活中的每件事都很满意"），采用 6 点计分，从"完全不符合"到"完全符合"，分数越高代表主观幸福感越强。该量表的中文版在先前中国青少年群体的研究中具有良好的信效度（Chai et al.，2019）。在本研究中，信度良好（$\alpha = 0.77$，$\omega = 0.80$）。[1]

---

① $\alpha$ 为 Cronbach's $\alpha$ 系数，$\omega$ 为 McDonald's $\omega$ 系数，均为信度指标。

外化问题采用池丽萍和辛自强(2003)修订的 Achenbach 儿童行为量表(1991)的外化问题行为部分,删除了青少年阶段不典型的部分外化问题行为项目,如"话太多"或"说话声音特别大"。最后形成的外化问题行为测查量表共16 个项目,主要涉及"违纪和攻击行为"等外化问题行为(如"经常打架,在学校不听话等")。量表采用 4 点计分,要求被试评价自己近半年内的行为情况,1 代表"从不",2 代表"偶尔",3 代表"经常",4 代表"总是"。得分越高,表示外化问题行为越多。在本研究样本 2 中,该量表具有良好的信度($\alpha = 0.89$,$\omega = 0.90$)。

4. 调查过程

本研究获得了抽样学校校长和班主任的口头知情同意,参与调查的学生也签署了书面知情同意书。在数据收集过程中,我们培训了心理学专业的博士研究生和硕士研究生,让其担任主试,采用整班纸笔测查的形式进行。测试时间约为 40 分钟。为尽量降低共同方法偏差及社会赞许性,我们在问卷指导语上强调了本次调查仅为科学研究使用,真实作答具有重要意义,答案无好坏对错之分,且完全保密,同时要求主试在作答之前强调上述内容。在调查问卷设计上,我们对问卷的项目进行交叉排序,并增加了部分反向计分题目。

5. 数据分析

在正式进行数据分析之前,我们参考库兰(Curran, 2016)提出的数据清洗的基本原则,对数据进行了清洗。主要的统计分析包括探索性因素分析、验证性因素分析、信度和效标效度分析、同质性系数分析和测量结构等值分析等。

(1)探索性因素分析

首先本研究利用样本 1 的数据,依据 Bartlett 球形检验(Bartlett, 1950)和 KMO(Kaiser-Meyer-Olkin)值(Kaiser, 1960)判断数据是否适合进行探索性因素分析。Bartlett 球形检验主要考察数据变量之间的相关性,如果统计显著,那么可以进行探索性因素分析;KMO 值反映了观测变量之间的简单相关系数和偏相关系数的相对大小,反映了样本充足度,如果偏小,那么不适合进行探索性因素分析(刘金塘,郭志刚,2015)。一般来说,大于 0.9 为非常好,0.8以上为好,0.7 为中等,最低标准为 0.6(Kaiser, 1960)。

然后本研究依据先前的理论假设分别对品格量表、能力量表、自我价值量表和联结量表进行探索性因素分析。需要注意的是,在品格量表的探索性因素分析过程中,为了使量表的项目更全面地覆盖先前研究提出的"爱""志""信"和"毅"的品格四维结构的具体要素(林丹华等,2017),进一步确保结构效度,本研究又分别对这四个分量表进行了探索性因素分析。由于探索性因素分析的目的是考察测量概念的潜在结构,且假定因子之间是相关的,因此统计分析过程采用主轴因素法(Principal Axis Factoring)提取公因子,并斜交旋转确定因子结构(刘金塘，郭志刚，2015)。综合先前研究者的建议(Beavers et al.，2013)和本研究的理论假设，各量表因子数目的确定采用以下标准：①因子的特征值大于 1；②每一个因子至少包含 3 个项目；③符合研究的理论假设。删除项目的标准为：①因子负荷小于 0.30；②存在双重负荷；③根据理论构想，无法对项目与因子的关系做出合理的解释。

(2)验证性因素分析

基于样本 2 的数据，通过进行一系列的验证性因素分析来检验每个量表的结构效度。对模型拟合评价时，采用了以下指标。①假设检验 $\chi^2$。由于 $\chi^2$ 特别容易受到样本量影响，尤其样本量很大时容易出现显著，因此在实际研究中常被忽略，更多将其他近似拟合指数作为接受模型的参考依据。但 $\chi^2$ 检验显著至少说明模型拟合不是完美的(Kline，2015)，因此本研究中也报告了 $\chi^2$ 检验结果。②比较拟合指数(以下写作 CFI)和非规范拟合指数(以下写作 TLI)。依据先前研究者的建议，CFI 和 TLI 大于 0.90 为模型可接受标准，大于 0.95 为拟合较好(Hu & Bentler，1999)。③近似误差均方根(以下写作 RMSEA)和标准化残差均方根(以下写作 SRMR)。有学者指出，RMSEA≤0.06 和 SRMR ≤0.08 为接受的标准(Hu & Bentler，1999)。也有学者指出，RMSEA<0.08 为拟合可接受的模型，0.08~0.10 为中等程度拟合(mediocre fit)(MacCallum et al.，1996)。需要注意的是，由于这些临界值是通过模拟研究获得的，与实际的研究还存在一定差异，单纯依靠某个拟合指数去接受或拒绝模型是不合适的(Kline，2015；温忠麟等，2004)，因此，在模型评价和选择时，本研究除了参考上述指数之外，还综合了研究问题的理论背景、模型可解释性等多个方面。

(3)信度和效标效度分析

本研究量表的信度主要通过以下三个指标考察。①常见的信度指标 Cronbach's $\alpha$ 系数。②合成信度(Composite Reliability)，又称为组合信度。由于 $\alpha$ 系数在估计测量问卷信度时存在一定局限，可能高估或低估问卷的真实信度，因此学者建议计算合成信度，将其作为信度评价的重要指标(Bentler，2009；温忠麟，叶宝娟，2011)。本研究计算了每个量表的合成信度，即 McDonald's $\omega$ 系数(McDonald，1999)，其公式为：$\omega = (\Sigma\lambda_i)^2/[(\Sigma\lambda_i)^2 + \Sigma\delta_{ii}]$。其中，$\lambda_i$ 为非标准化负荷值，$\delta_{ii}$ 为非标准化测量误差的方差。③重测信度，即重测样本用正式量表两次测量得分的相关系数。此外，效标效度主要通过计算各量表与外化问题、主观幸福感的相关系数来考察。

(4)同质性系数分析

在理论上，以往青少年积极发展的测量中(如基于"5C"的青少年积极发展量表，Geldhof et al.，2014a)，常用积极发展各指标的总分或均值代表青少年积极发展的总体水平。这里存在一个统计前提，即需要考虑整个量表的测验同质性，只有当同质性系数(注：不是同质性信度)较高时合成总分才有意义，其定义为量表总分方差中全局因子方差所占的比例(叶宝娟，温忠麟，2012)。本研究中，青少年积极发展量表包括四个分量表，那么其合成总分(或均值)能否代表青少年积极发展的总体情况呢？学者采用 Delta 法对总量表的同质性系数及置信区间做了估计(叶宝娟，温忠麟，2012)，以探索其合成总分是否有意义。

(5)测量结构等值分析

本研究检验了青少年积极发展的四维测量结构在性别和年龄组(小学组、初中组和高中组)的测量等值(Measurement Invariance)，依据范·德·舒特(Van de Schoot, et al., 2012)建议的流程和本研究的目的，通过一系列的验证性因素分析和模型比较，检验了测量模型的以下几个方面：①形态等值(Configural Invariance)，即潜变量的构成形态或模式是否相同；②单位等值(Metric Invariance)，又称弱等值(Weak Invariance)，即因子负荷是否跨组等值；③尺度等值(Scalar Invariance)，又称强等值(Strong Invariance)，即观察变量的截距是否等值。在是否接受测量等值的标准上，本研究采纳了先前研究者建议的两个参考指标，即当 $\Delta CFI \leqslant 0.01$ 和 $\Delta RMSEA \leqslant 0.015$(F. F. Chen, 2007；G. W. Cheung & Rensvold, 2002)时，被认为是可以接受的模型。

为了完成上述统计分析，我们将 Mplus 7.11(Muthén & Muthén, 2012)用于验证性因素分析建模，将 IBM SPSS 20.0 用于其他描述统计分析。量表项目的缺失率在 $0-2.10\%$($M = 0.57\%$，$SD = 0.42\%$)，采用全息极大似然法(FIML)估计缺失值(Asparouhov & Muthén, 2010)。

**(二)研究结果**

1. 探索性因素分析

基于样本 1 的数据集，各量表的 KMO 值在 $0.91-0.96$，大于建议值 $0.60$(Kaiser, 1960)。Bartlett 球形检验均显著，$ps < 0.001$。因此，对这些量表进行探索性因素分析是合适的。以下逐个介绍各量表探索性因素分析的结果。

(1)品格量表

为了使量表项目尽量覆盖先前定性研究(林丹华等，2017)提出的有关品格的结构和内涵，我们对"爱""志""信""毅"四个分量表分别进行了探索性因素分析。依据前文提到的因子数目确定和项目筛选的标准，统计分析结果如表 5-2 所示。各分量表的因子特征值在 $1.21-8.88$，累积方差解释率在 $57.16\% \sim 61.86\%$，因子负荷在 $0.52-0.90$，$ps < 0.001$。

表 5-2　品格分量表的探索性因素分析结果

| 分量表 | 因子数 | 因子名称(项目数) | 因子特征值 | 累积方差解释率(%) | 因子负荷范围 |
|---|---|---|---|---|---|
| 爱 | 3 | 友善(9)，爱国(6)，孝顺(5) | 8.88，2.27，1.21 | 61.82 | 0.57—0.90 |
| 志 | 2 | 勤奋好学(5)，有志进取(4) | 4.25，1.29 | 61.51 | 0.52—0.88 |
| 信 | 1 | 诚信自律(7) | 4.00 | 57.16 | 0.64—0.79 |
| 毅 | 1 | 坚毅(6) | 3.71 | 61.86 | 0.67—0.81 |

具体来看，分量表"爱"主要反映青少年在社会交往(与他人及父母)、与国家关系等方面表现出的积极品质，共抽取出 3 个因子(20 个项目)：友善、爱国和孝顺。分量表"志"主要涉及有利于实现个人成就目标的积极品质，共抽取出 2 个因子(9 个项目)：勤奋好学和有志进取。分量表"信"[①]既包含了个体在外在社会关系中的诚实与信用，又包含了内在的为实现道德要求的自律(体现为一种自我守信)，抽取出 1 个因子(7 个项目)："诚信自律"。分量表"毅"主要涉及在逆境或困难中表现出的坚持性和毅力，抽取出 1 个因子(6 个项目)："坚毅"。

(2)能力量表

能力量表共抽取 3 个因子(26 个项目)：学习能力(12 个项目)、社会情绪能力(9 个项目)和生活能力(5 个项目)。3 个项目的特征值分别为 10.75、2.65 和 1.59，累积方差解释率为 57.63%，项目负荷在 0.31—0.95，$ps < 0.001$。

(3)自我价值量表

自我价值量表抽取了 1 个因子，特征值为 7.13，方差解释率为 54.81%，共 13 个项目，项目负荷在 0.53—0.80。

(4)联结量表

联结量表共抽取 3 个因子(17 个项目)：家庭联结(6 个项目)、学校联结(6 个项目)和社区联结(5 个项目)。其特征值分别为 8.07、1.37 和 2.02，累积方差解释率为 67.36%，项目负荷在 0.52—0.91，$ps < 0.001$。

2. 验证性因素分析

我们采用样本 2 的数据集，对探索性因素分析后的初始量表进行验证性因

---

①　中国传统文化中，"信"的含义比较广，"诚信"仅仅是其中一部分。"信"的一个重要特征是较强的自律倾向，表现为将"诚信"内化为一种道德上的强烈的自我约束，是一种自律的道德(陈劲，张大均，2007；高瑞泉，2007)。因此，本文中的"信"是一个广义的定义，包含了"诚信"和"自律"两个层面的内涵。

素分析，以检验其结构效度。

(1)品格量表

首先，分别对品格的 4 个分量表进行验证性因素分析，结果如表 5-3 所示。需要注意的是，分量表"信"在进行探索性因素分析时，仅抽取了一个因子，但验证性因素分析拟合不佳，$\chi^2 = 506.99$，$df = 14$，$p < 0.001$，RMSEA $= 0.158$，90% CI：$0.147 - 0.170$，CFI $= 0.89$，TLI $= 0.83$，SRMR $= 0.05$。我们通过咨询专家和对项目内容进行再次分析，将"信"的项目内容分为两个方面：诚信和自律。结果显示，修订的分量表"信"的两因子模型拟合良好。总体来说，各分量表的模型拟合良好，项目的因子负荷在 $0.43 - 0.85$，$ps < 0.001$。

表 5-3　品格分量表的验证性因素分析结果

| 分量表 | 模型 | $\chi^2$ | $df$ | RMSEA(90%) | CFI | TLI | SRMR |
|---|---|---|---|---|---|---|---|
| 爱 | 三因子 | 973.63*** | 167 | 0.059(0.055 - 0.062) | 0.93 | 0.92 | 0.04 |
| 志 | 两因子 | 222.24*** | 26 | 0.075(0.066 - 0.084) | 0.96 | 0.94 | 0.03 |
| 信 | 两因子 | 112.43*** | 13 | 0.077(0.065 - 0.091) | 0.98 | 0.96 | 0.03 |
| 毅 | 单因子 | 25.108*** | 8 | 0.039(0.022 - 0.057) | 0.99 | 0.99 | 0.01 |

注：*** $p < 0.001$

然后，我们对品格量表的四维结构进行了验证性因素分析。由于本研究比较关心品格的四维测量结构，并试图理解"爱""志""信""毅"作为品格 4 个潜因子之间的关系，因此，我们依据结构方程建模中"项目打包"的适用原则(吴艳，温忠麟，2011)，将 4 个分量表各自的潜因子得分均值作为观察变量，进行数据建模。考虑到分量表"毅"是单因子结构，我们通过关系平衡法(Rogers & Schmitt，2004)，用 3 个项目包均值来表示其观察变量。统计结果显示，品格的四维结构模型拟合良好，$\chi^2 = 152.44$，$df = 28$，$p < 0.001$，RMSEA $= 0.056$，90% CI：$0.048 - 0.065$，CFI $= 0.98$，TLI $= 0.97$，SRMR $= 0.02$，潜因子之间的相关在 $0.71 - 0.87$，$ps < 0.001$。各观察指标的均值、标准差、因子负荷($ps < 0.001$)和残差如表 5-4 所示。

表 5-4　品格四维测量结构的验证性因素分析结果

| 量表指标(项目个数) | $M(SD)$ | 因子负荷 | 残差 |
|---|---|---|---|
| 爱 | | | |
| 　友善(9) | 4.01(0.64) | 0.75 | 0.44 |
| 　爱国(6) | 4.45(0.64) | 0.73 | 0.47 |
| 　孝顺(5) | 4.53(0.59) | 0.73 | 0.47 |

| 量表指标(项目个数) | M(SD) | 因子负荷 | 残差 |
|---|---|---|---|
| 志 | | | |
| 勤奋好学(5) | 3.55(0.86) | 0.72 | 0.48 |
| 有志进取(4) | 4.42(0.67) | 0.67 | 0.54 |
| 信 | | | |
| 诚信(4) | 3.99(0.75) | 0.81 | 0.35 |
| 自律(3) | 3.77(0.85) | 0.69 | 0.53 |
| 毅 | | | |
| 项目包1(2) | 4.10(0.82) | 0.86 | 0.26 |
| 项目包2(2) | 4.01(0.84) | 0.85 | 0.28 |
| 项目包3(2) | 4.17(0.78) | 0.83 | 0.31 |

(2)能力量表

结果显示，量表的三因子结构拟合良好，$\chi^2 = 1748.68$，$df = 296$，p$<$0.001，RMSEA$=0.059$，90%CI：0.056－0.062，CFI$=0.93$，TLI$=0.92$，SRMR$=0.06$。三因子的相关系数在0.56－0.65，$p$s$<$0.001。项目负荷在0.40－0.88，$p$s$<$0.001。

(3)自我价值量表

结果显示，量表的单因子结构拟合基本可以接受，$\chi^2 = 655.71$，$df = 62$，p$<$0.001，RMSEA$=0.083$，90%CI：0.077－0.089，CFI$=0.94$，TLI$=0.92$，SRMR$=0.04$。项目负荷在0.52－0.72，$p$s$<$0.001。

(4)联结量表

结果显示，量表的三因子结构拟合良好，$\chi^2 = 681.92$，$df = 116$，p$<$0.001，RMSEA$=0.059$，90% CI：0.055－0.063，CFI$=0.96$，TLI$=0.95$，SRMR$=0.03$。三因子之间的相关系数在0.49－0.57，$p$s$<$0.001。项目负荷在0.65－0.89，$p$s$<$0.001。

最后，依据数据建模中"项目打包"的适用范围(吴艳，温忠麟，2011)，并参考"5C"测量模型的统计分析方法(Bowers et al.，2010)，我们以"品格""能力""自我价值"和"联结"的潜在因子得分均值为观察变量，以此来检验青少年积极发展的四维测量结构模型。自我价值量表通过关系平衡法（Rogers & Schmitt，2004)，用3个"项目包"表示其观察指标。测量模型如图5-3所示。

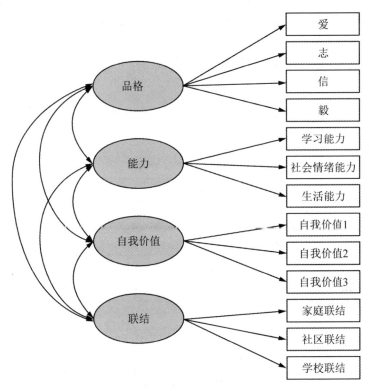

**图 5-3　青少年积极发展四维结构测量模型**

统计分析显示，模型拟合良好，$\chi^2 = 448.749$，$df = 59$，p＜0.001，RMSEA $= 0.069$，90% CI：$0.063 - 0.075$，CFI $= 0.97$，TLI $= 0.96$，SRMR＝0.03。各观察指标的均值、标准差、因子负荷（$p$s＜0.001）和残差如表 5-5 所示。

**表 5-5　青少年积极发展四维结构测量指标**

| 量表 | M(SD) | 因子负荷 | 残差 |
|---|---|---|---|
| 品格 | | | |
| 　爱（20 个项目） | 4.31(0.52) | 0.75 | 0.44 |
| 　志（9 个项目） | 3.94(0.68) | 0.79 | 0.38 |
| 　信（7 个项目） | 3.90(0.74) | 0.82 | 0.32 |
| 　毅（6 个项目） | 4.09(0.73) | 0.83 | 0.31 |
| 能力 | | | |
| 　学习能力（12 个项目） | 3.57(0.84) | 0.80 | 0.37 |
| 　社会情绪能力（9 个项目） | 4.02(0.84) | 0.73 | 0.46 |

| 量表 | $M(SD)$ | 因子负荷 | 残差 |
|---|---|---|---|
| 生活能力(5个项目) | 4.13(0.65) | 0.72 | 0.49 |
| 自我价值 | | | |
| 项目包1(5个项目) | 3.84(0.83) | 0.89 | 0.21 |
| 项目包2(4个项目) | 3.72(0.86) | 0.90 | 0.20 |
| 项目包3(4个项目) | 3.80(0.86) | 0.91 | 0.18 |
| 联结 | | | |
| 家庭联结(6个项目) | 4.09(0.90) | 0.66 | 0.56 |
| 学校联结(6个项目) | 3.97(0.81) | 0.80 | 0.37 |
| 社区联结(5个项目) | 3.59(1.12) | 0.58 | 0.66 |

3. 信度分析

如表5-6所示，各量表的信度指标 $\alpha$ 系数在 0.68—0.98， $\omega$ 系数在 0.70—0.98，重测信度指标相关系数 $r$ 在 0.67—0.84，这说明量表信度总体较好。

4. 总量表的同质性系数

应用 Delta 法计算本研究总量表的同质性系数(叶宝娟，温忠麟，2012)， $\omega_h = 0.89$ ，95% CI：0.887—0.902。由此说明，总量表具有较高的同质性（ $\omega_h > 0.70$ ），将四个量表的得分相加(或求均值)代表青少年积极发展的总体水平是可行的。

5. 效标效度和潜因子之间的相关

效标效度的检验结果如表5-7所示，青少年积极发展的四个潜因子(品格、能力、自我价值和联结)和量表的总分与主观幸福感呈显著的正相关（ $r$ ：0.60—0.73， $p$ s<0.001），与外化问题存在显著的负相关（ $r$ ：−0.29—0.45， $p$ s<0.001）。此外，青少年积极发展的四个潜因子之间也存在显著的正相关（ $r$ ：0.62—0.79， $p$ s<0.001）。

6. 测量结构等值分析

本研究依次检验了青少年积极发展的四维潜因子结构模型在性别和年龄组上的等值性。多组验证性因素分析结果如表5-8所示。首先，模型A具有良好的拟合指数，说明青少年积极发展的四维结构在不同性别和年龄组的形态上具有不变性；其次，模型B拟合良好，且模型B与模型A相比，未明显恶化，CFI和RMSEA的变化量都没有超过参考临界值（ΔCFI≤0.01 和 ΔRMSE≤0.015，Cheung & Rensvold，2002)，这意味着不同性别和年龄组的青少年在积极发展的四维结构模型上，因子负荷也具备等值性；最后，模型C拟合良好，

表 5-6 青少年积极发展量表（或分量表）的信度分析结果

| 量表 | $\alpha$ | $\omega$ | $r$ | 量表 | $\alpha$ | $\omega$ | $r$ | 量表 | $\alpha$ | $\omega$ | $r$ |
|---|---|---|---|---|---|---|---|---|---|---|---|
| 品格 | 0.95 | 0.95 | 0.81*** | 能力 | 0.94 | 0.94 | 0.80*** | 联结 | 0.92 | 0.92 | 0.76*** |
| 爱 | 0.91 | 0.91 | 0.67*** | 学习能力 | 0.92 | 0.92 | 0.75*** | 家庭联结 | 0.91 | 0.91 | 0.69*** |
| 志 | 0.84 | 0.85 | 0.75*** | 社会情绪能力 | 0.92 | 0.92 | 0.77*** | 学校联结 | 0.87 | 0.87 | 0.72*** |
| 信 | 0.88 | 0.88 | 0.72*** | 生活能力 | 0.68 | 0.70 | 0.68*** | 社区联结 | 0.90 | 0.90 | 0.70*** |
| 毅 | 0.88 | 0.88 | 0.71*** | 自我价值 | 0.92 | 0.93 | 0.75*** | PYD 总量表 | 0.98 | 0.98 | 0.84*** |

注：$\alpha$ 和 $\omega$ 基于样本 2，重测信度 $r$ 基于样本 2 的子样本，PYD＝青少年积极发展；*** $p < 0.001$。

表 5-7 青少年积极发展量表总分、各分量表和标效变量之间的相关

| | 主观幸福感 | 外化问题 | 1 | 2 | 3 | 4 | 5 | 6 | 7 | 8 | 9 | 10 | 11 | 12 | 13 | 14 |
|---|---|---|---|---|---|---|---|---|---|---|---|---|---|---|---|---|
| 1 品格 | 0.62*** | −0.45*** | — | | | | | | | | | | | | | |
| 2 爱 | 0.51*** | −0.38*** | 0.79*** | — | | | | | | | | | | | | |
| 3 志 | 0.55*** | −0.43*** | 0.86*** | 0.61*** | — | | | | | | | | | | | |
| 4 信 | 0.52*** | −0.42*** | 0.88*** | 0.61*** | 0.65*** | — | | | | | | | | | | |
| 5 毅 | 0.53*** | −0.34*** | 0.88*** | 0.58*** | 0.66*** | 0.70*** | — | | | | | | | | | |
| 6 能力 | 0.60*** | −0.36*** | 0.79*** | 0.63*** | 0.64*** | 0.69*** | 0.71*** | — | | | | | | | | |
| 7 学习能力 | 0.51*** | −0.33*** | 0.72*** | 0.51*** | 0.64*** | 0.61*** | 0.67*** | 0.85*** | — | | | | | | | |
| 8 社会情绪能力 | 0.55*** | −0.32*** | 0.61*** | 0.55*** | 0.48*** | 0.55*** | 0.55*** | 0.85*** | 0.55*** | — | | | | | | |
| 9 生活能力 | 0.45*** | −0.32*** | 0.65*** | 0.51*** | 0.51*** | 0.59*** | 0.59*** | 0.82*** | 0.56*** | 0.57*** | — | | | | | |
| 10 自我价值 | 0.65*** | −0.29*** | 0.63*** | 0.51*** | 0.51*** | 0.56*** | 0.57*** | 0.70*** | 0.62*** | 0.60*** | 0.52*** | — | | | | |
| 11 联结 | 0.63*** | −0.36*** | 0.68*** | 0.65*** | 0.55*** | 0.57*** | 0.56*** | 0.68*** | 0.58*** | 0.59*** | 0.55*** | 0.62*** | — | | | |
| 12 家庭联结 | 0.51*** | −0.34*** | 0.55*** | 0.55*** | 0.45*** | 0.45*** | 0.43*** | 0.53*** | 0.44*** | 0.44*** | 0.46*** | 0.51*** | 0.81*** | — | | |
| 13 学校联结 | 0.63*** | −0.30*** | 0.48*** | 0.59*** | 0.57*** | 0.54*** | 0.56*** | 0.67*** | 0.59*** | 0.60*** | 0.49*** | 0.63*** | 0.77*** | 0.50*** | — | |
| 14 社区联结 | 0.42*** | −0.26*** | 0.66*** | 0.47*** | 0.36*** | 0.41*** | 0.40*** | 0.49*** | 0.41*** | 0.42*** | 0.40*** | 0.40*** | 0.84*** | 0.47*** | 0.45*** | — |
| 15 PYD总分 | 0.73*** | −0.40*** | 0.87*** | 0.73*** | 0.71*** | 0.75*** | 0.76*** | 0.90*** | 0.79*** | 0.74*** | 0.71*** | 0.87*** | 0.86*** | 0.70*** | 0.78*** | 0.64*** |

注：PYD总分即为品格、能力、自我价值和联结四个个量表得分之和，表示青少年积极发展的总体情况；*** $p < 0.001$。

表 5-8 青少年积极发展四维测量结构的等值性检验结果

| 模型 | $\chi^2$ | $df$ | AIC | CFI | TFI | RMSEA(90% CI) | SRMR | 模型比较 | $\Delta$CFI | $\Delta$RMSEA |
|---|---|---|---|---|---|---|---|---|---|---|
| 跨性别的等值检验($n_{男}=704$, $n_{女}=611$) | | | | | | | | | | |
| (A)形态等值 | 487.17*** | 118 | 29250.35 | 0.97 | 0.96 | 0.069(0.063, 0.075) | 0.03 | | | |
| (B)单位(弱)等值 | 492.83*** | 127 | 29238.02 | 0.97 | 0.96 | 0.066(0.060, 0.072) | 0.04 | B vs. A | 0.00 | 0.003 |
| (C)尺度(强)等值 | 529.86*** | 136 | 29257.05 | 0.97 | 0.96 | 0.066(0.060, 0.072) | 0.04 | C vs. B | 0.00 | 0.000 |
| 跨年龄组的等值检验($n_{小学组}=408$, $n_{初中组}=427$, $n_{高中组}=569$) | | | | | | | | | | |
| (A)形态等值 | 629.59*** | 177 | 30981.94 | 0.96 | 0.95 | 0.074(0.068, 0.070) | 0.03 | | | |
| (B)单位(弱)等值 | 667.44*** | 195 | 30983.78 | 0.96 | 0.95 | 0.072(0.066, 0.078) | 0.05 | B vs. A | 0.00 | 0.002 |
| (C)尺度(强)等值 | 820.53*** | 213 | 30603.47 | 0.95 | 0.94 | 0.078(0.072, 0.084) | 0.07 | C vs. B | 0.01 | 0.006 |

注：vs. 表示比较，下同；*** $p<0.001$。

且模型 C 与模型 B 相比，未明显恶化，CFI 和 RMSEA 的变化量也未超过参考临界值，说明青少年积极发展四维结构模型在观察指标的截距上具有跨性别和年龄组的不变性。

### (三)讨论与启示

#### 1. 量表的信度和效度

本研究通过运用严格的心理测量学方法，开发了一个具有良好心理测量学属性的评估青少年积极发展的多维测评工具。具体来看，量表共 98 道题目，包括品格、能力、自我价值和联结四个量表。除了自我价值量表外，其他三个量表又由多个子维度或量表构成。从信度指标来看，各量表的信度良好，表明了其本身具有良好的内部一致性。从重测信度来看，两次测量中各量表的相关系数较高($\geqslant 0.67$)，说明各量表具有跨时间的稳定性和一致性。此外，总量表的同质性系数较高，因此其总分(或均值)可以代表青少年积极发展的总体水平。

就效度而言，我们在量表的编制过程中，严格依据青少年积极发展的基本理论(如 Lerner et al.，2005，2015)和本土化的积极发展概念模型(林丹华等，2017)等选择和编制项目，并多次邀请同行专家对量表的项目内容和结构等进行评估，确保了其具有良好的内容效度。一系列的验证性因素分析也支持了先前提出的测量概念框架，为量表的结构效度提供了足够的实证依据。更重要的是，量表结构的测量等值分析也支持该量表应用于不同性别和年龄组青少年积极发展的评估。最后，外部效标的检验结果与以往有关青少年积极发展的研究也是一致的(Benson et al.，1998；Sun & Shek，2010)，即总体的青少年积极发展得分和每个量表得分与主观幸福感呈显著的正相关，与外化问题呈显著的负相关。需要注意的是，来自"4H"项目的研究证据显示(Lewin-Bizan et al.，2010)，这种消极指标(如内外化问题)与青少年积极发展的关系可能不是简单的相反关系，一部分积极发展水平高的青少年也可能伴随一定水平的内外化问题。这需要未来研究去进一步探索其中可能存在的关系模式。总体来说，本研究编制的本土化的评估青少年积极发展特征的量表具有良好的心理测量学特性。

#### 2. 中国文化背景下青少年积极发展的结构

迄今为止，绝大多数有关青少年积极发展结构的研究都是在西方国家的青少年群体中进行的，且都是采用客位取向直接使用或翻译后使用基于美国青少年的"5C"测量模型(Lerner et al.，2015)及工具进行的(如 Conway et al.，2015；Holsen et al.，2017)。本研究探索了中国文化背景下青少年积极发展的测量结构，不仅拓展了青少年积极发展的结构在其他文化背景下的建构，而且首次尝试从一种特定文化"内部人"的视角解读此概念测量结构的文化独特性。

首先，与"5C"测量模型相比，本研究数据支持的四维测量结构保留了"5C"模型中的 4 个"C"，缺少一个因子"关爱"（对他人的同理与同情）。实际上，一些研究也发现，"关爱"并不一定总是一个具有适应性的指标。在部分群体中，该指标与焦虑和抑郁情绪存在显著的正相关(Erentaitė & Raižienė，2015；Geldhof et al.，2019)。正如研究人员推测的那样，对于一些青少年来说，过度的"关爱"可能会因为对他人的想法和感受过于敏感而带来个人社会性情感的受损(Geldhof et al.，2019)。本研究中青少年积极发展的结构没有"关爱"，可能是在青少年发展过程中，其所起的作用也存在一定的内在冲突，也可能是由于在我国文化背景下，"关爱"与"品格""联结"等指标存在一定的交叉重叠。

其次，除了缺少"关爱"这个指标外，其他一些用来代表我国青少年积极发展的指标或测量项目深深植根于我国的文化和社会现实。例如，在"5C"模型中，能力的结构包括学业能力、社会能力和体育能力，本研究中能力的结构包括生活能力而不是体育能力。先前研究也发现，相比我国，多数西方英语国家的青少年和父母更加重视体育和对运动技能的掌握(Morgan et al.，2012)。这意味着不同文化背景下对体育技能重视程度的不同，反映在了对能力的概念化上。

然后，本研究中品格的测量结构和项目尤其体现了青少年积极发展结构的文化独特性因素，它与西方文化研究中有关品格的测量结构模型显著不同。例如，西方学者提出的品格的三因素结构(人际、个体内的和智力相关的三种品质)(D. Park et al.，2017)以及"5C"模型中的品格要素(如个人价值、价值多元和社会责任等)(Lerner et al.，2015)等与本研究中品格的构念存在较大差异。具体来说，"爱""志""信""毅"来源于中国传统文化中的儒道思想。"爱""信"反映了与伦理道德相关的品格，"志""毅"反映了与个人成就相关的品格(Seider，2012)。"爱"从本质上反映了儒家中的"仁爱"思想，是修身养性的起点或基础(Cheng，2002)。本研究中用"友善""孝顺""爱国"三个方面来表达"爱"的含义，这也说明了我国文化中汉字含义具有丰富性的特点。"信"反映了儒家对人性本质的深刻理解。也就是说，通过对自身本质的深刻理解，逐渐形成与他人关系中的互信、自律、诚实等品质。"志""毅"反映了个体在"爱"和"信"的指引下，逐渐形成自我实现过程中的品质(Cheng，2002)。因此，本研究对品格结构的划分和探索与儒家文化中自我修养的思想是一致的。

最后，本研究中"联结"的结构与"5C"模型也是比较相似的，不同之处是没有涉及"同伴联结"。由于在中国文化中，个体与个体之间的关系可能没有个体与群体之间的关系那么突出，因此青少年同伴之间的联结可能融合于与家庭、学校和社区的联结之中。同时，本研究中"自我价值"的测量结构是一个整体，并没有区分出类似"5C"测量模型中"自信"的多个维度（如自我接纳、积极认同等），说明此概念要素在中国青少年群体中可能具有较高的内部凝聚性。

综上所述，青少年积极发展的四维结构与我国的社会文化有密切的联系，它与"5C"测量结构在基本框架上有一定的相似性。但是，更多的测量指标和项目的定义以及表现形式具有独特性，体现了文化对概念建构和测量的影响。因此，本研究结果在促进青少年积极发展的国际化和本土化方面具有重要的意义。

3. 量表的应用前景

除了理论上的贡献，本研究编制的量表具有良好的应用前景。首先，本量表是首份从"积极发展"的视角评估我国青少年发展状态的综合性测评工具，可以应用于监测从小学高年级到高中阶段青少年的积极发展水平，以此为与青少年发展与教育相关的公共政策的制定提供依据。其次，本量表可以应用于学校过渡期（如小学升初中，初中升高中）青少年积极发展水平测试或入学适应普查及动态监测。基于该量表调查的实证数据信息可用来帮助那些面临更大挑战或寻求学校服务的学生增强优势或丰富发展资源，以抵御面临的各种风险。然后，本量表可以应用于评估基于我国教育实际的青少年发展促进或干预项目的有效性，以便提升这些项目的质量。最后，在学术研究上，本量表作为首个非西方文化背景下青少年积极发展的测量工具，为进行青少年积极发展结构和测量的跨文化比较研究奠定了基础。更重要的是，这个测量工具可以帮助我国学者进一步探索青少年积极发展的前因或后果变量，以理解基于我国国情的青少年积极发展的发生和发展机制。

4. 局限及未来研究

本研究编制的量表也存在一定的局限。首先，样本群体都来自城市学校，测量项目或结构是否能够推广到其他群体中（如农村青少年，留守或流动青少年），还需要未来更多的研究予以验证。其次，本研究的结果来源于一个横断的研究设计，不能为该量表是否具有跨时间的测量等值性提供证据，需要后续的纵向研究去进一步考察测量模型的稳健性。然后，由于本量表的测量指标（尤其是"品格"）可能存在一定的社会赞许性效应，因此量表的区分效度难免会受到影响。未来研究需要探索通过其他方法（如他评或增加情境测试题目）来进一步提高量表的效度。最后，本研究开发的量表项目数量较多（98 个项目），这可能会限制其应用推广性。因此，在后面的研究中，我们基于一个大样本数据，在进一步证实该量表信效度良好的前提下，对其进行了简化，使其适用于更多的研究和实践情境。

## 二、青少年积极发展量表的简化

我们基于相对稳固的理论基础和严谨的方法，开发了信效度良好的青少年积极发展量表。但是，由于其项目太多(98 个项目)，可能会限制其应用推广性，尤其是和其他问卷共同使用时，太长的量表可能会影响被试的作答有效性，因此，我们有必要在不丢失基本测量信息的前提下，开发一个简化版的量表，以适用于更多的调查研究。量表简化的历史最早可追溯到对比奈-西蒙智力量表的简化(Doll，1918)。从那时起，越来越多的研究开始探索已有量表的简化版，但是这些简版问卷存在很多问题(Smith et al.，2000)。史密斯等人(Smith et al.，2000)在分析了 1991 年至 1997 年发表的 12 个使用简化问卷的研究后，发现简化量表中一个普遍存在的问题，即许多研究者错误地认为原始的长问卷的信度和效度可以自动应用于简版问卷，或是认为因为新的问卷比较短，所以效度低一点也可以接受。具体问题主要包括：简版问卷常常缺乏有效的测量学证据，没有很好地覆盖所有的测量要素，测量信度低，简化问卷并未再现多维问卷中的因子结构等。

考虑到简化问卷存在的上述问题，马尔什等研究者(Marsh et al.，2005)基于实证研究提出了简化问卷的指导性原则。例如，"原始问卷稳健的心理测量学特性是基础，简化问卷的内容应该覆盖所有原始测量因子，要进行独立样本的验证"等。这些具有指导性方针在后续的问卷简化研究中得到了广泛的应用(Bohlmeijer et al.，2011；Morin et al.，2016)。综上所述，本研究的主要目的为：拟通过一个大样本数据，在对青少年积极发展量表(完整版)测量学指标再次验证的基础上，基于马尔什等人的指导性原则，对该量表进行简化，以适用于更多的应用研究。

### (一)研究方法

#### 1. 被试

数据为大型追踪项目"我国青少年积极发展调查(2017—2018)"的基线数据。该项目参考了"中国儿童青少年心理发育特征调查项目"的抽样方法(董奇，林崇德，2011)，采用分层四阶段方便取样的方式。考虑到青少年的发展受到经济、地域、教育、生活水平和社会文化等因素的影响，该调查首先参照"2014 中国发展指数"(袁卫，彭非，2015)，在四类省份中选取 10 个代表省份，分别是特大都市区北京和上海，沿海发达区浙江和广东，三类中度发达区辽宁、湖南、陕西、河南和江西，四类西部边远区贵州；然后根据中国基础教育协同创新中心对每个地区的区县经济发展指数的评估排序[1]，分别选择"发展优良"（评定为省内 1 级或 2 级）及"发展落后"（评定为该省内最差的两个级别之一）的区县作为该省的代表区县，再根据青少年的学段分别抽取小学、初中和高中；最后采用方便整群取样的方式选取四年级和五年级、七年级和八年级以及高一和高二的学生。本研究中的样本总量为 16 317 人，涉及 10 个省份的 60 所中小学，样本年龄在 9～20 岁（$M=13.13$，$SD=2.52$），其基本特征如表 5-9 所示。

对该数据进行随机分半后，样本 1（$N_1=8139$，$M_{年龄}=13.12$，$SD=2.53$）数据用于对完整版量表的信效度检验，以及根据验证性因素分析结果选择简版量表的项目，并对简版量表的结构效度和信度进行检验。样本 2（$N_2=8178$，$M_{年龄}=13.14$，$SD=2.51$）数据用于对简版量表的信效度再次进行交叉验证。

2. 研究工具

（1）青少年积极发展量表

该量表采用我国青少年积极发展量表（完整版），包括品格、能力、自信和联结四个量表，共 98 个项目，5 点计分，从 1 到 5，表示从"完全不符合"到"完全符合"。

（2）效标效度量表

效标效度上，参考先前的研究（Geldhof et al.，2014a；Park，2004b；Sun & Shek，2010），采用了主观幸福感、外化问题行为和内化问题的重要指标抑郁情绪作为效标。

表 5-9　全国性抽样的样本特征

| 属性 | 类别 | 人数 | 百分比% |
|---|---|---|---|
| 性别 | 男 | 7 823 | 47.94 |
| | 女 | 7 743 | 47.45 |
| | 缺失 | 751 | 4.60 |
| 年级/年龄组[a] | 小学组 | 5 975 | 36.62 |
| | 四年级 | 2 823 | 17.30 |
| | 五年级 | 2 876 | 17.63 |
| | 初中组 | 5 216 | 31.97 |

---

[1]　该排序数据来自中国基础教育协同创新中心数据库，计算方法为：依据省内各区县的人均 GDP 和城市化水平等进行聚类分析，然后根据聚类分析结果合成区域经济指数，并依此进行排序。

| 属性 | 类别 | 人数 | 百分比% |
|---|---|---|---|
| | 七年级 | 2 653 | 16.26 |
| | 八年级 | 2 543 | 15.58 |
| | 高中组 | 5 126 | 31.42 |
| | 高一 | 2 877 | 17.63 |
| | 高二 | 2 228 | 13.65 |
| | 缺失 | 317 | 1.94 |
| 父亲受教育程度 | 没上过学 | 166 | 1.02 |
| | 小学 | 2 173 | 13.32 |
| | 初中 | 4 910 | 30.09 |
| | 中专/技校/职业高中 | 1 180 | 7.23 |
| | 高中 | 2 849 | 17.46 |
| | 大学专科 | 1 385 | 8.49 |
| | 大学本科 | 2 472 | 15.15 |
| | 研究生 | 919 | 5.63 |
| | 缺失 | 263 | 1.61 |
| 母亲受教育程度 | 没上过学 | 609 | 3.73 |
| | 小学 | 2 866 | 17.56 |
| | 初中 | 4 405 | 27.00 |
| | 中专/技校/职业高中 | 1 270 | 7.78 |
| | 高中 | 2 460 | 15.08 |
| | 大学专科 | 1 462 | 8.96 |
| | 大学本科 | 2 222 | 13.62 |
| | 研究生 | 809 | 4.96 |
| | 缺失 | 214 | 1.31 |
| 区域经济 | 优良 | 8 654 | 53.00 |
| | 落后 | 7 663 | 47.00 |

注：[a] 年级信息的缺失为被试在选择自己所在年级上的缺失；被试的年龄组信息来源为被试参与测试的学校信息，而不是年级信息，因此年级信息有缺失，而年龄组信息没有缺失。

主观幸福感。采用简版牛津幸福感问卷（Hills & Argyle，2002），共 8 个项目（如"我对我生活中的每件事都很满意"），采用 6 点计分，表示从"完全不符合"到"完全符合"，分数越高代表主观幸福感越强。该量表在本研究中具有良好的信度（$\alpha=0.67$，$\omega=0.75$）。

外化问题行为。采用池丽萍和辛自强（2003）修订的 Achenbach 儿童行为量表（1991）的外化问题行为部分，删除了青少年阶段不典型的部分外化问题行为项目，如"话太多"或"说话声音特别大"。最后形成的量表共 16 个项目，主要涉及"违纪和攻击行为"等外化问题行为（如"经常打架，在学校不听话等"）。量表采用 4 点计分，1 代表"从不"，2 代表"偶尔"，3 代表"经常"，4 代表"总是"。得分越高，表示外化问题行为越多。该量表在本研究中具有良好的信度（$\alpha=0.90$，$\omega=0.91$）。

抑郁情绪。测量采用流调中心抑郁量表的中文简版（Radloff，1991）。该量表共 13 个题目，在我国大型青少年调查研究中有较好的信效度（侯金芹，程祉妍，2016）。量表要求被试评定最近一周内项目描述事件发生的频率，如"我感到消沉"。采用 0～3 分计分，0 代表"没有"，1 代表"有一点（1～2 次）"，2 代表"有一些（3～4 次）"，3 代表"总是（5～7 次）"。得分越高，表示抑郁情绪水平越高。该量表在本研究中具有良好的信度（$\alpha=0.82$，$\omega=0.86$）。

3. 调查实施程序

本调查获得了当地教育主管部门、学校领导、班主任的口头知情同意，以及学生本人的书面知情同意。调查时间为 2017—2018 学年度，开始时间为 2017 年 11 月，结束时间为 2018 年 6 月。总体上小学组采用纸笔作答，初中组和高中组采用网络在线作答。但也有部分经济落后区县的初高中，由于信息化条件不足，无法在线测查，因此采用纸质问卷填写。在本研究样本中，网络在线作答问卷 9 279 份（56.87%），纸笔作答问卷 7 038 份（43.13%）。

调查员培训与质量监控。调查员主要由中小学班主任、心理学硕士研究生和博士研究生构成。研究项目组负责对参与调查的主试进行面对面或在线视频培训，并制作了调查注意事项视频、操作手册等，确保调查员在正式测试前理解并能按要求规范完成调查任务。在质量监控方面，我们主要采取了以下措施。①在问卷设计上，插入了测查社会赞许性的条目；在纸质问卷的编排设计、表格格式、色差对比度、项目内容、提问形式等方面尽量实现多样化，降低问卷给被试造成的"单调感"；在线电子问卷设计上，增强了答题过程中的页面动画感，加入了一些温馨小提示，尽量降低作答过程中的枯燥性；测评系统会对连续答题速度过快的被试进行提示，要求其放慢速度并认真答题。②在实施过程中，有些地域的调查主试为非心理学人员，项目组成员亲自到现场进行督导，确保调查过程科学规范，并发放工作流程图、质量监控手册等材料。为减少被试的疲劳感，我们将纸质版问卷和电子版问卷都分为上下两部分，要求被试完成第一部分后，必须休息 5 分钟后再进行下一部分的作答。

### 4. 数据分析过程

在大型调查研究中，由于设计不佳、被试不想作答和录入错误等，不可避免地会产生各种无效数据和错误数据。例如，在线电子问卷，由于测试网络的问题，被试数据可能不完整，也可能有重复数据。这就要求研究者在正式的数据分析之前，对数据进行清洗，以确保最终参与数据分析的质量。依据库兰（Curran，2016）提出的有关探测调查数据中无效或错误数据的原则，首次数据清洗的主要内容为：①纸质问卷和电子问卷数据合并；②删除空白数据和重复个案数据；③计算所有电子问卷每个题目的平均作答时间（3.4秒），据此检查电子问卷中题目平均作答时间短于3.4秒的被试数据，考察是否存在连续重复选择相同选项等情况；④删除变量数值上存在逻辑矛盾的被试数据；⑤变量重命名以便于识别，构建新变量，如学校所在经济区域（优良或落后），问卷类型（在线或纸质）；⑥检查录入错误以及逻辑异常值，如年龄不在调查对象的年龄范围内。在清洗以上数据的基础上，我们根据本研究中涉及的变量和研究目的，对被试数据进行了第二次清洗，主要内容为：①对反向计分项目进行转化；②根据出生日期增补了部分被试的年龄缺失数据；③根据研究目的合成新变量；④计算本研究中变量项目上的作答缺失比，删除缺失比过高的个案数据；⑤检验量表的信度和效度，考察有无异常值等。

在数据分析中，本研究参考了以往研究中的基本过程（Marsh et al.，2005；Morin et al.，2016），对量表进行了简化，主要包括以下6个步骤。第一，利用样本1对原始问卷进行验证性因素分析和信度分析。第二，基于原始问卷的验证性因素分析结果，进行项目选择。根据马尔什等人（Marsh et al.，2005）的建议，项目筛选主要考虑了以下6个标准。①项目最能代表要测因子结构的要素，基于两点判断：校正的题总相关（Corrected Item-Total Correlations）和验证因素分析后的标准化因子载荷。②项目存在最小的交叉负荷。③项目之间的残差相关最小。④项目的漏答率。⑤对每个项目的内容进行主观评定，确保原始问卷的概念和测量要素覆盖度，确保每个因子至少有3个项目。⑥要有足够的项目保证信度良好。第三，利用样本1对简版问卷进行验证性因素分析，对信度和因子之间的相关进行计算。第四，利用样本2对简版量表进行交叉验证。第五，利用样本1和样本2对简版量表进行测量等值（Measurement Invariance）检验，主要包括跨性别、年龄组和样本（样本1和样本2）的等值检验。第六，效标效度验证，通过理论上的外部效标来检验完整版和简版量表因子的效度。

此外，为了比较简版量表和完整版量表是否足够相似，本文参照先前研究提供的方法（Lynam et al.，2013；Morin et al.，2016），计算了剖面相似性指数（profile similarity index，PSI）。相似性指数PSI主要通过双列组内相关系数(double-entry intraclass correlations)来表示，取值 $0-1$，越接近 1 表示两个剖面越相似(Furr，2010)。

在本研究数据集中，主要变量的项目缺失比区间为 $0.07\%-0.89\%$($M=0.32\%$，$SD=0.16\%$)。在模型估计中，缺失数据采用全息极大值似然估计法(FIML)(Asparouhov & Muthén，2010)在 Mplus 7.11(Muthén & Muthén，2012)进行估计，其他描述统计与信度计算在 IBM SPSS 20.0 中完成。

### (二)研究结果

#### 1. 完整版量表的心理测量学检验

基于样本 1 的数据集，首先对 98 个项目的完整版青少年积极发展量表的心理测量学指标进行分析，各模型的拟合指数如表 5-10 所示。

首先，品格量表的各分量表的模型拟合良好或可以接受(CFI：$0.94-0.98$，TLI：$0.93-0.97$，RMSEA：$0.060-0.080$)，分量表"爱""志""信"和"毅"的项目因子负荷区间分别为 $0.51-0.81$、$0.36-0.83$、$0.71-0.82$ 和 $0.62-0.79$($p$s<0.001)。基于此，依据结构方建模中"项目打包"的适用原则(吴艳，温忠麟，2011)，将四个分量表各自的潜因子得分均值作为观察变量，进行建模。由于分量表"毅"是单因子结构，因此通过关系平衡法(Rogers & Schmitt，2004)，用 3 个项目包均值来表示其观察变量。结果显示，模型拟合可以接受(CFI=0.97，TLI=0.96，RMSEA=0.075)(见表 5-10)，因子负荷区间在 $0.77-0.88$($p$s<0.001)。

其次，能力、自我价值和联结量表的因子结构拟合良好或可以接受(CFI：$0.93-0.97$，TLI：$0.92-0.96$，RMSEA：$0.054-0.075$)(见表 5-10)，项目因子负荷区间分别为 $0.49-0.85$，$0.55-0.79$ 和 $0.70-0.85$($p$s<0.001)。

然后，依照先前研究中青少年积极发展量表(完整版)的统计方法(Chai et at.，2020)，对青少年积极发展的四维结构进行验证。结果显示，该模型拟合良好(CFI=0.98，TLI=0.97，RMSEA=0.062)(见表 5-10)，因子负荷区间为 $0.65-0.91$($p$s<0.001)。

最后，计算完整版量表在样本 1 中的信度。如表 5-11 所示，各量表的信度良好($\alpha$：$0.71-0.96$；$\omega=0.73-0.96$)。因此，完整版量表在样本 1 表现出了良好的信度。

#### 2. 简版量表的项目筛选和心理测量学检验

依据先前提到的项目筛选的基本标准，我们筛选了简版量表的项目。具体来说，首先，我们考虑了每个因子或分量表中因子载荷较高的项目，将其作为简版量表备选项目。其次，我们主要判断备选项目是否覆盖测量要素，并确保最低一阶的测量因子至少保留 3 个项目(如品格量表中的"毅"，能力量表中的

"学业能力"等)。然后，我们对这些备选项目的"校正的题总相关""交叉负荷情况""残差"以及"漏答率"等方面进行综合考察，基于这些指标再次进行筛选。最后，我们对初选项目构成的简版量表进行信度和效度检验，考察其能否达到心理测量学要求。如果"否"，将重新继续筛选题目。基于上述过程，最终形成的简版量表共 48 个项目。

基于样本 1 的验证性因素分析显示，简版量表各项拟合指数良好或可以接受(CFI：0.96—1.00，TLI：0.94—1.00，RMSEA：0.000—0.077)，详细统计结果见表 5-10。各量表的信度良好或可以接受($\alpha$：0.67—0.94，$\omega$：0.70—0.94)，详见表 5-11。以上结果说明，简版量表的结构效度和信度是可以接受的。筛选出的 48 个项目在两个版本的量表中的因子负荷值也比较接近，分别在 0.56—0.85 和 0.57—0.88($p$s<0.001)；各因子之间的相关系数也比较接近，分别在 0.38—0.91 和 0.35—0.86，如表 5-13 所示。基于上述"因子负荷值"和"因子之间的相关系数"，我们计算出在样本 1 中，简版量表与完整版量表在这两个参数上的剖面相似性指数 PSI 分别为 0.93 和 0.98，这进一步说明量表的简版和完整版是高度相似的。

3. 简版量表的交叉验证

基于样本 2，本研究对青少年积极发展的简版量表进行了交叉验证。验证性因素分析显示，模型拟合均可以接受或良好(CFI：0.96—1.00，TLI：0.94—1.00，RMSEA：0.000—0.084)，因子负荷在 0.57—0.88($p$s<0.001)，详见表 5-10。信度分析结果如表 5-11 所示，各量表的信度指标基本可以接受或良好($\alpha=0.67-0.94$，$\omega=0.70-0.94$)。在样本 2 中，简版量表各因子之间的相关系数在 0.32—0.86($p$s<0.001)，见表 5-14。此外，我们还计算出基于样本 2 的简化版量表和基于样本 1 的完整版量表在"因子负荷"和"因子之间的相关"这两个参数上的剖面相似性指数 PSI 分别为 0.93 和 0.97。上述统计结果再次说明了简版量表和完整版量表具有较高的相似性。

**表 5-10　青少年积极发展量表完整版和简版的模型拟合结果**

| | $\chi^2$ | $df$ | RMSEA(90%CI) | CFI | TLI | SRMR |
|---|---|---|---|---|---|---|
| 样本 1(完整版量表，98 个项目) | | | | | | |
| 品格分量表：爱 | 4988.40*** | 167 | 0.060(0.058—0.060) | 0.94 | 0.93 | 0.04 |
| 品格分量表：志 | 1014.06*** | 26 | 0.068(0.065—0.072) | 0.96 | 0.95 | 0.03 |
| 品格分量表：信 | 694.92*** | 13 | 0.080(0.075—0.085) | 0.98 | 0.96 | 0.02 |
| 品格分量表：毅 | 376.86*** | 9 | 0.071(0.065—0.077) | 0.98 | 0.97 | 0.02 |
| 品格的四维结构 | 1346.34*** | 29 | 0.075(0.071—0.078) | 0.97 | 0.96 | 0.03 |
| 能力量表 | 8352.88*** | 296 | 0.058(0.057—0.059) | 0.93 | 0.92 | 0.02 |

| | $\chi^2$ | $df$ | RMSEA(90%CI) | CFI | TLI | SRMR |
|---|---|---|---|---|---|---|
| 自我价值量表 | 2915.11*** | 62 | 0.075(0.073—0.078) | 0.95 | 0.94 | 0.03 |
| 联结量表 | 2901.80*** | 116 | 0.054(0.053—0.056) | 0.97 | 0.96 | 0.02 |
| PYD 四维结构 | 1883.75*** | 59 | 0.062(0.059—0.064) | 0.98 | 0.97 | 0.03 |
| 样本 1(简版量表，48 个项目) | | | | | | |
| 品格分量表：爱 | 255.34*** | 24 | 0.034(0.031—0.038) | 0.99 | 0.99 | 0.02 |
| 品格分量表：志 | 104.83*** | 8 | 0.039(0.032—0.045) | 1.00 | 0.99 | 0.02 |
| 品格分量表：信 | 361.32*** | 7 | 0.079(0.072—0.086) | 0.99 | 0.97 | 0.02 |
| 品格分量表：毅 | 0.00 | 0 | 0.000(0.000—0.000) | 1.00 | 1.00 | 0.00 |
| 品格的四维结构 | 1446.39*** | 29 | 0.077(0.074—0.081) | 0.96 | 0.94 | 0.03 |
| 能力量表 | 626.42*** | 24 | 0.056(0.052—0.059) | 0.99 | 0.97 | 0.02 |
| 自我价值量表 | 308.21*** | 9 | 0.064(0.058—0.070) | 0.99 | 0.98 | 0.02 |
| 联结量表 | 120.38*** | 24 | 0.022(0.018—0.026) | 1.00 | 1.00 | 0.01 |
| PYD 四维结构 | 1435.90*** | 59 | 0.054(0.051—0.056) | 0.98 | 0.97 | 0.02 |
| 样本 2(简版量表，48 个项目) | | | | | | |
| 品格分量表：爱 | 198.85*** | 24 | 0.030(0.026—0.034) | 1.00 | 0.99 | 0.01 |
| 品格分量表：志 | 130.90*** | 8 | 0.043(0.037—0.050) | 0.99 | 0.99 | 0.02 |
| 品格分量表：信 | 307.98*** | 7 | 0.073(0.066—0.080) | 0.99 | 0.97 | 0.02 |
| 品格分量表：毅 | 0.00 | 0 | 0.000(0.000—0.000) | 1.00 | 1.00 | 0.00 |
| 品格的四维结构 | 1686.10*** | 29 | 0.084(0.080—0.087) | 0.96 | 0.94 | 0.04 |
| 能力量表 | 551.51*** | 24 | 0.052(0.048—0.056) | 0.98 | 0.97 | 0.03 |
| 自我价值量表 | 304.14*** | 9 | 0.063(0.058—0.070) | 0.99 | 0.98 | 0.02 |
| 联结量表 | 192.97*** | 24 | 0.029(0.026—0.033) | 1.00 | 0.99 | 0.01 |
| PYD 四维结构 | 1629.64*** | 59 | 0.057(0.055—0.590) | 0.97 | 0.96 | 0.03 |

注：PYD=青少年积极发展；*** $p < 0.001$。

表 5-11　青少年积极发展量表完整版和简版的信度分析结果

| | 样本 1 | | | | 样本 2 | |
|---|---|---|---|---|---|---|
| 量表 | 完整版 | | 简版 | | 简版 | |
| | $\alpha$ | $\omega$ | $\alpha$ | $\omega$ | $\alpha$ | $\omega$ |
| **品格** | 0.96 | 0.96 | 0.94 | 0.94 | 0.94 | 0.94 |
| 爱 | 0.93 | 0.93 | 0.87 | 0.87 | 0.88 | 0.88 |
| 志 | 0.83 | 0.84 | 0.84 | 0.84 | 0.84 | 0.85 |
| 信 | 0.89 | 0.90 | 0.88 | 0.88 | 0.88 | 0.88 |

| 量表 | 样本 1 | | | | 样本 2 | |
|---|---|---|---|---|---|---|
| | 完整版 | | 简版 | | 简版 | |
| | $\alpha$ | $\omega$ | $\alpha$ | $\omega$ | $\alpha$ | $\omega$ |
| 毅 | 0.87 | 0.87 | 0.83 | 0.83 | 0.83 | 0.83 |
| **能力** | 0.94 | 0.95 | 0.84 | 0.85 | 0.85 | 0.85 |
| 学习能力 | 0.93 | 0.93 | 0.75 | 0.76 | 0.76 | 0.77 |
| 社会情绪能力 | 0.92 | 0.92 | 0.83 | 0.84 | 0.82 | 0.83 |
| 生活能力 | 0.71 | 0.73 | 0.67 | 0.70 | 0.67 | 0.70 |
| **自我价值** | 0.92 | 0.93 | 0.88 | 0.89 | 0.89 | 0.89 |
| **联结** | 0.93 | 0.93 | 0.88 | 0.88 | 0.88 | 0.88 |
| 家庭联结 | 0.91 | 0.92 | 0.87 | 0.87 | 0.87 | 0.88 |
| 学校联结 | 0.90 | 0.90 | 0.84 | 0.84 | 0.84 | 0.84 |
| 社区联结 | 0.90 | 0.90 | 0.85 | 0.86 | 0.85 | 0.86 |

表 5-12　青少年积极发展量表完整版和简版的效标效度(全样本)

| 量表 | | 效标 | | |
|---|---|---|---|---|
| | | 主观幸福感 | 抑郁情绪 | 外化问题 |
| 品格 | 完整版 | 0.58*** | −0.21*** | −0.40*** |
| | 简版 | 0.56*** | −0.21*** | −0.40*** |
| 能力 | 完整版 | 0.62*** | −0.22*** | −0.33*** |
| | 简版 | 0.60*** | −0.22*** | −0.33*** |
| 自我价值 | 完整版 | 0.63*** | −0.20*** | −0.24*** |
| | 简版 | 0.64*** | −0.21*** | −0.25*** |
| 联结 | 完整版 | 0.64*** | −0.27*** | −0.32*** |
| | 简版 | 0.57*** | −0.27*** | −0.31*** |
| PYD 总量表 | 完整版 | 0.68*** | −0.26*** | −0.39*** |
| | 简版 | 0.67*** | −0.26*** | −0.40*** |

注：PYD=青少年积极发展；*** $p < 0.001$。

### 4. 效标效度

基于全体样本($N_1$ 和 $N_2$)，我们考察了两个版本量表的效标效度，见表 5-12。结果显示，完整版量表和简版量表中，各量表及总量表得分均与主观幸福感呈显著正相关($r$：0.56−0.68，$ps < 0.001$)，与抑郁情绪呈显著负相关($r$：−0.20−−0.27，$ps < 0.001$)，与外化问题呈显著负相关($r$：−0.24−

−0.40，$p$s＜0.001）。此外，在量表的两个版本中，三个效标的剖面相似性指数 PSI 分别为 0.93、0.99 和 0.99。因此，在效标效度上，简版量表和完整版量表也是高度相似的。

5. 测量结构等值检验

为了考察简版青少年积极发展的四维测量结构能在多大程度上适用于不同性别和年龄段的青少年，我们基于全样本数据进行了测量等值分析。统计结果（见表 5-15）支持了四维测量结构在性别、年龄组和两个随机样本上的形态等值，即各模型均拟合良好（CFI：0.97－0.98，TFI：0.96－0.97，RMSEA：0.055－0.056）。在负荷等值和尺度等值检验的模型比较中，CFI 和 RMSEA 的变化量均未超过建议的临界值（ΔCFI≤0.01，ΔRMSEA≤0.015）。上述结果说明，简版量表的四维测量结构在青少年群体三个年龄组的男生和女生中，具有一定的测量稳定性和适用性。

**(三)讨论与启示**

1. 量表简化过程和结果的合理性

本研究利用一个全国性的大样本数据，对先前编制的青少年积极发展量表（Chai et al.，2020）进行了简化。依据先前研究者提出的量表简化的基本原则（Marsh et al.，2005；Morin et al.，2016），最终获得的简化版的青少年发展量表共 48 个项目，包括品格、能力、自我价值和联结四个量表。下面就史密斯等人（Smith et al.，2000）指出的量表简化过程中的常见问题逐一进行讨论。

第一，完整版量表的可靠性。正如马尔什等（Marsh et al.，2005）所言："在心理测量学指标薄弱的工具上开发一个简短的版本是完全没有意义的。"因此，完整版量表是否具有扎实的理论基础、是否具有良好的心理测量学属性是量表简化的重要前提。在理论基础上，青少年积极发展量表具有稳固的理论基础，既有本土的"积极青少年发展四维结构"（林丹华等，2017）做支撑，又借鉴了积极青少年发展的经典模型，如"5C"模型（Lerner et al.，2015）。在实证依据上，先前研究为其信效度提供了初步证据（Chai et al.，2020）。本研究利用大样本数据再次证实了其具有良好的信效度，是一个测量青少年积极发展的多维的有效工具。因此，先前开发的完整版量表符合量表简化的基本前提。

第二，简版量表的项目应该覆盖所有因子。这就要求简化量表的过程中，必须保证在消除高度冗余项目的同时，不能影响量表测量要素的覆盖率。在量表项目选择的过程中，我们除了参考因子负荷、残差等统计参数之外，重点对简化后每个因子下的测量要素是否损失进行了核查。完整版和简版量表的验证性因素分析、交叉效度验证和测量等值等分析结果也表明，简版量表没有损失原版量表的因子结构。

表 5-13 青少年积极发展量表完整版和简版量表各因子之间的相关矩阵（样本 1）

| | 1 | 2 | 3 | 4 | 5 | 6 | 7 | 8 | 9 | 10 | 11 | 12 | 13 | 14 |
|---|---|---|---|---|---|---|---|---|---|---|---|---|---|---|
| 1 品格 | — | 0.84*** | 0.86*** | 0.86*** | 0.81*** | 0.77*** | 0.69*** | 0.58*** | 0.60*** | 0.62*** | 0.62*** | 0.49*** | 0.59*** | 0.44*** |
| 2 爱 | 0.91*** | — | 0.63*** | 0.56*** | 0.55*** | 0.60*** | 0.50*** | 0.49*** | 0.47*** | 0.49*** | 0.53*** | 0.42*** | 0.50*** | 0.37*** |
| 3 志 | 0.85*** | 0.66*** | — | 0.65*** | 0.64*** | 0.66*** | 0.64*** | 0.48*** | 0.49*** | 0.55*** | 0.53*** | 0.42*** | 0.53*** | 0.36*** |
| 4 信 | 0.83*** | 0.63*** | 0.66*** | — | 0.68*** | 0.68*** | 0.60*** | 0.51*** | 0.54*** | 0.54*** | 0.52*** | 0.40*** | 0.49*** | 0.39*** |
| 5 毅 | 0.84*** | 0.64*** | 0.69*** | 0.71*** | — | 0.68*** | 0.63*** | 0.50*** | 0.52*** | 0.55*** | 0.50*** | 0.40*** | 0.47*** | 0.35*** |
| 6 能力 | 0.79*** | 0.66*** | 0.69*** | 0.71*** | 0.73*** | — | 0.82*** | 0.83*** | 0.79*** | 0.68*** | 0.62*** | 0.47*** | 0.60*** | 0.45*** |
| 7 学习能力 | 0.74*** | 0.59*** | 0.68*** | 0.67*** | 0.70*** | 0.91*** | — | 0.51*** | 0.49*** | 0.56*** | 0.52*** | 0.40*** | 0.51*** | 0.37*** |
| 8 社会情绪能力 | 0.64*** | 0.57*** | 0.52*** | 0.56*** | 0.57*** | 0.86*** | 0.61*** | — | 0.48*** | 0.62*** | 0.53*** | 0.39*** | 0.53*** | 0.38*** |
| 9 健康生活能力 | 0.66*** | 0.56*** | 0.54*** | 0.59*** | 0.60*** | 0.75*** | 0.59*** | 0.57*** | — | 0.48*** | 0.46*** | 0.36*** | 0.40*** | 0.36*** |
| 10 自我价值 | 0.61*** | 0.53*** | 0.53*** | 0.55*** | 0.57*** | 0.71*** | 0.62*** | 0.65*** | 0.53*** | — | 0.55*** | 0.42*** | 0.55*** | 0.39*** |
| 11 联结 | 0.66*** | 0.60*** | 0.56*** | 0.54*** | 0.55*** | 0.66*** | 0.58*** | 0.60*** | 0.51*** | 0.58*** | — | 0.79*** | 0.82*** | 0.82*** |
| 12 家庭联结 | 0.54*** | 0.50*** | 0.45*** | 0.42*** | 0.45*** | 0.51*** | 0.44*** | 0.44*** | 0.42*** | 0.45*** | 0.83*** | — | 0.54*** | 0.43*** |
| 13 学校联结 | 0.64*** | 0.57*** | 0.57*** | 0.51*** | 0.53*** | 0.65*** | 0.57*** | 0.60*** | 0.46*** | 0.57*** | 0.85*** | 0.58*** | — | 0.50*** |
| 14 社区联结 | 0.47*** | 0.43*** | 0.38*** | 0.41*** | 0.39*** | 0.49*** | 0.42*** | 0.44*** | 0.39*** | 0.43*** | 0.82*** | 0.49*** | 0.54*** | — |

注：对角线左下为完整版量表因子之间的相关系数；对角线右上为简版量表因子之间的相关系数；*** $p < 0.001$。

表 5-14 简版青少年积极发展量表各因子之间的相关矩阵(样本 2)

| | 1 | 2 | 3 | 4 | 5 | 6 | 7 | 8 | 9 | 10 | 11 | 12 | 13 | 14 |
|---|---|---|---|---|---|---|---|---|---|---|---|---|---|---|
| 1 品格 | — | | | | | | | | | | | | | |
| 2 爱 | 0.84*** | — | | | | | | | | | | | | |
| 3 志 | 0.86*** | 0.62*** | — | | | | | | | | | | | |
| 4 信 | 0.86*** | 0.55*** | 0.66*** | — | | | | | | | | | | |
| 5 毅 | 0.79*** | 0.53*** | 0.61*** | 0.67*** | — | | | | | | | | | |
| 6 能力 | 0.77*** | 0.59*** | 0.66*** | 0.67*** | 0.67*** | — | | | | | | | | |
| 7 学习能力 | 0.70*** | 0.49*** | 0.64*** | 0.61*** | 0.63*** | 0.82*** | — | | | | | | | |
| 8 社会情绪能力 | 0.58*** | 0.48*** | 0.48*** | 0.51*** | 0.49*** | 0.83*** | 0.51*** | — | | | | | | |
| 9 健康生活能力 | 0.59*** | 0.48*** | 0.50*** | 0.52*** | 0.50*** | 0.79*** | 0.48*** | 0.50*** | — | | | | | |
| 10 自我价值 | 0.61*** | 0.47*** | 0.54*** | 0.53*** | 0.54*** | 0.68*** | 0.56*** | 0.62*** | 0.47*** | — | | | | |
| 11 联结 | 0.60*** | 0.51*** | 0.52*** | 0.51*** | 0.48*** | 0.61*** | 0.52*** | 0.53*** | 0.43*** | 0.56*** | — | | | |
| 12 家庭联结 | 0.48*** | 0.43*** | 0.41*** | 0.40*** | 0.37*** | 0.45*** | 0.40*** | 0.37*** | 0.32*** | 0.43*** | 0.80*** | — | | |
| 13 学校联结 | 0.57*** | 0.47*** | 0.51*** | 0.46*** | 0.46*** | 0.58*** | 0.51*** | 0.51*** | 0.38*** | 0.55*** | 0.81*** | 0.53*** | — | |
| 14 社区联结 | 0.43*** | 0.36*** | 0.36*** | 0.38*** | 0.35*** | 0.46*** | 0.38*** | 0.41*** | 0.34*** | 0.40*** | 0.81*** | 0.44*** | 0.48*** | — |

注: *** $p < 0.001$。

表 5-15 青少年积极发展四维结构的测量等值检验（全样本）

| | $\chi^2$ | $df$ | AIC | CFI | TFI | RMSEA(90% CI) | SRMR | 模型比较 | ΔCFI | ΔRMSEA |
|---|---|---|---|---|---|---|---|---|---|---|
| **跨性别的等值检验**（$n_{男}=7823$，$n_{女}=7743$） | | | | | | | | | | |
| (A)形态等值 | 2998.05*** | 120 | 420877.58 | 0.97 | 0.97 | 0.056(0.064—0.070) | 0.02 | | | |
| (B)单位（弱）等值 | 3118.46*** | 129 | 420979.99 | 0.97 | 0.97 | 0.055(0.053—0.056) | 0.04 | B vs A | 0.00 | −0.001 |
| (C)尺度（强）等值 | 3391.15*** | 136 | 421238.68 | 0.97 | 0.97 | 0.055(0.054—0.057) | 0.04 | C vs B | 0.01 | 0.000 |
| **跨年龄组的等值检验**（$n_{小学组}=5975$，$n_{初中组}=5216$，$n_{高中组}=5126$） | | | | | | | | | | |
| (A)形态等值 | 3520.80*** | 181 | 440294.62 | 0.97 | 0.96 | 0.058(0.057—0.060) | 0.03 | | | |
| (B)单位（弱）等值 | 3766.13*** | 199 | 440503.95 | 0.97 | 0.96 | 0.057(0.056—0.059) | 0.05 | B vs A | 0.00 | −0.001 |
| (C)尺度（强）等值 | 4991.31*** | 213 | 441701.13 | 0.96 | 0.96 | 0.064(0.063—0.066) | 0.06 | C vs B | 0.01 | 0.007 |
| **跨样本的等值检验**（$n_{样本1}=8139$，$n_{样本2}=8178$） | | | | | | | | | | |
| (A)形态等值 | 3067.91*** | 120 | 443040.68 | 0.98 | 0.97 | 0.055(0.053—0.057) | 0.02 | | | |
| (B)单位（弱）等值 | 3086.67*** | 129 | 443041.44 | 0.98 | 0.97 | 0.053(0.051—0.055) | 0.03 | B vs A | 0.00 | −0.002 |
| (C)尺度（强）等值 | 3093.11*** | 136 | 443033.87 | 0.98 | 0.97 | 0.052(0.050—0.053) | 0.03 | C vs B | 0.00 | −0.001 |

注：*** $p<0.001$，vs. 表示比较。

第三，简版量表应具有足够的信度。尽管量表简化之后，部分量表的信度系数出现了轻微下降，但依然具有良好的信度。具体来说，样本1和样本2中简版量表的合成信度 $\omega$ 均大于0.70，符合史密斯等人（Smith et al.，2000）提出的信度系数不低于0.70的要求。因此，简版的青少年积极发展量表具有良好的信度，可以保证测量的稳定性、一致性和可靠性。

第四，应确保简版量表和完整版量表测量的是同一个概念。为了保证这一点，我们在条目选择时，着重考虑了量表本身的测量结构，保证其不失去关键的因子。此外，两个版本量表在心理测量学指标（如因子负荷、因子间相关系数和效标关联）上的剖面相似性指数也较高（0.93—0.99），再次证明了二者测量的是同一个概念。

第五，简版量表要保留完整版量表的因子结构。从验证性因素分析的过程和结果来看，简版量表和完整版量表的因子结构是完全一致的，且每个子量表下面的关键测量因子并没有损失。从测量等值分析结果来看，简化之后青少年积极发展的四维结构在两个独立样本、不同性别以及不同年龄组中具有形态结构、因子负荷和截距的测量不变性。此外，两个版本量表在"因子负荷"和"因子之间相关"这两个参数上的剖面相似性指数 PSI 均大于0.93。这进一步说明，简版量表保留了完整版量表的因子结构，且具有较好的稳定性。

第六，简版量表要有足够的外部效度。本研究中量表的外部效度检验结果与先前的结果及先前其他学者的研究结果是一致的（如 Benson et al.，1998；Sun & Shek，2010），即青少年积极发展的总分、各量表得分与主观幸福感呈显著正相关，与外化问题、抑郁情绪呈显著负相关。此外，我们也对完整版量表和简版量表与效标的相关系数的差异进行了分析，发现其剖面相似性指数 PSI 均大于0.90，说明二者的差异很小，这也再次说明简版量表和完整版量表的外部效度是相当的。

第七，相对于潜在的损失，简版量表节省了时间和资源。与完整版量表相比，简版量表在保证良好信效度的基础上，在项目数量上有了大幅缩减（减少了约一半的项目），这有助于减少调查研究的测评时间，进而减少人力和财力上的支出。总体来说，简版量表损失的信息相对较少，扩展了本量表的应用范围。例如，较少的题目有助于研究者在时间和财力资源有限的情况下，使研究设计本身更加丰富和灵活。这也有助于在连续的追踪项目中，减少被试的疲劳和厌烦感，进而有助于研究数据质量的提高。

2. 局限及未来研究

尽管我们严格遵循了量表简化的基本原则，研究结果也和预期是基本一致的，但量表还是存在一定的局限。首先，本研究编制的量表是一个相对比较新的测量工具，仅仅有两个研究的数据为其信效度提供了依据。因此，未来需要更多的研究来检验量表的心理测量学属性。尤其是简版量表，更需要实证研究来考察其在评估青少年积极发展中的有效性和稳定性。其次，从样本来说，虽然是一个比较大的样本，但并不是完全随机的样本，选取的学校也多为城镇学校，因此还需要更多样的被试数据进行验证。最后，本研究中简化量表的数据基于一个横断的设计，未来研究还需要更多的纵向数据对其测量等值性和信效度进行检验。

综上所述，我们探索了我国文化背景下青少年积极发展的测量结构，并提供了两套符合心理测量学要求的评估工具，为全面理解我国青少年积极发展的特征与前因变量等奠定了基础。

## 建议阅读资源

Lerner，R. M.，Von Eye，A.，Lerner，J. V.，et al.（2010）．Special Issue Introduction：The Meaning and Measurement of Thriving：A View of the Issues. *Journal of Youth and Adolescence*，39(7)，pp. 707-719

推荐理由：这是对青少年领域杂志 *Journal of Youth and Adolescence* 一期特刊的介绍性文章，这期特刊主要围绕青少年充分发展（thriving）的意义和测量展开，集中了近 10 篇有关积极青少年发展内涵和测量方面的文章，是快速了解该领域研究动态的必读文献。

# 第六章　一般情境下青少年积极发展的现状及影响因素

本章基于全国不同经济发展水平的 10 个省份的 20 个区(县)的代表性抽样数据,从以变量为中心和以个体为中心两个视角,分别对我国青少年积极发展的总体特点及影响因素进行研究。第一节主要对我国青少年积极发展的总体特点进行详尽阐述,并且探究重要的个体、家庭、学校、社区因素对青少年积极发展的影响。第二节主要探索我国青少年积极发展的多样性及影响因素。

## 第一节　以变量为中心的视角:我国青少年积极发展的总体特点及影响因素

### 一、我国青少年积极发展的总体特点

#### (一)问题提出

已有相关研究证实了我国青少年心理发展具有一定的时代特点,如国内一项关于 1986 年至 2010 年大学生心理健康研究的元分析表明,25 年来大学生的心理问题逐渐减少,即大学生心理健康的整体水平逐步提高(辛自强等,2012)。还有研究者对 2004 年至 2013 年我国大学生的人格特质进行了分析,结果发现在 10 年间我国大学生在外向性、开放性、严谨性和宜人性四个方面越来越向良性方向发展,这种年代变迁的背后反映了宏观社会背景对大学生人格的影响(田园等,2017)。没有任何个体在生命历程中会经历相同的个人与情境相互

作用的发展过程(Osher et al.，2020)。由此可见，不同青少年的发展具有差异性。

目前关于青少年积极发展的实证研究较有影响力的是美国的"4H"项目。该项目主要为了提升青少年群体的公民意识、领导力、责任感和生活技能，且通过追踪设计探究了青少年积极发展的过程(Lerner et al.，2009)。项目结果表明，青少年的积极发展水平随着年龄增长出现缓慢降低的趋势，并且积极发展结果存在显著的性别和社会经济地位差异，女生和高社会经济地位的青少年的积极发展水平较高(Phelps et al.，2007)。卡塔拉诺等人(Catalano et al.，2002)通过对一些有代表性的干预项目进行评估，发现来自个人、家庭、学校和社区的保护性因素能够促进青少年的心理健康发展和积极行为结果的出现(如认知能力提升、人际关系改善、自我效能感增强等)，还可以预防青少年的问题行为(如攻击行为、吸烟、酗酒等)。

除上述西方学者关于青少年积极发展特点的研究外，我国学者也在青少年积极发展的相关领域做出了一定的探索，如心理健康素质和情感素质。具体来说，沈德立等(2008)对青少年心理健康素质的调查发现，我国青少年总体心理健康素质良好，但随着年龄的增长并非呈线性变化趋势，具体表现为青少年初期心理健康素质较高，随后有所降低，在青少年晚期又出现了回升。此外，卢家楣等(2009)对青少年情感素质的现状做了大样本调查。该调查结果表明，我国青少年的情感素质整体特征表现为积极正向，但在具体情感素质上存在性别差异。例如，在人际情感和审美情感上，女生显著优于男生，男生在探究感、好奇感等理智情感上优于女生。

以上国内外研究结果为我们从青少年积极发展的视角理解我国青少年发展的基本特征提供了初步的思路和依据。青少年积极发展领域的实证研究结果可有效转化为公共政策，并具体落实到教育实践中促进青少年积极发展。但目前我国还没有基于本土化的青少年积极发展理论和测量工具的实证性调查研究，尤其缺乏从全国层面上开展的青少年积极发展调查。为此，综合考虑和体现我国国情与文化等特点，深入、全面地探索新时代我国青少年积极发展的特点和规律，对丰富我国青少年研究领域的理论和推动教育实践具有非常重要的作用。

**(二)研究对象**

本研究从全国10个省份选择了60所中小学，对四年级和五年级、七年级和八年级及高一和高二的学生进行了测试，共获得16 317名有效被试，其中普通儿童青少年被试10 790名，占总体被试的66.1%。普通儿童青少年被试中包括城市普通被试8 265名，农村普通被试2 525名；其中流动儿童3 414

名，留守儿童 1 691 名，未报告类型被试 422 名。普通儿童青少年被试的平均年龄为 13.11 岁（$SD = 2.52$，年龄范围为 9～20 岁），其中男生 5 053 名（46.8%），女生 5 256 名（48.7%），另有 481 名（4.5%）普通儿童青少年被试未报告性别。普通儿童青少年被试来自 10 个不同的省份，北京市 834 名（7.73%）、广东省 1 120 名（10.38%）、贵州省 823 名（7.63%）、河南省 1 019 名（9.44%）、湖南省 1 155 名（10.71%）、江西省 917 名（8.50%）、辽宁省 1 545 名（14.32%）、陕西省 1 128 名（10.45%）、上海市 889 名（8.24%）、浙江省 1 360 名（12.60%）。从年龄段来看，小学组 3 903 名（36.2%），初中组 3 290 名（30.5%），高中组 3 597 名（33.3%）。

### (三)研究工具

1. 人口学变量

本研究调查了青少年相关人口学信息，包括性别、年龄、地域、主观社会经济地位等。其中主观社会经济地位采用阿德勒等人（Adler et al.，2000）提出的梯子测验进行测量。该测验采用 10 级梯形评分，假设梯子代表全中国家庭的生活水平，最高层(10)代表收入最高、受教育程度最高和工作最好的家庭，最低层(1)代表收入最低、受教育程度最低、工作最差或失业的家庭。被试根据自己家庭的实际情况选择相应的分数，分数越高代表主观社会经济地位得分越高。

2. 青少年积极发展量表

研究采用"儿童青少年积极发展问卷"。该量表经过严格的心理测量学编制，具有良好的信效度（林丹华等，2017）。量表共有 98 个条目，包括能力、品格、自我价值和联结四个量表。

品格量表共 42 个项目，包括四个分量表"爱""志""信""毅"，项目个数分别为 20、9、7、6。典型的项目如"当我看别人需要帮忙时，我会尽力而为"（"爱"），"我想将来在工作与事业上取得成就"（"志"），"我说过的事情都会做到"（"信"），"如果目标已确定，即使遇到障碍我也不轻言放弃"（"毅"）。

能力量表共 26 个项目，主要包括学业能力、社会情绪能力和生活能力，项目个数分别为 12、9 和 5。典型的项目如"我以所学的内容为起点，并努力形成自己的观点"（学业能力），"知道如何交到更多的朋友"（社会情绪能力），"我能做好家务活"（生活能力）。

自我价值量表共 13 个项目。典型的项目如"我对自己持肯定的态度"。

联结量表共 17 个项目，包括家庭联结、学校联结和社区联结，项目个数分别为 6、6 和 5。典型的项目如"我和家人在一起时非常高兴"（家庭联结），"在学校里，我能获得很多鼓励"（学校联结）和"除家人外，邻居街坊中也有人会真正关心我"(社区联结)。

量表采用 5 点计分(1"完全不符合"～5"完全符合")。得分越高,表示在该领域的积极发展水平越高。在本研究中,量表总体的内部一致性系数为 0.98,品格、能力、自我价值和联结四个量表的内部一致性系数分别为 0.96、0.95、0.93 和 0.93。

3. 数据分析方法

采用统计软件 SPSS 22.0 进行数据分析,考察我国青少年积极发展的总体特点。具体包括:①通过描述性统计分析考察我国青少年积极发展品格、能力、自我价值、联结各维度及总分情况;②采用方差分析和独立样本 t 检验探究我国青少年积极发展的各维度及总分在不同儿童类型、地区、性别和年龄上的差异。

**(四)研究结果**

1. 我国青少年积极发展的整体状况良好

从表 6-1 可以看出,我国青少年在品格、能力、自我价值以及联结方面的发展情况均良好,其中品格得分最高($M=4.06$,$SD=0.59$),自我价值得分最低($M=3.65$,$SD=0.86$)。

如图 6-1 至图 6-3 所示,在品格方面,青少年在"爱"($M=4.32$,$SD=0.57$),"毅"($M=4.07$,$SD=0.76$),"志"($M=4.01$,$SD=0.65$),"信"($M=3.86$,$SD=0.76$)维度上的得分逐渐降低。在能力方面,青少年的生活能力($M=4.04$,$SD=0.72$)得分最高,其次是社会能力($M=3.95$,$SD=0.88$),学业能力得分最低($M=3.68$,$SD=0.85$)。在联结方面,青少年的家庭联结($M=4.18$,$SD=0.91$)得分最高,其次是学校联结($M=3.95$,$SD=0.91$),社区联结得分最低($M=3.58$,$SD=1.133$)。

表 6-1 普通青少年积极发展基本情况

| 维度 | M | SD |
|------|------|------|
| 品格 | 4.06 | 0.59 |
| 能力 | 3.89 | 0.70 |
| 自我价值 | 3.65 | 0.86 |
| 联结 | 3.90 | 0.81 |

注:自我价值有 10 个缺失值,联结有 6 个缺失值

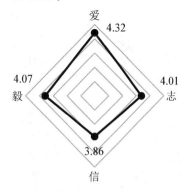

图 6-1 我国青少年品格各维度得分

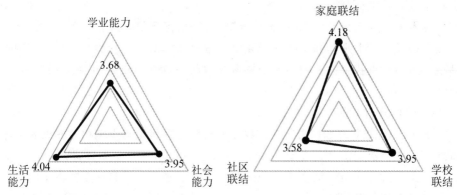

图 6-2　我国青少年能力各维度得分　　　　图 6-3　我国青少年联结各维度得分

2. 城市普通儿童的积极发展总分最高，留守儿童的积极发展总分最低

如图 6-4，通过对城市普通儿童、农村普通儿童、流动儿童、留守儿童群体之间的积极发展各维度和总分的比较可看出，城市普通儿童积极发展各维度及总分最高，留守儿童积极发展各维度及总分最低，且除了自我价值方面农村普通儿童与留守儿童的得分无显著差异外，其他各维度上四组儿童之间的得分均有显著性差异。具体而言，品格（$F(3, 15\ 891)=178.80$，$p<0.001$），能力（$F(3, 15\ 891)=307.22$，$p<0.001$），自我价值（$F(3, 15\ 879)=187.25$，$p<0.001$），联结（$F(3, 15\ 882)=117.20$，$p<0.001$），积极发展总分（$F(3, 15\ 891)=255.61$，$p<0.001$）的儿童类型的主效应均显著。事后检验发现，在品格、能力、联结、自我价值上，城市普通儿童的得分及积极发展总分均显著高于其他三组儿童（$ps<0.001$），流动儿童的得分显著高于农村普通儿童（$ps<0.001$）。在自我价值上，留守儿童与农村普通儿童的得分无显著差异

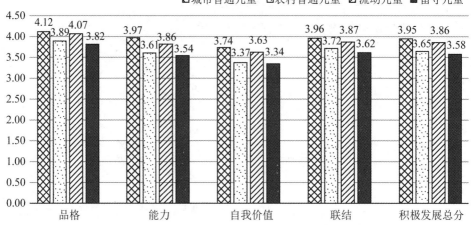

图 6-4　我国不同类型青少年的积极发展各维度及总分情况

($p=0.280$)，在品格($p<0.001$)、能力($p=0.003$)、联结($p<0.001$)上的得分及积极发展总分($p=0.001$)农村普通儿童均显著高于留守儿童。

3. 经济发展优良地区的青少年整体发展较好

本研究首先参照"2014 中国发展指数"(袁卫，彭非，2015)，分别在四类省份中选取 10 个代表省份，分别是特大都市区北京和上海，沿海发达地区浙江和广东，三类中度发达区辽宁、湖南、陕西、河南和江西，四类西部边远区贵州；然后根据中国基础教育协同创新中心对每个地区的区县经济发展指数的评估排序，分别选择"发展优良"(评定为省内 1 级或 2 级)及"发展落后"(评定为该省内最差的两个级别之一)的区县作为该省的代表区县。

图 6-5 为不同经济发展水平的地区的普通青少年在积极发展的四个维度的得分及总分情况。在品格($t(10\ 788)=13.46$，$p<0.001$)、能力($t(10\ 788)=$ $19.74$，$p<0.001$)、自我价值($t(10\ 788)=17.41$，$p<0.001$)、联结 ($t(10\ 782)=9.65$，$p<0.001$)上，经济发展优良地区的普通青少年得分和积极发展总分($t(10\ 788)=17.47$，$p<0.001$)均显著高于经济发展较差地区。

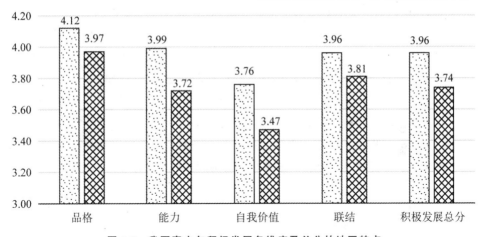

图 6-5　我国青少年积极发展各维度及总分的地区特点

4. 女生在品格和联结方面的发展好于男生

图 6-6 显示了不同性别的青少年在积极发展的四个维度的得分及总分情况。结果显示，女生在品格维度的得分显著高于男生($t(10\ 307)=4.63$，$p<$ $0.001$)，在自我价值维度的得分低于男生($t(10\ 297)=-8.96$，$p<0.001$)。男女生在能力($t(10\ 307)=-1.34$，$p=0.179$)、联结($t(10\ 301)=1.15$，$p=$ $0.249$)上的得分和积极发展总分($t(10\ 307)=-1.94$，$p=0.052$)不存在显著的性别差异。总体而言，女生在品格上的发展好于男生，男生在自我价值方面的发展好于女生。在能力、联结以及积极发展总分方面则不受性别的影响。

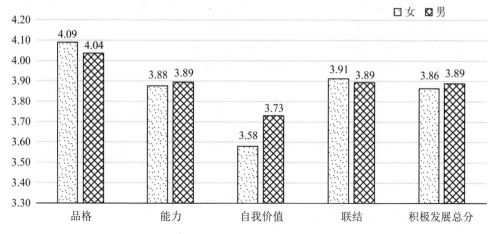

**图 6-6　我国青少年积极发展各维度及总分的性别特点**

5. 小学生的积极发展水平整体最好

图 6-7 显示了不同年级组的青少年在积极发展的四个维度的得分及总分情况。结果显示，我国青少年在品格（$F(2, 10\ 787) = 113.29$，$p < 0.001$）、能力（$F(2, 10\ 787) = 153.00$，$p < 0.001$）、自我价值（$F(2, 10\ 777) = 20.59$，$p < 0.001$）、联结（$F(2, 10\ 781) = 82.13$，$p < 0.001$）和积极发展总分（$F(2, 10\ 787) = 104.37$，$p < 0.001$）上均存在显著的年级差异。事后检验发现在品格、能力、自我价值、联结上，小学组的得分和积极发展总分均显著高于初中组（$p < 0.001$；$p < 0.001$；$p = 0.026$；$p = 0.004$；$p < 0.001$）和高中组（$ps < 0.001$），初中组的得分和积极发展总分均显著高于高中组（$ps < 0.001$）。总体而言，小学组在积极发展的各维度上和总体水平上好于初中组和高中组，初中组在积极发展的各维度上和总体水平上好于高中组。

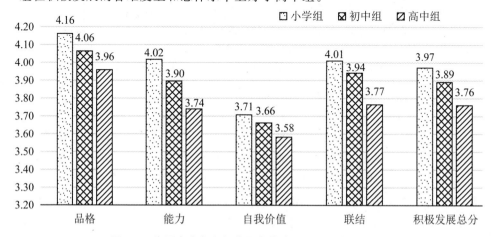

**图 6-7　我国青少年积极发展各维度及总分的年级特点**

## 二、影响我国青少年积极发展的因素

### (一)问题提出

青少年身处家庭、学校和社区等多种环境中,其积极发展也会受到多种环境以及各种积极资源的影响(郭海英等,2017;Theokas & Lerner,2006)。1996 年,Search 研究院提出了能够促进青少年积极发展的 40 种资源,包括内部资源(internal assets)和外部资源(external assets)各 20 种(Benson,2006)。内部资源是青少年个体具有的引导其行为的价值标准、胜任能力和技能等,如能够制订计划并做出明智和正确的决定,感到有能力控制发生在自己身上的事,有目标感,能够积极看待未来等;外部资源指的是能够促进青少年积极发展的环境特征,也称生态资源,如有效的家庭沟通、友善的邻居和充满关爱的学习氛围等(Benson,2002,2006)。

目前已有相关研究证实了内部资源和外部资源对青少年发展的影响。作为青少年积极发展的个体力量,意向性自我调节(intentional self-regulation)在个体一生的适应性发展中起着非常重要的作用(Lerner et al.,2009)。除此之外,研究者发现青少年对未来事物的积极态度也能够预测其积极发展(Chen,Vazsonyi,2011)。在外部资源方面,亲子沟通对青少年的积极发展和健康成长发挥着极为关键的作用(Liu et al.,2012)。青少年感知到的学校心理环境对其社会适应和学业成就有着显著的预测作用(杨飞龙等,2019)。此外,社区暴力是青少年外化问题行为的重要影响因素(Borofsky,2013;Menard et al.,2015;Wright et al.,2013)。以上研究结果已经反映出青少年发展结果会受到各方因素的影响,那么在我国文化背景下,这些因素是如何影响青少年积极发展的呢?本研究将从个体层面以及环境层面(家庭、学校和社区)探究影响我国青少年积极发展的关键性因素。

1. 个体因素:意向性自我调节、未来控制

意向性自我调节是指个体以完善自身功能和促进自我发展为目标,积极地协调环境中的需求和资源与个人目标之间的关系而采取的情景化行动,包含了个体对目标的选择、优化以及补偿(Gestsdóttir & Lerner,2007)。其中,目标选择是指个体对目标的确立,目标优化是指个体利用资源使达到目标的可能性最大化,目标补偿指个体在追求目标的过程中遇到阻碍时对自己行为的修正(Gestsdóttir & Lerner,2007;贾远娥,张晓贤,2013)。个体可以通过设立目标,并积极调节和协调情境中的要求、资源与个人目标之间的关系来影响自身的发展。例如,一个高中生的目标是考上重点大学,而学校的教育资源不

足，这时他自己会努力寻找较好的教育资源来提高自身能力，直到达到目标。

已有研究发现，意向性自我调节与青少年的发展结果密切相关。一项研究将五年级的学生作为被试，进行了为期一年的追踪调查，结果发现无论是五年级还是六年级，个体的意向性自我调节水平都与当下的积极发展结果（"5C"）呈显著正相关，与消极发展结果（如抑郁、风险行为、行为问题）呈显著负相关；五年级时的意向性自我调节水平能显著正向预测六年级的积极发展结果，负向预测六年级的消极发展结果。除此之外，其他的追踪研究也发现了类似的结果（Gestsdóttir & Lerner，2007）。一项对美国 41 个州 6 000 多名青少年的为期三年的纵向研究表明，九年级青少年的意向性自我调节能正向预测其在十年级时的积极发展水平（Mueller et al.，2011）。除此之外，研究者采用以个体为中心的研究方法进行研究，结果表明意向性自我调节得分越高的青少年，在青少年发展的各项积极指标上（如"5C"结构和社会贡献）的得分越高，在抑郁症状和问题行为上得分越低（Zimmerman et al.，2008）。由此可见，无论是以变量为中心还是以个体为中心的研究方法，横断研究或追踪研究的研究设计，在青少年发展的各个时期，研究结果都表明意向性自我调节对青少年的发展结果具有重要的促进作用。

有诸多研究者发现（Gestsdóttir et al.，2010；Gestsdóttir et al.，2009；Zimmerman et al.，2008），这可能是由于意向性自我调节水平越高代表个体越能较好地选择、追寻和管理未来目标，进而促进自身发展，属于一种积极正向的安排管理生活的能力，因此与积极发展指标的相关程度大于与消极发展指标的相关程度。综合以上，本研究假设意向性自我调节对青少年积极发展具有促进作用。

未来控制（perceived control over the future）是指个体在多大程度上认为其未来的发展结果可由自己控制（Robbins & Bryan，2004）。未来控制作为未来取向的要素之一，可以反映个体对未来的认知和规划，体现个体对未来的积极期望（Helaire，2006）。研究者认为未来控制水平低的个体对未来抱有比较消极的态度，认为自己难以控制自身未来的发展结果，并可能因此而不为自己长远的发展考虑，更有可能参与到一些风险行为之中。与之相对，未来控制水平高的个体对未来抱有积极的态度，认为自己未来的发展结果可以由自己掌控，在做决策时通常会考虑现在的行为对未来发展的影响，也会更倾向于为未来做出合理的计划和安排，以实现自身的发展目标（Chen & Vazsonyi，2011）。

已有研究证实个体对未来的积极态度对青少年的诸多行为结果等方面具有显著的影响。亚当斯和内特尔（Adams & Nettle，2009）通过对 423 名被试进行调查发现，高未来取向的个体会有更健康的行为模式。一项来自法国的研究表明，未来取向是吸食大麻的显著性预测因素，回归分析表明对大麻的感知是未来取向与吸食大麻之间关系的中介因素（Apostolidis et al.，2006）。国内研究也发现青少年对未来持有积极、乐观的态度，可以减少其吸烟行为（林丹华等，2011）。这表明未来取向对青少年的物质滥用起到了间接保护作用。一项对681名非裔美国青年的追踪研究探究了未来取向与高中阶段暴力行为之间的关系，结果表明随着时间的推移，未来取向水平越高，暴力行为就越少，且人口统计学特征与暴力行为的长期变化无关。这样看来，未来取向可以作为处于危险中的非裔美国青年的一个保护性因素，制定未来目标和愿望的干预措施可在预防暴力的努力中发挥重要作用（Stoddard et al.，2011）。在青少年学业成绩方面，研究者梳理了1985年至2010年的国外相关文献，大量研究表明未来取向对于个体的学业成就有积极的预测作用（刘霞等，2010）。国内研究者对1 243名初中生进行了调查，结果表明未来取向不仅直接正向预测学业成就，而且调节学校氛围与学业成就间的关系，表现为高未来取向在一定程度上可有效缓冲不良学校氛围对学业成就的不良影响（李文桃等，2017）。综上所述，国内外的相关研究均证实了未来控制对个人的发展过程有积极的促进作用。因此本研究推测未来控制能够显著地正向预测青少年积极发展的情况。

2. 家庭因素：亲子沟通

家庭是对青少年发展影响较大的微观系统（Bronfenbrenner，1979），亲子沟通是家庭这一微观系统中重要的组成部分（Bronfenbrenner，1979；郭海英等，2014）。亲子沟通指父母与子女以言语或非言语的方式交流信息、观点、情感或态度，从而达到相互了解、增强情感联系或解决问题等目的的过程（Galvin et al.，2015）。亲子间的有效沟通能够给亲子双方提供交流彼此情感和想法的机会，提高父母和孩子之间的亲密度，维系良好的家庭氛围。与此同时，父母和子女也可以通过沟通共同探讨目前所面临的困难和挑战，帮助家庭成员更好地应对有关的问题（Barnes & Olson，1985）。良好的亲子沟通是开放、包容且真诚的，这样的亲子沟通能够维持家庭功能的正常运作，对青少年积极发展有着促进作用（杨晓莉，邹泓，2005）。

在亲子沟通与青少年发展关系的实证研究中，国外众多研究发现亲子沟通与青少年的幸福感具有显著的正相关关系（Dixson，1995；Jackson et al.，1998）。奥弗比克等人（Overbeek et al.，2007）在一项追踪研究中发现，幼儿期和童年期经历的较差的亲子关系，会影响到成年期的抑郁、焦虑、生活满意度等。还有研究者对11～15岁的青少年群体进行考察后发现，当亲子沟通质量较差时，他们的生活满意度也较低（Levin et al.，2012）。国内也有类似的发现，郭海英等人（2014）对广西壮族自治区农村地区青少年群体进行研究，发现亲子沟通对农村青少年幸福感有直接的预测作用。在心理适应方面，方晓义等人（2004）采用自编的亲子沟通问题调查问卷考察了青少年的亲子沟通与其心理适应的关系。结果显示，亲子沟通问题能够负向预测青少年的自尊水平，正向预测其抑郁、社交焦虑和问题行为的水平。雷雳等人（2002）对406名初中生的心理健康、同伴关系和学业成绩进行了考察。结果发现，亲子沟通对以上几个方面均有直接影响。谢情等人（2018）针对我国2 837名初中生吸烟行为的研究发现，有效的亲子沟通可以减少青少年的吸烟行为。综上，国内外相关研究发现了亲子沟通对青少年心理、问题行为等方面都有显著的影响。因此本研究推测良好的亲子沟通对青少年的积极发展有正向预测作用。

### 3. 学校因素：学校积极心理环境

学校是对青少年的发展有着重要影响的另一微观环境（Bronfenbrenner，1979）。学校心理环境也可被称为学校氛围，是指个体对学校生活的心理体验（Thapa et al.，2013），包含安全与秩序感、接纳与支持感、公平与公正感、鼓励自主与合作感等核心要素（陶沙等，2015）。学校积极心理环境能够为学生提供身体以及心理上的安全感，让学生感受到来自同学和老师的支持与尊重（Thapa et al.，2013），这些积极因素有利于青少年适应学校生活，可对其健康发展产生积极的影响。

目前已有研究证实了学校心理环境对青少年个体发展存在显著的影响。塔帕等人（Thapa et al.，2013）梳理并综述了1970年至2013年的206篇相关文献，发现其中大部分研究是从个体层面考察个体感知到的学校心理环境对其心理健康和学业发展的影响的。这些研究结果表明当学生感受到自己处于较为安全、能得到支持、没有歧视的学校心理环境时，他们就会具有更好的学业成绩、更强的学习动机、更强的学校归属感和参与感，以及更少的抑郁等消极情绪和攻击、违纪等问题行为（Bao et al.，2015；Thapa et al.，2013）。此外，当高中学生报告校园欺负较少、学校纪律明确、情感和人身安全感强时，其各类危险行为均较少（Klein et al.，2012）。勒泽等人（Roeser et al.，1996）将296名初二学生作为研究对象，探究感知到的学习心理环境与青少年早期在学校的心理和行为功能的关系，结果表明积极的师生关系有利于发展积极的学校相关情感，学业效能感和学校归属感与期末学业成绩呈正相关。国内研究者选取全国100个区县421所学校的10 826名4～6年级学生为被试，考察了学校心理环境特征对学业表现的预测，结果表明学校总体心理环境对于学生的学习动机和态度及学业成绩均具有显著的影响（周翠敏等，2016）。除此之外，一项关于学校氛围对青少年社会适应的追踪研究发现，青少年第一年感知到的学校氛围能预测其第二年、第三年的适应问题和适应能力，第二年感知到的学校氛围能预测其第三年的适应能力和学业成绩（张光珍等，2014）。学校氛围对青少年病理性网络游戏使用（Pathological online game use，POGU）仍具有显著的负向预测作用（朱键军等，2015）。综合以上国内外的研究，结果均表明学校环境对青少年的心理和行为具有显著的影响，因此本研究推测学校积极心理环境对青少年积极发展有一定的促进作用。

4. 社区因素：社区环境

社区是青少年实现社会化的重要场所，社区环境是影响青少年积极发展的又一个重要环境因素（Urban et al.，2010）。伴随着双职工家庭、单亲家庭的增加，青少年可能会面临放学后无人监管的问题（Lerner et al.，2005）。依据青少年犯罪的机会体系理论，青少年无人监护或者缺乏成年人指导，可能导致其风险行为的增加（Osgood & Anderson，2004）。因此，促进青少年学习能力、社会情绪能力、团队合作能力等能力发展的社区教育项目应运而生，成为预防青少年问题行为发生、促进其积极发展的重要生态环境（Fredricks & Simpkins，2012）。

国外研究者在对美国343个社区的8 782名居民进行调查后得出结论，良好的社区环境可以给社区成员提供安全感，促进社区成员之间的信任和联结，使社区成员能够体验到更多的社会支持（Sampson et al.，1997），这些积极因素对个体的健康发展有着积极的意义。与之相对，较差的社区环境可能使个体经常接触到一些暴力行为并加剧个体体验到的不安定感觉，这可能会致使青少年更有可能出现内外化问题（Luthar，2006）。还有研究者以阿拉斯加州青少年为样本，评估了社区因素与青少年吸烟、饮酒和非法药物使用的关系。结果发现，处于较差社区环境中的青少年更有可能出现诸如物质滥用等问题（Wen，2017）。国外一项包含了2万名青少年样本的研究考察了社区贫困和种族/民族对青少年肥胖的影响。结果表明，贫困社区的青少年肥胖患病率明显高于富裕社区（Wickrama et al.，2006）。社区提供的资源（青少年中心等）的可获得性和质量与青少年的积极发展也是密切相关的（Leventhal & Brooks-Gunn，2000）。国内一项基于对全国10个省市的4 000多名中学生的调查发现，社区暴力经由攻击合法化认知的调节可助推关系性攻击行为的产生（罗忠勇，2016）。梁海祥（2019）使用中国教育追踪调查（CEPS）两期数据分析社区因素对于青少年健康的作用，结果发现青少年居住社区的环境越好（安全、卫生、无污染），他们的自评精神健康越好。即使家庭经济状况不好，社区仍可以从卫生条件、安全等方面入手，改善青少年的健康状况。由此可以看出，社区环境能够从多方面影响青少年的发展。然而总体来说，目前国内关于社区环境和青少年发展的关系的研究尚且不够系统、全面，因此本研究拟探讨在我国文化背景下，社区环境对青少年积极发展的影响作用，并假设良好社区环境能够促进青少年的积极发展。

**(二)研究工具**

1. 青少年积极发展量表

与本章第一节中所用的青少年积极发展量表相同。

2. 意向性自我调节问卷

研究采用由国外研究者(Gestsdóttir & Lerner,2007)编制、由国内研究者(代维祝等,2010)翻译和修订而成的意向性自我调节问卷。该问卷共有 9 个项目,从目标选择(如当我确立一个目标后,我会坚持下去),目标优化(如我会仔细考虑如何最好地实现我的计划)和目标补偿(如当完成目标的过程中遇到困难时,我会寻找其他方法来完成)三个维度来测量个体的意向性自我调节。问卷采用 7 点计分(1~7 表示从"完全不符合"到"完全符合")。分数越高,表明个体的意向性自我调节能力越强。在本研究中,该问卷的内部一致性信度系数为 0.88,三个维度的内部一致性系数分别为 0.81、0.65 和 0.77。

3. 未来控制问卷

研究采用惠特克等人(Whitaker et al.,2000)编制的未来控制量表(Perceived Control over Future Scale)。该问卷为单维问卷,共包含 7 道题目(如我的未来在很大程度上掌握在我自己手里)。问卷采用 4 点计分(1~4 分表示从"非常不同意"到"非常同意")。分数越高,表明个体在更大程度上相信未来的发展结果是可以由自己掌控的。在本研究中,该问卷的内部一致性系数为 0.73。

4. 亲子沟通问卷

研究采用家庭疏离问卷(Acculturative Family Distancing scale)中的沟通障碍子量表(Hwang,2006)。该子量表原用于测查第一代移民父母与第二代移民子女间的沟通差异,在国内测查青少年与父母的沟通上具有良好的信度。由于第 11~20 题为同样的项目,即询问父母在跟孩子沟通时是否存在冲突、障碍等问题,因此本研究予以删除,只保留被试报告的与父母的沟通状况,最终保留 10 道题目,其中第 6~9 题为反向计分。量表采用 5 点计分(1~5 分表示从"完全不同意"到"完全同意")。被试需根据自己的实际情况对题目内容进行评分,分数越高表明个体与父母的沟通越好。在本研究中,该问卷的内部一致性系数为 0.78。

5. 学校心理环境问卷

该问卷由李晓巍等人(2009)编制,共 21 道题目,包含安全与秩序(如我在学校感到安全)、支持和接纳(如在学校里容易交到新朋友)、公平和公正(如所有学生都有同等机会参与学校活动)以及鼓励自主和合作(如学生对课堂学习有发言权)四个维度。问卷采用 4 点计(1~4 分表示从"从不"到"总是"),其中第

5、9、13、17题为反向计分。分数越高，表明学校心理环境越积极。在本研究中，该问卷的内部一致性系数为0.91，四个维度的内部一致性系数分别为0.73、0.84、0.85、0.84。

6. 社区环境问卷

该问卷由桑普森、劳登布什和伊尔斯（Sampson, Raudenbush & Earls, 1997）编制，包含4道题目（如我住的社区街坊邻居都关系很好）。问卷采用5点计分（1～5分表示从"完全不同意"到"完全同意"）。得分越高表明其所处的社区环境越好。在本研究中，该问卷的内部一致性系数为0.87。

**（三）数据分析方法**

首先采用回归分析，将青少年积极发展的总分作为因变量，自变量分别是个体因素（意向性自我调节和未来控制）、家庭因素（亲子沟通）、学校因素（学校积极心理环境）和社区因素（社区环境），同时控制性别和年级的作用，考察不同环境因素对青少年积极发展的影响。接下来，为了进一步探究不同影响因素与青少年积极发展的关系是否受到第三方变量的影响，将性别和年级作为调节变量，考察在不同性别和年级的青少年群体中，各影响因素对其积极发展结果的预测作用是否存在差异。

**（四）研究结果**

1. 个体因素：意向性自我调节和未来控制

第一，意向性自我调节。

为考察意向性自我调节对青少年积极发展的影响，本研究以青少年积极发展为因变量，将性别和年级纳入回归方程，考察性别、年级与意向性自我调节的交互作用。结果如表6-2所示。

由结果可知，在控制了性别和年级等人口学变量之后，意向性自我调节对青少年的积极发展仍有显著的正向预测作用（$\beta=0.72$，$p<0.001$）。青少年的意向性自我调节能力越强，其积极发展水平就越高。性别（$\beta=-0.02$，$p=0.135$）、年级（$\beta=0.01$，$p=0.335$）与意向性自我调节交互作用均不显著。

第二，未来控制。

为考察未来控制对青少年积极发展的影响，本研究以青少年积极发展为因变量，以未来控制为预测变量进行回归分析，将性别和年级纳入回归方程，考察年级、性别与未来控制的交互作用。结果如表6-3所示。

由结果可知，在控制了性别和年级等人口学变量之后，未来控制对青少年的积极发展仍有显著的正向预测作用（$\beta=0.51$，$p<0.001$）。青少年的未来控制越强，其积极发展水平就越高。性别与未来控制对青少年积极发展的交互作

表 6-2 意向性自我调节对青少年积极发展总分的回归分析

| 预测变量 | 第一步 | | | 第二步 | | | 第三步 | | |
| --- | --- | --- | --- | --- | --- | --- | --- | --- | --- |
| | β | SE | t | β | SE | t | β | SE | t |
| 性别 | 0.03 | 0.02 | 1.56 | −0.01 | 0.01 | −0.58 | −0.01 | 0.01 | −0.56 |
| 年级 | −0.14*** | 0.01 | −14.24 | −0.11*** | 0.01 | −16.62*** | −0.11*** | 0.01 | −16.54 |
| 意向性自我调节 | | | | 0.72*** | 0.01 | 103.11*** | 0.73*** | 0.01 | 71.59 |
| 性别×意向性自我调节 | | | | | | | −0.02 | 0.01 | −1.50 |
| 年级×意向性自我调节 | | | | | | | 0.01 | 0.01 | 0.96 |
| ΔR² | 0.02*** | | | 0.52*** | | | 0.52*** | | |

注：女生=0，男生=1；*** p<0.001，** p<0.01，* p<0.05；下同。

表 6-3 未来控制对青少年积极发展总分的回归分析

| 预测变量 | 第一步 | | | 第二步 | | | 第三步 | | |
| --- | --- | --- | --- | --- | --- | --- | --- | --- | --- |
| | β | SE | t | β | SE | t | β | SE | t |
| 性别 | 0.03 | 0.02 | 1.60 | 0.05** | 0.02 | 2.93 | 0.05** | 0.02 | 3.13 |
| 年级 | −0.14*** | 0.01 | −14.27 | −0.14*** | 0.01 | −16.75 | −0.14*** | 0.01 | −16.64 |
| 未来控制 | | | | 0.51*** | 0.01 | 60.65 | 0.54*** | 0.01 | 44.71 |
| 性别×未来控制 | | | | | | | −0.06*** | 0.02 | −3.75 |
| 年级×未来控制 | | | | | | | 0.01 | 0.01 | 0.53 |
| ΔR² | 0.02*** | | | 0.28*** | | | 0.28** | | |

用显著($\beta=-0.06$，$p<0.001$)，如简单斜率图 6-8 所示，未来控制对于青少年女生的积极发展的预测作用更大。年级与未来控制交互作用不显著($\beta=0.01$，$p=0.596$)。

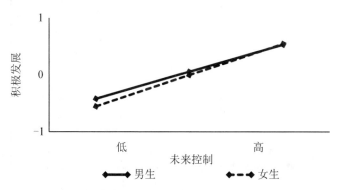

**图 6-8　性别与未来控制对青少年积极发展总分的交互作用**

2. 家庭因素：亲子沟通

为考察亲子沟通对青少年积极发展的影响，本研究以青少年积极发展为因变量，以亲子沟通为预测变量进行回归分析，将性别和年级纳入回归方程，考察年级和性别与亲子沟通的交互作用。结果如表 6-4 所示。

由结果可知，在控制了性别和年级等人口学变量之后，亲子沟通对青少年的积极发展仍有显著的正向预测作用($\beta=0.48$，$p<0.001$)。青少年与父母沟通越好，其积极发展水平就越高。年级与亲子沟通对青少年积极发展的交互作用显著($\beta=-0.03$，$p<0.001$)，如简单斜率图 6-9 所示，亲子沟通对于小学组青少年积极发展的预测作用更大。此外，性别与亲子沟通交互作用不显著($\beta=0.01$，$p=0.379$)。

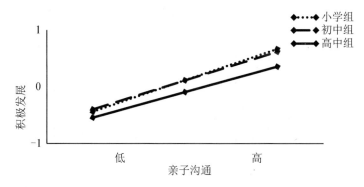

**图 6-9　年级与亲子沟通对青少年积极发展总分的交互作用**

**表 6-4 亲子沟通对青少年积极发展总分的回归分析**

| 预测变量 | 第一步 | | | 第二步 | | | 第三步 | | |
|---|---|---|---|---|---|---|---|---|---|
| | $\beta$ | SE | t | $\beta$ | SE | t | $\beta$ | SE | t |
| 性别 | 0.03 | 0.02 | 1.60 | 0.11*** | 0.02 | 6.28 | 0.10*** | 0.06 | 6.19 |
| 年级 | −0.14*** | 0.01 | −14.19 | −0.09*** | 0.01 | −10.89 | −0.09*** | 0.03 | −10.36 |
| 亲子沟通 | | | | 0.48*** | 0.01 | 58.73 | 0.48*** | 0.03 | 43.36 |
| 性别×亲子沟通 | | | | | | | 0.01 | 0.02 | 0.88 |
| 年级×亲子沟通 | | | | | | | −0.03*** | 0.01 | −3.52 |
| $\Delta R^2$ | 0.02*** | | | 0.27*** | | | 0.27*** | | |

3. 学校因素：学校积极心理环境

为考察学校积极心理环境对青少年积极发展的影响，本研究以青少年积极发展为因变量，以学校积极心理环境为预测变量进行回归分析，将性别和年级纳入回归方程，考察年级、性别与学校积极心理环境的交互作用。结果如表 6-5 所示。

由结果可知，在控制了性别和年龄等人口学变量之后，学校积极心理环境对青少年的积极发展仍有显著的正向预测作用（$\beta=0.59$，$p<0.001$）。青少年感受到的学校积极心理环境越好，其积极发展水平就越高。性别（$\beta=-0.06$，$p=0.002$）和年级（$\beta=-0.04$，$p=0.001$）与学校积极心理环境对青少年积极发展的交互作用显著，如简单斜率图 6-10 和图 6-11 所示，学校积极心理环境对女生和小学组青少年积极发展的预测作用更大。

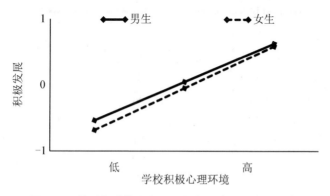

图 6-10　性别与学校积极心理环境对青少年积极发展总分的交互作用

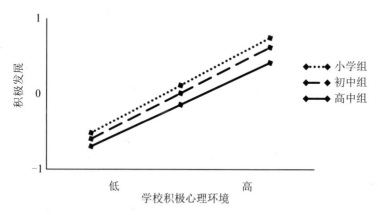

图 6-11　年级与学校积极心理环境对青少年积极发展总分的交互作用

4. 社区因素：社区环境

为考察社区环境对青少年积极发展的影响，本研究以青少年积极发展为因变量，以社区环境为预测变量进行回归分析，将性别和年级纳入回归方程，考察年级、性别与社区环境的交互作用。结果如表 6-6 所示。

**表 6-5　学校积极心理环境对青少年积极发展总分的回归分析**

| 预测变量 | 第一步 | | | 第二步 | | | 第三步 | | |
|---|---|---|---|---|---|---|---|---|---|
| | $\beta$ | SE | t | $\beta$ | SE | t | $\beta$ | SE | t |
| 性别 | 0.03 | 0.02 | 1.59 | 0.08*** | 0.02 | 5.25 | 0.09*** | 0.02 | 5.61 |
| 年级 | -0.14*** | 0.01 | -14.19 | -0.11*** | 0.01 | -14.02 | -0.11*** | 0.01 | -13.59 |
| 学校积极心理环境 | | | | 0.59*** | 0.01 | 75.24 | 0.62*** | 0.01 | 54.31 |
| 性别×学校积极心理环境 | | | | | | | -0.06** | 0.02 | -3.17 |
| 年级×学校积极心理环境 | | | | | | | -0.04*** | 0.01 | -3.28 |
| $\Delta R^2$ | 0.02*** | | | 0.37*** | | | 0.37*** | | |

**表 6-6　社区环境对青少年积极发展总分的回归分析**

| 预测变量 | 第一步 | | | 第二步 | | | 第三步 | | |
|---|---|---|---|---|---|---|---|---|---|
| | $\beta$ | SE | t | $\beta$ | SE | t | $\beta$ | SE | t |
| 性别 | 0.03 | 0.02 | 1.67 | 0.01 | 0.02 | 0.78 | 0.01 | 0.02 | 0.85 |
| 年级 | -0.14*** | 0.01 | -14.16 | -0.06*** | 0.01 | -6.93 | -0.06*** | 0.01 | -7.04 |
| 社区环境 | | | | 0.57*** | 0.01 | 70.72 | 0.56*** | 0.01 | 49.31 |
| 性别×社区环境 | | | | | | | 0.01 | 0.02 | 0.68 |
| 年级×社区环境 | | | | | | | -0.04*** | 0.01 | -4.45 |
| $\Delta R^2$ | 0.02*** | | | 0.34*** | | | 0.34*** | | |

由结果可知，在控制了性别和年级等人口学变量之后，社区环境对青少年的积极发展仍有显著的正向预测作用（$\beta=0.57$，$p<0.001$）。青少年感受到的社区环境越好，其积极发展水平就越高。年级与社区环境对积极青少年发展的交互作用显著（$\beta=-0.04$，$p<0.001$），如简单斜率图 6-12 所示，社区环境对于小学组青少年积极发展的预测作用更大。性别与社区环境的交互作用不显著（$\beta=0.01$，$p=0.497$）。

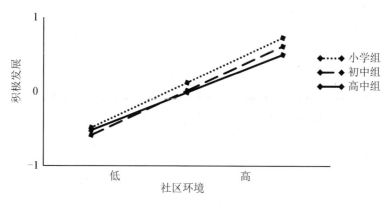

**图 6-12 年级与社区环境对青少年积极发展总分的交互作用**

## （五）讨论

1. 我国青少年积极发展的总体特点

本次调查结果显示，我国青少年积极发展的四个指标（品格、能力、自我价值和联结）得分及总分的均值都接近或超过了 3.6 分（满分为 5 分），这说明我国青少年积极发展的整体水平呈现比较良好的态势。这与国内青少年发展特征相关的实证研究结果在一定程度上具有一致性。例如，国内一项大型青少年调查数据显示，我国青少年的理智情感（乐学感、自信感、成就感、探究感和好奇感）总体呈现较为积极的状态（卢家楣等，2012）；价值观表现出超越自我、不断进取的特点（王晓峰等，2018）。从某种意义上来说，本研究结果说明了我国青少年积极发展的总体特点与当下国家政治、经济、文化和社会的持续积极发展是交相呼应的。这一研究结果也符合关系发展系统元理论的重要观点，即个体的积极发展总是嵌套于一定的社会文化体系之中，影响并反映社会文化体系的时代特征的（Overton，2015）。

2. 我国青少年积极发展在人口学变量上的差异

首先，对于不同类型的青少年积极发展情况的差异，研究结果发现品格、能力、自我价值、联结四个维度的得分及积极发展总分由高到低分别为城市普通儿童、流动儿童、农村普通儿童、留守儿童。在我国普通青少年群体中，来自不同经济地区的青少年的积极发展也存在差异。来自经济水平较发达地区的青少年在积极发展水平上显著高于落后地区青少年。国内有研究者在考察青少年价值观的地域差异时也发现了类似的结果(李丹等，2018)。从青少年积极发展的资源模型来看(常淑敏，张文新，2013；Scales et al.，2000)，区域经济水平在一定程度上反映了青少年发展过程中具有的可利用资源的充分性。经济水平较好的地区同时也具备较多的教育等资源，如雄厚的学校师资力量、广泛的学习课程等。这些可利用的外部资源在一定程度上与青少年内在的心理资源相互作用，共同影响其积极发展。其次，在性别方面，本研究结果表明女生在品格维度上的得分显著高于男生，男生在自我价值维度上的得分显著高于女生，能力、联结两个维度上的得分以及积极发展总分不受性别的影响。这一结果与一项考察青少年积极发展"5C"结构的国外研究结果大致相同，即女生在积极发展的社会情绪维度上(如品格)的得分高于男生，男生在认知维度上(如自信)的得分高于女生(Saha & Shukla，2017)。最后，我国青少年积极发展各个维度的得分和总分均存在显著的年级差异。小学组积极发展的各个维度和总体水平好于初中组和高中组，初中组积极发展的各个维度和总体水平好于高中组。由于本研究是横断数据且采用以变量为中心的研究视角，因此在得出关于青少年积极发展的年龄效应的结论时还需结合其他影响因素加以综合考虑。实际上，之前有研究者经过较长的追踪研究发现，随着年龄的增长，青少年的积极发展轨迹会呈现出不同的发展趋势，如上升、下降或稳定不变等多种情况(Zimmerman et al.，2008)。

3. 各影响因素对我国青少年积极发展的预测作用

在个体因素方面，研究发现青少年的意向性自我调节能力越强，其积极发展水平就越高。此结果与先前的研究一致(Gestsdóttir & Lerner，2007)。意向性自我调节是青少年积极发展的一种内在优势，在促进青少年积极发展中发挥了重要的作用。具体来说，意向性自我调节水平高的青少年，能够更好地应对青少年时期面临的个体内部与外部环境的变化，使得个体和情境能够不断地相互协调、适应，进而促进自身积极发展(Gestsdottir et al.，2017)。

关于个体因素的另一个变量——未来控制，研究结果发现未来控制可以显著正向预测青少年的积极发展水平。青少年时期是向成年过渡的重要时期，也是思考未来以及未来取向快速转变的时期(Greene，1986)。此时认为对自己未来发展结果能够掌控的青少年，对未来有积极期待，进而会为未来做出更合理的计划与安排。研究结果还发现性别与未来控制对青少年积极发展的交互作用显著。具体来说，未来控制对于女生的积极发展的预测作用更大，可能由于女性比男性拥有较多的未来目标(Greene & DeBacker，2004)，因此未来控制水平越高，女生对未来生活的信心越强。

在家庭因素方面，青少年与父母沟通得越好，其积极发展水平就越高。这与以往研究结果一致，良好的亲子沟通可以对青少年发展起到保护作用（房超，方晓义，2003）。良好的亲子沟通有利于父母和孩子双方互相了解，形成和谐的亲子关系和家庭氛围，这是青少年身心健康成长的重要社会支持性因素（Tabak et al.，2012）。除此之外，年级与亲子沟通对青少年积极发展的交互作用显著。具体来说，亲子沟通对于小学组青少年积极发展的预测作用更大。进入青春期后，个体独立自主的需求增加，对父母的依赖逐渐减少，亲子关系发生了变化，如亲密性逐渐降低，亲子冲突增加（Koepke & Denissen，2012）。因此对于年龄较小的青少年来说，其亲子沟通状况较好，能够为其积极发展提供更多的保护作用。

在学校因素方面，研究结果表明青少年感受到的学校积极心理环境越好，其积极发展水平就越高。这与已有研究结果是一致的（张光珍等，2014）。从自我决定理论的角度来说（Deci & Ryan，1985），当学生处于安全有秩序、接纳支持、公平公正和受到鼓励的良好学校环境中时，其自主性发展、人际需求和能力发展能够得到很好满足，进而积极发展水平较高。研究还发现性别和年级与学校积极心理环境对青少年积极发展的交互作用均显著。对于女生来说，其感知到的学校氛围一般比男生更积极（Amemiya & Wang，2018），因此学校心理环境对女生的积极发展的预测作用更大。相较于高年级的个体，低年级的个体因入学时间较短，对学校氛围的敏感性较高，会感知到更多的教师支持、同学支持和自主支持（张光珍等，2014），因此学校心理环境越积极，越能够促进其积极发展。

在社区因素方面，本研究发现青少年所处的社区环境能够正向预测其积极发展水平。社区是一个较宽泛的概念，该系统中包含了大量影响青少年发展的因素。常淑敏和张文新（2013）认为社区水平的资源建构对于个体来说也是很重要的，青少年的积极发展状况会随社区的干预得到改善。本研究还发现，年级与社区环境对青少年积极发展的交互作用显著。具体来说，社区环境对于小学生积极发展的预测作用更大。这可能是由于年龄较小的被试在生活、学业等方面压力较小，有更多时间可以参与社区活动，因此良好的社区环境对其积极发展有更大的促进作用。

# 第二节　以个体为中心的视角：我国青少年积极发展的多样性及影响因素

由于每个青少年成长于不同的家庭、学校和社区环境中，他们的积极发展本身带有个体与情境相互作用的关系属性，因此，他们的发展表现出多样性

(Overton，2015)。这种多样性特征可以为现实的教育提供更精准的指导，也有助于研究者进一步寻找个体间存在差异的真正原因。然而，以往国内的大型青少年调查多为整体的宏观描述，鲜有研究揭示青少年群体的内部差异。据目前来看，本研究是第一个基于大样本的数据，揭示我国青少年发展多样性的研究。在方法学上，本研究在统计方法上突出以个体为中心的方法，而不是以变量为中心的方法(Von Eye et al.，2015)，以期揭示青少年积极发展的多样性。以变量为中心的方法主要以线性模型为基础，其基本假设是个体间是同质的，其统计方法揭示的通常是平均的变量关系或心理过程，如线性回归、均值的差异检验等(纪林芹，张文新，2011)。以个体为中心的方法在于揭示群体中的异质性和多样性，其理论基础为整体互动观(Magnusson，2001)。在青少年积极发展领域，应用这种方法的典型研究包括阿尔贝特等人（Arbeit et al.，2014）对青少年问题行为发展的潜在剖面分析以及纳波利塔诺等人（Napolitano et al.，2011)应用配置频次分析法对不同模式的父母教养与青少年积极发展结果的探索等。基于以个体为中心的方法，为我们了解青少年发展过程中表现出的多样性和复杂性提供了一定的方法学依据。

此外，在具体的教育实践中，并不是每个青少年都会从干预项目中获得积极成长的。哪些人群获得了成长，哪些没有从中受益，单纯的以变量为中心的分析（如前后测差异检验）无法获知这些信息。因此，在青少年积极发展的干预研究中，研究者开始重视采用以个体为中心的取向来理解不同群体在干预效果上的内部差异(Tolan，2014)。例如，通过基于以个体为中心的分析，研究者可以看到干预效果在人群中的异质性，这有助于研究者从中寻找这种差异存在的原因，对于后续开展更精准的干预具有重要意义。综上所述，个体为中心的方法学取向，有助于我们更全面、深入地描述、解释和预测青少年积极发展过程的多样性，并为后续的干预研究提供更科学、合理的依据。

在以个体为中心的方法中，潜在类别分析被广泛用于探索异质性群体分类研究。该方法可以保证各潜在类别之间差异最大，类别内部差异最小，同时可以根据各类别在量表各条目上的作答模式来判断其潜在特征并了解各类别在整个群体中的人数比例，从而探索群体内部的异质性分类模式(邱皓政，2008)。潜在剖面分析是潜在类别分析在观察变量为连续变量时的方法延伸。考察到本研究的主要变量为连续数据，故本研究采用潜在剖面分析(Collins & Lanza，2010)的方法揭示青少年积极发展的亚类型，以期更精细地捕捉其特征。

## 一、我国青少年积极发展的类型特征

### (一)数据来源、研究对象和研究工具

本研究数据来源为大型追踪项目"我国青少年积极发展调查(2017—2018)"的基线数据。研究对象和研究工具同第一节。

### (二)数据分析方法

本研究采用个体为中心的取向进行数据分析,通过潜在剖面分析技术(Collins & Lanza,2010),探索青少年积极发展的潜在类型以及重要人口学变量对积极发展类型的预测关系。首先,以品格、能力、自我价值和联结的均值为基本指标,进行潜在剖面分析。模型评价的参数包括:对数似然函数值(LL)、Akaike信息准则(AIC)、贝叶斯信息准则(BIC)、校正的贝叶斯信息准则(aBIC)、似然比检验(LMR)和基于Bootstrap的似然比检验(BLR)(王孟成,毕向阳,2018)。上述指标中,BIC常被当作确定最优模型的关键信息指数,其值越小越好(Burnham & Anderson,2004)。此外,熵(以下写作Entropy)值也用来评价潜剖面分析结果的分类精确性,值越大表明模型越好(Nylund et al.,2007)。考虑到在实际研究中,各评价指标之间可能不完全一致,依据先前研究者的建议,本研究将参考信息参数、分类的理论与实际意义及最小比例类别被试的数量,综合确定最终的模型和分类个数,采用方差分析考察青少年积极发展类型的区域、性别和年龄特点。

### (三)研究结果

1. 基于潜在剖面分析的青少年积极发展类型

在进行潜在剖面分析之前,首先对潜在剖面分析的4个指标进行相关分析。结果发现,青少年积极发展的4个指标(品格、能力、自我价值和联结)彼此存在显著的正相关($rs=0.58-0.80$,$ps<0.001$)。然后以上述4个指标为观测变量,进行潜在剖面分析,设定了C1—C5共5个竞争模型,分别代表1~5个潜在剖面,统计拟合参数如表6-7所示。

表6-7 青少年积极发展的潜在剖面模型统计结果

| | AIC | BIC | aBIC | Entropy p(LMR) pBLRT | 最少剖面人数(%) |
|---|---|---|---|---|---|
| C1 | 95580.347 | 95638.638 | 95613.215 | | |

|  | AIC | BIC | aBIC | Entropy | p(LMR) | pBLRT | 最少剖面人数(%) |
|---|---|---|---|---|---|---|---|
| C2 | 78714.740 | 78809.463 | 78768.151 | 0.828 | <0.001 | <0.001 | 4631(42.919) |
| C3 | 72825.503 | 72956.658 | 72899.456 | 0.832 | <0.001 | <0.001 | 1906(17.665) |
| **C4** | **70582.228** | **70749.815** | **70676.724** | **0.827** | **<0.001** | **<0.001** | **606(5.616)** |
| C5 | 69671.581 | 69875.599 | 69786.619 | 0.815 | <0.001 | <0.001 | 151(1.399) |
| C6 | 69170.533 | 69410.983 | 69306.114 | 0.821 | 0.004 | <0.001 | 153(1.418) |

注：标黑的为最终选择。

尽管 5 类和 6 类模型的 AIC、BIC、aBIC 值更小，Entropy 值大于 0.80，但是最少剖面人数小于 5%，说明这两种分类的稳定性和可推广性不足。虽然 4 类模型的 Entropy 值(0.827)低于 2 类模型和 3 类模型，但是其 AIC、BIC、aBIC 值相对较小。考虑 aBIC 是更为敏感的指标(Nylund et al.，2007)，我们对各类模型的信息指数 aBIC 进行了陡坡图分析(见图 6-13)。从图中可以看到，坡度在第 4 个剖面附近逐渐变平缓，说明此时的模型是适合的。因此，我们最终认为 4 类模型相对合适。

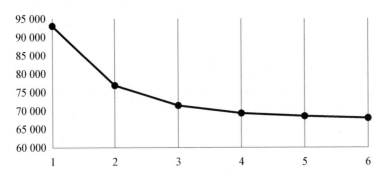

**图 6-13　青少年积极发展不同剖面水平上信息指数 aBIC 的陡坡图**

根据每一类人群在潜在剖面指标上的得分特点，本研究分别将其命名为："发展不足组"，在积极发展指标上处于较低水平，共 606 人，占比 5.62%。"发展一般组"，在积极发展指标上均处于中等偏下水平，共 2 786 人，占比 25.82%。"发展较好组"，在积极发展指标上均处于中等偏上水平，共 4 053 人，占比 37.56%。"发展充分组"，在积极发展指标上处于最高水平，共 3 345 人，占比 31.00%。图 6-14 显示了 4 个潜在类别在积极发展各项指标上的平均得分情况。

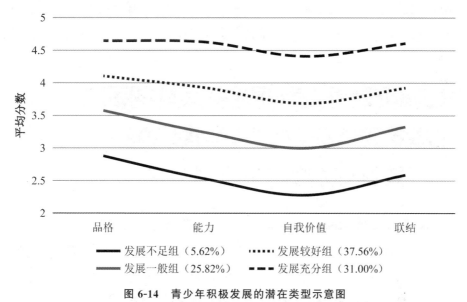

图 6-14　青少年积极发展的潜在类型示意图

2. 青少年积极发展类型的地域特点

地域划分标准请参考本章第一节的相关内容。图 6-15 显示出青少年积极发展类型在不同经济水平地区的分布状况，青少年发展类型在不同经济水平地区的分布比例不同，发展较好组和发展充分组的青少年多数来自经济发展优良地区。

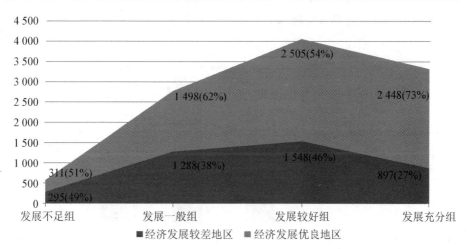

图 6-15　青少年积极发展类型的地区分布情况

3. 青少年积极发展类型的社会经济地位特点

采用方差分析对我国青少年积极发展类型的主观社会经济地位特点进行考察，结果显示社会经济地位主效应显著（$F=402.71$，$df=3$，$p<0.001$）。事后检验分析显示，发展充分组的主观社会经济地位显著高于发展较好组（$p<$

0.001），发展较好组的主观社会经济地位显著高于发展不足组（$p < 0.001$），发展一般组的主观社会经济地位显著高于发展不足组（$p < 0.001$）。具体结果如图 6-16 所示。

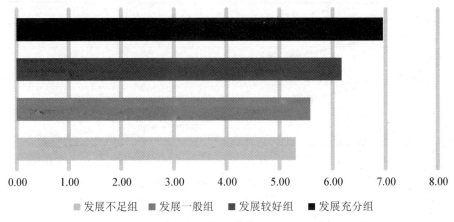

图例：
■ 发展不足组　■ 发展一般组　■ 发展较好组　■ 发展充分组

**图 6-16　青少年积极发展类型的社会经济地位分布情况**

4. 青少年积极发展类型的年龄特点

采用方差分析对我国青少年积极发展类型的年龄特点进行考察，结果显示年龄主效应显著（$F = 160.86$，$df = 3$，$p < 0.001$）。事后检验显示，发展不足组、发展较好组和发展一般组的年龄均显著高于发展充分组（$ps < 0.001$），发展一般组的年龄显著高于发展较好组和发展不足组（$ps < 0.001$）。具体结果如图 6-17 所示。

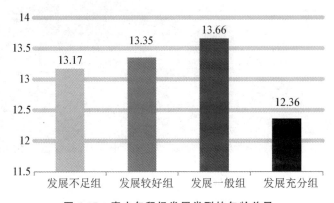

**图 6-17　青少年积极发展类型的年龄差异**

5. 青少年积极发展类型的性别特点

采用卡方检验对我国青少年积极发展类型的性别特点进行考察，结果显示不同青少年积极发展类型在性别上的分布情况不存在显著差异（$\chi^2(3) = 4.33$，$p = 0.228$）。具体结果如图 6-18 所示。

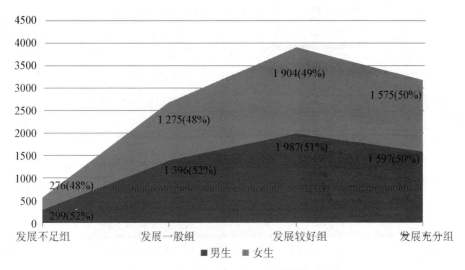

图 6-18　青少年积极发展类型的性别差异

## 二、我国青少年积极发展多样性的影响因素

基于生态系统理论(Bronfenbrenner & Morris，2006)和青少年积极发展的关系-发展-系统模型(Lerner et al.，2015)，家庭、学校和社区的生态资源以及适应性的自我调节与青少年的积极发展过程是密切相关的。在家庭方面，父母的支持、关爱等积极行为和良好的亲子沟通均有助于青少年朝积极方向发展。比如，来自芬兰的追踪研究发现，较大的父母自主支持正向预测青少年的自尊和生活满意度(Duineveld et al.，2017)。另一个以西班牙 11 岁至 18 岁青少年为研究对象的调查数据显示，良好的亲子沟通可以增加生活满意度(Cava et al.，2014)。此外，一项元分析研究结果显示，即使不同研究间的父母卷入和学业成绩测量方式不同，二者仍稳定地显示出正向预测关系(Wilder，2014)。在学校层面，积极的学校社会联结(与教师和同伴的关系)是学生获得学业成功的重要促进性因素(Langenkamp，2010)。从师生关系来看，亲密和支持型的师生关系作为一种重要的发展资源，有助于青少年在学校中获得情感安全感和自信心，进而促进其主动适应变化的环境，并更有效地应对学业和社交压力(Verschueren & Koomen，2012)。研究也证实，在刚进入初中时，与教师建立一种相互支持的关系(如学生知觉到来自教师的温暖)，可以让青少年免受学业投入和成绩下降的影响(Hughes & Cao，2018)。高质量的友谊和同伴关系可以为青少年提供相对稳定的关系基础，以利于他们相对舒适地探索新环境，并有效地应对过渡期间的学业和社会性方面的适应困难(Aikins et al.，2005)。在社区层面，尤其社区环境以及

社区提供的资源和活动参与机会对青少年具有重要的积极影响。例如，针对社区环境的研究发现，低贫困率、低失业率、受教育水平高、住房环境良好均可以减少青少年的问题行为和违纪行为(Leventhal & Brooks-Gunn，2000)。除了社区的客观物理环境的影响之外，感知到的社区环境(如与邻居的情感联结)也是青少年积极发展的一个重要影响因素(Cantillon，2006)。此外，来自美国的一项研究还发现，参加社区提供的业余活动以及对社区持有积极态度有利于青少年建立亲社会行为(Morrissey & Werner-Wilson，2005)。在个体资源方面，个体在发展过程中也可能具备一种内在的优势，包括意向性自我调节和未来控制。意向性自我调节能够帮助青少年优化自身发展需要与外部情境之间的互动关系，反映了一种发展过程中的适应性调节能力(Gestsdottir et al.，2017)。青少年对未来有着较高的控制，能够转化为当下积极的实际行动，也是一种发展的重要内部资源。先前大量的研究发现，这两种内部优势能够优化青少年的积极发展结果(如青少年积极发展的"5C")，减少消极的发展结果(如问题行为)(Catalano et al.，2010；Gestsdottir et al.，2017)。

虽然国外有大量研究探讨了青少年积极发展的影响因素，但仍然缺少对青少年积极发展多样性的独特影响因素的深入研究。已有研究多基于西方文化，国内缺少针对青少年积极发展的相关研究。因此，本研究拟考察家庭、学校和社区微系统中的三个重要的发展资源(亲子沟通、学校积极环境和社区环境)，以及来自个体的内部优势(意向性自我调节和未来控制)对中国青少年积极发展类型的重要作用，不仅是对我国青少年积极发展模式影响因素的检验和探索，而且将为我国青少年教育提供有力的行动指南，为家长、教师、学校乃至社会如何提供发展资源以帮助青少年获得积极发展带来全新的启示。

**(一)数据来源、研究对象和研究工具**

本研究数据来源为大型追踪项目"我国青少年积极发展调查(2017—2018)"的基线数据。研究对象和研究工具同本章第一节。

**(二)数据分析方法**

采用多元 Logistic 回归考察意向性自我调节、未来控制、亲子沟通、学校积极环境和社区环境对青少年积极发展类型的预测作用。

**(三)研究结果**

为深入考察个体因素、家庭因素、学校因素和社区因素对青少年积极发展类别的关系，研究者将意向性自我调节、未来控制、亲子沟通、学校积极环境和社区环境同时纳入 Logistic 回归模型，统计分析结果如表 6-8 所示。

表 6-8 我国青少年积极发展类型的影响因素的逻辑回归分析

| 预测变量 | 发展较好组 VS. 发展一般组 | | | 发展充分组 VS. 发展较好组 | | | 发展充分组 VS. 发展一般组 | | |
|---|---|---|---|---|---|---|---|---|---|
| | $B$(SE) | OR | 95%CI | $B$(SE) | OR | 95%CI | $B$(SE) | OR | 95%CI |
| 意向性自我调节 | −0.95***(0.04) | 0.39 | (0.36, 0.41) | −1.23***(0.05) | 0.29 | (0.27, 0.32) | −2.21***(0.05) | 0.11 | (0.10, 0.13) |
| 未来控制 | −0.53***(0.06) | 0.59 | (0.52, 0.67) | −0.48***(0.07) | 0.62 | (0.54, 0.70) | −1.01***(0.09) | 0.37 | (0.31, 0.43) |
| 亲子沟通 | −0.39***(0.05) | 0.68 | (0.62, 0.74) | −0.34***(0.05) | 0.71 | (0.65, 0.78) | −0.73***(0.06) | 0.48 | (0.43, 0.55) |
| 学校积极环境 | −0.49***(0.07) | 0.61 | (0.54, 0.70) | −1.13***(0.08) | 0.33 | (0.28, 0.39) | −1.62***(0.10) | 0.20 | (0.16, 0.24) |
| 社区环境 | −0.29***(0.03) | 0.75 | (0.70, 0.80) | −0.58***(0.03) | 0.56 | (0.53, 0.60) | −0.87***(0.04) | 0.42 | (0.39, 0.46) |

| 预测变量 | 发展不足组 VS. 发展较好组 | | | 发展不足组 VS. 发展一般组 | | | 发展不足组 VS. 发展充分组 | | |
|---|---|---|---|---|---|---|---|---|---|
| | $B$(SE) | OR | 95%CI | $B$(SE) | OR | 95%CI | $B$(SE) | OR | 95%CI |
| 意向性自我调节 | 1.83***(0.07) | 6.22 | (5.48, 7.07) | 0.88***(0.06) | 2.41 | (2.15, 2.69) | 3.06***(0.08) | 21.34 | (18.35, 24.82) |
| 未来控制 | 1.08***(0.12) | 2.96 | (2.32, 3.77) | 0.56***(0.12) | 1.75 | (1.40, 2.19) | 1.57***(0.14) | 4.79 | (3.66, 6.26) |
| 亲子沟通 | 0.93***(0.10) | 2.53 | (2.08, 3.08) | 0.54***(0.10) | 1.71 | (1.42, 2.07) | 1.26***(0.11) | 3.54 | (2.86, 4.38) |
| 学校积极环境 | 0.93***(0.13) | 2.53 | (1.98, 3.24) | 0.44***(0.12) | 1.55 | (1.23, 1.94) | 2.06***(0.14) | 7.84 | (5.91, 10.40) |
| 社区环境 | 0.76***(0.06) | 2.15 | (1.90, 2.44) | 0.47***(0.06) | 1.60 | (1.43, 1.80) | 1.34***(0.07) | 3.82 | (3.33, 4.40) |

注: *** $p < 0.001$。

结果表明，意向性自我调节、未来控制、亲子沟通、学校积极环境和社区环境对青少年积极发展类型均有显著的预测作用。意向性自我调节得分高的个体，归入发展充分组、发展较好组和发展一般组的概率分别为发展不足组的21.34 倍（OR＝21.34，95％ CI＝[18.35，24.82]，$p<0.001$），6.22 倍（OR＝6.22，95％ CI＝[5.48，7.07]，$p<0.001$），2.41 倍（OR＝2.41，95％ CI＝[2.15，2.69]，$p<0.001$）。未来控制得分高的个体，归入发展充分组、发展较好组和发展一般组的概率分别为发展不足组的 4.79 倍（OR＝4.79，95％ CI＝[3.66，6.26]，$p<0.001$），2.96 倍（OR＝2.96，95％ CI＝[2.32，3.77]，$p<0.001$），1.75 倍（OR＝1.75，95％ CI＝[1.40，2.19]，$p<0.001$）；亲子沟通得分高，归入发展充分组、发展较好组和发展一般组的概率分别为发展不足组的 3.54 倍（OR＝3.54，95％ CI＝[2.86，4.38]，$p<0.001$），2.53 倍（OR＝2.53，95％ CI＝[2.08，3.08]，$p<0.001$），1.71 倍（OR＝1.71，95％ CI＝[1.42，2.07]，$p<0.001$）；学校积极环境好，归入发展充分组、发展较好组和发展一般组的概率分别为发展不足组的 7.84 倍（OR＝7.84，95％ CI＝[5.91，10.40]，$p<0.001$），2.53 倍（OR＝2.53，95％ CI＝[1.98，3.24]，$p<0.001$），1.55 倍（OR＝1.55，95％ CI＝[1.23，1.94]，$p<0.001$）；社区环境好，归入发展充分组、发展较好组和发展一般组的概率分别为发展不足组的 3.82 倍（OR＝3.82，95％ CI＝[3.33，4.40]，$p<0.001$），2.15 倍（OR＝2.15，95％ CI＝[1.90，2.44]，$p<0.001$），1.60 倍（OR＝1.60，95％ CI＝[1.43，1.80]，$p<0.001$）。由此可见，相对于发展不足组来说，较高的意向性自我调节与未来控制、良好的亲子沟通、积极的学校环境与社区环境均可提升归入发展充分组、发展较好组和发展一般组的概率。

### 三、青少年积极发展类型与心理健康结果的关系

方差分析结果表明，青少年积极发展的类型在抑郁（$F＝273.587$，$df＝3$，$p<0.001$），外化问题（$F＝540.374$，$df＝3$，$p<0.001$）和幸福感（$F＝2644.521$，$df＝3$，$p<0.001$）上主效应均显著。事后检验显示，在抑郁和外化问题上，发展不足组的得分显著高于发展一般组（$p＝0.003$；$p<0.001$），发展一般组的得分显著高于发展较好组（$ps<0.001$），发展较好组的得分显著高于发展充分组（$ps<0.001$）；在主观幸福感上，发展充分组的得分显著高于发展较好组（$p<0.001$），发展较好组的得分显著高于发展一般组（$p<0.001$），发展一般组的得分显著高于发展不足组（$p<0.001$），具体结果见表 6-9 和图 6-19。

表 6-9 青少年积极发展各类型与心理健康结果的关系

| 变量 | 潜在类型 | | | | | | | | | | |
|---|---|---|---|---|---|---|---|---|---|---|---|
| | 发展不足组 | | 发展一般组 | | 发展较好组 | | 发展充分组 | | $F$ | $p$ | LSD |
| | M | SD | M | SD | M | SD | M | SD | | | |
| 抑郁 | 2.36 | 0.56 | 2.29 | 0.50 | 2.17 | 0.50 | 1.96 | 0.50 | 273.59 | <.001 | 1>2>3>4 |
| 外化问题 | 1.81 | 0.49 | 1.64 | 0.41 | 1.48 | 0.39 | 1.29 | 0.40 | 540.37 | <.001 | 1>2>3>4 |
| 主观幸福感 | 3.24 | 0.68 | 3.85 | 0.59 | 4.43 | 0.59 | 5.03 | 0.65 | 2614.52 | <.001 | 4>3>2>1 |

注：*** $p < 0.001$。

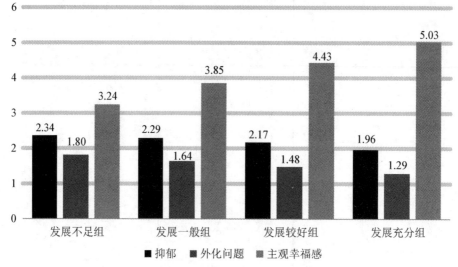

图 6-19　青少年积极发展各类型与心理健康结果的关系

## 四、讨论

### (一)我国青少年积极发展的类型特征

通过潜在剖面分析方法,本研究对中国文化背景下青少年的积极发展类型进行了归纳与总结。结果发现,在 10 790 名青少年中,处在发展充分组的个体共有 3 345 名,占总人数的近三分之一(31.00%),这些个体主要表现为在品格、能力、自我价值和联结四个维度上得分均最高。发展较好组和发展一般组分别占总人数的三分之一左右(37.56%)和四分之一左右(25.82%),前者在品格、能力、自我价值和联结四个维度上得分均较高,后者在这四个维度上均表现为中等。在积极发展各个指标上处于较低水平的发展不足组人数共 606 人,仅占比 5.62%。该结果说明绝大多数青少年在能力、品格、自我价值和联结维度上的得分均在中等及以上,能够积极地认识和评价自己,接纳自身的不足,拥有良好的品格和扎实的能力,充分发挥自身学习和发展的主动性与独立性,与他人维持良好的人际关系,发扬团队意识和互助精神,这些表现对于青春期阶段学生的发展均具有特殊意义。这也表明积极发展可能是品格、能力、自我价值和联结等方面相辅相成的结果,适应时代需求和社会需要的积极发展绝不是指某一维度的单向发展,而是以均衡提高个体的综合素养为目的的,不仅要注重开发智力潜能,强调健全个性品质,还要重视建立自我价值,构建和谐关系。以此为基础,青少年才能获得自信和自尊,拥有积极的人际关系，充分发挥自我价值与联结的补偿促进作用，成为具有中华文化底蕴、各方面均衡发展、随时准备迎接挑战的人。

### (二)我国青少年积极发展多样性的影响因素

基于对潜在剖面分析的结果，本研究进一步考察了意向性自我调节、未来控制、良好的亲子沟通、积极的学校环境和社区环境与青少年积极发展类别之间的关系。具体结果为：相对于发展不足组来说，较高的意向性自我调节与未来控制、良好的亲子沟通、积极的学校环境与社区环境均可提高归入发展充分组、发展较好组和发展一般组的概率。这在一定程度上说明，青少年的积极发展类型之所以呈现差异，是因为与环境中发展资源与个体资源的变化密切相关。该研究结果总体上与西方以往基于以变量为中心的研究结果基本相似(Smith et al.，2016)。在亲子沟通方面，父母会通过分享自身的学校经历和对人际关系、未来发展、情绪情感等各个领域的观念来间接影响青少年的积极发展(Taylor et al.，2004)。在学校和社区环境方面，与周围人的良好互动、丰富的学校资源或社区资源、积极的价值观念可能会增强青少年的情感联结和自身价值感，进而促使其积极发展(Smith et al.，2016)。在意向性自我调节和未来控制方面，个体在面临困难时，如果对未来具有掌控感、选择更合适的目标、调整学习策略、失败后重构目标系统以及进一步优化外部发展资源，那么可以在与家庭和学校情境中的重要他人的积极互动中获得积极、适应性的发展。总之，本研究考察了从环境资源(如亲子沟通、学校和社区环境)到个体自身优势(意向性自我调节和未来控制)等发展资源对青少年积极发展的作用。依据青少年积极发展的关系-发展-系统模型(Lerner et al.，2015)，这些内外部资源本身也是相互作用的。未来可基于追踪设计来探索这些发展资源之间的相互作用关系及其对青少年积极发展的长期效应。

## 建议阅读资源

Benson，P. L.，Scales，P. C.（2011）. Developmental Assets. *Encyclopedia of Adolescence*. Springer New York.

自"发展资源"概念提出以来的 20 多年，以该概念为研究视角的相关研究深化了研究者对积极青少年发展的理解。该文章较为详尽地介绍了"发展资源"概念的起源以及相关理论的发展。

Arbeit，M. R.，Johnson，S. K.，Champine，R. B.，et al.（2014）. Profiles of problematic behaviors across adolescence：covariations with indicators of positive youth development. *Journal of Youth and Adolescence*，43(6)，pp. 971-990.

这篇文献基于先前积极青少年发展(PYD)的"4H"研究并进行了扩展，探讨了 4 391 名青少年从 6 年级到 12 年级的积极发展状况。结果发现青少年发展过程中积极特征和消极特征并非此消彼长，而可能是共存的关系。

Urban，J. B.，Lewin-Bizan，S.，Lerner，R. M.（2009）. The role of neighborhood ecological assets and activity involvement in youth developmental outcomes：differential impacts of asset poor and asset rich neighborhoods. *Journal of Applied Developmental Psychology*，30(5)，pp. 601-614.

这篇文章呈现了美国较具影响力的"4H"项目的部分研究结果，其重点关注社区资源和社区活动参与对青少年积极发展的共同作用。另外，该研究结果不仅向读者阐明了这种共同作用在不同社会经济地位的青少年群体中具有不同的模式，并且对其他相关领域的研究者和实践者来说，也具有一定的指导意义，即可通过改善多种环境因素以促进青少年的积极发展。

# 第七章　处境不利儿童青少年积极发展的现状及影响因素

　　20 世纪 90 年代以来，大规模的人口流动已成为我国最突出的社会现象之一。人口流动给我国的政治、经济、文化等多方面带来巨大影响的同时，也产生了一系列的问题，由之而来的是人数规模巨大的农村留守儿童与城市流动儿童的出现。世界范围内大量的文献显示，流动与青少年的健康发展紧密联系（师保国等，2014；Zhang et al.，2019）。诸多对农村留守/流动儿童的研究发现，父母流动对留守/流动儿童的心理健康有显著的负向影响（师保国等，2014；Zhang et al.，2019），如儿童会出现抑郁、焦虑、孤独、外化问题行为以及低自尊等问题。长期以来，大部分对留守/流动儿童等处境不利儿童的研究基于"问题"或"缺陷"视角，以期通过矫正或减少问题来促进留守/流动儿童的发展。这种视角将"问题的减少"等同于留守/流动儿童的发展，容易使留守/流动儿童被贴上"问题儿童"的标签，不利于他们看到自身存在的资源和优势。本章基于全新的青少年积极发展视角，从关注个体的优势与潜能以及诸多影响留守/流动儿童积极发展的保护性和促进性因素入手，深入探究留守/流动儿童等处境不利儿童的积极发展特点，以及关键的保护性和促进性因素对这些儿童积极发展的作用。研究结果将突破以往看待处境不利儿童时"只重问题"的瓶颈，勾勒出此类儿童发展的全貌，为后续"问题减少和促进发展"并重的公共政策的实施和实践工作的推进奠定坚实的基础。

# 第一节　处境不利儿童青少年积极发展
## 的理论框架

有关处境不利儿童青少年积极发展的理论，除了发展情境理论、关系系统发展元理论、积极青少年发展"5C"理论和心理弹性理论之外，西方研究者还提出了适用于处境不利的少数群体的适应性校准模型，以及基于此提出的适应性校准与积极发展并存的模式。我国研究者提出了留守儿童生态发展模型。

## 一、适应性校准模型

适应性校准模型（The Adaptive Calibration Model，ACM）在进化心理学理论的基础上阐述了环境因素与个体发展之间的关系，强调个体的压力反应系统（stress response system）会根据环境进行适应性的校准，以适应不利或有利的社会或物理环境的过程（Del Giudice et al.，2011）。压力反应系统是指个体对压力产生反应的生理系统。压力反应系统的功能具有很大的个体差异，且具有可塑性。压力反应系统包含三个不同的神经内分泌回路：自主神经系统的交感神经（sympathetic of nervous system）、副交感神经（parasympathetic of nervous system）及下丘脑-垂体-肾上腺轴（hypothalamic-pituitary-adrenal）（Del Giudice et al.，2011）。压力反应系统对协调个体身体和心理的发展有着至关重要的作用。在适应性校准模型的理论框架下，压力反应系统主要有三重生理功能：①协调机体对环境中威胁和机遇的生理与行为反应，使机体能够调节自身状态，以更有效地对外界刺激做出即时反应；②对来自社会和物理环境中的信息进行编码和过滤，调节机体对外界刺激的接受性；③对个体与生命史相关的生理和行为（如成熟、繁殖、教养）进行管理与整合。相比于其他关注压力对个体发展消极影响的理论，适应性校准模型强调了个体在压力环境中的适应性。该理论指出，不利处境会对压力反应系统起到塑造或校准作用，使个体的压力反应性与所处的环境相适应（Del Giudice et al.，2011；Ellis et al.，2014）。具体而言，个体的压力反应系统可能会因环境压力程度的不同而表现出敏感、缓冲、警惕和冷漠四种模式中的一种（Del Giudice et al.，2012）（见图 7-1）。

敏感（sensitive）模式指压力反应系统具有从中等程度到高等程度的基础水平，且表现出中等水平到高水平的反应性。这一模式易在安全、可预测的条件下形成，具有这一模式的个体可能表现出高度的抑制控制、合作意识、

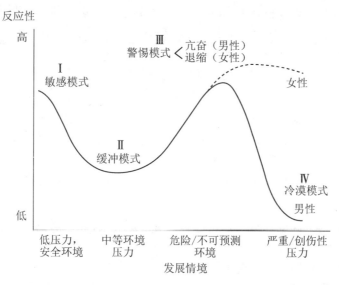

图 7-1　不同程度压力环境下个体的压力系统反应模式

执行功能和自我意识。缓冲（buffered）模式指压力反应系统具有从低等程度到中等程度的基础水平，表现出低水平到中等水平的反应性。在中等环境压力条件下，个体的压力反应系统可能会被反复激活，个体可能表现出较少的焦虑、冒险行为和攻击行为。警惕（vigilant）模式指压力反应系统中自主神经系统的交感神经和下丘脑-垂体-肾上腺轴具有较高的基础水平以及从中等水平到高水平的反应性，副交感神经具有从低等程度到中等程度的基础水平以及低水平的反应性，这一模式易在具有威胁和不可预测的环境中形成，自主神经系统的交感神经和下丘脑-垂体-肾上腺轴较高的基础水平与反应性可以帮助个体更迅速地对外界的威胁进行即时的反应和应对，但具有这一模式的个体可能表现出更多的反应性攻击、冒险和反社会等行为。冷漠（unemotional）模式指压力反应系统的基础水平和反应性均很低，易在经历了长期严重创伤性压力的个体中形成。具有这一模式的个体可能表现出低移情、冲动行为和攻击行为，但这一模式在逆境严重程度非常高的情境中可能具有一定的适应性意义。因为长期极其严重的逆境可能已经超出了个体能够应对的范围，这时低的压力反应系统的基础水平和反应性以及低水平的合作和高水平的冲动、攻击行为可能帮助个体争取更多生存和发展所需的资源。此外，环境压力对压力反应系统的影响也存在性别差异，如长期严重创伤性的压力可能会使男生形成冷漠模式，可能会使女生压力系统的反应性持续走高。适应性校准模型较为全面地考虑到了压力反应系统反应性的代价以及益处。以在不可预测、具有威胁性的环境中的警惕模式为例，适应性校准模型假设压力反应系统反复的激活可能导致焦虑或攻击水平上升，但这一模式对于暴露在不利处境中的个体也具有一定的适应性意义，自主神经系统的交感神经和下丘脑-垂体-肾上腺轴较高的基础水平以及反应性使个体对外界的威胁更加敏感，提升了个体识别和处理危险的能力，可以帮助个体更好地应对不利处境中的种种威胁（Gaylord-Harden et al.，2018）。有研究者将压力反应系统的模式应用到对非裔美国男孩这一处境不利群体的行为的解释，认为压力反应系统的模式（如警惕模式）可以解释为什么一些非裔美国男孩拒绝服从权威人物，对感知到的威胁做出比其他人更强烈的反应，或者快速将注意力从一种刺激转移到另一种刺激上，以识别那些可能存在潜在危险的环境（Gaylord-Harden et al.，2018）。

适应性校准模型的理论观点已在一些处境不利的青少年群体中得到了验证。例如，一项针对454名青少年开展的追踪研究发现，虐待经历可以预测迟钝的皮质醇应激反应，这一反应模式对应适应性校准模型中假设的冷漠模式（压力反应系统的反应性很低）（Peckins et al.，2015）。此外，也有研究者将适应性校准模型应用于非裔美国男孩这一处境不利群体，将适应性应对用于解释遭受种族歧视的经历（Gaylord-Harden et al.，2018）：父母会向青少年传达可以帮助他们应对种族偏见和主流文化的信息，但当父母向青少年传达了强调不信任、种族主义等的信息时，他们可能会表现出更多的外化问题行为（Caughy et al.，2006）。与适应性校准模型假设一致，非裔美国男孩也可能发展出各种非适应行为（如愤怒、敌意、攻击性、抑郁和易怒），这些非适应行为的出现可能是因为他们想努力应对日益增加的社会障碍并对种族社会化信息做出反应（Davis & Stevenson，2006；Seaton et al.，2006）。高水平的攻击性以及更多的危险行为可能是非裔美国男性对在社区中经历的种族歧视的反应性应对策略。实证研究发现，当非裔美国青少年因其种族身份在社区中遭受（警察、邻居、售货员等人）不公正对待时，他们就会采用更具有攻击性的态度对待这些压力源（不公正对待）（Cassidy & Stevenson Jr，2005）。

有研究者认为，非裔美国男孩的父母支持和促进其积极发展的方法中也包含了适应性校准的内容。比如，这些父母会尽量避免那些会对孩子的健康产生实际或潜在威胁的环境（如存在仇恨、歧视或其他形式侵害的环境）（Gaylord-Harden et al.，2018）。还有研究者认为，对于非裔美国青少年来说，精细化的教养（在谨慎看管孩子与给孩子更多自我负责的机会之间寻求平衡）比在其他人群中发现的适应性教养更有效（Gaylord-Harden et al.，2018；Mason et al.，1996）。与上述内容相似，什么是最好的家庭氛围因情境而异。例如，父母高水平的警惕、管教和监控看起来会限制青少年的自主性，但可以对处于不利环境之中的非裔美国青少年起到保护作用（Gaylord-Harden et al.，2015）。由此来看，处在种族化社会的非裔美国男孩适合成长在父母有更多行为控制、对不平等保持警惕的家庭中，这样的家庭氛围可以帮助大多数非裔美国男孩克服困难，这与青少年积极发展模型中协调发展需求和资源以获得优化发展的过程类似。适应校准模型促进了对这些社会因素的理解，并能将这些社会因素与青少年积极发展模型及结果联系起来。

## 二、适应性校准与青少年积极发展的整合

科尔等人（Coll et al.，1996）针对少数族裔这一处境不利群体提出了少数族裔儿童发展能力整合模型（Integrative Model of Developmental Competencies in Minority Children）。发展能力是指儿童和青少年获得的可促进其健康发展的能力（如社会能力、认知能力等）。这一模型首先强调了社会地位（social position）因素的重要作用，这些社会地位因素通过种族主义、偏见、歧视、压迫等普遍的社会机制对少数族裔儿童产生影响，这些普遍的社会机制可能会使少数族裔儿童和他们的家庭生活在被隔离的环境（segregation environment）之中。更进一步来看，隔离会对少数族裔儿童生活的多种抑制（inhibiting）性环境和促进（promoting）性环境（如学校、社区、健康保健中心等）产生直接影响，种族主义等普遍的社会机制也会直接影响儿童在特定抑制性环境或促进性环境中的社会交往。抑制性环境指会抑制儿童健康发展的环境，如不能为儿童发展提供足够资源的环境；促进性环境指可以促进儿童健康发展的环境，如可以为儿童发展提供充足且高质量资源的环境。抑制性环境和促进性环境又会影响适应性文化（adaptive culture）。抑制性/促进性环境以及适应性文化都会直接影响个体的家庭过程（日常互动和经历），并与儿童的生理、气质和心理特点形成交互作用。最后，适应性文化、家庭过程、儿童特征以及这些因素间的相互作用会对其发展能力产生直接影响。少数族裔儿童发展能力整合模型通过将对少数族裔儿童的发展过程有独特影响的因素以及对儿童发展过程产生影响的普遍性因素进行整合，更全面地揭示了少数族裔儿童能力发展的过程。

盖洛德哈登等人（Gaylord-Harden et al.，2018）对科尔等人（Coll et al.，1996）提出的整合模型进行了扩展，将适应性校准与青少年积极发展的内容纳入其中，为研究少数族裔儿童和青少年（如非裔美国男童和男青年）提供了新的框架。青少年积极发展模型指出，当青少年自身的天赋、技能、兴趣与社会和物理环境（家庭、学校、社区）相匹配时，青少年就能获得积极发展的结果（如更高的学业参与度和成就、亲社会行为和价值观、情绪和身体健康等）。青少年积极发展模型强调了青少年发展的优势、资源以及获得健康发展的可能，为如何使处境不利青少年获得最佳发展结果提供了启示（Gaylord-Harden et al.，2018）。适应性校准模型对青少年积极发展模型有补充作用，也为环境因素和个体行为之间的关系提供了解释，但这一模型考虑了环境中的风险因素，强调

的是个体如何通过调整行为与应对威胁和阻碍的方式证明自身的发展能力（Tolan et al.，2013）。基于青少年积极发展模型和适应性校准模型，盖洛德·哈登等人（Gaylord-Harden et al.，2018）在少数族裔儿童发展能力整合模型的基础上补充了两条指向发展能力的路径：条件适应路径（conditional adaptation pathway）和促进路径（promoting pathway）。其中条件适应路径基于适应性校准的理论框架提出，包含逆境、风险和压力反应性；促进路径在青少年积极发展的研究框架下提出，包含发展资源。这两条路径都可以指向发展能力，但两条路径指向发展能力的方式有所区别：在条件适应路径中，当个体的适应性校准过程可以缓冲风险因素的消极影响时，发展能力就会得到提升；在促进路径中，青少年积极发展的资源可以直接促进能力的发展（Gaylord-Harden et al.，2018）。两条路径均受到个体、家庭、学校、社区和文化等因素的影响，对能力发展结果的相对影响取决于个体暴露在抑制性环境中的程度以及家庭、学校和社区的逆境程度。这一整合模型中的理论观点也在实证研究中得到了有力支持。一项针对非裔美国青少年的追踪研究发现，压力性生活事件可以预测青少年两年后的问题行为，但对其积极发展结果却没有预测作用。应对技能以及参与利他行为可以预测青少年的积极发展结果（Tolan et al.，2013）。这一结果强调了促进路径以及条件适应路径对青少年积极发展的影响，即个体的能力和积极发展资源（促进路径）以及风险因素（条件适应路径）都可以解释青少年的发展（Gaylord-Harden et al.，2018）。另一项针对733名低收入非裔美国青少年的实证研究发现，生活在最高暴力/最高不利社区环境中的青少年反而报告了更高水平的积极认知重构以及以问题为中心的应对方式，这说明即便处于不利社区环境中的青少年也可能拥有许多自身优势（如天赋、技能等）和外部资源（如家庭成员的支持等），这些内部和外部资源都可以帮助他们做出与当前环境相适应的行为（Rabinowitz et al.，2020）。

### 三、农村留守儿童发展的生态模型

我国研究者基于环境与个体发展的互动理论、生态系统理论和心理弹性理论，构建了农村留守儿童发展的生态模型（赵景欣，申继亮，2010），以勾勒留守环境、个体特征与儿童发展结果之间的动态作用过程，模型图如图7-2所示。

该模型强调应从留守儿童个体特征及其所处生态环境系统的整合视角来看待留守儿童的发展结果（赵景欣，申继亮，2010）。具体而言，留守儿童所处的环境系统由远环境系统和近环境系统组成，其中远环境主要包含一些社会结构

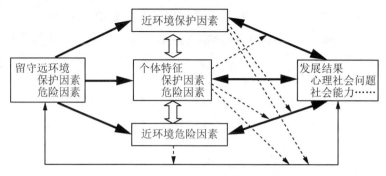

**图 7-2 农村留守儿童发展的生态模型**

注：细实线箭头代表留守远环境对个体发展结果的直接效应，粗实线箭头代
表留守环境通过中介因素对个体发展结果的影响，虚线箭头代表调节效应。

性因素（如留守状况、留守时间等），近环境主要包含留守儿童的直接生活经
历、与他人的关系模式和互动（如亲子关系、同伴关系等）。远近环境因素又均
由危险因素和保护因素构成：关注危险因素有助于了解留守儿童面临哪些逆
境，关注保护因素有益于探索如何促进留守儿童积极发展（赵景欣，申继亮，
2010）。这些环境中的保护因素和危险因素会相互影响，共同组成留守儿童所
处的生态背景。在个体系统中，该模型关注了保护因素（如对留守这一事件的
积极评价等）和危险因素（如对留守这一事件的消极评价等）两部分。个体系统
中的这两类因素也会相互影响。个体系统还包含了个体的发展结果，模型将个
体的发展结果分为好（如发展出更强的社会能力）和坏（如发展出心理健康问题）
两个方面。

　　如图 7-2 所示，远近环境因素及个体特征会通过各种方式影响留守儿童的
发展。环境及个体因素可直接影响留守儿童的发展结果，环境因素也可通过儿
童个体特征的中介作用影响留守儿童的发展结果。近环境与发展结果的关系还
可能受到儿童个体特质的调节作用，近环境危险因素对发展结果的影响也可能
受到近环境保护因素的调节作用。当然，个体特征也可能会对近环境产生影
响，进而影响儿童的发展。远环境因素也可通过直接或间接的方式对儿童发展
结果产生影响。远环境因素对发展结果的影响中也存在多种调节效应，如远环
境×近环境保护因素、远环境×个体特征、远环境×近环境危险因素×近环境
保护因素等。留守儿童的发展结果也可能反作用于远近环境以及个体特征，这
些影响共同组成了动态循环的过程（赵景欣，申继亮，2010）。农村留守儿童发
展的生态模型为留守儿童发展的相关研究提供了具体指导。首先，"留守"这一
标签只是留守儿童所处的远环境，仅从远环境这一标签的视角看待留守儿童的
发展会忽视其所处的近环境以及个人特征的影响，也难以解释留守儿童会有不
同的发展结果。因此，对留守儿童的关注不应只局限于他们留守与否这一远环

境，而要揭示这类远环境将会如何影响留守儿童所处的近环境(日常的实际生活)。其次，识别留守儿童环境和个体系统中的保护因素与危险因素对留守儿童的干预有着重要影响。对于留守儿童来讲，他们的父母外出打工这一现实往往难以改变，发挥其环境及个体系统中保护性因素的作用才是对留守儿童进行教育和引导的根本。最后，儿童发展是个体与环境相互作用、形成动态循环的过程，因此针对留守儿童的干预不仅要注重外界环境的改变，而且要着眼于对儿童自身特质的改变或培养(赵景欣，申继亮，2010)。

# 第二节　以变量为中心的视角：
# 我国留守/流动儿童(青少年)积极发展的
# 总体特点和影响因素

## 一、我国留守儿童(青少年)积极发展的基本特点

### (一)问题提出

根据国务院《关于加强农村留守儿童关爱保护工作的意见》，留守儿童被定义为"父母双方外出务工或一方外出务工另一方无监护能力、不满十六周岁的未成年人"。该群体数量庞大。民政部数据显示，截至 2018 年年底，留守儿童数量达 697 万人。尽管得益于返乡创业就业、随迁子女就地入学、家庭监护主体宣传引导等工作的开展，这一数字较 2016 年的 902 万人有所下降，但是我们仍须给予留守儿童足够的关注，以提升其心理健康水平。

留守儿童这一特殊群体处于不利的物质和心理发展环境，这种环境导致了儿童不良的发展状况。在物质环境上，留守儿童家庭经济条件普遍差于非留守儿童，他们的社会经济地位更低(罗晓路，李天然，2015)，营养状况更差(彭俭，2015)，教育条件也更差(张国洋，2016)；在心理环境上，留守儿童受到了更多忽视(钟引等，2012)，遭遇了更多负性生活事件和心理虐待，得到的社会支持更少(邱丹萍等，2015；程培霞等，2010)——这些不利的物质和心理环境都是导致留守儿童的行为问题和不良发展结果的危险因素(Matjasko & Ernst，2007；Mu & De Brauw，2015；夏扉，叶宝娟，2017)。在这样的不利环境中，留守儿童的发展问题也相应出现。留守儿童的不良发展状态主要表现在心理健康(如高孤独感、高社会焦虑、高抑郁)、身体健康(如身体发育差、患病情况多)和行为问题(如更多抽烟、酗酒、暴力行为)等方面(胡长舟等，2013；王良锋等，2006；Wen & Lin，2012；袁博成等，2014；周遵琴等，

2015)。

如何改善留守儿童的不利处境是研究者及社会各界非常关心的问题。积极青少年发展观认为，青少年自身具备积极发展的潜力，即便是在不利处境中的青少年也可以获得积极的发展结果(Lerner，2006)。具体来说，该视角与传统的"缺陷预防"视角不同，不再孤立地探究青少年的负面特征，转而关注积极青少年发展特征，通过改善、提高青少年的积极发展水平，激发出青少年在逆境中积极成长的潜能(Roth & Brooks-Gunn，2003；Wen et al.，2015)。基于青少年积极发展的视角，"留守"的环境虽然可能会给个体成长带来更大的风险，但同样可能培养青少年个体自身积极的品质，如独立、乐观的性格和良好的处事能力等。因此，基于青少年积极发展的视角开展广泛的实证研究，揭示留守儿童的积极发展特征和轨迹，探究出影响留守儿童积极发展的重要的影响因素，对促进留守儿童自身的积极发展具有重要意义。本节将以全国样本中的农村留守儿童群体为研究对象，探讨其多方面的积极发展状况和特点。

**(二)研究对象**

本研究从全国 10 个省市选择了 60 所中小学，对四年级和五年级、七年级和八年级、高一和高二的学生施测，共获得 16 317 名有效被试，其中留守儿童(青少年)被试有 1 691 名，占总体被试的 10.36%。从省份来看，江西留守儿童(青少年)被试最多，有 496 名(占 29.33%)，河南有 270 名(占 15.97%)，广东有 191 名(占 11.30%)，湖南有 191 名(占 11.30%)，浙江有 182 名(占 10.76%)，其余留守儿童(青少年)被试来自辽宁、陕西、北京和上海等地。留守儿童(青少年)被试的平均年龄为 14.37 岁($SD=2.51$，年龄范围为 9~20 岁)，其中男生 839 名(占 49.62%)，女生 800 名(占 47.31%)，另有 52 名(占 3.07%)留守儿童(青少年)被试未报告性别。从留守儿童(青少年)所处的学段来划分，小学组共 350 人(占 20.70%)，初中组 551 人(占 32.58%)，高中组 790 人(占 46.72%)。

**(三)研究工具**

1. 人口学变量

基本的人口学变量包含留守儿童(青少年)的性别、年龄、年级、所在省份以及学校。

2. 青少年积极发展量表

从青少年积极发展的角度出发，我们采用了课题组成员编制并修订的"儿童青少年积极发展问卷"(林丹华等，2017)。量表共有 98 个条目，包含品格(42 个项目，如如果同学有困难，我会主动帮助他)，能力(26 个项目，如我总是喜欢尝试用不同的方法解决学习上的问题），联结（17 个项目，如在我的家庭中，我感到自己是有用的和重要的）和自我价值（13 个项目，如我感到我是一个有价值的人，至少与其他人在同一水平上）四个维度。问卷采用 5 点计分，选取均分代表各维度的积极发展水平，分数越高代表积极发展情况越好。在本研究的留守儿童群体中，量表总体的内部一致性系数为 0.98，四个维度的内部一致性系数分别为 0.96、0.95、0.93、0.92。

3. 留守类型情况

为了系统地区分由家庭结构带来的不同发展影响，研究者根据父母外出打工的具体情况将留守儿童（青少年）类型分为三类：父母双方均外出打工的儿童（青少年）为双留守儿童（青少年）；父母仅一方外出打工的儿童（青少年）为单留守儿童（青少年），包含仅父亲外出打工和仅母亲外出打工两类（Wen & Lin, 2012；袁博成等，2014）。本研究中留守儿童（青少年）仅父亲外出打工的有 603 名（占 35.66%），仅母亲外出打工的有 137 名（占 8.10%），父母都外出打工的有 951 名（占 56.24%）。

**(四)研究结果**

1. 我国留守儿童（青少年）积极发展状况总体较好

我国留守儿童（青少年）积极发展的整体水平见表 7-1。由表 7-1 可知，本研究中留守儿童（青少年）在品格、能力、自我价值以及联结上的发展情况较为良好，在四个维度上得分最高的是品格维度（$M=3.84$，$SD=0.58$），联结维度（$M=3.63$，$SD=0.78$）和能力维度（$M=3.55$，$SD=0.66$）次之，自我价值维度得分较低（$M=3.35$，$SD=0.80$）。

表 7-1  我国留守儿童积极发展基本情况

| 维度 | $M$ | $SD$ |
| --- | --- | --- |
| 品格 | 3.84 | 0.58 |
| 能力 | 3.55 | 0.66 |
| 自我价值 | 3.35 | 0.80 |
| 联结 | 3.63 | 0.78 |

注：品格有 159 个缺失值，能力有 77 个缺失值，自我价值有 55 个缺失值，联结有 60 个缺失值

品格包括"爱""志""信""毅"四个维度，在这四个维度上留守儿童（青少年）的具体得分见图 7-3。"爱"（$M=4.14$，$SD=0.60$），"志"（$M=3.76$，$SD=0.66$），"信"（$M=3.63$，$SD=0.74$），"毅"（$M=3.80$，$SD=0.77$）。能力分

为学业能力、社会能力、生活能力三个维度，在这三个维度上留守儿童(青少年)的具体得分见图 7-4。学业能力($M=3.29$，$SD=0.81$)，社会能力($M=3.56$，$SD=0.84$)，生活能力($M=3.79$，$SD=0.72$)。联结分为家庭联结、学校联结、社区联结三个维度，在这三个维度上留守儿童(青少年)的具体得分见图 7-5。家庭联结($M=3.92$，$SD=0.90$)，学校联结($M=3.50$，$SD=0.90$)，社区联结($M=3.46$，$SD=1.00$)。

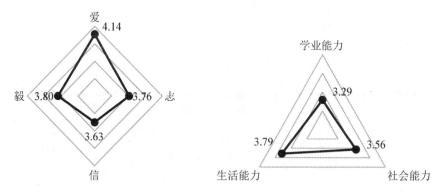

**图 7-3　留守儿童(青少年)品格四维度情况**　**图 7-4　留守儿童(青少年)能力三维度情况**

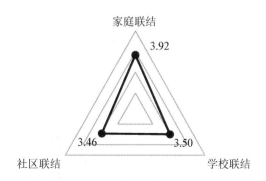

**图 7-5　留守儿童(青少年)联结三维度情况**

2. 高中组留守儿童(青少年)在积极发展的品格、能力方面优于低年级组

图 7-6 显示了不同年级组的留守儿童(青少年)在积极发展四个维度上的得分情况。方差分析结果显示，留守儿童(青少年)在积极发展品格($F(2, 1481)=24.25$，$p<0.001$)，能力($F(2, 1481)=12.84$，$p<0.001$)，自我价值($F(2, 1481)=6.64$，$p=0.001$)维度上的得分均存在显著的年级组差异，在联结($F(2, 1481)=2.19$，$p=0.113$)维度上差异不显著。事后检验发现，在品格方面，留守儿童(青少年)小学组($p=0.002$)和高中组($p<0.001$)的得分都显著高于初中组，小学组和高中组的得分之间并无显著差异($p=0.716$)；在能力方面，留守儿童(青少年)小学组($p=0.005$)和高中组($p<0.001$)的得分都

显著高于初中组,小学组和高中组的得分之间并无显著差异($p=1.000$);在自我价值方面,留守儿童(青少年)初中组的得分显著低于高中组($p<0.001$),小学组与初中组($p=0.556$)、高中组($p=0.820$)的得分之间并无显著差异。总体而言,高中组留守儿童(青少年)在品格、能力、自我价值方面都发展得更好,优于低年级。

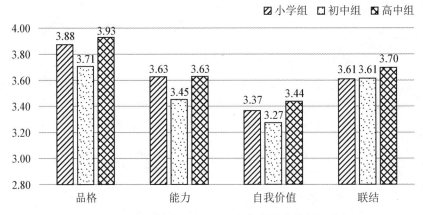

图 7-6 留守儿童(青少年)积极发展各维度的年级特点

为更全面地展现留守儿童(青少年)积极发展的年级特点,图 7-7、图 7-8和图 7-9 呈现了不同年级组的留守儿童(青少年)在品格、能力和联结维度上的得分情况。

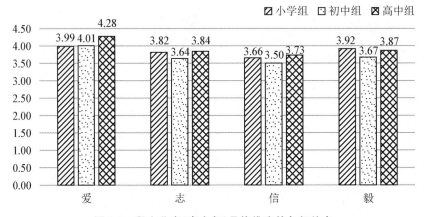

图 7-7 留守儿童(青少年)品格维度的年级特点

针对品格各个子维度的方差分析发现,留守儿童(青少年)在"爱"($F(2,1557)=47.21$,$p<0.001$),"志"($F(2,1557)=17.14$,$p<0.001$),"信"($F(2,1557)=17.00$,$p<0.001$),"毅"($F(2,1557)=13.07$,$p<0.001$)维度上均存在显著的年级组差异。事后检验发现,在"爱"维度上,高中组的得分

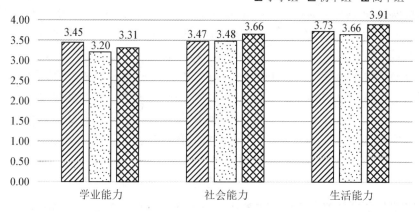

☑小学组 ☐初中组 ☒高中组

图 7-8　留守儿童(青少年)能力维度的年级特点

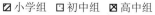

☑小学组 ☐初中组 ☒高中组

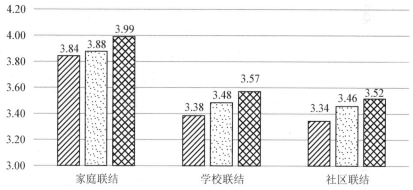

图 7-9　留守儿童(青少年)联结维度的年级特点

显著高于小学组和初中组($p$s＜0.001),初中组和小学组的得分无显著差异($p$＝1.000);在"志""信""毅"维度上,初中组的得分显著低于高中组($p$s＜0.001)和小学组(志:$p$＜0.001,信:$p$＝0.014,毅:$p$＜0.001),小学组和高中组的得分均无显著差异(志:$p$＝1.000,信:$p$＝0.433,毅:$p$＝1.000)。

　　针对能力各个子维度的方差分析发现,留守儿童(青少年)在学业能力($F(2,1625)=8.76$,$p$＜0.001)、社会能力($F(2,1625)=9.49$,$p$＜0.001)、生活能力($F(2,1625)=21.43$,$p$＜0.001)维度上的得分均存在显著的年级组差异。事后检验发现,在学业能力上,初中组($p$＜0.001)和高中组($p$＝0.043)的得分均显著低于小学组,高中组和初中组的得分无显著差异($p$＝0.052);在社会能力和生活能力上,高中组的得分显著高于小学组和初中组($p$s＜0.001),小学组和初中组的得分无显著差异(社会能力:$p$＝1.000,生活能力:$p$＝0.458)。

针对联结各个子维度的方差分析发现，留守儿童(青少年)在家庭联结($F(2$，$1641)=4.14$，$p=0.016$)，学校联结($F(2$，$1641)=4.93$，$p=0.007$)，社区联结($F(2$，$1641)=3.29$，$p=0.037$)维度上均存在显著的年级差异。事后检验发现，在家庭联结上，高中组的得分显著高于小学组($p=0.044$)，初中组的得分与小学组($p=1.000$)和高中组($p=0.071$)的得分均无显著差异；在学校联结上，高中组的得分显著高于小学组($p=0.007$)，初中组的得分与小学组($p=0.351$)和高中组($p=0.275$)的得分均无显著差异；在社区联结上，高中组的得分显著高于小学组($p=0.032$)，初中组的得分与小学组($p=0.334$)和高中组($p=0.887$)得分均无显著差异。

3. 留守儿童(青少年)中男生的自我价值感显著高于女生，积极发展其他方面不存在性别差异

图 7-10 显示了不同性别的留守儿童(青少年)在积极发展的四个维度上的得分情况。独立样本 $t$ 检验的结果显示，留守儿童(青少年)中的男生在自我价值维度上的得分显著高于女生($t(1\,516.83)=-5.75$，$p<0.001$)。留守儿童在品格($t(1\,573.03)=0.68$，$p=0.496$)，能力($t(1\,595.82)=0.70$，$p=0.331$)和联结($t(1\,595.52)=0.12$，$p=0.909$)三个维度上的得分不存在显著的性别差异。总体而言，除了在自我价值方面男生表现得更突出之外，留守儿童(青少年)在积极发展的其他诸多方面性别差异不大。

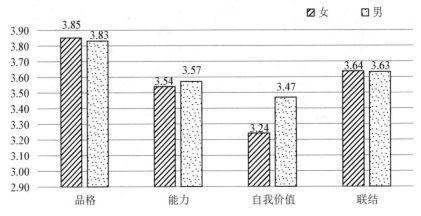

图 7-10　留守儿童(青少年)积极发展的性别特点

为更全面地展现留守儿童(青少年)积极发展的性别特点，图 7-11、图 7-12和图 7-13 呈现了不同性别的留守儿童(青少年)在品格、能力和联结维度上的得分情况。针对品格的独立样本 $t$ 检验显示，留守儿童(青少年)中的女生在"爱"($t(1\,583)=2.78$，$p=0.005$)和"志"($t(1\,603)=3.39$，$p<0.001$)两个维度上的得分显著高于男生。"信"($t(1\,616)=-1.28$，$p=0.203$)和"毅"

$(t(1\,601)=-0.17,\ p=0.866)$ 两个维度上不存在显著的性别差异。

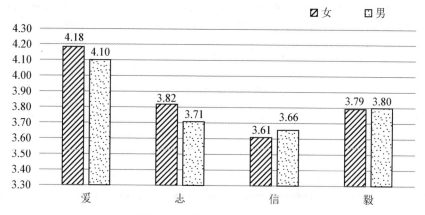

图 7-11　留守儿童(青少年)品格维度的性别特点

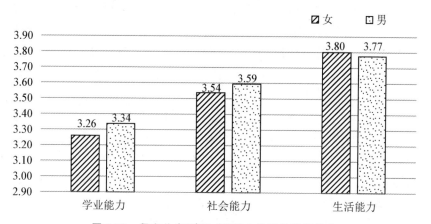

图 7-12　留守儿童(青少年)能力维度的性别特点

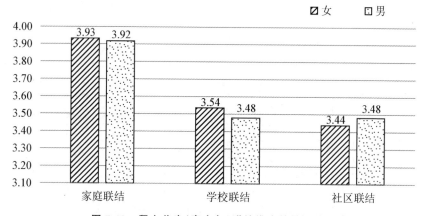

图 7-13　留守儿童(青少年)联结维度的性别特点

针对能力的独立样本 $t$ 检验显示，留守儿童(青少年)在学业能力($t(1610)=$ $-1.89$，$p=0.058$)，社会能力($t(1615)=-1.33$，$p=0.182$)和生活能力($t(1620)=0.73$，$p=0.466$)三个维度上的得分均不存在显著的性别差异。

针对联结的独立样本 $t$ 检验显示，留守儿童(青少年)在家庭联结($t(1621)=$ $0.36$，$p=0.545$)，学校联结($t(1623)=1.27$，$p=0.205$)和社区联结($t(1621)=$ $-0.87$，$p=0.387$)三个维度上的得分均不存在显著的性别差异。

4. 仅父亲外出打工的留守儿童(青少年)相较于仅母亲外出打工和父母二人均外出打工的留守儿童(青少年)的积极发展状况整体更好

图 7-14 显示了三种类型的留守儿童(青少年)在积极发展四个维度上的得分情况。整体来看，仅父亲外出的留守儿童(青少年)的积极发展状况最好，仅母亲外出的留守儿童(青少年)积极发展状况最差。方差分析结果显示，三种类型的留守儿童(青少年)在品格($F(2, 1478)=1.93$，$p=0.145$)，能力($F(2, 1478)=1.36$，$p=0.256$)和自我价值($F(2, 1478)=0.99$，$p=0.371$)三个维度上均无显著差异，在联结($F(2, 1478)=5.87$，$p=0.003$)维度上存在显著差异。事后检验发现，仅母亲外出打工($p=0.027$)和父母均外出打工($p=$ $0.010$)的留守儿童(青少年)在联结上的得分显著低于仅父亲外出打工的留守儿童(青少年)，仅母亲外出打工与父母均外出打工两组间差异不显著($p=$ $0.856$)。虽然不同类型的留守儿童(青少年)在积极发展的多个维度上发展情况类似，但根据联结维度表现出的发展差异可以推论，母亲外出打工对儿童发展来说更加关键，母亲的缺席可能加剧了留守儿童(青少年)的不良发展结果。

为更全面地呈现不同类型的留守儿童(青少年)的积极发展特点，图 7-15、图 7-16 和图 7-17 呈现了仅父亲外出打工、仅母亲外出打工和双留守三种类型的留守儿童(青少年)在品格、能力和联结维度上的得分情况。

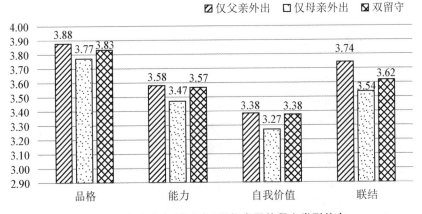

**图 7-14　留守儿童(青少年)积极发展的留守类型特点**

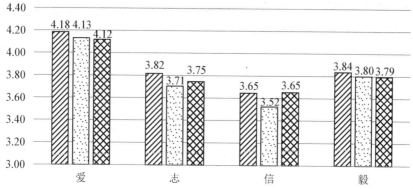

图 7-15　留守儿童(青少年)品格维度的留守类型特点

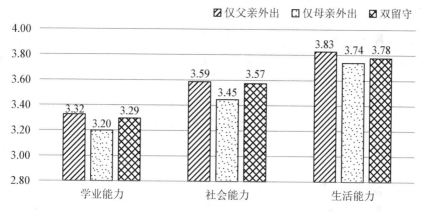

图 7-16　留守儿童(青少年)能力维度的留守类型特点

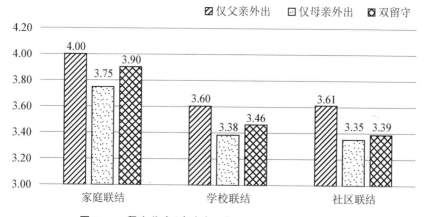

图 7-17　留守儿童(青少年)联结维度的留守类型特点

图 7-15 显示了三种类型的留守儿童(青少年)在品格的四个子维度上的得分情况。方差分析的结果显示,不同类型的留守儿童(青少年)在"爱"($F(2, 1557)=2.18$,$p=0.113$),"志"($F(2, 1557)=2.55$,$p=0.078$),"信"($F(2, 1557)=1.78$,$p=0.168$),"毅"($F(2, 1557)=0.53$,$p=0.588$)四个维度上的得分均不存在显著差异。

图 7-16 显示了三种类型的留守儿童(青少年)在能力的三个子维度上的得分情况。方差分析的结果显示,不同类型的留守儿童(青少年)在学业能力($F(2, 1625)=1.28$,$p=0.631$),社会能力($F(2, 1625)=1.54$,$p=0.214$),生活能力($F(2, 1625)=1.26$,$p=0.285$)三个维度上的得分均不存在显著差异。

图 7-17 显示了三种类型的留守儿童(青少年)在联结的三个子维度上的得分情况。方差分析的结果显示,不同类型的留守儿童(青少年)在家庭联结($F(2, 1644)=4.94$,$p=0.007$),学校联结($F(2, 1644)=5.83$,$p=0.003$),社区联结($F(2, 1644)=9.98$,$p<0.001$)三个维度上均存在显著差异。事后检验发现,在家庭联结上,仅父亲外出打工的留守儿童(青少年)的得分显著高于仅母亲外出打工的留守儿童(青少年)($p=0.011$),双留守儿童与仅父亲外出打工的留守儿童(青少年)($p=0.103$)和仅母亲外出打工的留守儿童(青少年)($p=0.212$)的得分均无显著差异;在学校联结上,仅父亲外出打工的留守儿童(青少年)的得分显著高于仅母亲外出打工的留守儿童(青少年)($p=0.034$)和双留守儿童(青少年)($p=0.008$),仅母亲外出打工的留守儿童(青少年)的得分与双留守儿童(青少年)无显著差异($p=1.000$);在社区联结上,仅父亲外出打工的留守儿童(青少年)的得分显著高于仅母亲外出打工的留守儿童(青少年)($p=0.021$)和双留守儿童(青少年)($p<0.001$),仅母亲外出打工的留守儿童(青少年)得分与双留守儿童(青少年)无显著差异($p=1.000$)。

## 二、影响我国留守儿童(青少年)积极发展的因素

### (一)问题提出

个体自身特质、外部环境(如家庭、学校、社区等)等因素都可能影响儿童的成长与发展,来自个体或环境中的积极因素有利于他们抵御风险环境的消极影响,最终形成个体—环境的良性互动,促进儿童积极发展(Bonell et al., 2016;Lerner et al., 2017;Youngblade et al., 2007)。本节将延续上节思路,从个体、环境两个层面探究与留守儿童积极发展紧密有关的因素。具体涉及的因素如下。个体层面:留守类型、意向性自我调节和未来控制。环境层

面：亲子沟通、学校心理环境和社区环境。其中，环境层面因素的提出参考了生态系统理论对于个体周围微观环境的阐述（Bronfenbrenner，1979）、关系发展理论对于个体发展综合性情境模型的阐述（Overton，2013），并结合了国内外有关留守儿童广泛的实证研究。以下将详细介绍这些影响因素的重要作用。

1. 个体层面：留守类型、意向性自我调节和未来控制

（1）留守类型

留守儿童（青少年）可能发展不良的重要原因之一是他们的家庭结构有所改变。不同的家庭结构会对儿童发展造成不同影响，如单亲家庭的儿童在身体健康、幸福感、心理韧性等方面均差于双亲家庭儿童（邱小艳，刘小群，2017；Wen，2012）。针对留守儿童来说，成长过程中他们被迫与父母分隔两地，这导致了父母陪伴缺失、家庭教育及监管功能弱化等问题，这种特殊家庭结构需要受到重点关注（陈京军等，2014；Matjasko et al.，2007；夏扉，叶宝娟，2017）。研究发现，相比单留守儿童，双留守儿童会存在更多的孤独感和社会焦虑，具有较差的总体健康状况。在单留守儿童中，父亲外出打工而母亲与儿童相处的情况具有最强的保护作用（王树明等，2010；袁博成等，2014）。前文也提到，那些仅父亲外出打工的留守儿童（青少年）比仅母亲外出打工的留守儿童（青少年）或双留守儿童（青少年）有更好的积极发展表现。因此，留守类型的不同可能会影响留守儿童（青少年）的积极发展。

（2）意向性自我调节

意向性自我调节是青少年积极发展的关键性促进因素。青少年积极发展研究领域中的关系发展系统理论认为，个体可以通过自我调节来与其所处的情境达到最佳匹配状态，从而促进自身积极发展（Lerner，2006）。意向性自我调节是个体自我调节的高级形式，对青少年的发展至关重要。意向性自我调节水平高的个体往往能够优化自身目标与其所处环境的匹配度，并善于利用环境中有限的可用资源促进自身积极发展（Gestsdottir & Lerner，2008；Urban et al.，2010）。研究不仅发现意向性自我调节是儿童实现目标的渠道，还发现它能够负向预测吸毒、抑郁等心理行为问题（Gestsdottir et al.，2009），并对儿童幸福感、青少年积极发展具有促进作用（Bakhshaee et al.，2017；Gestsdottir & Lerner，2007）。意向性自我调节可能对留守儿童的积极发展尤其关键，这主要是因为留守儿童积极发展的一大阻力是缺乏父母关爱和有效教育，意向性自我调节能在家长控制与儿童顺从之间起到中介作用，有效减少亲子矛盾、冲突，使留守儿童获得更好的发展环境（Liu & Chang，2016）。此外，留守儿童的学业成绩也与意向性自我调节紧密关联。意向性自我调节的提高能通过提高学业成绩改变家庭模式，改善由不良学习成绩引起的不良自我调节模式（Liu & Chang，2018）。

（3）未来控制

未来控制代表个体对未来有积极预期，并对自己的行为进行规划以实现目标的过程（Helaire，2006）。未来控制水平低的个体对未来抱有消极的态度，可能因此而不为自己长远的发展考虑，更有可能参与到一些风险行为之中。与之相对，未来控制水平高的个体对未来抱有积极的态度，在做决策时通常会考虑到现在的行为对未来发展的影响，也会更倾向于为未来做出合理的计划和安排，以实现自己的发展目标（Chen & Vazsonyi，2011；Trommsdorff et al.，1979）。未来控制有助于避免消极的发展结果。研究发现，未来控制能减少青少年在发展过程中出现的暴力行为和其他问题行为（Chen & Vazsonyi，2011；Shobe & Page-Adams，2001；Stoddard et al.，2011），并能增加青少年的生活满意度和幸福感，促进青少年积极发展（Boniwell et al.，2010；Jackman，2015；Türken et al.，2016）。未来控制在一些处境不利的特殊儿童群体中备受关注，被认为具有抵抗环境不利影响的积极作用。例如，在对艾滋病儿童的研究中，未来控制是儿童罹患抑郁症的保护性因素，并能减少儿童的问题行为（Chen & Vazsonyi，2011；Wang et al.，2012）。留守儿童也作为重点研究对象在未来控制研究中出现。研究者发现未来控制能为留守儿童提供重要的生态资源，促进留守儿童积极发展（Su et al.，2017b）。

2. 环境层面：亲子沟通、学校心理环境、社区环境

（1）亲子沟通

生态系统理论指出，家庭是对儿童（青少年）发展影响最大的微观系统（Bronfenbrenner，1979），亲子沟通是家庭这一微观系统中重要的组成部分（郭海英等，2014）。亲子间的有效沟通能够给亲子双方提供交流彼此情感和想法的机会，增加父母和孩子之间的亲密度，维系良好的家庭氛围。父母和子女也可以通过沟通共同探讨目前面临的困难和挑战，帮助家庭成员更好地应对有关的问题（Barnes & Olson，1985）。青少年和父母之间高质量的情感联结可以给青少年提供支持，对青少年的积极发展起到促进作用（Lee & Lok，2013；Youngblade et al.，2007）。亲子沟通对于儿童（青少年）的保护作用以及对他们积极发展结果的正面影响已在以往的诸多研究中得到支持。具体来说，亲子沟通能够降低儿童各类问题行为出现的频率（Luk et al.，2010；Rogers et al.，2015），减少儿童的健康风险并促进其学业成绩、自尊和幸福感的提高（Bireda & Pillay，2017；Riesch et al.，2006）。

亲子沟通对于留守儿童来说有着重要的意义，因为它是父母离开孩子后对其进行补偿的主要方式，是家长重要的养育策略（Su et al.，2013）。目前国内外关于留守儿童亲子沟通的研究较少，但研究结果均一致表示，亲子沟通对留守儿童的行为和心理都具有重要影响。一项对来自山西、贵州和四川等地区的

留守儿童的纵向研究表明，亲子沟通、亲子凝聚力与留守儿童的孤独感和抑郁呈显著负相关，与心理需求满意度呈显著正相关。另一项对来自湖北的1 165名留守儿童和青少年的研究结果显示，充分的亲子沟通能提高他们的生活满意度和幸福感(Su et al.，2013)。此外，还有研究发现亲子沟通质量与留守儿童的问题行为有关，亲子沟通质量越差，留守儿童的问题行为越多；相反，亲子沟通质量越好，留守儿童的问题行为越少(李娇丽，2009)。总体来说，留守儿童家庭普遍存在亲子沟通匮乏、家庭成员之间亲密度较低的特点，这对留守儿童的社会适应和发展有极大的负面影响。借助网络、电话等方式可以较好地解决留守儿童与父母因距离而产生的沟通不良等问题，能够有效增进亲子关系，从而显著增加儿童的主观幸福感(Niu et al.，2019；郑会芳，2009)。

(2)学校心理环境

学校是除家庭之外对儿童(青少年)的发展有着重要影响的另一微观环境(Bronfenbrenner，1979)。学校积极心理环境能够为学生提供身体以及心理上的安全感，让学生感受到来自同学和教师的支持与尊重(Thapa et al.，2013)，这些积极因素有利于儿童(青少年)的学校适应，可对儿童(青少年)的健康发展产生积极的影响。学校积极心理环境对儿童(青少年)在学业、行为和心理方面积极发展结果的促进作用已得到诸多研究的支持(Wang & Degol，2016)。学校心理环境包含了安全与秩序感、接纳与支持感、公平与公正感、鼓励自主与合作感等核心要素(陶沙等，2015)。当学生体验到安全、支持、没有歧视的良好学校心理环境时，其学业成绩更好，学习动机更强，抑郁等消极情绪和攻击、违纪等问题行为更少；反之，当学生体验到竞争、缺乏支持的学校心理环境时，他们的学习动机将会下降，容易产生焦虑、抑郁等消极情绪(Bao et al.，2015；Roeser et al.，1998；Thapa et al.，2013)。

此外，学校心理环境还影响着校园欺凌、暴力行为的发生频率，良好的学校心理环境能减少此类现象的发生，从而保护学生的身体和心理健康(Hardaway et al.，2012；Hu et al.，2018)。针对留守儿童的研究表明，学校环境可能是留守儿童发展结果差于普通儿童的重要原因之一(Hu et al.，2014)。一项旨在检验校本和社区保护服务创新与中国留守儿童受侵害的元分析结果显示，良好的学校心理环境能够有效减少留守儿童遇到的校园欺凌现象(Jiang et al.，2019)。王树涛(2018)对江西6所农村中小学生的调查结果显示，相比非留守儿童，学校氛围对留守儿童的情绪智力影响更为显著。具体而言，师生关系与发展多样性等支持性氛围对留守儿童的情绪知觉具有显著正向影响，同学关系和发展多样性等支持性氛围对留守儿童的情绪调控具有显著正向影响。此外，还有研究发现，良好的学校心理环境有利于提高留守儿童的自尊，降低其孤独感(Wei & Huang，2019)。可见，留守儿童的学校心理环境对留守儿童健康发展有着重要的作用。

(3)社区环境

社区是儿童(青少年)经常活动的场所，社区环境是影响儿童(青少年)积极发展的又一环境因素(Urban et al.，2010)。社区环境对儿童(青少年)的行为、价值观等方面均有影响(Wen，2017)。在行为层面，不良的社区环境可直接引发青少年的吸烟、饮酒乃至吸毒等问题行为(Duncan et al.，2002；Echeverr et al.，2008)；在心理层面，有威胁性的社区环境也会给青少年的心理健康带来消极的影响(Aneshensel & Sucoff，1996)。与之相对的是，良好的社区环境可以给社区成员提供安全感，促进社区成员之间的信任和联结，使社区成员能够体验到更多的社会支持(Sampson et al.，1997)。此外，社区环境还影响着社会资本。社会资本是儿童发展的重要资源，影响着留守儿童的心理韧性和心理健康(Li et al.，2018；Wen，2017；Wu et al.，2015)。可见，良好的社区环境对于个体尤其是处境不利儿童(青少年)的健康发展有着积极且至关重要的意义。

青少年积极发展领域的相关研究发现，社区环境与家庭、学校环境协同作用，共同促进青少年积极发展(Theokas & Lerner，2006)。社区中的青少年服务机构数量与贫困社区青少年的积极发展呈显著正相关(Anderson et al.，2018)。社区环境在留守儿童(青少年)积极发展中扮演重要角色。根据研究者提出的一系列社区影响模型(Leventhal & Brooks-Gunn，2000)，社区环境从公共设施、治安、社区组织、同龄人秉性、社区资源等角度影响着青少年发展。留守儿童(青少年)既拥有差于城市儿童的基础设施环境，又易在缺乏父母看护的情况下接触不良人群，我们亟须找到适应和改善不良社区环境的渠道(Hu，2013；Zhao et al.，2017)，以帮助他们减少不利环境的影响并促进其积极发展。

**(二)研究工具**

1. 人口学变量

与调查我国留守儿童(青少年)积极发展的基本特点时所用的变量相同。

2. 青少年积极发展量表

采用与本章第二节第一部分相同的青少年积极发展量表。

3. 留守情况

与调查我国留守儿童(青少年)积极发展基本特点时所用的测量工具相同。

4. 意向性自我调节问卷

与第六章调查我国青少年积极发展影响因素时所用的意向性自我调节问卷相同。在本研究的留守儿童(青少年)群体中，该问卷的内部一致性信度系数为

0.80，选择、优化、补偿三个维度的内部一致性系数分别为 0.80、0.72 和 0.79。

5. 未来控制问卷

与第六章调查我国青少年积极发展影响因素时所用的未来控制量表相同。在本研究的留守儿童(青少年)群体中，该问卷的内部一致性系数为 0.71。

6. 亲子沟通问卷

与第六章调查我国青少年积极发展影响因素时所用的沟通障碍子量表相同。在本研究的留守儿童(青少年)群体中，该问卷的内部一致性系数为 0.75。

7. 学校心理环境问卷

与第六章调查我国青少年积极发展影响因素时所用的测量工具相同。在本研究的留守儿童(青少年)群体中，该问卷的内部一致性系数为 0.90，安全和秩序、支持和接纳、公平和公正、鼓励自主与合作四个维度的内部一致性系数分别为 0.67、0.80、0.82 和 0.84。

8. 社区环境问卷

与第六章调查我国青少年积极发展影响因素时所用的测量工具相同。在本研究的留守儿童(青少年)群体中，该问卷的内部一致性系数为 0.87。

**(三)研究结果**

1. 个体层面：留守类型、意向性自我调节和未来控制
(1)留守类型

为考察留守类型对留守儿童(青少年)积极发展的影响，本研究以留守儿童(青少年)积极发展为因变量，留守类型为预测变量进行回归分析，将性别和年级组纳入回归方程，考察年级组和性别与留守类型的交互作用。

如表 7-2 所示，在控制了性别和年级组人口学变量之后，留守类型对留守儿童的积极发展无预测作用($\beta = 0.03$，$p = 0.382$)。性别($\beta = 0.06$，$p = 0.302$)、年级组($\beta = -0.02$，$p = 0.105$)与留守类型对其积极发展的影响不存在显著的交互作用。

表 7-2　留守类型对留守儿童(青少年)积极发展的回归分析

| 预测变量 | 第一步 | | | 第二步 | | | 第三步 | | |
|---|---|---|---|---|---|---|---|---|---|
| | $\beta$ | SE | $t$ | $\beta$ | SE | $t$ | $\beta$ | SE | $t$ |
| 性别 | 0.12* | 0.05 | 2.30 | 0.13* | 0.05 | 2.36 | 0.03 | 0.11 | 0.31 |
| 年级组 | 0.12*** | 0.03 | 3.62 | 0.11*** | 0.03 | 3.50 | 0.16 | 0.09 | 1.80 |
| 留守类型 | | | | 0.03 | 0.03 | 0.88 | -0.01 | 0.05 | -0.18 |

| 预测变量 | 第一步 | | | 第二步 | | | 第三步 | | |
|---|---|---|---|---|---|---|---|---|---|
| | $\beta$ | SE | $t$ | $\beta$ | SE | $t$ | $\beta$ | SE | $t$ |
| 性别×留守类型 | | | | | | | 0.06 | 0.06 | 0.98 |
| 年级组×留守类型 | | | | | | | −0.02 | 0.04 | −0.57 |
| $\Delta R^2$ | 0.013*** | | | 0.001*** | | | 0.002*** | | |

注：留守类型：仅父亲外出打工=1，仅母亲外出打工=2，双留守=3；年级组：小学组=1，初中组=2，高中组=3；性别：男生=1，女生=0；* $p<0.05$，** $p<0.01$，*** $p<0.001$，下同。

（2）意向性自我调节

为考察意向性自我调节对留守儿童（青少年）积极发展的影响，本研究以留守儿童（青少年）积极发展为因变量，意向性自我调节为预测变量进行回归分析，将性别和年级组纳入回归方程，考察年级组和性别与意向性自我调节的交互作用。

如表 7-3 所示，在控制了性别和年级组人口学变量之后，意向性自我调节对留守儿童（青少年）的积极发展仍有显著的正向预测作用（$\beta=0.74$，$p<0.001$），留守儿童（青少年）的意向性自我调节能力越强，其积极发展水平就越高。性别（$\beta=0.03$，$p=0.496$）、年级组（$\beta=0.03$，$p=0.136$）与意向性自我调节对其积极发展的影响不存在显著的交互作用。

表 7-3 意向性自我调节对留守儿童（青少年）积极发展的回归分析

| 预测变量 | 第一步 | | | 第二步 | | | 第三步 | | |
|---|---|---|---|---|---|---|---|---|---|
| | $\beta$ | SE | $t$ | $\beta$ | SE | $t$ | $\beta$ | SE | $t$ |
| 性别 | 0.09 | 0.05 | 1.78 | 0.05 | 0.04 | 1.34 | 0.05 | 0.04 | 1.27 |
| 年级组 | 0.11*** | 0.03 | 3.78 | 0.00 | 0.02 | 0.01 | 0.00 | 0.02 | −0.03 |
| 意向性自我调节 | | | | 0.74*** | 0.02 | 39.56 | 0.73*** | 0.03 | 25.82 |
| 性别×意向性自我调节 | | | | | | | 0.03 | 0.04 | 0.68 |
| 年级组×意向性自我调节 | | | | | | | 0.03 | 0.02 | 1.49 |
| $\Delta R^2$ | 0.012*** | | | 0.514*** | | | 0.001*** | | |

（3）未来控制

为考察未来控制对留守儿童（青少年）积极发展的影响，本研究以留守儿童（青少年）积极发展为因变量，未来为预测变量进行回归分析，将性别和年级组纳入回归方程，考察年级组和性别与未来控制的交互作用。

如表 7-4 所示，在控制了性别和年级组人口学变量之后，未来控制对留守儿童(青少年)的积极发展仍有显著的正向预测作用($\beta=0.46$，$p<0.001$)，留守儿童(青少年)的未来控制越强，其积极发展水平就越高。年级组与未来控制对留守儿童(青少年)积极发展的交互作用显著($\beta=0.09$，$p=0.002$)。如图 7-18 所示，未来控制对留守儿童(青少年)积极发展的正向预测作用主要体现在高年级组的留守儿童(青少年)身上。性别与未来控制交互作用不显著($\beta=-0.06$，$p=0.248$)。

表 7-4 未来控制对留守儿童(青少年)积极发展的回归分析

| 预测变量 | 第一步 | | | 第二步 | | | 第三步 | | |
|---|---|---|---|---|---|---|---|---|---|
| | $\beta$ | $SE$ | $t$ | $\beta$ | $SE$ | $t$ | $\beta$ | $SE$ | $t$ |
| 性别 | 0.09 | 0.05 | 1.70 | 0.11* | 0.05 | 2.30 | 0.12* | 0.05 | 2.49 |
| 年级组 | 0.11*** | 0.03 | 3.61 | 0.02 | 0.03 | 0.91 | 0.03 | 0.03 | 1.18 |
| 未来控制 | | | | 0.46*** | 0.02 | 19.35 | 0.48*** | 0.04 | 13.26 |
| 性别×未来控制 | | | | | | | −0.06 | 0.05 | −1.16 |
| 年级组×未来控制 | | | | | | | 0.09** | 0.03 | 3.17 |
| $\Delta R^2$ | | 0.011*** | | | 0.203*** | | | 0.006*** | |

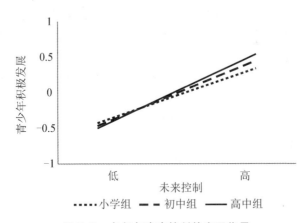

图 7-18 年级与未来控制的交互作用

2. 环境层面：亲子沟通、学校心理环境、社区环境

(1)亲子沟通

除了个体因素外，家庭因素对留守儿童(青少年)发展的影响也非常重要。为考察亲子沟通对留守儿童(青少年)积极发展的影响，本研究以留守儿童(青少年)积极发展为因变量，亲子沟通为预测变量进行回归分析，将性别和年级

组纳入回归方程，考察年级组和性别与亲子沟通的交互作用。

如表 7-5 所示，在控制了性别和年级组人口学变量之后，亲子沟通对留守儿童(青少年)的积极发展仍有显著的正向预测作用($\beta=0.45$，$p<0.001$)，留守儿童(青少年)的亲子沟通越好，其积极发展水平就越高。性别($\beta=0.09$，$p=0.051$)和年级组($\beta=-0.03$，$p=0.244$)与亲子沟通对留守儿童(青少年)积极发展的影响不存在显著的交互作用。

表 7-5　亲子沟通对儿童(青少年)积极发展的回归分析

| 预测变量 | 第一步 | | | 第二步 | | | 第三步 | | |
|---|---|---|---|---|---|---|---|---|---|
| | $\beta$ | $SE$ | $t$ | $\beta$ | $SE$ | $t$ | $\beta$ | $SE$ | $t$ |
| 性别 | 0.09 | 0.05 | 1.69 | 0.18*** | 0.05 | 3.88 | 0.18*** | 0.05 | 3.87 |
| 年级组 | 0.12*** | 0.03 | 3.90 | 0.09*** | 0.03 | 3.51 | 0.10*** | 0.03 | 3.52 |
| 亲子沟通 | | | | 0.45*** | 0.02 | 19.03 | 0.42*** | 0.03 | 13.47 |
| 性别×亲子沟通 | | | | | | | 0.09 | 0.05 | 1.95 |
| 年级组×亲子沟通 | | | | | | | −0.03 | 0.03 | −1.17 |
| $\Delta R^2$ | 0.012* | | | 0.199*** | | | 0.003*** | | |

(2)学校心理环境

从学校心理环境因素出发，为考察学校积极心理环境对留守儿童(青少年)积极发展的影响，本研究以留守儿童(青少年)积极发展为因变量，学校心理环境为预测变量进行回归分析，将性别和年级组纳入回归方程，考察年级组和性别与学校心理环境的交互作用。

如表 7-6 所示，在控制了性别和年级组人口学变量之后，学校心理环境对留守儿童(青少年)的积极发展仍有显著的正向预测作用($\beta=0.56$，$p<0.001$)，留守儿童(青少年)所在学校的心理环境越好，其积极发展水平就越高。性别($\beta=0.02$，$p=0.671$)和年级组($\beta=-0.01$，$p=0.564$)与学校心理环境对留守儿童(青少年)积极发展的影响不存在显著的交互作用。

表 7-6　学校心理环境对儿童(青少年)积极发展的回归分析

| 预测变量 | 第一步 | | | 第二步 | | | 第三步 | | |
|---|---|---|---|---|---|---|---|---|---|
| | $\beta$ | $SE$ | $t$ | $\beta$ | $SE$ | $t$ | $\beta$ | $SE$ | $t$ |
| 性别 | 0.09 | 0.05 | 1.74 | 0.18*** | 0.04 | 4.12 | 0.18*** | 0.04 | 4.08 |
| 年级组 | 0.11*** | 0.03 | 3.52 | 0.08** | 0.03 | 3.01 | 0.08** | 0.03 | 3.02 |
| 学校心理环境 | | | | 0.56*** | 0.02 | 25.25 | 0.55*** | 0.03 | 16.58 |

| 预测变量 | 第一步 | | | 第二步 | | | 第三步 | | |
|---|---|---|---|---|---|---|---|---|---|
| | $\beta$ | $SE$ | $t$ | $\beta$ | $SE$ | $t$ | $\beta$ | $SE$ | $t$ |
| 性别×学校积极心理环境 | | | | | | | 0.02 | 0.04 | 0.42 |
| 年级组×学校积极心理环境 | | | | | | | −0.01 | 0.03 | −0.58 |
| $\Delta R^2$ | 0.011* | | | 0.305*** | | | <0.001*** | | |

（3）社区环境

社区环境同样是留守儿童（青少年）成长过程中重要的环境因素。为考察社区环境对留守儿童（青少年）积极发展的影响，本研究以留守儿童（青少年）积极发展为因变量，社区环境为预测变量进行回归分析，将性别和年级组纳入回归方程，考察年级组和性别与社区环境的交互作用。

如表 7-7 所示，在控制了性别和年级组人口学变量之后，社区环境对留守儿童（青少年）的积极发展仍有显著的正向预测作用（$\beta=0.51$，$p<0.001$），留守儿童（青少年）所在社区环境越好，其积极发展水平就越高。性别（$\beta=-0.01$，$p=0.906$）和年级组（$\beta=-0.02$，$p=0.416$）与社区环境对留守儿童（青少年）积极发展的影响不存在显著的交互作用。

表 7-7　社区环境对儿童（青少年）积极发展的回归分析

| 预测变量 | 第一步 | | | 第二步 | | | 第三步 | | |
|---|---|---|---|---|---|---|---|---|---|
| | $\beta$ | $SE$ | $t$ | $\beta$ | $SE$ | $t$ | $\beta$ | $SE$ | $t$ |
| 性别 | 0.09 | 0.05 | 1.75 | 0.02 | 0.05 | 0.40 | 0.02 | 0.05 | 0.44 |
| 年级组 | 0.11*** | 0.03 | 3.68 | 0.08** | 0.03 | 2.99 | 0.08** | 0.03 | 2.95 |
| 社区环境 | | | | 0.51*** | 0.02 | 21.65 | 0.51*** | 0.03 | 14.97 |
| 性别×社区环境 | | | | | | | −0.01 | 0.05 | −0.12 |
| 年级组×社区环境 | | | | | | | −0.02 | 0.03 | −0.81 |
| $\Delta R^2$ | 0.011*** | | | 0.242*** | | | <0.001*** | | |

**（四）讨论与启示**

**1. 留守儿童（青少年）整体积极发展较为良好，但存在群体内部差异**

从发展阶段角度看，留守儿童（青少年）积极发展的总体趋势表现为，随着年龄的增长，积极发展的形势越来越好，高中阶段的留守儿童（青少年）在积极发展的品格、能力和自我价值方面均好于初中和小学阶段。然而从结果中我们不难发现，初中阶段的留守儿童（青少年）在三个阶段中积极发展得分偏低，甚至低于小学阶段。这可能是由于初中阶段的个体正处于发展特殊期（如进入青春期，学习阶段的转变等），其品格、能力、自我价值和联结也在发生着波动性变化。因此，未来在研究和干预时，我们应更多地关注初中阶段的留守儿童（青少年）。

从性别角度看，留守儿童（青少年）中男生的自我价值感显著高于女生，在品格的"爱"和"志"两个维度上女生得分显著高于男生。可见，留守儿童（青少年）的男生和女生在积极发展方面存在一定的性别差异。因此未来开展留守儿童（青少年）积极发展的培养时，应针对不同性别制订更有针对性的培养方案。

从留守类型角度看，相较于仅母亲外出打工和父母二人均外出打工的留守儿童（青少年），仅父亲外出打工的留守儿童（青少年）积极发展的程度更好。换言之，有母亲陪伴的留守儿童（青少年）比没有母亲陪伴的留守儿童（青少年）积极发展的程度更好。可见在留守儿童（青少年）发展的过程中，母亲的角色非常重要，母亲的缺席可能会加剧留守儿童（青少年）的不良发展结果。

2. 良好的个体、家庭、学校和社区环境均有利于留守儿童（青少年）的积极发展

对于个体而言，意向性自我调节和未来控制能力越强的留守儿童（青少年），其积极发展的水平越高，且这种正向的预测作用主要体现在高年龄组。具体来说，意向性自我调节水平高的留守儿童（青少年）往往善于通过自我调节，寻找并利用环境中的可用资源；未来控制能力高的留守儿童（青少年）对未来抱有积极的态度，倾向于对未来做出合理的计划和安排。这都有利于弥补留守儿童（青少年）所处不利处境的消极影响，并促进他们积极发展。

对于家庭而言，具有良好亲子沟通的留守儿童（青少年）积极发展水平更高。由于父母外出打工，因此留守儿童（青少年）在成长的过程中不得不面临亲子分离的困扰，留守儿童（青少年）家庭普遍存在沟通不足、父母对孩子的成长与发展缺乏了解等问题。良好的亲子沟通对留守儿童（青少年）的发展至关重要，父母在外务工的同时，可以借助网络、电话等方式多与孩子交流沟通，了解孩子的生活，增进与孩子的亲密感，为留守在家乡的孩子提供心理上的支持与帮助。

对学校而言，留守儿童（青少年）所在学校的心理环境越好，其积极发展水平就越高。对于学生阶段的留守儿童（青少年）而言，学校是其发展的重要成长环境，良好的学校心理环境，如教师、同伴的支持和尊重等，有利于弥补家庭支持的缺失，增加留守儿童（青少年）的心理安全感，促进其更好地适应环境。

对于社区而言，良好的社区环境有利于留守儿童（青少年）的积极发展。社

区是留守儿童(青少年)除了学校之外另一个较为频繁接触和活动的场所。良好的社区环境能给留守儿童(青少年)提供安全感和信任感,不良的社区环境可能会影响儿童(青少年)的价值观。可见,留守儿童(青少年)较多的社区应该加强管理,提供更多的资源支持留守儿童(青少年)更加健康地成长。

综上所述,为了留守儿童(青少年)更好地发展,家庭、学校和社会应为其创造更丰富的支持性资源和环境,如开设相关的课程,制订更加具有针对性的干预方案等,帮助留守儿童(青少年)利用自身和环境资源应对现有的不利处境,发掘自身潜能,从而得到更好发展。

## 三、我国流动儿童(青少年)积极发展的基本特点

### (一)问题提出

随着我国工业化、城市化进程的加快,流动儿童(青少年)的规模也在日渐扩大。根据国家卫生健康委员会发布的《中国流动人口发展报告2018》可知,我国2017年的流动人口数量达2.44亿人,其中"90后"占比为24.3%,"00后"和"10后"占比分别为19.3%和20.9%。教育部的数据显示,截至2018年年底,处于义务教育阶段的在校流动儿童共有1 424.04万人,其中小学阶段有1 048.39万人,初中阶段375.65万人(教育部,2019)。流动儿童跟随父母辗转迁徙,尽管可能可以接触到更好的物质和教育资源,获得更好的发展机会,但受到户籍制度、较低的社会经济地位、社会排斥、适应压力等问题的限制,其心理适应和健康发展都会面临很大的挑战(Meng & Yamauchi,2017;Wang & Mesman,2015;张春妹等,2019)。由于数量庞大且处境不利,流动儿童的心理适应和健康发展等问题已成为许多研究者共同关注的话题(刘霞等,2013;Wang et al.,2017;Wang & Mesman,2015;Zhang et al.,2018,2019)。流动儿童面临的不利处境可能导致一些消极的发展结果。研究者通过对103篇有关流动儿童的研究文献进行综述发现,流动儿童整体心理健康状况较差,相比于普通的城市儿童,流动儿童的自尊水平偏低,孤独感水平偏高,且更容易出现问题行为和抑郁等问题(师保国等,2014)。针对我国流动儿童心理健康的元分析表明,相比于非流动儿童,流动儿童的心理健康状况更差。具体而言,流动儿童更容易有社交焦虑、学习焦虑、孤独、恐惧和自我指责的倾向,且更容易出现身体症状(Zhang et al.,2019)。

如何改善流动儿童的不利处境、促进流动儿童的健康发展是心理学、教育学、社会学、公共卫生学等诸多学科领域非常关注的问题。以往关于流动儿童的相关研究大多重在揭示不利处境对流动儿童心理和行为的消极影响,关注流

动儿童在发展过程中存在的问题(刘霞等，2013)。仅关注流动儿童发展过程中遇到的"问题"不足以揭示流动儿童发展的全貌，忽视了流动儿童具有的积极品质和获得积极发展的潜力。只有少量实证研究关注了流动儿童的亲社会行为(邝娅，谭千保，2019)、自我控制和心理韧性(王景芝等，2019)、积极心理资本(杨明，2019)等流动儿童积极的发展资源或发展结果。随着积极青少年发展观的兴起，研究者指出，对处境不利儿童的研究不应只局限在他们可能存在的"问题"上，更应该关注能够促进他们积极发展的"资源"，以期能够更全面地揭示处境不利儿童的发展状况，更好地提升处境不利儿童的发展水平(林丹华，2019)。积极青少年发展观认为，即便在不利处境中，个体仍具备获得健康发展的潜力，个体自身拥有的优势和环境资源都对儿童和青少年的积极发展起到促进作用(Lerner et al.，2015)。鉴于此，本部分将基于青少年积极发展视角，揭示流动儿童(青少年)积极发展的特点，并探讨影响流动儿童(青少年)积极发展的重要的个体因素和环境因素。

### (二)研究对象

本研究从全国 10 个省市选择了 60 所中小学，对四年级和五年级、七年级和八年级及高一和高二的学生进行施测，施测共获得 16 317 名有效被试，其中流动儿童(青少年)被试有 3 414 名，占总体被试的 20.92%。流动儿童(青少年)被试的平均年龄为 12.75 岁($SD=2.33$，年龄范围为 9~20 岁)，其中男生有 1 768 名(占 51.79%)，女生有 1 491 名(占 43.67%)，另有 155 名(占 4.54%)流动儿童(青少年)被试未报告性别。从省份来看，辽宁省的流动儿童(青少年)被试最多，有 691 名(占 20.24%)，湖南 552 名(占 16.17%)，陕西 493 名(占 14.44%)，北京 404 名(占 11.83%)，河南 375 名(占 10.98%)，其余流动儿童(青少年)被试来自广东、贵州、江西、上海、浙江。从被试的学段划分来看，小学组被试 1 399 名(占 40.98%)，初中组被试 1 294 名(占 37.90%)，高中组被试 721 名(占 21.12%)。

### (三)研究工具

1. 人口学变量

基本的人口学变量包含了流动儿童(青少年)的性别、年龄、年级、所在省份以及学校。

2. 青少年积极发展量表

采用与本章第二节第一部分相同的青少年积极发展量表。在本研究的流动儿童(青少年)样本中，量表总体的内部一致性系数为 0.98，品格、能力、自我价值和联结四个维度的内部一致性系数分别为 0.96、0.95、0.92、0.93。

### 3. 流动性情况

采用四个问题调查流动儿童(青少年)的流动性情况("你在现在居住的这个城市已经生活了几年","你来这个城市后,一共转了几次学","你来这个城市后,一共搬了几次家","你是否有过父母中一人或者两人在城里打工,而自己留在老家生活的经历")。在进行数据处理时,对四道题目采用 0—1 赋值(在现在居住城市生活时间小于 3 年记为 1,大于等于三年记为 0;有转学、搬家经历分别记为 1,没有转学、搬家经历记为 0;有留守经历记为 1,没有留守经历记为 0)。之后再求和,将其作为流动儿童的流动性得分。最后,将流动性得分在平均值及以下的分数转化为 0,将其归为低流动性组;将得分在平均值及以上的分数转化为 1,将其归为高流动性组(胡宁等,2009;叶枝等,2017)。其中,低流动性组共 2 106 人,高流动性组共 1 233 人,另有 75 人在流动性测量上存在缺失。

### (四)研究结果

#### 1. 我国流动儿童(青少年)积极发展状况整体较好

我国流动儿童(青少年)积极发展的整体水平见表 7-8。从表 7-8 可以看到,被抽取的流动儿童(青少年)在品格、能力、自我价值以及联结上的发展状况整体较好,他们在品格上的得分最高($M=4.17$,$SD=0.58$),在自我价值上得分最低($M=3.63$,$SD=0.86$)。

表 7-8　流动儿童(青少年)积极发展基本情况

| 维度 | $M$ | $SD$ |
|------|------|------|
| 品格 | 4.17 | 0.58 |
| 能力 | 3.83 | 0.74 |
| 自我价值 | 3.63 | 0.86 |
| 联结 | 3.89 | 0.82 |

注:品格有 313 个缺失值,能力有 154 个缺失值,自我价值有 102 个缺失值,联结有 68 个缺失值

其中品格包含"爱""志""信""毅"四个子维度,流动儿童(青少年)在这四个维度上的得分分别为:"爱"($M=4.35$,$SD=0.58$),"志"($M=3.99$,$SD=0.67$),"信"($M=3.89$,$SD=0.80$),"毅"($M=4.10$,$SD=0.78$)。能力包含学业能力、社会能力、生活能力三个维度,流动儿童(青少年)在这三个维度上的得分分别为:学业能力($M=3.69$,$SD=0.86$),社会能力($M=3.90$,$SD=0.90$),生活能力($M=4.01$,$SD=0.76$)。联结包含家庭联结、学校联

结、社区联结三个维度，流动儿童(青少年)在这三个维度上的得分分别为：家庭联结($M=4.12$，$SD=0.94$)，学校联结($M=3.92$，$SD=0.93$)，社区联结($M=3.58$，$SD=1.12$)。流动儿童(青少年)在品格、能力和联结三个维度上的得分情况分别见图 7-19、图 7-20 和图 7-21。

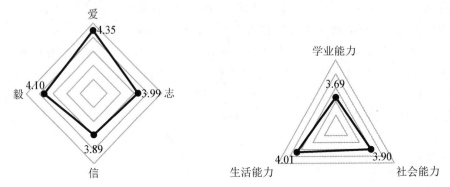

**图 7-19　流动儿童(青少年)品格四维度情况**　　**图 7-20　流动儿童(青少年)能力三维度情况**

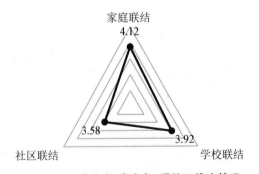

**图 7-21　流动儿童(青少年)联结三维度情况**

2. 我国小学组流动儿童(青少年)的积极发展状况好于初中组与高中组

图 7-22 显示了不同年级组的流动儿童(青少年)在积极发展的四个维度上的得分情况。方差分析结果显示，流动儿童(青少年)在品格($F(2，2916)=22.96$，$p<0.001$)，能力($F(2，2916)=31.48$，$p<0.001$)，自我价值($F(2，2916)=5.09$，$p=0.006$)，联结($F(2，2916)=20.63$，$p<0.001$)四个维度上的得分均存在显著的年级组差异。事后检验发现，在能力和联结上，小学组的得分显著高于初中组和高中组($ps<0.001$)，初中组的得分显著高于高中组(能力：$p=0.002$，联结：$p<0.001$)。在品格和自我价值维度上，小学组的得分显著高于初中组(品格：$p<0.001$，自我价值：$p=0.016$)和高中组(品格：$p<0.001$，自我价值：$p=0.019$)，初中组和高中组的得分无显著差异(品格：$p=0.083$，自我价值：$p=1.000$)。总体而言，小学组在各个维度上的发展要好于初中组和高中组；初中组在能力和联结上的发展要好于高中组，

在品格和自我价值上的发展与高中组无显著差异。

图 7-22、图 7-23 和图 7-24 分别呈现了不同年级组的流动儿童(青少年)在品格、能力和联结三个维度上的得分情况。针对品格各个子维度的方差分析发现，流动儿童(青少年)在"爱"($F(2, 3100)=2.08$, $p=0.125$)维度上的得分不存在显著的年级组差异，在"志"($F(2, 3100)=36.13$, $p<0.001$)，"信"($F(2, 3100)=31.72$, $p<0.001$)，"毅"($F(2, 3100)=45.86$, $p<0.001$)三个维度上的得分均存在显著的年级组差异。事后检验发现，在"信""毅"两个维度上，小学组的得分显著高于初中组和高中组($ps<0.001$)，初中组的得分显著高于高中组(信：$p<0.001$，毅：$p=0.012$)。在"志"维度上，小学组的得分显著高于初中组和高中组($ps<0.001$)，初中组和高中组的得分无显著差异($p=1.000$)。

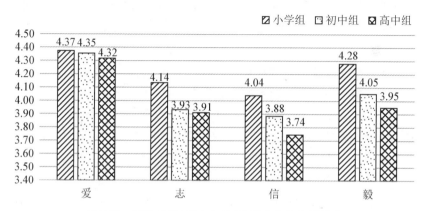

图 7-22　流动儿童(青少年)品格维度上的年级特点

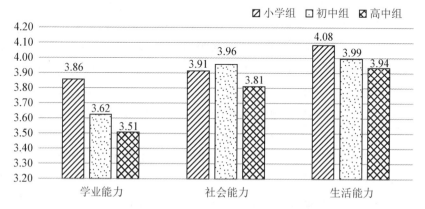

图 7-23　流动儿童(青少年)能力维度上的年级特点

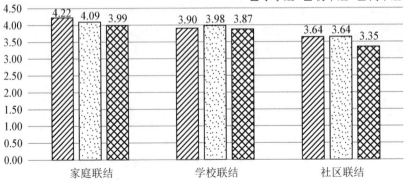

图7-24 流动儿童(青少年)联结维度上的年级特点

针对能力各个子维度的方差分析发现，流动儿童(青少年)在学业能力($F$(2，3259)=44.78，$p<0.001$)，社会能力($F$(2，3259)=6.35，$p=0.002$)，生活能力($F$(2，3259)=9.69，$p<0.001$)三个维度上的得分均存在显著的年级组差异。事后检验发现，在学业能力上，小学组的得分显著高于初中组和高中组($ps<0.001$)，初中组的得分显著高于高中组($p=0.010$)。在社会能力上，小学组($p=0.039$)和初中组($p=0.001$)的得分显著高于高中组，小学组和初中组的得分无显著差异($p=0.652$)。在生活能力上，小学组的得分显著高于初中组($p=0.009$)和高中组($p<0.001$)，初中组和高中组的得分无显著差异($p=0.279$)。

针对联结各个子维度的方差分析发现，流动儿童(青少年)在家庭联结($F$(2，3345)=15.26，$p<0.001$)，学校联结($F$(2，3345)=4.00，$p=0.019$)，社区联结($F$(2，3345)=19.53，$p<0.001$)三个维度上均存在显著的年级组差异。事后检验发现，在家庭联结上，小学组的得分显著高于初中组($p=0.001$)和高中组($p<0.001$)，初中组与高中组的得分没有显著差异($p=0.059$)。在学校联结上，初中组的得分显著高于高中组($p=0.034$)，小学组与初中组($p=0.081$)和高中组($p=1.000$)的得分均无显著差异。在社区联结上，高中组的得分显著低于小学组和初中组($ps<0.001$)，小学组和初中组的得分无显著差异($p=1.000$)。

3. 流动儿童(青少年)中的女生在品格和能力上的发展好于男生，在自我价值上的发展差于男生

图7-25显示了不同性别的流动儿童(青少年)在积极发展的四个维度上的得分情况。独立样本$t$检验的结果显示，流动儿童(青少年)中的女生在品格($t$(2982.75)=3.76，$p<0.001$)和联结($t$(3158.27)=2.84，$p=0.005$)两个维度上的得分显著高于男生。流动儿童(青少年)中的男生在自我价值维度上的

得分显著高于女生($t(3173)=-4.20$，$p<0.001$）。流动儿童（青少年）在能力维度上的得分不存在显著的性别差异（$t(3130)=0.01$，$p=0.992$）。总体而言，流动儿童（青少年）中的女生在品格和联结上的发展要好于男生，在自我价值感上的发展弱于男生；流动儿童（青少年）在能力方面的积极发展不存在性别差异。

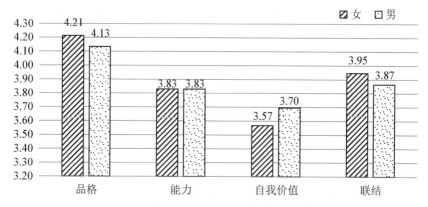

图 7-25　流动儿童（青少年）积极发展的性别特点

图 7-26、图 7-27 和图 7-28 分别呈现了不同性别的流动儿童（青少年）在品格、能力和联结三个维度上的得分情况。针对品格的独立样本 $t$ 检验显示，流动儿童（青少年）中的女生在"爱"（$t(3120.68)=4.90$，$p<0.001$），"志"（$t(3162.52)=5.67$，$p<0.001$），"信"（$t(3182.38)=1.99$，$p=0.046$）三个维度上的得分显著高于男生。流动儿童在"毅"上的得分不存在显著的性别差异（$t(3172)=0.90$，$p=0.369$）。

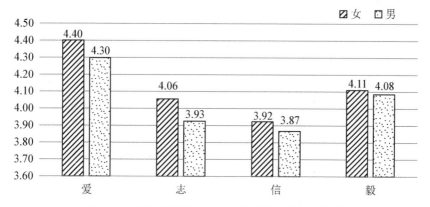

图 7-26　流动儿童（青少年）品格维度上的性别特点

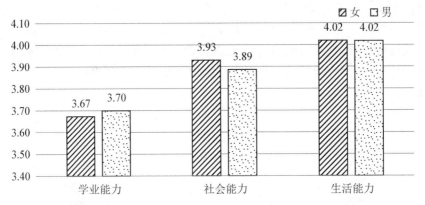

**图7-27　流动儿童(青少年)能力维度上的性别特点**

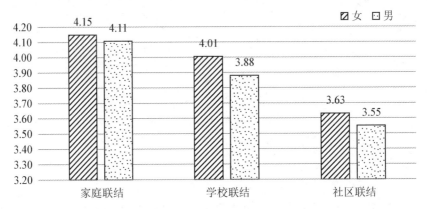

**图7-28　流动儿童(青少年)联结维度上的性别特点**

针对能力的独立样本 $t$ 检验显示,流动儿童(青少年)在学业能力($t(3192)=$ $-0.86$, $p=0.389$),社会能力($t(3218)=1.37$, $p=0.169$),生活能力 ($t(3215)=0.07$, $p=0.946$)三个维度上的得分均不存在显著的性别差异。

针对联结的独立样本 $t$ 检验显示,流动儿童(青少年)中的女生在学校联结 ($t(3213.60)=3.85$, $p<0.001$)和社区联结($t(3200.10)=2.04$, $p=0.041$) 三个维度上的得分显著高于男生。流动儿童(青少年)在家庭联结上的得分不存在显著的性别差异($t(3237)=1.25$, $p=0.212$)。

4. 流动性低的流动儿童(青少年)的积极发展整体好于流动性高的流动儿童(青少年)

图7-29显示了高、低流动性水平的流动儿童(青少年)在积极发展的四个维度上的得分情况。独立样本 $t$ 检验的结果显示,低流动性水平的流动儿童(青少年)在品格($t(3048)=3.90$, $p<0.001$),能力($t(3194)=4.37$, $p<0.001$),自我价值($t(2579.85)=3.28$, $p=0.001$),联结($t(3276)=5.18$,

$p < 0.001$)四个维度上的得分均显著高于高流动性水平的儿童(青少年)。总体而言,相比于流动性高的流动儿童(青少年),流动性低的流动儿童(青少年)在品格、能力、自我价值、联结这四个方面的积极发展均更好。

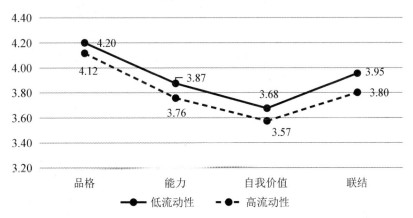

**图 7-29　流动儿童(青少年)积极发展的流动性特点**

图 7-30、图 7-31 和图 7-32 分别呈现了高、低流动性组的流动儿童(青少年)在品格、能力和联结三个维度上的得分情况。其中,图 7-30 显示了高、低流动性水平的流动儿童(青少年)在品格的四个子维度上的得分情况。独立样本 $t$ 检验的结果显示,低流动性水平的儿童(青少年)在"爱"($t(2371.07) = 4.56$,$p < 0.001$),"志"($t(3254) = 3.92$,$p < 0.001$),"信"($t(3295) = 3.13$,$p = 0.002$),"毅"($t(3246) = 3.07$,$p = 0.002$)四个维度上的得分均显著高于高流动性水平的儿童(青少年)。

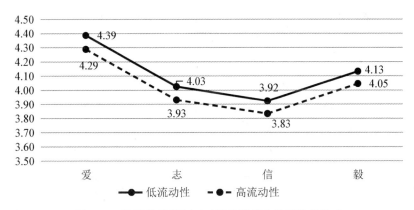

**图 7-30　流动儿童(青少年)品格维度上的流动性特点**

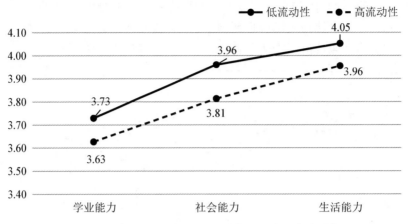

图 7-31  流动儿童(青少年)能力维度上的流动性特点

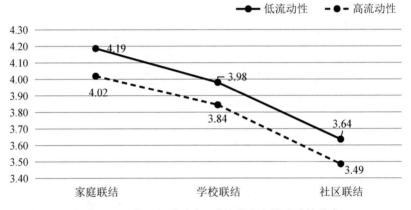

图 7-32  流动儿童(青少年)联结维度上的流动性特点

图 7-31 显示了高、低流动性水平的流动儿童(青少年)在能力的三个子维度上的得分情况。独立样本 $t$ 检验的结果显示,低流动性水平的流动儿童(青少年)在学业能力($t(3261)=3.33$, $p=0.001$),社会能力($t(3291)=4.55$, $p<0.001$),生活能力($t(3293)=3.56$, $p<0.001$)三个维度上的得分均显著高于高流动性水平的流动儿童(青少年)。

图 7-32 显示了高、低流动性水平的流动儿童(青少年)在联结的三个子维度上的得分情况。独立样本 $t$ 检验的结果显示,低流动性水平的儿童(青少年)在家庭联结($t(3316)=4.95$, $p<0.001$),学校联结($t(3312)=4.08$, $p<0.001$),社区联结($t(2695.15)=3.78$, $p<0.001$)三个维度上的得分均显著高于高流动性水平的流动儿童(青少年)。

## 四、我国流动儿童(青少年)积极发展的影响因素

### (一)问题提出

积极青少年发展观认为，所有儿童和青少年都有积极发展的潜力，即便是在不利处境中的儿童和青少年也可以获得积极的发展结果(Lerner，2006)。儿童和青少年自身存在的一些积极的个体因素会对其积极发展起到促进作用。与此同时，家庭、学校和社区环境是影响儿童和青少年发展的重要微观环境(Bronfenbrenner，1979)、儿童和青少年的积极发展也会受到家庭、学校和社区环境的影响(郭海英等，2017；Theokas & Lerner，2006)。基于此，本研究从个体层面以及环境层面探讨流动儿童(青少年)积极发展的关键性影响因素。

1. 个体因素：流动性、意向性自我调节、未来控制

(1)流动性

流动性(mobility)主要涵盖了学校流动性、住房流动性和城市流动性：其中学校流动性是指儿童和青少年上学地点的更换(转学)，住房流动性是指居住场所的更换(搬家)，城市流动性是指在不同城市之间的迁徙(胡宁等，2009)。流动儿童跟随父母不断迁徙，可能会经常处在流动性较大的环境中。居住环境、社会关系等的不断变迁可能会使儿童和青少年产生不安全感和漂浮感，也会增强环境的不可预测性(Belsky et al.，2012)。从生命史理论(Life History Theory)的视角来看，环境的不可预测性是影响个体发展的重要因素(Ellis et al.，2009)。不可预测的环境会促使儿童运用快速的生命史策略来适应这一环境，快速的生命史策略通常意味着更多地参与冒险行为和投机行为(Ellis et al.，2009)。以往许多实证研究都发现，环境的不可预测性(如居住情况的变化、父母职业状况的变化等)会增加儿童和青少年外化问题的发生率(Dickerson et al.，2019；Doom et al.，2016)，对儿童和青少年的健康发展产生不利的影响。频繁的流动使得儿童和青少年需要不断地适应新的环境、建立新的人际关系，这种环境的不稳定性会使流动儿童产生"漂浮感"(申继亮，刘霞，2015)，可能会给流动儿童和青少年带来一系列的适应问题并对其社会情绪能力等方面的发展产生消极影响(胡宁等，2009；叶枝等，2017)。以往研究发现，频繁的流动使得个体难以形成稳定的社交网络，会给个体的自我概念、社会关系以及幸福感等带来消极的影响(Oishi，2010)，这可能也不利于儿童和青少年在自我价值感和联结等方面的发展。针对我国流动儿童的研究发现，流动儿童的流动性越大，社交焦虑、抑郁、孤独感等内化问题就越多(郭海英

等，2017；叶枝等，2017）。由此看来，频繁流动会带来消极的发展结果，不利于流动儿童积极发展。

（2）意向性自我调节

关系发展系统理论为研究青少年积极发展提供了实用的理论框架。在这一理论框架中，意向性自我调节是青少年拥有的重要优势之一，也是影响青少年积极发展的关键性因素（Lerner et al.，2015）。针对我国青少年的研究发现，意向性自我调节可以负向预测青少年的外化行为（代维祝等，2010）。

意向性自我调节可以帮助青少年更好地应对逆境（Trommsdorff，2012）。意向性自我调节水平高的青少年，即便处于不利的成长环境之中，也能在自己与环境互动的过程中获得较大的收益，增加自身积极发展的可能性。针对我国青少年的研究发现，意向性自我调节可以缓冲不利环境因素对青少年发展的消极影响。意向性自我调节可以调节父母体罚与青少年不良同伴联结之间的关系。父母体罚对青少年不良同伴联结的正向预测作用体现在意向性自我调节水平低的青少年中，在意向性自我调节水平高的青少年中没有体现（贠佩红，2017）。与之相似，意向性自我调节可以减少不良学校氛围和不良同伴交往对青少年吸烟行为的正向预测作用（林霜等，2018），减少不良学校氛围对青少年孤独感的正向预测作用（Yu et al.，2019）。这些研究结果表明，意向性自我调节可以帮助青少年从环境中获得更多利于自身发展的资源，专注于自身的积极成长目标（Yu et al.，2019；贠佩红，2017）。即便是处于不利的环境中，意向性自我调节水平高的青少年也可能较少受到外界环境的消极影响。促进青少年意向性自我调节的干预研究也发现了该因素对青少年积极发展的促进作用。勒纳和鲍尔斯（Bowers）在 2012 年设计并实施了青少年意向性自我调节提升项目（Goal Selection，Pursuit of Strategy，Shifting Gears，以下写作 GPS 项目），该项目围绕目标选择、追寻策略、改变安排 3 个维度设计了 13 个主题活动，以提升青少年意向性自我调节水平（Bowers et al.，2013）。我国研究者在课程安排和授课方面对 GPS 项目进行了改编，使课程学习更具有生态实用性。改编后的 GPS 项目（以下写作 GPS-r）包含 10 个课时，分为目标导引、目标唤起及认识目标、合理计划、具体学习策略、总结成长 5 个部分（刘芳晴，2015）。利用 GPS-r 项目对我国大学生群体的干预研究发现，这一项目可以在一定程度上提升参与者的意向性自我调节水平，帮助参与者尝试使用新的问题解决策略，对自己的生活进行规划，学会关注他人并建立积极的人际关系（刘芳晴，2015）。对 68 名七年级孤儿院儿童的干预研究发现，GPS-r 项目可以增强这些处境不利青少年的目标选择能力和目标优化能力，并提升这些青少年对未来的规划能力，使他们形成良好的习惯并收获友谊（Liu et al.，2020）。具体到流动儿童，意向性自我调节可能是影响流动儿童积极发展的关键性因素之一。流动儿童和青少年跟随父母离开户口所在地，进入陌生的城市，需要经历社会环境、生活方式、人际关系等方面的重大变化，能否成功地应对这些情境上的变化并适应和融入新的环境会对流动儿童的发展有重要影响（张娜，2017）。虽然目前少有实证研究关注意向性自我调节对流动儿童积极发展的影响，但有研究者指出，意向性自我调节水平高的儿童和青少年能够更好地应对个体内部与情境中的变化，并通过使自身与环境相匹配从环境中受益，从而增加自己积极发展的可能性（贾远娥，张晓贤，2013）。这样看来，意向性自我调节水平高的流动儿童可能会更好地应对由"流动"带来的生活变化，并通过设定积极的成长目标、计划和管理自己的行为等方式从新的环境中获益，促进自身积极发展。

（3）未来控制

在关系发展系统理论（Lerner，2006）中，对于未来充满期待也是青少年拥有的优势之一，这种对未来的积极态度可以促进青少年积极发展。研究发现，班级中的未来控制氛围可以减少青少年的饮酒行为和内化行为（Alm & Låftman，2016）。自身的未来控制能增加个体的幸福感（Shobe & Page-Adams，2001），减少青少年在发展过程中出现的问题行为（Chen & Vazsonyi，2011；Stoddard et al.，2011）和风险行为（Jackman & MacPhee，2017）。

对于不利处境中的儿童和青少年来说，未来控制可以帮助他们在逆境中对未来充满希望，使他们在面对逆境时表现得更具韧性。以处境不利儿童为调查对象的研究发现，未来控制对儿童健康发展具有促进作用。以受艾滋病影响的儿童为调查对象的研究发现，未来控制对这些儿童的心理健康有促进作用（Zhang et al.，2009），且可以提升他们在不利处境中的心理弹性（陈琼等，2017）。针对有受虐经历的青少年的研究发现，未来控制可以促进受虐青少年的自尊和社会能力的积极发展，并使他们更少做出越轨和暴力的行为，对受虐青少年的积极发展有直接的促进作用；此外，未来控制也可以调节虐待经历与越轨行为、暴力行为、物质滥用之间的关系，减少虐待经历带给青少年的消极影响（Cui et al.，2019）。这些研究结果表明，未来控制可以体现处境不利儿童的心理弹性（Cui et al.，2019），对未来的积极态度可能会对处境不利儿童起到保护作用，对处境不利儿童的发展起到促进作用。流动儿童随父母迁徙到新的城市，多元的城市环境为流动儿童的未来发展提供了更多可能性。对未来的积极态度和清晰规划可以帮助流动儿童明确自身的积极发展目标，提高流动儿童获得良好发展结果的可能性（胡心怡等，2010）。针对流动/国际移民儿童的研究发现，教育领域的未来控制可以正向预测流动儿童的学业卷入（胡心怡等，

2010)，未来控制也可以促进国际移民儿童的文化适应(Flum & Buzukashvili，2018)。由此来看，未来控制可能对流动儿童的良好适应和健康发展有着促进作用。

2. 环境因素面：亲子沟通、学校心理环境、社区环境

(1)亲子沟通

亲子沟通对于儿童和青少年的保护作用以及对其积极发展结果的正面影响已在以往的诸多研究中得到支持。研究发现，高质量的亲子沟通可以负向预测青少年的饮酒和吸烟行为(Diggs et al.，2017；谢倩等，2018)。与父母开放的沟通可以降低青少年受到网络欺凌的可能性(Larrañaga et al.，2016)。积极的亲子沟通与支持性的家庭关系呈正相关，并能正向预测青少年的社会能力和积极的价值观念(Hillaker et al.，2008)。一项针对我国农村青少年的研究表明，亲子沟通可以通过满足农村青少年的基本心理需求使其幸福感得以提升(郭海英等，2014)。

针对处境不利儿童的研究发现，良好的亲子沟通对儿童发展有积极影响。关于癌症晚期儿童的研究发现，高质量的亲子沟通会降低儿童出现心理和行为问题的可能性(Keim et al.，2017)。一项以高风险母子(被试来源于社会经济地位较低的社区)为被试的研究发现，母子间的言语和非言语沟通能够促进儿童实现共情、自我控制等积极发展结果(Enns et al.，2016)。这些结果表明，高质量的亲子沟通可以帮助儿童应对外界环境带来的挑战，促进处境不利儿童的积极发展。对于流动儿童群体来说，亲子沟通可能也是影响他们获得积极发展的重要因素。研究者指出，相比于一般城市儿童，流动儿童与父母的沟通呈现出频率低、时间短且主动性不强等特点，不良的亲子沟通可能会对青少年的健康发展产生不利影响(陈丽，刘艳，2012)。对于面临适应等问题的流动儿童来说，高质量的亲子沟通是有效的积极资源，可以帮助流动儿童正确地认识和应对遇到的困难与挑战(雷大霞，2018)。以我国流动儿童为调查对象的实证研究发现，亲子沟通能正向预测流动儿童感知到的父母温暖，降低流动儿童的孤独感(Ying et al.，2019)。针对流动儿童的个案研究也发现，合理的亲子沟通方式可以给流动儿童带去支持，促进流动儿童健康发展(金明月，2018)。综上所述，良好的亲子沟通可以成为流动儿童的积极资源，对流动儿童的良好适应和积极发展起到促进作用。

(2)学校心理环境

学校心理环境对儿童和青少年在学业、行为和心理方面积极发展结果的促进作用已得到诸多研究的支持(Wang & Degol，2016)。研究发现，积极的学校心理环境能提升青少年对学校的满意度，且对其学业成就、心理幸福感以及

应对策略均有积极的影响(Ruus et al.，2007)。学校中的公平、联结和参与可以对青少年的积极发展起到促进作用(Debnam et al.，2014)。一项以 10 826 名小学生为被试的研究发现，学校积极心理环境能够提升四~六年级学生的认知能力(陶沙等，2015)，学校总体层面和学生自己感知层面的学校心理环境对四~六年级学生的学业成绩有正向预测作用(周翠敏等，2016)。

积极的学校心理环境也可以对处境不利儿童和青少年起到保护作用。研究发现，无家可归的青少年在学校中更容易受到校园欺凌，但积极的学校氛围——尤其是教师的期望和感知到的安全感——可以降低这些青少年在学校中受侵害的概率，使得这些青少年更少出现抑郁、自杀倾向等心理健康问题(Moore et al.，2018)。以寄养青少年为调查对象的研究也发现了相似的结果，即积极的校园氛围可以降低寄养青少年出现抑郁和自杀意向的概率(Shim-Pelayo & De Pedro，2018)。由此看来，虽然不利的环境会给儿童带来不少挑战，但良好的学校氛围可以为处境不利的儿童提供一个温暖、安全的港湾，并在必要时为他们提供支持，帮助这些处于逆境中的儿童获得积极发展。流动儿童也是一类处境不利儿童，他们经常跟随父母辗转各地，其中一部分人可能需要经常转学，不断适应新的教师、同学以及课程进度(曹新美，刘在花，2018)。不良的学校氛围可能会让流动儿童感到被排斥或是歧视，并对流动儿童的学业成就和学校适应等方面造成消极影响；良好的学校氛围让流动儿童体验到安全感，提升流动儿童的幸福感，使流动儿童得以更好地融入学校并以积极的心态面对挑战(刘在花，2018)。良好的学校氛围也可促进流动儿童对教师和同学的信任，和谐的师生关系和同伴关系可以帮助流动儿童建立自己的社会关系网络(曹新美，刘在花，2018)，社会关系网络又是促进儿童和青少年积极发展的重要生态资源之一(Lerner et al.，2015)。由此看来，积极的学校心理环境可能也是促进流动儿童积极发展的重要环境因素。

(3)社区环境

社区是儿童和青少年的主要活动场所，社区环境对儿童和青少年发展的重要影响已在以往一些研究中得到证实(Brewer & Kimbro，2014；Leventhal & Shuey，2014；Sampson et al.，1997；Wen et al.，2017)。勒旺塔尔和布鲁克斯·冈恩(Leventhal & Brooks-Gunn，2000)提出了三个社区环境影响儿童和青少年发展的模型。第一个模型强调了社区规范和集体效能(collective efficacy)的作用，即社区中正式或非正式的组织可以管理居民的行为以及居民可能遇到的威胁(如暴力、侵害等)；第二个模型强调关系和联结的作用，即社区中的社会关系网络和行为可以传播或调节社区对居民的影响；第三个模型强调机构资源的作用，即社区提供的资源(如学校、医疗设施、工作机会等)的质量、数量以及多样性是理解社区对居民的影响的关键因素。

　　研究者在生态系统理论(Bronfenbrenner & Morris，2006；Suárez-Orozco et al.，2015)、风险和韧性发展框架(risk and resilience developmental framework；Masten，2014b)等理论框架的基础上针对流动(移民)儿童的适应问题提出了一个整合的风险和韧性模型(integrative risk and resilience model；Suárez-Orozco et al.，2018)。这一模型指出，流动(移民)儿童所处的社区环境是影响他们适应和发展的重要微观环境之一，社区中的经济状况、治安和犯罪情况以及社会凝聚力等因素均会对流动(移民)儿童的发展有重要影响(Suárez-Orozco et al.，2018)。贫穷和不稳定的社区环境可能会使流动(移民)儿童更容易遭受暴力的侵害(Passel & Cohn，2010)，加剧流动儿童在流动(移民)之后的创伤体验和仇外心理(Suárez-Orozco et al.，2018)，不良的社区环境也可能使流动(移民)儿童自身有更多暴力行为(Chaudry et al.，2010)。与之相对应，良好的社区环境可以为流动(移民)儿童提供丰富的发展资源，减少流动带给儿童的问题和挑战，促进儿童的积极适应。良好的社区环境可以为流动儿童提供健康的交往环境，对儿童的自信、爱心、宽容等品格的培养起到积极作用(王悦等，2018)。实证研究发现，有凝聚力的社区环境可以减少歧视和排外带给流动(移民)儿童的消极影响，减少流动(移民)儿童的吸烟行为(Alcántara et al.，2015)、饮酒行为(Jackson et al.，2016)等风险行为。感知到的社区安全性还与流动(移民)儿童预期进行身体活动的天数呈正相关(Brewer & Kimbro，2014)。也有研究发现，社区环境对流动(移民)儿童有着尤为重要的影响。一项针对3 209名儿童和青少年(44%为流动/移民儿童)开展的长达6年的追踪研究发现，在拥有青少年服务中心的社区中生活的流动(移民)儿童更少出现内化问题，但青少年服务对内化问题的影响在非流动(移民)儿童中不成立(Leventhal & Shuey，2014)。由此来看，良好的社区环境可能会对流动儿童起到保护作用，促进流动儿童产生积极的发展结果。

**(二)研究工具**

1. 人口学变量

与调查我国流动儿童(青少年)积极发展的基本特点时所用变量相同。

2. 青少年积极发展量表

采用与本章第二节第一部分相同的青少年积极发展量表。

3. 流动性情况

与调查我国流动儿童(青少年)积极发展的基本特点时所用的相关测量工具相同。

#### 4. 意向性自我调节问卷

与第六章调查我国青少年积极发展影响因素时所用的意向性自我调节问卷相同。在本研究的流动儿童（青少年）群体中，该问卷的内部一致性信度系数为0.89，三个维度的内部一致性系数分别为0.81、0.70和0.77。

#### 5. 未来控制问卷

与第六章调查我国青少年积极发展影响因素时所用的未来控制量表相同。在本研究的流动儿童（青少年）群体中，该问卷的内部一致性系数为0.72。

#### 6. 亲子沟通问卷

与第六章调查我国青少年积极发展影响因素时所用的沟通障碍子量表相同。在本研究的流动儿童（青少年）群体中，该问卷的内部一致性系数为0.72。

#### 7. 学校心理环境问卷

与第六章调查我国青少年积极发展影响因素时所用的相关测量工具相同。在本研究的流动儿童（青少年）群体中，该问卷的内部一致性系数为0.91，四个维度的内部一致性系数分别为0.72、0.85、0.84、0.86。

#### 8. 社区环境问卷

与第六章调查我国青少年积极发展影响因素时所用的测量工具相同。在本研究的流动儿童（青少年）群体中，该问卷的内部一致性系数为0.88。

### (三)研究结果

1. 个体因素：流动性、意向性自我调节、未来控制

(1)流动性

为考察流动性特点对流动儿童（青少年）积极发展的影响，本研究以流动儿童（青少年）积极发展为因变量，性别和年级组为控制变量，流动性高低为预测变量进行回归分析。将性别和年级组纳入回归方程，考察性别和年级组与流动性的交互作用。如表7-9所示，在控制了性别和年级组人口学变量之后，流动性对流动儿童（青少年）的积极发展仍有显著的负向预测作用（$\beta = -0.16$，$p < 0.001$），流动儿童（青少年）的流动性越低，其积极发展水平就越高。性别（$\beta = 0.12$，$p = 0.112$）和年级组（$\beta = 0.07$，$p = 0.100$）与流动性的交互作用均不显著。

(2)意向性自我调节

为考察意向性自我调节对流动儿童（青少年）积极发展的影响，本研究以流动儿童（青少年）积极发展为因变量，性别和年级组为控制变量，意向性自我调节为预测变量进行回归分析。将性别和年级组纳入回归方程，考察性别和年级

表 7-9 流动性对流动儿童(青少年)积极发展的回归分析

| 预测变量 | 第一步 | | | 第二步 | | | 第三步 | | |
|---|---|---|---|---|---|---|---|---|---|
| | $\beta$ | SE | t | $\beta$ | SE | t | $\beta$ | SE | t |
| 性别 | -0.03 | 0.04 | -0.72 | -0.02 | 0.04 | -0.53 | -0.06 | 0.04 | -1.27 |
| 年级组 | -0.15*** | 0.02 | -7.89 | -0.15*** | 0.02 | -7.80 | -0.17*** | 0.02 | -7.19 |
| 流动性 | | | | -0.16*** | 0.04 | -4.12 | -0.23** | 0.05 | -4.30 |
| 性别×流动性 | | | | | | | 0.12 | 0.07 | 1.59 |
| 年级组×流动性 | | | | | | | 0.07 | 0.04 | 1.65 |
| $\Delta R^2$ | 0.02*** | | | 0.03*** | | | 0.003 | | |

注：高流动性组=1，低流动性组=0；年级组：小学=1，初中=2，高中=3；性别：男生=1，女生=0；* $p<0.05$，** $p<0.01$，*** $p<$ 0.001，下同。

组与意向性自我调节的交互作用。如表 7-10 所示，在控制了性别和年级组人口学变量之后，意向性自我调节对流动儿童(青少年)的积极发展仍有显著的正向预测作用($\beta=0.71$，$p<0.001$)。流动儿童(青少年)的意向性自我调节能力越强，其积极发展水平就越高。性别($\beta=0.04$，$p=0.114$)与意向性自我调节的交互作用以及年级组($\beta=-0.003$，$p=0.835$)与意向性自我调节的交互作用均不显著。

(3)未来控制

为考察未来控制对流动儿童(青少年)积极发展的影响，本研究以流动儿童(青少年)积极发展为因变量，性别和年级组为控制变量，未来控制为预测变量进行回归分析。将性别和年级组纳入回归方程，考察性别和年级组与未来控制的交互作用。如表 7-11 所示，在控制了性别和年级组人口学变量之后，未来控制对流动儿童(青少年)的积极发展仍有显著的正向预测作用($\beta=0.44$，$p<0.001$)，流动儿童(青少年)的未来控制水平越高，其积极发展水平就越高。年级组与未来控制的交互作用不显著($\beta=0.004$，$p=0.825$)。性别与未来控制的交互作用显著($\beta=-0.12$，$p=0.001$)。如图 7-33 所示，未来控制对流动儿童(青少年)积极发展的促进作用在女生中更强。

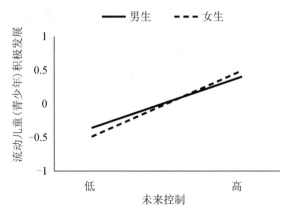

图 7-33　未来控制与性别的交互作用

2. 环境因素：亲子沟通、学校心理环境、社区环境

(1)亲子沟通

为考察亲子沟通对流动儿童(青少年)积极发展的影响，本研究以流动儿童青少年积极发展为因变量，性别和年级组为控制变量，亲子沟通为预测变量进行回归分析。将性别和年级组纳入回归方程，考察性别和年级组与亲子沟通的交互作用。如表 7-12 所示，在控制了性别和年级组人口学变量之后，亲子沟

表 7-10　意向性自我调节对流动儿童（青少年）积极发展的回归分析

| 预测变量 | 第一步 | | | 第二步 | | | 第三步 | | |
|---|---|---|---|---|---|---|---|---|---|
| | $\beta$ | SE | t | $\beta$ | SE | t | $\beta$ | SE | t |
| 性别 | -0.04 | 0.03 | -0.97 | -0.06* | 0.03 | -2.39 | -0.07* | 0.03 | -2.45 |
| 年级组 | -0.15*** | 0.04 | -7.68 | -0.13*** | 0.01 | -9.11 | -0.13*** | 0.01 | -9.16 |
| 意向性自我调节 | | | | 0.71*** | 0.01 | 51.82 | 0.69*** | 0.02 | 33.28 |
| 性别×意向性自我调节 | | | | | | | 0.04 | 0.03 | 1.58 |
| 年级组×意向性自我调节 | | | | | | | -0.003 | 0.02 | -0.21 |
| $\Delta R^2$ | 0.02*** | | | 0.50*** | | | <0.001 | | |

表 7-11　未来控制对流动儿童（青少年）积极发展的回归分析

| 预测变量 | 第一步 | | | 第二步 | | | 第三步 | | |
|---|---|---|---|---|---|---|---|---|---|
| | $\beta$ | SE | t | $\beta$ | SE | t | $\beta$ | SE | t |
| 性别 | -0.04 | 0.04 | -1.01 | 0.01 | 0.03 | 0.29 | 0.02 | 0.03 | 0.47 |
| 年级组 | -0.15*** | 0.02 | -7.67 | -0.13*** | 0.02 | -7.30 | -0.13*** | 0.02 | -7.25 |
| 未来控制 | | | | 0.44*** | 0.03 | 25.64 | 0.50*** | 0.03 | 19.40 |
| 性别×未来控制 | | | | | | | -0.12*** | 0.03 | -3.35 |
| 年级组×未来控制 | | | | | | | 0.004 | 0.02 | 0.22 |
| $\Delta R^2$ | 0.02*** | | | 0.19*** | | | 0.003** | | |

通对流动儿童(青少年)的积极发展仍有显著的正向预测作用($\beta=0.47$, $p<$ 0.001)。性别($\beta=0.06$, $p=0.076$)和年级组($\beta=-0.01$, $p=0.661$)与亲子沟通的交互作用均不显著。

(2)学校心理环境

为考察学校心理环境对流动儿童(青少年)积极发展的影响,本研究以流动儿童(青少年)积极发展为因变量,性别和年级组为控制变量,学校心理环境为预测变量进行回归分析。将性别和年级组纳入回归方程,考察性别和年级组与学校积极心理环境的交互作用。如表 7-13 所示,在控制了性别和年级组人口学变量之后,学校心理环境对流动儿童(青少年)的积极发展仍有显著的正向预测作用($\beta=0.57$, $p<0.001$)。性别与学校积极心理环境的交互作用不显著($\beta=-0.01$, $p=0.814$)。年级组与学校心理环境的交互作用显著($\beta=-0.06$, $p<0.001$)。如图 7-34 所示,学校心理环境对流动儿童(青少年)积极发展的促进作用在小学组最强,在高中组最弱。

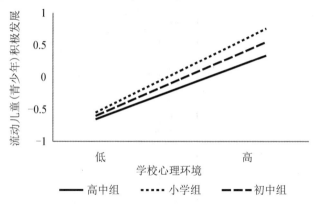

图 7-34　学校心理环境与年级的交互作用

(3)社区环境

为考察社区环境对流动儿童(青少年)积极发展的影响,本研究以流动儿童(青少年)积极发展为因变量,性别和年级组为控制变量,社区环境为预测变量进行回归分析。将性别和年级组纳入回归方程,考察性别和年级组与社区环境的交互作用。如表 7-14 所示,在控制了性别和年级组人口学变量之后,社区环境对流动儿童(青少年)的积极发展仍有显著的正向预测作用($\beta=0.52$, $p<$ 0.001)。性别与社区环境的交互作用($\beta=0.01$, $p=0.693$)、年级组与社区环境的交互作用($\beta=-0.03$, $p=0.141$)均不显著。

表 7-12 亲子沟通对流动儿童（青少年）积极发展的回归分析

| 预测变量 | 第一步 | | | 第二步 | | | 第三步 | | |
|---|---|---|---|---|---|---|---|---|---|
| | $\beta$ | SE | t | $\beta$ | SE | t | $\beta$ | SE | t |
| 性别 | -0.04 | 0.04 | -1.00 | 0.05 | 0.03 | 1.45 | 0.05 | 0.03 | 1.42 |
| 年级组 | -0.15*** | 0.02 | -7.74 | -0.09*** | 0.02 | -4.99 | -0.09*** | 0.02 | -4.96 |
| 亲子沟通 | | | | 0.47*** | 0.02 | 27.82 | 0.44*** | 0.02 | 19.19 |
| 性别×亲子沟通 | | | | | | | 0.06 | 0.03 | 1.77 |
| 年级组×亲子沟通 | | | | | | | -0.01 | 0.02 | -0.44 |
| $\Delta R^2$ | 0.02*** | | | 0.21*** | | | 0.001 | | |

表 7-13 学校心理环境对流动儿童（青少年）积极发展的回归分析

| 预测变量 | 第一步 | | | 第二步 | | | 第三步 | | |
|---|---|---|---|---|---|---|---|---|---|
| | $\beta$ | SE | t | $\beta$ | SE | t | $\beta$ | SE | t |
| 性别 | -0.03 | 0.04 | -0.91 | 0.06 | 0.03 | 1.89 | 0.07* | 0.03 | 2.12 |
| 年级组 | -0.15*** | 0.02 | -7.95 | -0.10*** | 0.02 | -6.50 | -0.10*** | 0.02 | -6.32 |
| 学校积极心理环境 | | | | 0.57*** | 0.02 | 36.48 | 0.59*** | 0.02 | 24.64 |
| 性别×学校积极心理环境 | | | | | | | -0.01 | 0.03 | -0.24 |
| 年级组×学校积极心理环境 | | | | | | | -0.06*** | 0.02 | -3.76 |
| $\Delta R^2$ | 0.02*** | | | 0.32*** | | | 0.003** | | |

表 7-14 社区环境对流动儿童（青少年）积极发展的回归分析

| 预测变量 | 第一步 | | | 第二步 | | | 第三步 | | |
|---|---|---|---|---|---|---|---|---|---|
| | $\beta$ | SE | $t$ | $\beta$ | SE | $t$ | $\beta$ | SE | $t$ |
| 性别 | -0.03 | 0.04 | -0.87 | -0.02 | 0.03 | -0.65 | -0.02 | 0.03 | -0.63 |
| 年级组 | -0.15*** | 0.02 | -7.65 | -0.09*** | 0.02 | -5.29 | -0.09*** | 0.02 | -5.30 |
| 社区环境 | | | | 0.52*** | 0.02 | 31.89 | 0.52*** | 0.03 | 21.08 |
| 性别×社区环境 | | | | | | | 0.01 | 0.03 | 0.40 |
| 年级组×社区环境 | | | | | | | -0.03 | 0.02 | -1.47 |
| $\Delta R^2$ | 0.02*** | | | 0.26*** | | | 0.001 | | |

### (四)讨论与启示

**1. 流动儿童(青少年)积极发展水平整体较好,但群体内部存在差异**

总体来看,我国流动儿童(青少年)的积极发展情况较好。即便处于不利环境中,流动儿童(青少年)仍具有很大的积极发展潜能。流动儿童(青少年)在积极品格上的发展最好,在"爱""志""信""毅"这些积极品格上的得分均较高。有些流动儿童(青少年)尽管跟随父母"漂泊"到了城市,但是仍能够在逆境之中汲取积极资源,肩负起对自己、家庭以及社会的责任,努力发展自己的积极品格。流动儿童(青少年)在联结与能力上发展也较好。他们可能会面临人际适应等问题,但他们在新的甚至是不断变化的环境中仍有可能与自己的家庭、学校和社区形成紧密的联结,并在逆境中提升自己的学习和生活能力。流动儿童(青少年)在自我价值上的发展也较好,但相对于积极发展的其他三个维度得分较低,说明他们在自我接纳、对自身价值肯定方面还有一定的提升空间。以上结果反映出了流动儿童(青少年)发展中较为积极的部分,即便身处逆境,他们仍具备着获得积极发展的潜能。

流动儿童(青少年)的积极发展也存在一些差异。从学段上看,小学组的积极发展状况好于初中组与高中组。这可能与流动儿童(青少年)流动时的年龄有关。由于流动儿童(青少年)大多是随父母一起进入城市,或是在父母进入城市之后来的,因此流动儿童(青少年)流动时的年龄越小,其留守时间越短(尹星,刘正奎,2013),越少受到与父母分离的消极影响,进而积极发展的水平更高。从性别上看,女生在品格和能力上的发展好于男生,在自我价值上的发展差于男生。本研究也发现了流动性对流动儿童(青少年)积极发展的消极影响,相比于低流动性的流动儿童(青少年),高流动性的流动儿童(青少年)在品格、能力、自我价值和联结上的发展均更差,这说明频繁的流动确实不利于流动儿童(青少年)的积极发展。

**2. 良好的个体、家庭、学校和社区环境有利于流动儿童(青少年)的积极发展**

诚然,流动儿童(青少年)面临着诸如歧视、人际关系适应等问题,但不利处境中的儿童并不必然有更消极的发展结果,即便是不利处境中也存在一些促进流动儿童(青少年)积极发展的因素。本研究发现,意向性自我调节和未来控制这两个个体因素对流动儿童(青少年)的积极发展有促进作用。意向性自我调节可以帮助个体成功地管理自己的生活。以往在普通儿童和青少年中开展的实证研究揭示了意向性自我调节对青少年积极发展的关键性影响(Gestsdóttir & Lerner,2007;Mueller et al.,2011)。对于身处不利环境的流动儿童来说,意向性自我调节更是他们面对逆境时的宝贵资源,是促使他们获得积极发展的重要优势。意向性自我调节可以帮助流动儿童更好地适应现有的不利处境，通过指引流动儿童设立与环境相适应的目标、选择对目标有利的发展途径、学习如何应对在完成目标的过程中遇到的挑战，使流动儿童从与环境互动的过程中受益，获得积极的发展结果(刘芳晴，2015)。未来控制也是帮助流动儿童获得积极发展的重要个体因素。对未来积极的想法通常会促使个体更好地控制和管理自己的行为(Jackman & MacPhee，2017)。当个体认为未来可以由自己掌控时，他们更愿意为实现自己的长期目标而实施更多有利于自身发展的行为。对于处境不利儿童而言，对未来的积极期待和控制感可以增强他们在面对逆境时的心理弹性(Cui et al.，2019)。虽然流动儿童现有的处境并不好，但当流动儿童感觉自己的未来在很大程度上是由自己掌控时，他们可能会更加愿意为了美好的未来付出努力，做出更多利于自身积极发展的行为。从以上研究结果来看，培养流动儿童的意向性自我调节能力和对未来的定向是至关重要的，流动儿童在不利处境中对目标适应性的设定和追寻以及他们对未来的积极认识可能会帮助他们更好地应对现有的不利处境，并从逆境中汲取尽可能多的积极资源，以实现自身的积极发展。

流动儿童(青少年)处于家庭、学校和社区等多种环境之中，除自身的积极心理资源之外，家庭、学校和社区的良好环境及其中的积极资源也是促进流动儿童(青少年)积极发展的重要因素。在家庭层面，本研究发现了良好的亲子沟通对流动儿童(青少年)积极发展的促进作用。高质量的亲子沟通有助于维持良好的亲子关系和家庭氛围。通过良好的亲子沟通，流动儿童可以向父母诉说自己遇到的挑战，分享在新环境中的体验，也可以在亲子沟通过程中收获父母的建议，感知父母给予的情感支持。对于面临适应问题等多种挑战的儿童来说，来自家庭的支持更是他们在逆境中获得健康发展的重要积极资源(Barnes & Olson，1985)。在学校层面，积极的学校心理环境会对流动儿童的积极发展产生正面的影响。流动儿童的大量时间是在学校中度过的，学校中教师和同学的关爱与支持，安全、接纳的校园环境可以帮助流动儿童尽快建立起社会关系网络(曹新美，刘在花，2018)，与教师和同学形成亲密的联结。本研究发现，学校积极心理环境对流动儿童(青少年)积极发展的促进作用在低年龄组中更大，这可能是因为年龄较小的流动儿童(青少年)的适应能力相对较差，良好的学校氛围可以帮助个体更好地融入学校生活(刘在花，2018)，能够给年龄较小的流动儿童(青少年)的积极发展带来更大的促进作用。在社区层面，良好的社区环境是影响流动儿童(青少年)积极发展的重要因素。良好的社区环境可以使流动儿童感觉到来自邻里的温暖和来自社会的关怀(Sampson et al.，1997)。安全、和谐的社区环境可以为流动儿童(青少年)提供归属感，降低他们做出风险行为的可能，促进他们积极品质和行为的形成。基于这样的结果，促进流动儿童

（青少年）发展可以从家庭、学校和社区的层面入手。流动儿童（青少年）的父母不仅要保障孩子基本的生活需求，还应该积极地与孩子沟通，掌握有效的亲子沟通技巧，为孩子提供温暖和支持。学校应当努力营造良好的心理环境，不仅要使流动儿童（青少年）能够在公平、自主的环境中接受教育，而且要让他们感知到来自教师和同学的支持与接纳，帮助流动儿童（青少年）更好地适应学校生活并在良好的学校氛围中形成更多积极的品质。社区应当重视对社区基础设施的建设和对邻里关系的维护，关爱流动儿童（青少年）的成长，为流动儿童（青少年）的成长提供丰富的资源。

## 第三节　以个体为中心的视角：我国留守/流动儿童（青少年）积极发展的多样性、影响因素及其与心理健康的关系

与关系系统发展理论类似，生态系统现象学差异理论（Phenomenological Variant of Ecological Systems Theory，PVEST；Spencer，2006；Spence et al.，1997）认为个体会积极地体验他们周围的环境以及环境中特定的人物（如教师、警察等）的变化，这些变化可能影响个体随后的行为、互动和发展。值得一提的是，没有两个个体会以相同的方式感知他们所处的世界，并且这些个体差异在不同的群体（如不同的种族或民族）间可能尤为明显。生态系统现象学差异理论尤其强调了个体差异的重要性，指出一些群体看似拥有相同的空间和机会，并且努力完成看似相同的发展任务，但在应对环境的挑战时常常表现出不同的行为结果（Spencer，2006）。因此，关注个体如何获得积极发展，以及他们在获得积极发展过程中的发展特征，关注儿童青少年群体内部积极发展的个体差异，必将成为发展科学的重要问题（Lerner et al.，2017）。这样以多样性为导向、以人为本（关注个体差异）的要求有助于促进人们对某一群体的全面理解，而不是仅以某一群体面临的某一种困境将其"标签化"（如留守儿童），这对于与普通儿童所处环境有差异的处境不利儿童（青少年）的积极发展尤其重要。

当前，我国留守儿童和流动儿童的积极发展固然存在个体差异。比如，留守儿童中既存在适应良好的个体，也存在适应不良的个体（黎志华等，2014）。以往研究更多运用以变量为中心的视角对某一群体心理特征和影响因素进行分析与探究，忽视了群体内的个体差异性。因此，开展以探讨个体差异为目的的以个体为中心取向的留守儿童（青少年）和流动儿童（青少年）的积极发展研究，具有很大的必要性和重要性。

我国的留守儿童（青少年）和流动儿童（青少年）均是伴随着我国城镇化进程

中进城务工人员的大量增加而产生的，留守儿童(青少年)会面临亲子分离的问题，流动儿童(青少年)会跟随父母双方或者一方迁移到城市中学习生活。处境不利对留守儿童(青少年)和流动儿童(青少年)发展的影响得到了学者的持续关注，但以往研究的结果却未完全统一：一方面，研究发现这两类处境不利下儿童的心理适应和发展状况不容乐观(申继亮等，2015；Wang & Mesman，2015)；另一方面，也有研究发现了留守儿童或流动儿童发展与适应过程中的积极方面(胡心怡等，2008；卢锦阳等，2016；师保国等，2014)。以上不一致的原因或许是虽然同样面对处境不利，但留守儿童(青少年)和流动儿童(青少年)等群体内部实际上存在着个体差异，将处境不利儿童(青少年)的发展结果简单归因于他们所面临的逆境(如亲子分离、流动等)制约了对留守儿童(青少年)和流动儿童(青少年)等处境不利群体的全面认识。以往以变量为中心的研究尝试根据处境不利儿童(青少年)的人口学因素、家庭结构因素等对处境不利儿童(青少年)的类型进行划分，如将留守儿童划分为父外留守、母外留守、隔代留守和单独留守(段成荣，周福林，2005)，将流动儿童划分为高流动性儿童和低流动性儿童(胡宁等，2009)，并探讨不同类型的处境不利儿童(青少年)在发展结果上的差异。这样的研究虽然有助于探索处境不利儿童(青少年)发展过程中的重要风险因素或保护性因素，但难以突破"整群同质"的思想，限制了对处境不利儿童(青少年)内部分化(个体差异性)的理解。使用注重个体差异、以个体为中心的方法揭示处境不利儿童(青少年)积极发展的多样性特点，并对影响因素进行探讨，能够揭示不同积极发展类型的儿童(青少年)在积极发展各维度上的得分情况，促进对处境不利儿童(青少年)中是否存在异质性、不同类型积极发展的影响因素的差异的理解。以个体为中心的方法也便于从处境不利儿童(青少年)中找出更需要干预的亚群体，便于根据这些群体面临的心理和行为问题进行更具针对性的干预(黎志华等，2014)。

本节将对留守儿童(青少年)和流动儿童(青少年)的积极发展特征分别进行以个体为中心的分析(基于潜在剖面分析)，以探讨留守儿童(青少年)和流动儿童(青少年)内部发展的多样性，揭示个体与环境层面的影响因素及其与心理健康的关系。

## 一、基于潜在剖面分析的我国留守儿童(青少年)积极发展的类型特征

### (一)数据来源、研究对象和研究工具

本研究数据来源为大型追踪项目"我国青少年积极发展调查(2017—2018)"

的基线数据。研究对象和研究工具同第二节"以变量为中心的视角中留守儿童（青少年）积极发展的特点"。

**（二）数据分析方法**

采用以个体为中心的取向进行数据分析，通过潜在剖面分析技术(Collins & Lanza，2010)，探索留守儿童（青少年）积极发展的潜在类型以及重要人口学变量对积极发展类型的预测关系。首先，以品格、能力、自我价值、联结的均值为基本指标，进行潜在剖面分析。模型评价的参数包括：对数似然函数值(LL)、Akaike 信息准则(AIC)、贝叶斯信息准则(BIC)、校正的贝叶斯信息准则(aBIC)、似然比检验(LMR)和基于 Bootstrap 的似然比检验(BLR)(王孟成，毕向阳，2018)。上述指标中，贝叶斯信息准则常被作为确定最优模型的关键信息指数，其值越小越好(Burnham & Anderson，2004)。此外，Entropy 值也用来评价潜剖面分析结果的分类精确性，值越大表明模型越好(Nylund et al.，2007)。由于在实际研究中，各评价指标之间可能不完全一致，因此本研究依据先前研究者的建议，参考信息参数、分类的理论与实际意义及最小比例类别被试的数量，综合确定最终的模型和分类个数。其次，采用 F 检验来比较不同留守儿童（青少年）积极发展类型在潜剖面分析指标上的差异。然后，采用多元逻辑回归考察年龄、性别、主观社会经济地位、意向性自我调节、未来控制、亲子沟通、学校心理环境和社区环境对青少年积极发展类型的预测关系。最后，运用方差分析探讨青少年积极发展类型与心理健康之间的关系。

**（三）研究结果**

如表 7-15 所示，类别从 1 到 5 逐渐增加时（模型 C1-C5），总体上 AIC、BIC 和 aBIC 均呈下降的趋势，BLRT 检验值均显著($ps<0.001$)；在类别为 5 时，最少类别组人数比例仅为 0.9%，小于诸多研究者认可的最小组别人数比例的 3%或者 5%。基于此，我们主要比较 3 类和 4 类的参数指标(C3 和 C4模型)。从信息指数来看，AIC、BIC 和 aBIC 在 C4 模型中更小，C4 模型Entropy 值大于 C3。从分类概率来看，C3 模型中，3 个类别的分类概率及相应人数分别为 0.303(513)、0.459(776)、0.238(402)；C4 模型中，4 个类别的分类概率和相应人数分别为 0.346(585)、0.398(673)、0.101(170)、0.156(263)。进一步分析发现，C4 模型相比 C3 模型更加精细地区分了留守儿童（青少年）积极发展的不同类型。同时，最少类别组人数比为 10.1%。因此，综合统计参数值和分类的理论与实际意义，本研究选择 C4 模型，即我国留守儿童（青少年）样本中可能存在 4 个潜在的类型组。

表 7-15 我国留守儿童（青少年）积极发展潜在剖面分析的模型指数（$N=1691$）

| 模型 | AIC | BIC | aBIC | Entropy | LMR | BLRT | 分类概率（组人数） |
|---|---|---|---|---|---|---|---|
| C1 | 14377.47 | 14420.93 | 14395.52 | 1.000 | | | 1.000 |
| C2 | 12052.99 | 12123.62 | 12082.32 | 0.818 | <0.001 | <0.001 | 0.568(960)/0.432(731) |
| C3 | 11356.89 | 11454.69 | 11397.50 | 0.785 | <0.001 | <0.001 | 0.303(513)/0.459(776)/0.238(402) |
| **C4** | **11058.43** | **11183.39** | **11110.32** | **0.791** | **<0.05** | **<0.001** | **0.346(585)/0.398(673)/0.101(170)/0.156(263)** |
| C5 | 10915.54 | 11067.66 | 10978.71 | 0.98 | <0.035 | <0.001 | 0.009(16)/0.173(293)/0.376(635)/0.143(242)/0.299(505) |

注：标黑的为最终选择。

具体看四个潜在类型组，根据各组在品格、能力、自我价值、联结四个维度上的分值特点，将四个潜在分类命名为组 1"低水平发展组"（10.1%）、组 2"中等均衡发展组"（39.8%）、组 3"较好发展组"（34.6%）和组 4"全面发展高水平组"（15.6%）。如图 7-35 所示，组 1"低水平发展组"在青少年积极发展的品格、能力、自我价值、联结四个维度上的得分均低于其他三组，处于最低水平；组 2"中等均衡发展组"在四个维度上的得分均高于第 1 组，且相对均衡发展；组 3"较好发展组"在四个维度上的得分均较第二组更高；组 4"全面发展高水平组"在四个维度上均处于最高水平。

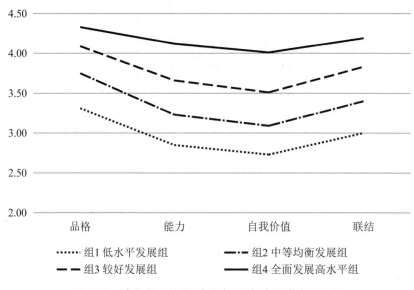

**图 7-35 我国留守儿童（青少年）积极发展潜在剖面图**

1. 年龄分布特点

将留守儿童（青少年）积极发展类型上的年龄进行方差分析，结果显示主效应显著（$F = 6.72$，$df = 1685$，$p < 0.001$）。如图 7-36，事后检验显示，组 1"低水平发展组"的年龄显著低于组 2"中等均衡发展组"（$p = 0.044$）、组 3"较好发展组"（$p < 0.001$）、组 4"全面发展高水平组"（$p = 0.010$），组 2"中等均衡发展组"的年龄低于组 3"较好发展组"（$p = 0.002$）。

2. 性别分布特点

采用独立样本 $t$ 检验考察不同留守儿童（青少年）积极发展类型之间是否存在性别差异，结果显示留守儿童（青少年）积极发展类型上不存在显著的性别差异（$t(1636) = -0.80$，$p = 0.425$）。

3. 留守类型分布特点

本研究中留守儿童（青少年）的留守类型特点见表 7-16，父亲单独外出打工型占比 35.7%，母亲单独外出打工型占比 8.1%，父母亲双方外出打工型占比

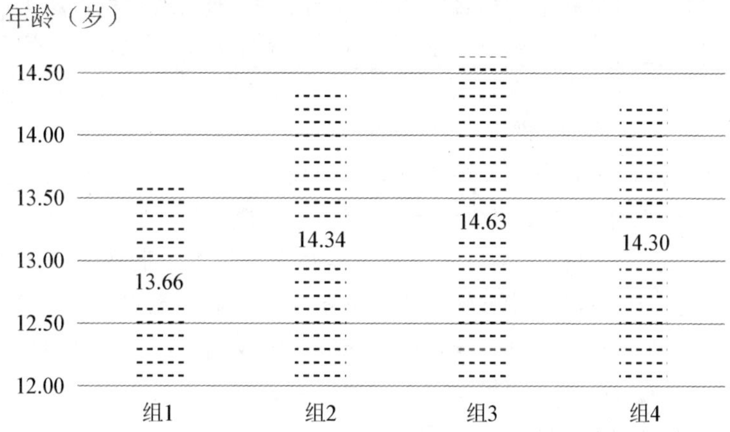

年龄（岁）

图 7-36　我国留守儿童（青少年）积极发展类型上的年龄分布特点

注：组 1＝低水平发展组，组 2＝中等均衡发展组，组 3＝较好发展组，组 4＝全面发展高水平组。

56.2%。可见大部分留守儿童（青少年）面临父母双方外出，其次是父亲单独外出，最后是母亲单独外出。卡方检验表明这三类留守儿童（青少年）在积极发展类型上无显著差异（$\chi^2(6)=4.24$，$p=0.651$）。

表 7-16　我国留守儿童（青少年）的留守类型分布特点

| 留守类型 | 总人数 | 组 1 | 组 2 | 组 3 | 组 4 | $\chi^2$ |
|---|---|---|---|---|---|---|
| 父亲单独外出型 | 603 (35.7%) | 55 (32.4%) | 231 (34.3%) | 218 (37.3%) | 99 (37.6%) | |
| 母亲单独外出型 | 137 (8.1%) | 13 (7.6%) | 62 (9.2%) | 45 (7.7%) | 17 (6.4%) | $\chi^2(6)=4.24$, $p=0.651$ |
| 父母双亲外出型 | 951 (56.2%) | 102 (60.0%) | 380 (56.5%) | 322 (55.0%) | 147 (55.9%) | |

注：有 36 人未报告父母亲外出情况。组 1＝低水平发展组，组 2＝中等均衡发展组，组 3＝较好发展组，组 4＝全面发展高水平组。

## 二、影响我国留守儿童（青少年）积极发展多样性的影响因素

### （一）问题提出

美国搜索研究院（Search Institute）提出的 40 种发展资源较全面地涵盖了青少年积极发展的促进性影响因素（Scales et al. , 2000），主要分为个体内在

因素和环境因素两个方面。结合留守儿童(青少年)的发展特点,从个体内在因素方面来看,意向性自我调节和未来控制对于留守儿童(青少年)来说是比较重要的因素;从环境因素来看,亲子沟通、学校心理环境和社区环境对于留守儿童(青少年)积极发展而言发挥着重要的作用。

国内外已有的大量研究发现,意向性自我调节能够促进青少年的积极发展结果,减少消极的发展结果,如问题行为(代维祝等,2010;Gestsdottir et al.,2010;Liu & Chang,2018)。青少年对未来教育、职业和家庭等目标的积极的控制感(未来控制)能够转化为当下积极的实际行动(Nurmi,1991),促使他们通过各种路径去实现自我目标。家庭、学校、社区三方面的环境因素也是促进留守儿童(青少年)积极发展的重要因素。以往研究表明,亲子沟通与留守儿童(青少年)的积极发展指标密切相关(Su et al.,2013)。积极的学校氛围、教师的关爱与支持、清晰的行为规则和价值导向等学校资源往往与诸如学业成就、学校适应等青少年的积极发展结果密切相关(Pertegal et al.,2015;Scales et al.,2000)。对于那些处境不利儿童(如低社会经济地位、留守儿童)而言,良好的社区环境(如较高的邻里凝聚性)可能是重要的补偿性环境资源(Anderson et al.,2018;Chai et al.,2019)。

尽管已有大量研究探讨了上述个体和环境因素对处境不利儿童(青少年)积极发展的影响,但这些研究往往仅从以变量为中心的视角出发,大多只能依靠整体样本的平均水平得出结论,难以揭示这些影响因素与积极发展亚类型的具体关系。目前尚少有研究从以个体为中心的视角探索青少年积极发展类型的影响因素,更未有研究在留守儿童(青少年)这一特定的不利处境群体中探讨这一问题。本研究将综合意向性自我调节、未来控制、亲子沟通、学校心理环境和社区环境等变量全面分析、探讨影响我国留守儿童(青少年)积极发展多样性的因素。

**(二)研究对象和研究工具**

同第一节中的研究对象和研究工具。

**(三)研究结果**

将年龄、主观社会经济地位、意向性自我调节、未来控制、亲子沟通、学校心理环境和社区环境作为预测变量(因积极发展类型不存在显著的性别差异,性别未被纳入),采用多元逻辑回归分析方法进行分析,结果如表 7-17 所示。

表 7-17　我国留守儿童(青少年)积极发展类型的影响因素逻辑回归分析

| 组 2"中等均衡发展组" | | | | | |
|---|---|---|---|---|---|
| | B | SE | OR | 95% CI | p |
| 年龄 | 0.09 | 0.04 | 1.09 | 1.01—1.17 | 0.027 |
| 主观社经地位 | 0.06 | 0.06 | 1.06 | 0.94—1.20 | 0.322 |
| 意向性自我调节 | 0.22 | 0.08 | 1.25 | 1.06—1.47 | 0.007 |
| 未来控制 | 0.47 | 0.21 | 1.61 | 1.07—2.43 | 0.024 |
| 亲子沟通 | −0.34 | 0.18 | 0.71 | 0.50—1.01 | 0.056 |
| 学校心理环境 | 0.51 | 0.24 | 1.67 | 1.05—2.65 | 0.032 |
| 社区环境 | 0.18 | 0.11 | 1.20 | 0.97—1.48 | 0.099 |
| 组 3"较好发展组" | | | | | |
| | B | SE | OR | 95% CI | p |
| 年龄 | 0.11 | 0.04 | 1.11 | 1.03—1.21 | 0.010 |
| 主观社经地位 | 0.08 | 0.06 | 1.09 | 0.96—1.23 | 0.181 |
| 意向性自我调节 | 0.45 | 0.09 | 1.56 | 1.31—1.86 | <0.001 |
| 未来控制 | 0.78 | 0.22 | 2.18 | 1.42—3.37 | <0.001 |
| 亲子沟通 | 0.00 | 0.18 | 1.00 | 0.70—1.43 | 0.989 |
| 学校心理环境 | 0.79 | 0.25 | 2.21 | 1.36—3.60 | <0.001 |
| 社区环境 | 0.27 | 0.11 | 1.31 | 1.04—1.64 | 0.002 |
| 组 4"全面发展高水平组" | | | | | |
| | B | SE | OR | 95% CI | p |
| 年龄 | 0.05 | 0.05 | 1.05 | 0.96—1.15 | 0.280 |
| 主观社经地位 | 0.15 | 0.07 | 1.16 | 1.00—1.34 | 0.052 |
| 意向性自我调节 | 0.94 | 0.11 | 2.55 | 2.05—3.16 | <0.001 |
| 未来控制 | 0.70 | 0.25 | 2.02 | 1.23—3.33 | 0.013 |
| 亲子沟通 | 0.06 | 0.20 | 1.06 | 0.71—1.59 | 0.762 |
| 学校心理环境 | 0.62 | 0.29 | 1.86 | 1.06—3.25 | 0.034 |
| 社区环境 | 0.50 | 0.13 | 1.66 | 1.27—2.16 | <0.001 |

注：以第一组"低水平发展组"为参照组，主观社会经济地位＝主观社经地位。

多元逻辑回归分析结果显示，首先，以组 1"低水平发展组"为参照组，对于组 2"中等均衡发展组"而言，年龄大，归入组 2"中等均衡发展组"的概率为组 1"低水平发展组"的 1.09 倍(OR＝1.09，95% CI＝[1.01，1.17]，p＝0.027)；意向性自我调节得分高，归入组 2"中等均衡发展组"的概率是组 1"低水平发展组"的 1.25 倍(OR=1.25,95% CI=[1.06,1.47],$p$=0.007);未来控制好,归入组 2"中等均衡发展组"的概率是组 1"低水平发展组"的 1.61 倍(OR=1.61,95% CI=[1.07,2.43],$p$=0.024);学校心理环境好,归入组 2"中等均衡发展组"的概率是组 1"低水平发展组"的 1.67 倍(OR=1.67,95% CI=[1.05,2.65],$p$=0.032)。由此可见,相较于"低水平发展组"而言,较大的年龄、较高的意向性自我调节、未来控制好、学校心理环境好均可提高归入组 2"中等均衡发展组"的概率,促进留守儿童(青少年)积极发展。

其次,以组 1"低水平发展组"为参照组,对于组 3"较好发展组"而言,年龄大,归入组 3"较好发展组"的概率为组 1"低水平发展组"的 1.11 倍(OR=1.11,95% CI=[1.03,1.21],$p$=0.010);意向性自我调节得分高,归入组 3"较好发展组"的概率是组 1"低水平发展组"的 1.56 倍(OR=1.56,95% CI=[1.31,1.86],$p$<0.001);未来控制好,归入组 3"低水平发展组"的 2.18 倍(OR=2.18,95% CI=[1.42,3.37],$p$<0.001);学校心理环境好,归入组 3"较好发展组"的概率是组 1"低水平发展组"的 2.21 倍(OR=2.21,95% CI=[1.36,3.60],$p$<0.001);社区环境好,归入组 3"较好发展组"的概率是组 1"低水平发展组"的 1.31 倍(OR=1.31,95% CI=[1.04,1.64],$p$=0.002)。由此可见,相较于"低水平发展组"而言,较大的年龄、较高的意向性自我调节、未来控制好、学校心理环境好、社区环境好均可提高归入组 3"较好发展组"的概率,促进留守儿童(青少年)积极发展。

最后,以组 1"低水平发展组"为参照组,对于组 4"全面发展高水平组"而言,意向性自我调节得分高,归入组 4"全面发展高水平组"的概率是组 1"低水平发展组"的 2.55 倍(OR=2.55,95% CI=[2.05,3.16],$p$<0.001);未来控制好,归入组 4"全面发展高水平组"的概率是组 1"低水平发展组"的 2.02 倍(OR=2.02,95% CI=[1.23,3.33],$p$=0.013);学校心理环境好,归入组 4"全面发展高水平组"的概率是组 1"低水平发展组"的 1.86 倍(OR=1.86,95% CI=[1.06,3.25],$p$=0.034);社区环境好,归入组 4"全面发展高水平组"的概率是组 1"低水平发展组"的 1.66 倍(OR=1.66,95% CI=[1.27,2.16],$p$<0.001)。由此可见,相较于"低水平发展组"而言,较高的意向性自我调节、未来控制好、学校心理环境好、社区环境好均可提高归入组 4"全面发展高水平组"的概率,促进留守儿童(青少年)积极发展。

### 三、我国留守儿童(青少年)积极发展类型与心理健康结果的关系

方差分析结果表明,留守儿童(青少年)积极发展的类型在抑郁($F$=5.17,

$df=3$，$p=0.001$），外化问题（$F=12.09$，$df=3$，$p<0.001$），幸福感（$F=73.14$，$df=3$，$p<0.001$）和亲社会行为（$F=139.12$，$df=3$，$p<0.001$）上主效应均显著（见表7-18）。如图7-37所示，进一步事后检验显示，在抑郁上，组1"低水平发展组"的得分显著高于组3"较好发展组"（$p=0.010$）和组4"全面发展高水平组"（$p=0.005$），组2"中等均衡发展组"显著高于组4"全面发展高水平组"（$p=0.030$）。在外化问题上，组1"低水平发展组"的得分显著高于组2"中等均衡发展组"（$p=0.036$）、组3"较好发展组"（$p=0.001$）和组4"全面发展高水平组"（$p<0.001$）。在幸福感和亲社会行为上，组4"全面发展高水平组"的得分显著高于组3"较好发展组"（$ps<0.001$）、组2"中等均衡发展组"（$ps<0.001$）和组1"低水平发展组"（$ps<0.001$）。

表7-18　留守儿童（青少年）积极发展各类型与心理健康结果的关系

| | 组1 $M(SD)$ | 组2 $M(SD)$ | 组3 $M(SD)$ | 组4 $M(SD)$ | $F$ | $p$ | LSD |
|---|---|---|---|---|---|---|---|
| 抑郁 | 1.88 (0.57) | 1.86 (0.52) | 1.78 (0.53) | 1.74 (0.60) | 5.17 | 0.001 | 组1>组4，组2>组4，组1>组3 |
| 外化问题 | 1.65 (0.39) | 1.60 (.41) | 1.52 (0.40) | 1.45 (0.50) | 12.09 | <0.001 | 组1>组2>组3>组4 |
| 幸福感 | 3.54 (0.90) | 3.84 (.72) | 4.12 (0.64) | 4.45 (0.77) | 73.14 | <0.001 | 组4>组3>组2>组1 |
| 亲社会行为 | 4.29 (1.19) | 4.99 (1.03) | 5.57 (0.96) | 6.06 (1.00) | 139.12 | <0.001 | 组4>组3>组2>组1 |

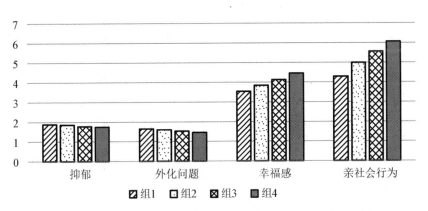

图7-37　留守儿童（青少年）积极发展各类型的心理健康结果差异

注：组1=低水平发展组，组2=中等均衡发展组，组3=较好发展组，组4=全面发展高水平组。

## 四、基于潜在剖面分析的我国流动儿童(青少年)积极发展的类型特征

### (一)数据来源、研究对象和研究工具

本研究数据来源为大型追踪项目"我国青少年积极发展调查(2017—2018)"的基线数据。研究对象和研究工具同第二节"以变量为中心的视角中流动儿童(青少年)积极发展的特点"。

### (二)数据分析方法

采用以个体为中心的取向进行数据分析,通过潜在剖面分析技术(Collins & Lanza,2010),探索流动儿童(青少年)积极发展的潜在类型以及重要人口学变量对积极发展类型的预测关系。首先,以品格、能力、自我价值、联结的均值为基本指标,进行潜在剖面分析。模型评价的参数包括:对数似然函数值(LL)、Akaike 信息准则(AIC)、贝叶斯信息准则(BIC)、校正的贝叶斯信息准则(aBIC)、似然比检验(LMR)和基于 Bootstrap 的似然比检验(BLR)(王孟成,毕向阳,2018)。上述指标中,贝叶斯信息准则常被作为确定最优模型的关键信息指数,其值越小越好(Burnham & Anderson,2004)。此外,Entropy 值也用来评价潜剖面分析结果的分类精确性,值越大表明模型越好(Nylund et al.,2007)。由于在实际研究中,各评价指标之间可能不完全一致,因此本研究依据先前研究者的建议,将参考信息参数、分类的理论与实际意义及最小比例类别被试的数量,综合确定最终的模型和分类个数。其次,采用方差分析考察不同流动儿童(青少年)积极发展类型的基本人口学变量的特点及其与心理健康指标之间的关系。最后,采用多元逻辑回归考察年级、性别、主观社会经济地位、意向性自我调节、未来控制、亲子沟通、学校心理环境和社区环境对流动儿童(青少年)积极发展类型的预测关系。

### (三)研究结果

如表 7-19 中所示,类别从 1 到 5 逐渐增加时(模型 C1-C5),总体上 AIC、BIC 和 aBIC 均呈下降的趋势,从 2 类至 5 类的 BLRT 检验值均显著($ps<0.001$),且从 2 类至 5 类,其相应的最少类别组人数比例均大于诸多研究认定的 3%,因此,从统计上较难直观判断最佳模型。当类别数目增加了很多也不易确定最佳的拟合模型时,基于 aBIC 值的陡坡图常被用来确定潜在类别因子个数(Petras & Masyn,2010)。本研究的陡坡图显示在 3 类存在明显的拐点(见表 7-19 中的 aBIC 值)。因此,综合考虑统计参数值后,本研究选择 C3 模型,

表7-19 我国流动儿童(青少年)积极发展潜在剖面分析(N=3414)

| 模型 | k | AIC | BIC | aBIC | Entropy | LMR | BLRT | 分类概率 |
|---|---|---|---|---|---|---|---|---|
| C1 | 8 | 30686.28 | 30735.36 | 30709.94 | 1.000 | | | 1.000 |
| C2 | 13 | 25397.61 | 25477.38 | 25436.07 | 0.837 | <0.001 | <0.001 | 0.407(1391)/0.593(2023) |
| **C3** | **18** | **23771.79** | **23882.23** | **23825.04** | **0.821** | **0.001** | **0.001** | **0.188(643)/0.374(1278)/0.437(1493)** |
| C4 | 23 | 22989.01 | 23130.13 | 23057.05 | 0.833 | <0.05 | <0.001 | 0.262(894)/0.038(130)/0.379(1295)/0.321(1095) |
| C5 | 28 | 22642.19 | 22813.99 | 22725.02 | 0.810 | <0.001 | <0.001 | 0.015(50)/0.340(1160)/0.277(945)/0.124(424)/0.245(835) |

注：标黑的为最终选择的模型。

即我国流动儿童(青少年)样本中可能存在三个潜在的类型组。

　　具体来看三个潜在类型组，根据各组在品格、能力、自我价值、联结4个维度上的得分特点，将四个潜在分类命名为组1"低水平发展组"(18.83%)、组2"中等均衡发展组"(43.74%)、组3全面发展高水平(37.43%)。如图7-38所示，组3"全面发展高水平组"在青少年积极发展的品格、能力、自我价值、联结四个维度上均处于最高水平；组2"中等均衡发展组"在四个维度上的得分均低于第3组"全面发展高水平组"；组1"低水平发展组"在四个维度上的得分均低于前两组，处于最低水平。

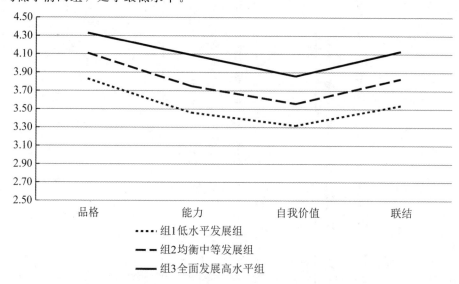

**图7-38　我国流动儿童(青少年)积极发展的潜在剖面图**

　　1. 年龄分布特点

　　运用方差分析考察不同积极发展类型流动儿童(青少年)在年龄上的差异，结果显示主效应显著($F=12.67$, $df=3\,405$, $p<0.001$)。如图7-39，事后检验显示，组1"低水平发展组"的年龄显著低于组2"中等均衡发展组"($p=0.022$)和组3"全面发展高水平组"($p=0.010$)。

　　2. 性别分布特点

　　采用独立样本$t$检验考察不同流动儿童(青少年)积极发展类型之间是否存在显著的性别差异，结果显示性别在流动儿童积极发展类型上差异不显著[$t(3\,257)=1.42$, $p=0.157$]。

　　3. 流动性分布特点

　　流动性是影响流动儿童心理健康的重要指标。流动性指标的测量同本章第二节。方差分析分析结果显示，流动儿童(青少年)积极发展的三种类型在流动性上无显著差异($F=1.96$, $df=2$, $p=0.141$)。

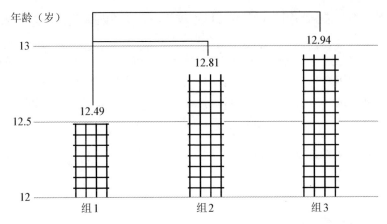

图 7-39 我国流动儿童(青少年)积极发展类型上的年龄分布特点

注：组 1＝低水平发展组，组 2＝中等均衡发展组，组 3＝全面发展高水平组。

表 7-20 我国流动儿童(青少年)积极发展的流动性特点

|  |  | M(SD) | F | p |
|---|---|---|---|---|
| 流动性 | 组 1 | 0.27(0.44) | | |
|  | 组 2 | 0.27(0.44) | 1.96 | 0.141 |
|  | 组 3 | 0.28(0.45) | | |

注：组 1＝低水平发展组，组 2＝中等均衡发展组，组 3＝全面发展高水平组。

## 五、影响我国流动儿童(青少年)积极发展多样性的影响因素

### (一)问题提出

与留守儿童(青少年)类似，流动儿童(青少年)积极发展的促进性影响因素也可分为个体内在因素和环境因素两个方面。在本研究中，个体因素包括意向性自我调节和未来控制，环境因素包括亲子沟通、学校心理环境和社区环境。

意向性自我调节与未来控制均是个体面对逆境时的积极个体资源(陈琼等，2017；Trommsdorff，2012)，家庭环境中高质量的亲子沟通、积极的学校心理环境以及良好的社区环境也可以为处境不利儿童(如流动儿童)的积极发展提供外在的环境资源(金明月，2018；刘在花，2018；王悦等，2018)。但目前关于流动儿童(青少年)发展的影响因素的研究大多以变量为中心，极少有研究探索流动儿童(青少年)的积极发展存在哪些不同的类型以及相应的影响因素。以个体为中心的视角可以揭示流动儿童(青少年)积极发展的异质性、多样性，对流动儿童(青少年)积极发展类型影响因素的研究也有助于理解不同流动儿童(青少年)积极发展

类型是否与特定的影响因素相关联。以个体为中心视角的研究也有助于识别哪些类型的流动儿童(青少年)更需要干预(如处于积极发展水平较低组的流动儿童),哪些因素可以促进这部分儿童积极发展(影响提高流动儿童进入积极发展水平更高组别概率的因素)。本研究将从意向性自我调节、未来控制、亲子沟通、学校心理环境和社区环境角度综合分析探讨影响我国流动儿童(青少年)积极发展多样性的影响因素。

### (二)研究对象和研究工具

同本章第一节的研究对象和研究工具。

### (三)研究结果

将年龄、主观社会经济地位、意向性自我调节、未来控制、亲子沟通、学校心理环境和社区环境作为预测变量(因流动儿童积极发展类型不存在显著的性别差异,性别未被纳入),采用多元逻辑回归分析方法进行分析,结果显示如表 7-21 所示。

表 7-21　我国流动儿童(青少年)积极类型的影响因素逻辑回归分析

| 组 2"中等均衡发展组" | | | | | |
|---|---|---|---|---|---|
| | $B$ | $SE$ | $OR$ | $95\%CI$ | $p$ |
| 年龄 | $-0.05$ | 0.02 | 0.95 | $0.91-0.99$ | 0.012 |
| 主观社经地位 | $-0.02$ | 0.03 | 0.98 | $0.92-1.03$ | 0.425 |
| 意向性自我调节 | 0.12 | 0.04 | 1.13 | $1.04-1.22$ | 0.003 |
| 未来控制 | 0.06 | 0.10 | 1.06 | $0.87-1.30$ | 0.551 |
| 亲子沟通 | 0.19 | 0.08 | 1.21 | $1.02-1.43$ | 0.025 |
| 学校心理环境 | 0.22 | 0.11 | 1.25 | $1.00-1.56$ | 0.051 |
| 社区环境 | 0.05 | 0.05 | 1.06 | $0.95-1.17$ | 0.292 |
| 组 3"全面发展高水平组" | | | | | |
| | $B$ | $SE$ | $OR$ | $95\%CI$ | $p$ |
| 年龄 | $-0.10$ | 0.02 | 0.90 | $0.86-0.94$ | $<0.001$ |
| 主观社经地位 | $-0.02$ | 0.03 | 0.98 | $0.92-1.04$ | 0.547 |
| 意向性自我调节 | 0.26 | 0.04 | 1.29 | $1.19-1.41$ | $<0.001$ |
| 未来控制 | 0.18 | 0.11 | 1.20 | $0.97-1.49$ | 0.098 |
| 亲子沟通 | 0.22 | 0.09 | 1.25 | $1.05-1.49$ | 0.011 |
| 学校心理环境 | 0.56 | 0.12 | 1.74 | $1.37-2.21$ | $<0.001$ |
| 社区环境 | 0.17 | 0.06 | 1.19 | $1.07-1.32$ | 0.002 |

注:以第 1 组"低水平发展组"为参照组,主观社会经济地位=主观社经地位。

多元逻辑回归分析结果显示，首先，以组1"低水平发展组"为参照组，对于组2"中等均衡发展组"而言，年龄大，归入组2"中等均衡发展组"的概率是归入组1"低水平发展组"的0.95倍（OR=0.95，95% CI=[0.91，0.99]，$p=0.012$）；意向性自我调节高，归入组2"中等均衡发展组"的概率是归入组1"低水平发展组"的1.13倍（OR=1.13，95% CI=[1.04，1.22]，$p=0.003$）；亲子沟通好，归入组2"中等均衡发展组"的概率是归入组1"低水平发展组"的1.21倍（OR=1.21，95% CI=[1.02，1.43]，$p=0.025$）。由此可见，相较于"低水平发展组"而言，较大的年龄、较高的意向性自我调节、良好的亲子沟通可提高归入"中等均衡发展组"的概率，促进流动儿童（青少年）积极发展。

其次，以组1"低水平发展组"为参照组，对于组3"全面发展高水平组"而言，年龄大，归入组1"低水平发展组"的概率是归入组1"低水平发展组"的0.90倍（OR=0.90，95% CI=[0.87，0.97]，$p<0.001$）；意向性自我调节高，归入组3"全面发展高水平组"的概率是归入组1"低水平发展组"的1.29倍（OR=1.29，95% CI=[1.19，1.41]，$p<0.001$）；亲子沟通好，归入组3"全面发展高水平组"的概率是归入组1"低水平发展组"的1.25倍（OR=1.25，95% CI=[1.05，1.49]，$p=0.011$）；学校心理环境好，归入组3"全面发展高水平组"的概率是归入组1"低水平发展组"的1.74倍（OR=1.74，95% CI=[1.37，2.21]，$p<0.001$）；社区环境好，归入组3"全面发展高水平组"的概率是归入组1"低水平发展组"的1.19倍（OR=1.19，95% CI=[1.07，1.32]，$p=0.002$）。由此可见，相较于"低水平发展组"而言，较大的年龄、较高的意向性自我调节、良好的亲子沟通、良好的学校心理环境和社区环境均可提高归入"全面发展高水平组"的概率，促进流动儿童（青少年）的积极发展。

## 六、我国流动儿童（青少年）积极发展类型与心理健康结果的关系

方差分析结果表明（见表7-22），流动儿童（青少年）积极发展的类型在抑郁（$F=17.52$，$df=1$，$p<0.001$），外化问题（$F=48.62$，$df=2$，$p<0.001$），幸福感（$F=48.59$，$df=2$，$p<0.001$）和亲社会行为（$F=158.50$，$df=2$，$p<0.001$）上主效应均显著。如图7-40所示，进一步事后检验显示，在抑郁和外化问题上，组1"低水平发展组"得分显著高于组2"中等均衡发展组"（$ps<0.001$），组2"中等均衡发展组"显著高于组3"全面发展高水平组"（$ps<0.001$）。在幸福感和亲社会行为上，组3"全面发展高水平组"得分显著高于组2"中等均衡发展组"（$ps<0.001$）和组1"低水平发展组"（$ps<0.001$）。

表 7-22　流动儿童(青少年)积极发展各类型与心理健康结果的关系

| | 组 1 M(SD) | 组 2 M(SD) | 组 3 M(SD) | F | p | LSD |
|---|---|---|---|---|---|---|
| 抑郁 | 1.81 (0.59) | 1.75 (0.60) | 1.65 (0.64) | 17.52 | <0.001 | 组 1>组 2>组 3 |
| 外化问题 | 1.63 (0.52) | 1.53 (0.45) | 1.42 (0.42) | 48.62 | <0.001 | 组 1>组 2>组 3 |
| 幸福感 | 3.98 (0.89) | 4.15 (0.79) | 4.30 (0.78) | 48.59 | <0.001 | 组 3>组 2>组 1 |
| 亲社会行为 | 5.13 (1.36) | 5.65 (1.05) | 6.07 (0.99) | 158.50 | <0.001 | 组 3>组 2>组 1 |

注：组 1=低水平发展组，组 2=中等均衡发展组，组 3=全面发展高水平组。

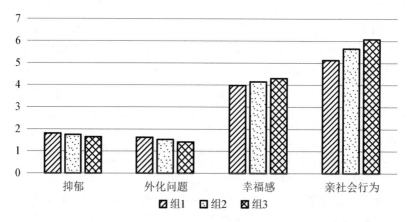

图 7-40　流动儿童(青少年)积极发展各类型的心理健康结果差异图

## 七、总讨论

研究结果表明，在处境不利儿童(青少年)积极发展类型的特征方面，留守儿童(青少年)和流动儿童(青少年)的积极发展特征均呈现多样性。根据留守儿童(青少年)积极发展特征，可将其分为"低水平发展组""中等均衡发展组""较好发展组"和"全面发展高水平组"。根据流动儿童(青少年)积极发展特征，可将其分为"低水平发展组""中等均衡发展组"和"全面发展高水平组"。在处境不利儿童(青少年)积极发展类型的影响因素方面，个体因素(意向性自我调节和未来控制)、家庭因素(亲子沟通)、学校因素(学校心理环境)、社区因素(社区环境)均能促进留守儿童(青少年)与流动儿童(青少年)由低水平组向全面发展的高水平组变化。在处境不利儿童(青少年)的积极发展类型与心理健康结果的关系方面,不同类型积极发展的留守儿童(青少年)和流动儿童(青少年)在抑郁、外化问题、幸福感和亲社会行为上有显著差异,两类儿童(青少年)中均是全面发展高水平组的儿童(青少年)有较低的抑郁和外化问题水平、较高的幸福感和亲社会行为水平。

研究结果揭示了留守儿童(青少年)与流动儿童(青少年)的积极发展特征的群体内部的差异性和多样性,这与发展心理学家提出的关注个体差异具有一致性(Lerner et al.,2017)。以往诸多研究也在儿童青少年不同群体内发现了积极发展特征的多样性(Kiang,Ip,2018;叶枝等,2017)。

个体因素(意向性自我调节和未来控制)与环境因素(亲子沟通、学校心理环境、社区环境)对留守儿童(青少年)和流动儿童(青少年)的积极发展特征类型具有显著的促进作用,这符合并拓展了青少年积极发展理论以及农村留守儿童发展的生态模型(赵景欣,申继亮,2010)。在留守儿童(青少年)中,相较于"低水平发展组",较好的社区环境可提高留守儿童(青少年)被归入"较好发展组"以及"全面发展高水平组"的概率,较高水平的意向性自我调节、未来控制好、学校心理环境好均能够提高留守儿童被归入"中等均衡发展组""较好发展组"以及"全面发展高水平组"的概率。与留守儿童(青少年)类似,在流动儿童(青少年)中,相较于"低水平发展组",较好的学校心理环境和社区环境可以提高流动儿童(青少年)被归入"全面发展高水平组"的概率,且较高水平的意向性自我调节、较好的亲子沟通可提升流动儿童(青少年)被归入"中等均衡发展组""全面发展高水平组"的概率。总结来看,意向性自我调节、学校心理环境、社区环境对留守儿童(青少年)和流动儿童(青少年)的积极发展特征均有重要的影响,能够提高这两类儿童(青少年)进入积极发展水平更高组别之中的概率。其中,意向性自我调节这一个体因素对儿童(青少年)积极发展的促进作用与以往西方少数族裔儿童青少年群体中诸多相关实证研究的结论基本一致(Lerner et al.,2017)。积极的学校心理环境以及良好的社区环境等因素对于儿童(青少年)积极发展的促进作用也在以往研究中得到支持(Chai et al.,2019;柴晓运,2019)。对比两类儿童(青少年)群体来看,未来控制这一个体因素以及亲子沟通这一家庭环境因素对于留守儿童(青少年)和流动儿童(青少年)积极发展类型的影响可能有所不同,未来控制仅能够提高留守儿童被归入积极发展水平更高组别的概率(相较于"低水平发展组"),亲子沟通仅能够提高流动儿童(青少年)被归入积极发展水平更高组别的概率(相较于"低水平发展组")。这一结果可能是因为留守儿童(青少年)和流动儿童(青少年)面临的逆境并不完全相同,因此一些特定的个体或环境因素与两类儿童(青少年)不同积极发展类型的关系也会存在差异。良好的亲子沟通虽然是促进儿童和青少年积极发展的重要因素

（Lee，Lok，2013；Youngblade et al. ，2007），但不能显著提高留守儿童（青少年）被归入积极发展水平更高的组别的概率（相较于"低水平发展组"），这可能是因为留守儿童（青少年）父母分离，缺少与父母的高质量沟通，亲子沟通整体处于较低的水平，因此留守儿童（青少年）群体中即便有较高水平的亲子沟通，也尚不足以提高留守儿童（青少年）被归入积极发展水平更高的组别的概率（相较于"低水平发展组"）。

在处境不利儿童（青少年）积极发展类型与心理健康结果的关系上，积极发展水平较高的组别中的儿童（青少年）总体更少出现抑郁和外化问题，且有更高水平的幸福感和亲社会行为。在留守儿童（青少年）中，"低水平发展组""中等均衡发展组""较好发展组""全面发展高水平组"四个组别的儿童在抑郁和外化问题上的得分显著依次降低，在幸福感和亲社会行为上的得分显著依次上升。流动儿童（青少年）中积极发展类型与心理健康结果的关系与留守儿童（青少年）类似，"低水平发展组""中等均衡发展组""全面发展高水平组"三个组别的儿童（青少年）在抑郁和外化问题上的得分显著依次降低，在幸福感和亲社会行为上的得分显著依次上升。在留守儿童（青少年）和流动儿童（青少年）中，积极发展水平较高的组别均出现更为积极的心理健康结果和较少的心理健康问题，这说明青少年积极发展作为儿童（青少年）发展中的一个过程性结果，能够进一步促进儿童（青少年）获得更为积极的心理健康结果。

未来研究可增加个体与环境互动的追踪研究，以更深入地揭示个体与环境的互动过程对处境不利儿童（青少年）积极发展的促进性和保护性影响。这些追踪研究可揭示处境不利儿童（青少年）积极发展的内在机制和过程，揭开这些儿童（青少年）积极发展的"秘密"，为基于实证研究的精准干预奠定基础，并为政府部门的政策制定提供理论和数据支撑，促进我国处境不利儿童（青少年）的积极发展和心理健康。

## 建议阅读资源

Zheng，Y. (2016). psychological consequences of parental migration for left-behind children. In Hodes，M. & Gau，S. ( Eds. )，*Positive Mental Health Fighting Stigma & Promoting Resiliency for Children & Adolescents* (pp. 141-157). Nikki Levy：Elsevier.

本书汇总了 2016 年由 The International Association for Child and Adolescent Psychiatry and Allied Professions(IACAPAP)组织的题为"Fighting Stigma，Promoting Resiliency and Positive Mental Health"的大会的主题内容。其中，第七章主要探讨了父母移民对留守儿童发展的影响，重点强调父母移民影响儿童生活、心理健康和全球教育影响的各种机制。该章首先回顾了留

守儿童的起源和现状，然后分别针对留守儿童的教育、心理健康和特殊问题进行了阐述。在这一部分，作者具体阐述了留守儿童存在心理应激倾向和较大的心理健康问题，除了在焦虑、孤独、恐惧和自责等方面得分较高外，留守儿童的精神障碍患病率也较高，如注意缺陷多动障碍、行为障碍和情感障碍等；更严重者，还可能存在自杀、犯罪和药物滥用等特殊问题。针对留守儿童发展的问题，作者在最后部分提出了一些可能的解决方案及未来的研究方向。作者认为，找到促进留守儿童健康发展的因素，对于有效地改善留守儿童现状并促进其健康发展具有重要意义。

Lerner，R.，Lerner，J.，Bowers，E.，et al. (2012). Thriving Among Immigrant Youth：Theoretical and Empirical Bases of Positive Development. In A. Masten，K. Liebkind，D. Hernandez(Eds.)，*Realizing the Potential of Immigrant Youth*(The Jacobs Foundation Series on Adolescence，pp. 307-323). Cambridge：Cambridge University Press.

本书描述了移民儿童青少年面临的的困境和挑战以及他们具备的优势和潜力。第十二章探讨了积极青少年发展框架在移民儿童中的应用。在积极青少年发展的理论框架下，移民儿童的发展任务是在新的环境中获得积极发展。这些移民儿童所生活的社会的基本责任就是给儿童提供机会和支持以促进移民儿童的积极发展。

Cabrera N.，Leyendecker B.（Eds.）.（2017）. *Handbook on Positive Development of Minority Children and Youth*. Springer.

作者联合近 80 位来自全世界发展心理学领域的研究者一起完成了这本少数族裔群体儿童青少年积极发展手册。这本手册的内容框架基于生态学的观点，将儿童青少年的积极发展放在一个复杂、互相联系的网络中去考虑。在这个框架中，个体、家庭、同伴和朋友、邻里和社区以及政策因素分别作为少数族裔群体儿童青少年各个发展阶段的积极发展资源。每一章尽可能聚焦在特定的某一个国家。每一章都是按照以下标题进行组织的：①历史概述和理论观点；②当前的研究问题；③研究测量和方法；④实证结果；⑤普遍与特定文化的机制；⑥政策影响；⑦未来方向。该手册共分为六个部分，第一部分，概念和方法。第二部分，个人层面因素的影响。第三部分，家庭/养育层面的影响。第四部分，同伴和友谊层面的影响。第五部分，幼儿期和学校层面的影响。第六部分，政策层面的影响，这一部分的章节侧重于从宏观层面探讨社会政策对儿童适应水平的短期和长期影响。作者在介绍这一部分时，确定了这一部分的基调："并不是需要对'处于风险中'的青少年给予特殊待遇；相反，所需要的是确保所有儿童和青年都能获得并平等享有积极发展的基本条件。"作者还论述了研究结果转化为公共政策制定的重要性和必要性。

Motti-Stefanidi, F., Masten, A. S., (2017). A Resilience Perspective on Immigrant Youth Adaptation and Development. In: Cabrera N. & Leyendecker B. (Eds), *Handbook on Positive Development of Minority Children and Youth* (pp. 19-34). Springer.

该书的这个部分中阐述了从心理弹性的视角看移民青少年的适应与发展的问题，着重探讨哪些移民青少年适应得较好以及为什么这些青少年能有更好的适应。这个部分首先阐明了积极的移民青少年适应的定义，其次根据心理弹性的框架介绍了移民青少年在适应上的群体和个体差异，然后检验了与移民身份相关的社会挑战是否不利于移民青少年适应，最后对促进移民青少年积极适应的社会和个体资源进行了综述。作者认为，关注移民青少年的优势和心理弹性，而不是他们的弱势或者心理问题，对政策和实践均具有重要意义。

# 第八章　我国儿童青少年积极品格的现状及影响因素

　　应我国新时代的国家人才战略目标和需求，"培养什么样的人、如何培养人"成为摆在国家面前的迫切且重要的问题。儿童青少年的培养要突出不同年龄的阶段性和特异性，抓住关键年龄段培养与该年龄段相匹配的关键能力和必备品格，方能使儿童青少年全面发展、德才兼备（林崇德，2016，2017；刘霞等，2016）。长期以来，品格的研究及实践尚存在思辨研究多实证研究少、品格教育内容的传统性与时代性融合不够、品格教育说教多体验少等问题，由此带来品格概念的界定尚不够清晰，对与年龄阶段相匹配的关键品格的发展及功能的研究不够，品格教育的效果出现知行脱节等突出问题，直接影响了品格教育和人才培养的成效。由此可见，开展有效的青少年品格研究和品格教育迫在眉睫。

## 第一节　儿童青少年积极品格的内涵、结构及其测量

### 一、品格的内涵

　　品格（character）一词源自希腊语 kharakter，本意是"刻下的印记"，就像雕刻中用以区分的刻记号，是指一个人身上体现出来的一致的、可预测的、不能磨灭的标志性特点（Lapsley & Narvaez，2006）。品格的内涵随着时代要求的变化而不断演变，至今学者尚未达成共识。追溯其发展脉络，有助于人们更好地理解品格的内涵。

早期，国外研究者试图从多个角度给予品格一个准确的定义。例如，研究者认为品格"是用相对稳固的方式规范我们的行为"（Dewey & Tufts，1910），"是有规律显示的好的品质"（Wynne & Ryan，1997），"是个体对世界的反应，体现了对他人痛苦的情绪反应、亲社会行为技能的习得、对社会惯例的知识和个人价值观的建构"（Hay et al.，1995），这些定义都很难准确地概括品格的核心内涵。品格很难用一个简单的词汇来描述。总结而言，西方传统的道德品格（moral character）的概念包括习惯、特质和美德三种，这三种概念相互依赖又彼此隐含。相较于习惯和特质，美德是一个源自伦理学的概念，如何在心理学科中体现其核心特点和作用，是需要认真审视的问题。

传统上，习惯说强调品格是一种以特定方式对特定情境做出反应的特质，是在社会发展中重复某种行为或一系列行为的过程中发展而来的。例如，一个拥有好品格的人之所以举止得当，不是深思熟虑的结果，而是习惯的力量（Ryan & Lickona，1992）。特质说强调品格是一些重要的具有标志性特点的特质，可有规律地显示或表现，能预测个体的情绪和行为模式，是个体内在相互联系的个性结合体（Lapsley et al.，2006；Wynne & Ryan，1997）。习惯说和特质说使品格具有了跨情境的普遍性和一致性，但这些观点从理论上受到研究者的质疑和批评，在实证科学研究中也未得到证实。

近年来，西方研究者开始将品格放到个体与环境互动的情境中理解其定义与内涵。随着关系发展系统元理论和积极青少年发展观的出现，品格被视为个体与所处情境相互作用的结果（Lerner et al.，2015）。研究者倾向于认为品格是一个多维度的动力发展系统，而不仅仅只是个体内部的特质或本质。这种观点对品格的定义具有三个突出特点。

第一，可塑性。品格可随着环境和时间的变化而变化，并且可培养、可塑造（Lerner，2018）。可塑性也得到了诸多实证研究的支持。

第二，非一致性。品格（如勇气）在各种情境中的表现具有连贯性，但不是在所有情境中都始终表现一致。

第三，个体与环境的相互影响性。品格是个体与环境间互惠关系的系列特定集合，在个体与环境相互影响下，品格得到不断变化和发展。

由上可知，品格是一个多维复杂的概念（Lerner & Callina，2014；Nucci，2017；Nucci et al.，2014）。品格与人格、道德等概念既有相似之处，又有明显的不同。国内外学者认为人格（personality）是个体的内在心理特征与外部行为方式构成的相对稳定和独特的心理行为模式（黄希庭，2002；郑雪，2017），决定了个体行为的差异性以及个体行为跨时间和情境的一致性（Feist，2002）。与人格的相对稳定性、持久性和一致性不同，品格具有不断变化和发展的特性，具有潜在的可塑性，可以通过教育得到培养与塑造（Peterson & Seligman，

2004)。

综上，从青少年积极发展视角，基于个体与环境互动的角度界定品格，凸显了个体自身的优势，展现了品格的阶段性发展特点及其可塑性，并为品格的测量、评价和培养奠定了坚实的基础。

## 二、品格的结构及其测量

若缺乏必要的对品格结构及其测量的研究，则难以实现对儿童青少年品格发展的深入探讨(Lapsley et al.，2006)。儿童青少年的品格到底包含哪些心理特征，其结构又是怎样的呢？针对这样的问题，研究者提出了诸多儿童青少年品格的结构，并通过实证研究加以检验，为后续儿童青少年品格的实证研究和教育干预奠定了基础。以下介绍了国内外比较有代表性的几个儿童青少年品格结构。

### (一)基于"优势"的品格结构

这种品格结构关注个体自身的优势和资源，具有代表性的当属 24 项品格优势结构。该结构由塞利格曼(Seligman)等研究者基于积极心理学提出。经过55 位科学家持续 3 年的研究，彼得森和塞利格曼(Peterson & Seligman，2004)归纳出成年人具有 6 大类积极品格优势特点，包括智慧(如创造力、好奇心等)、勇气(如勇敢、坚持等)、仁爱(如友善、社交智力等)、公平(如团队合作、领导力等)、节制(如宽恕、谦卑等)和超然(如感恩、希望等)。在此基础上，研究者验证了儿童青少年的品格结构，认为其与成人的品格结构既有相似性，又有一定的差异(Mcgrath，2015；Mcgrath & Walker，2016；Park et al.，2006)，提出 10～17 岁儿童青少年的品格结构共包括 4 大类 24 项，但这 4 大类因被试群体的不同而有所差异(Mcgrath & Walker，2016；Park & Peterson，2006)，并基于此结构开发了适用于儿童青少年的品格优势测量问卷(VIA for youth)。24 项品格优势的儿童青少年品格结构在世界范围内获得了广泛的认可。

### (二)基于"人与环境互动"的品格结构

基于强调个人与环境互动关系的关系发展系统模型(Lerner，2006)，研究者相继提出了品格的三因素结构和八因素结构。品格三因素结构涉及反映美德、成就和公民属性的品格特征(Seider，2012)。美德特征指成功人际关系和道德行为所需要的品质，如诚信、正义、关爱和尊重等；成就特征包括个体追求在学业、课外活动等方面有卓越表现所需的品质，如勤奋、努力、坚持、自律等；公民属性特征包括积极参与社会并做出贡献所需的品质，如知识、技能等(Seider，2012)。在此基础上，研究者基于积极发展视角进一步改进了原有的三因素结构模型，提出了更为成熟的八因素结构模型(Wang et al.，2015)。对 1 681 名儿童青少年的调查研究发现，儿童青少年品格八因素结构具有跨儿童类型的一致性和稳定性，包括顺从、高兴、友善、节俭、信赖、充满希望的未来期望、助人和宗教信仰八个方面，基于此开发的八因素儿童青少年品格自评量表具有较好的信度和效度(Wang et al.，2015)。以上的品格结构及其测量不仅包括美德、特质和习惯等个人特点，还考虑到了个体与情境互动关系中品格的发展，但这些结构和测量均建立在西方文化背景之下，并不适用于我国的儿童青少年。

近年来，研究者深入探讨了品格结构在不同年龄段(小学组、初中组和高中组)的差异性。品格优势结构的测量包括未来控制、乐观、坚持不懈、责任、节俭、领导力、尊重、团队合作和感恩等方面。研究发现，年龄越大，越多的品格优势能够被识别。小学组品格为四因素模型，初中组为六因素模型，高中组为八因素模型，这意味着品格结构在不同年龄阶段的儿童青少年群体中是不同的(Shubert et al.，2018)。这项研究首次揭示了品格结构在不同年龄段的差异性特点。

与西方国家的相关研究相比，我国关于儿童青少年品格结构的实证研究仍较少。国内一些研究者借鉴塞利格曼的理论验证了中国儿童青少年的品格结构。它们由 6 大类 13 项组成，即认知(创造力和求知力)、情感(爱和友善)、意志(执着和真诚)、律己(持重、宽容和谦虚)、利群(合作力和领导力)和超越(感恩与理想、幽默风趣)。研究者还开发了相应的小学生积极心理品质量表，该量表具有较好的信度和效度(官群等，2009；孟万金等，2014)。研究者归纳出了我国青少年的 12 项积极品格，分别是乐群宜人、独立自主、领导能力、关爱他人、努力坚持、稳重细心、乐观自信、诚实正直、兴趣与好奇心、灵活创新、挑战精神和热爱(张婵，2013)。

基于青少年积极发展的视角，本研究根据对 5 类人群(包括专家、中小学生、教师、家长、社区工作者)共 112 人的深度质性访谈，提出了我国文化背景下的儿童青少年积极发展的内涵和结构包括能力、品格、自我价值、联结四大部分，其中品格的结构包括"爱""志""信""毅"四个方面，每个方面都有其特定的内涵。"爱"主要涉及儿童青少年与他人交往，与家庭、集体及国家关系层面的品格，包括友善、善良、感恩、爱集体(国家)、助人和孝顺等；"志"反映了有助于促进儿童青少年自身成就发展的品格，包括勤奋与刻苦、主动与进取、有志向和自主等；"信"指为更好地社会化或融入社会所需的诚信、信赖、自律和责任心等；"毅"主要指儿童青少年在成长过程中遇到逆境和困难时所需的良好品格，包括乐观、坚毅、专注等。

## 第二节　以变量为中心的视角：
## 我国儿童青少年积极品格的总体特点和影响因素

### 一、我国儿童青少年积极品格的总体特点

#### (一)问题提出

近年来，发展心理学的研究范式发生了巨大的转变。在青少年积极发展视角的影响之下，积极品格研究及其培养再度成为研究者高度关注的问题（Lerner，2018；Seider at al.，2017；Shubert et al.，2018）。诸多研究发现，积极品格是影响儿童青少年心理健康、问题行为、学业成绩等方面发展的重要因素（Ciocanel et al.，2016；Park，2004a）。对积极品格与儿童青少年发展关键指标的关系进行探讨可为促进儿童青少年发展提供依据和指导。

大量研究发现，拥有积极品格可有效地提升儿童青少年的心理健康水平。研究者一致认为，消除或者摆脱了传统的心理问题并非一定表示心理健康。心理健康是一个双因素模型，既包含传统的抑郁、焦虑等消极指标，又包含主观幸福感、生活满意度等积极指标（Greenspoon & Saklofske，1998）。

一方面，积极品格有助于减少抑郁、焦虑等心理健康问题。研究者发现，积极品格与较好的心理健康状况关系密切（Leontopoulou & Triliva，2012）。一项以中国 70 628 名青少年为研究对象的研究发现，青少年抑郁症状与积极品格呈负相关，积极品格有利于减少青少年抑郁症状，且在年龄较大的青少年中这种关系更明显（张红英等，2016）。西方研究者发现，希望、热情、幽默、感恩、宽恕等积极品格有助于缓解正常人群的抑郁，这些积极品格与赞许需求和完美主义呈显著负相关（Huta & Hawley，2010）。另外，研究者指出，积极品格优势是心理健康的重要组成部分（Wright & Lopez，2002）。

另一方面，积极品格有助于主观幸福感的提升。研究者探讨了 1 723 名 14～19 岁青少年积极品格、自信、联结与青少年主观幸福感的关系，结果发现积极品格、自信和联结较高的被试的主观幸福感水平也较高（Pilkauskaite-Valickiene，2015）。另外，研究者发现积极品格优势与未来希望、主观幸福感和生活满意度呈显著正相关（Peterson et al.，2007），爱、感恩、希望和热情等积极品格可显著预测青少年的生活满意度（Park & Peterson，2009；Toner et al. ，2012)。

有研究发现，积极品格与儿童青少年外化问题行为之间关系紧密。积极品格教育有助于降低校园暴力、物质滥用等问题行为的发生率。研究显示，积极品格与物质滥用、酗酒、暴力、沮丧以及自杀意念等问题行为呈显著负相关(Park，2004a)，坚持、诚实和谨慎等积极品格与攻击性行为呈显著负相关(Park & Peterson，2008)。从干预角度来看，研究发现，积极品格教育干预项目可以有效地减少青少年的暴力和物质滥用行为，其中一些有效的积极品格教育项目被美国教育部确立为暴力防治项目的典范(刘晨，康秀云，2015)。

此外，有研究表明，积极品格对学生的学业成绩也有显著的预测作用。积极品格和学生的学业表现显著相关，积极品格对于学业成绩的预测甚至要比父母社会经济地位的预测作用更大(Benninga et al. ，2006)。一项对 23 258 名 10~16 岁儿童青少年开展的元分析显示，包括未来信念、亲社会行为与规范以及自我决定等元素的校外积极发展干预项目对学生的学业成绩有显著的正向预测作用(Ciocanel et al. ，2016)。具体而言，积极品格优势对学生学业成绩的解释率达到 29.70%，爱学习、领导力、坚持性、希望、社会智力和谨慎等积极品格均与学业成绩呈显著正相关，积极品格优势通过与学校相关的积极情感正向助益学业成绩(Wagner & Ruch，2015)。另一项研究发现，在控制了智力水平的影响后，坚持、公正、感恩、诚实、有希望和有远见等积极品格仍能正向预测小学生和初中生的学业成绩(Park & Peterson，2008)。

综上可见，积极品格与儿童青少年的发展有着密切的关系。基于当前我国经济社会快速发展对儿童青少年的冲击和影响，我们有必要对我国不同类型(城市普通儿童、农村普通儿童、流动儿童、留守儿童)、不同年龄段(小学、初中、高中)的儿童青少年的积极品格特点予以探究，以深入揭示积极品格对儿童青少年发展的功能和作用，为后续开展有效的积极品格教育奠定坚实的基础。鉴于此，本节将以全国儿童青少年样本作为研究对象，基于青少年积极发展视角，揭示我国儿童青少年积极品格的总体特点，探讨影响我国儿童青少年积极品格的个体因素和环境因素。

### (二)研究对象

本研究从全国 10 个省份选择了 60 所中小学，对四年级和五年级、七年级和八年级及高一和高二的学生进行施测。施测共获得 16 317 名有效被试，包括流动儿童、留守儿童、农村普通儿童和城市普通儿童共 15 895 名，未报告身份的儿童 422 名。被试的平均年龄为 13.13 岁($SD = 2.52$，年龄范围为 9~20 岁)，其中男生有 7 823 名(占 47.95%)，女生有 7 743 名(占 47.45%)，另有751名(占4.60%)儿童青少年被试未报告性别。从省份来看,辽宁省的儿童青少年被试最多,有2 367名(占14.51%),湖南省1 919名(占11.76%),浙江省1 830名(占11.22%),陕西省1 698名(占10.41%),河南省1 669名(占10.23%),广东省1 578名(占9.67%),江西省1 598名(占9.79%),北京市1 283名(占7.86%),贵州省1 173名(占7.19%),上海市1 202名(占7.37%)。从儿童青少年的学段划分来看,小学组5 975名(占36.62%),初中组5 216名(占31.97%),高中组5 126名(占31.42%)。

**(三)研究工具**

1. 人口学变量

基本的人口学变量包含了儿童青少年的性别、年龄、年级、所在省份以及学校。

2. 青少年积极发展量表——积极品格维度量表

从青少年积极发展的角度出发,我们采用了课题组成员编制并修订的"儿童青少年积极发展问卷"(林丹华等,2017)。量表共有98个条目,包含积极品格、能力、自我价值、联结四个维度。其中积极品格维度共42个条目,包括"爱"(20个条目,如当我看到别人需要帮忙时,我会尽力而为),"志"(9个条目,如我在学习上很刻苦),"信"(7个条目,如我是个言行一致的人)和"毅"(6个条目,如只要有意义,再艰难的事情我也能坚持做下去)4个方面。问卷采用5点计分,计算平均分代表各方面的积极品格水平,分数越高代表积极品格情况越好。在本研究中,积极品格维度量表的内部一致性系数为0.96,四个方面的内部一致性系数分别为0.93、0.83、0.89、0.87。

3. 学生类型情况

为了更加具体地了解儿童青少年的留守或流动情况,我们要求学生报告自己的留守或流动类型("请根据你自己的真实情况,选择图中与你生活经历相同的学生")。根据儿童青少年自己报告的实际情况,我们将其分为四种类型:流动儿童(3 414名,占20.92%)、留守儿童(1 691名,占10.36%)、农村普通儿童(2 525名,占15.47%)和城市普通儿童(8 265名,占50.65%)。

**(四)研究结果**

1. 小学组儿童的积极品格状况整体更好

图8-1显示了不同年级组的儿童在积极品格的四个维度上的得分情况。方差分析结果发现,儿童在"爱"($F(2, 16\ 286)=8.67$,$p<0.001$),"志"($F(2, 16\ 286)=19.11$,$p<0.001$),"毅"($F(2, 16\ 286)=135.79$,$p<0.001$)维度

上的得分均存在显著的年级差异，在"信"维度上的得分无显著差异（$F(2, 16\ 286)=1.86$，$p=0.155$）。

事后检验发现，在"爱"维度上，小学组（$p<0.001$）和初中组（$p=0.013$）的得分均显著低于高中组，小学组与初中组的得分无显著差异（$p=0.113$）。在"志"维度上，小学组的得分显著高于初中组和高中组（$ps<0.001$），初中组与高中组的得分无显著差异（$p=0.198$）。在"毅"维度上，小学组的得分显著高于初中组和高中组（$ps<0.001$），初中组的得分显著高于高中组（$p<0.001$）。

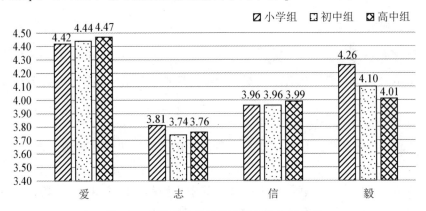

图 8-1　儿童青少年品格维度上的年级特点

2. 女生在积极品格上的发展好于男生

图 8-2 显示了不同性别的儿童在积极品格的四个维度上的得分情况。独立样本 $t$ 检验的结果显示，女生在"爱"（$t(15\ 264.997)=10.61$，$p<0.001$），"志"（$t(15\ 388.842)=6.22$，$p<0.001$），"信"（$t(15\ 472.449)=5.22$，$p<0.001$）三个维度上的得分均显著高于男生。儿童在"毅"维度上的得分不存在显著的性别差异（$t(15\ 539.821)=0.34$，$p=0.732$）。

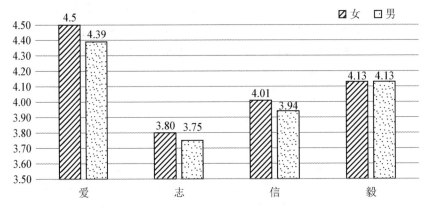

图 8-2　儿童青少年品格维度上的性别特点

3. 城市普通儿童和流动儿童的积极品格整体好于农村普通儿童和留守儿童

图 8-3 显示了不同类型的儿童在积极品格的四个维度上的得分情况。方差分析结果发现，儿童在"爱"（$F(3, 15\,863) = 66.75$，$p < 0.001$），"志"（$F(3, 15\,863) = 101.39$，$p < 0.001$），"信"（$F(3, 15\,863) = 131.26$，$p < 0.001$），"毅"（$F(3, 15\,863) = 77.20$，$p < 0.001$）维度上的得分均存在显著的学生类别差异。

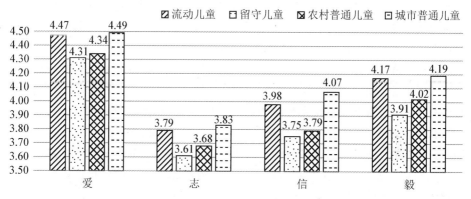

**图 8-3　儿童青少年品格维度上的学生类别特点**

事后检验发现，在"爱"维度上，流动儿童和城市普通儿童的得分均显著高于留守儿童和农村普通儿童（$ps < 0.001$），且流动儿童的得分显著低于城市普通儿童（$p = 0.042$），留守儿童的得分与农村普通儿童无显著差异（$p = 0.191$）。

在"志"维度上，流动儿童的得分显著低于城市普通儿童（$p < 0.001$），流动儿童和城市普通儿童的得分均显著高于留守儿童和农村普通儿童（$ps < 0.001$），留守儿童的得分显著低于农村普通儿童（$p < 0.001$）。

在"信"维度上，流动儿童和城市普通儿童的得分均显著高于留守儿童和农村普通儿童（$ps < 0.001$），流动儿童的得分显著低于城市普通儿童（$p < 0.001$），留守儿童的得分与农村普通儿童无显著差异（$p = 0.084$）。

在"毅"维度上，流动儿童的得分与城市普通儿童无显著差异（$p = 0.177$），流动儿童和城市普通儿童的得分均显著高于留守儿童和农村普通儿童（$ps < 0.001$），留守儿童的得分显著低于农村普通儿童（$p < 0.001$）。

## 二、我国儿童青少年积极品格的影响因素

### （一）问题提出

近年来，在青少年积极发展视角下，积极品格研究及其培养再度成为研究

者高度关注的问题，儿童青少年自身的积极品格在其积极发展中具有十分重要的地位(Lerner，2018；Seider et al.，2017；Shubert et al.，2018)。

家庭、学校、社区环境是影响儿童青少年发展的重要微观环境(Bronfenbrenner，1979)，儿童青少年的积极发展会受家庭、学校、社区环境资源的影响(郭海英等，2017；Theokas & Lerner，2006)。例如，西方中小学积极品格教育项目主要从个体、家庭、学校和社区等环境角度出发，开设多元积极品格课程，创设良好的家庭学校、社区氛围，提供积极品格实践的机会(陈芳舟，2016；Lickona et al.，2002)，全方位地促进儿童青少年的积极品格发展。具体来说，加利福尼亚州奥克兰发展研究中心的"儿童发展项目"发现，充满关怀的学校氛围是实现积极品格教育有效性的关键因素，该项目也被美国教育部认定为最有效的积极品格教育项目(刘晨，康秀云，2015)。又如，"创造性解决冲突"项目既关注学生的情绪发展，又注重学校积极氛围的营造，并为学生提供持续性的支持。

我国针对积极品格的研究相对较少，相关的品格教育实践起步较晚，具体开展形式呈单一、零星状。2018 年 10 月，我们以"积极品格教育"为关键词在中国知网和万方数据库进行检索，剔除 2 篇内容无关的文献后共收集到 424 篇文献资料，其中 35 篇(占 8.25%)是在中小学阶段开展积极品格教育实践的尝试(其中 3 篇为流动儿童、留守儿童积极品格教育探析)，22 篇(占 5.19%)是我国具体学科教学与积极品格教育相结合的实践与思考，其他均为关于西方积极品格教育的介绍、我国积极品格教育的重要性阐述及思考、启示的内容。

基于此，我们在探讨我国儿童青少年积极品格特点的基础上，更进一步从个体层面和环境层面深入探讨对儿童青少年积极品格的重要影响因素，试图揭示影响我国儿童青少年积极品格发展的机制，以促进我国儿童青少年积极品格的发展，并构建起我国文化背景下的儿童青少年积极品格教育体系。

**(二)研究对象**

同本节第一部分我国儿童青少年积极品格的总体特点的研究对象。

**(三)研究工具**

1. 人口学变量

与调查儿童青少年积极品格总体特点时所用的变量相同，基本的人口学变量包含了儿童青少年的性别、年龄、年级、所在省份以及学校。

2. 青少年积极发展量表——积极品格量表

同本节第一部分我国儿童青少年积极品格的总体特点用的量表。

3. 学生类型情况

与调查儿童青少年积极品格总体特点时所用的变量相同，包括流动儿童、留守儿童、农村普通儿童和城市普通儿童四种类型。

4. 意向性自我调节问卷

与第六章调查我国青少年积极发展影响因素时所用的意向性自我调节问卷相同。在本研究的儿童青少年群体中，该问卷的内部一致性信度系数为 0.88。

5. 未来控制问卷

与第六章调查我国青少年积极发展影响因素时所用的未来控制问卷相同。在本研究的儿童青少年群体中，该问卷的内部一致性系数为 0.73。

6. 亲子沟通问卷

与第六章调查我国青少年积极发展影响因素时所用的亲子沟通问卷相同。在本研究的儿童青少年群体中，该问卷的内部一致性系数为 0.78。

7. 学校心理环境问卷

与第六章调查我国青少年积极发展影响因素时所用的学校心理环境问卷相同。在本研究的儿童青少年群体中，该问卷的内部一致性系数为 0.91。

8. 社区环境问卷

与第六章调查我国青少年积极发展影响因素时所用的社区环境问卷相同。在本研究的儿童青少年群体中，该问卷的内部一致性系数为 0.87。

**(四)研究结果**

1. 个体层面：意向性自我调节和未来控制

(1)意向性自我调节

为考察意向性自我调节对儿童青少年积极品格的影响，本研究以儿童青少年积极品格为因变量(将四个维度的分数汇总求和)，意向性自我调节为预测变量进行回归分析。将性别和年龄组纳入回归方程，考察性别和年龄组与意向性自我调节的交互作用。如表 8-1 所示，在控制了性别和年龄组人口学变量之后，意向性自我调节对儿童青少年的积极品格仍有显著的正向预测作用($\beta = 0.61$，$p < 0.001$)，儿童青少年的意向性自我调节能力越强，其积极品格水平就越高。性别与意向性自我调节的交互作用($\beta = 0.00$，$p = 0.931$)以及年龄组与意向性自我调节的交互作用($\beta = -0.01$，$p = 0.268$)均不显著。

(2)未来控制

为考察未来控制对儿童青少年积极品格的影响，本研究以儿童青少年积极品格为因变量，未来控制为预测变量进行回归分析。将性别和年龄组纳入回归方程，考察性别和年龄组与未来控制的交互作用。如表 8-2 所示，在控制了性别和年龄组人口学变量之后，未来控制对儿童青少年的积极品格有显著的正向预测作用($\beta = 0.45$，$p < 0.001$)，儿童青少年的未来控制水平越高，其积极品

**表 8-1 意向性自我调节对儿童青少年积极品格的回归分析**

| 预测变量 | 第一步 | | | 第二步 | | | 第三步 | | |
|---|---|---|---|---|---|---|---|---|---|
| | $\beta$ | SE | $t$ | $\beta$ | SE | $t$ | $\beta$ | SE | $t$ |
| 性别[a] | -0.11*** | 0.02 | -6.60 | -0.11*** | 0.01 | -8.28 | -0.10*** | 0.01 | -8.21 |
| 年龄组 | -0.05*** | 0.01 | -6.00 | -0.03*** | 0.01 | -5.33 | -0.03*** | 0.01 | -5.32 |
| 意向性自我调节 | | | | 0.61*** | 0.01 | 94.50 | 0.60*** | 0.01 | 62.89 |
| 性别×意向性自我调节 | | | | | | | 0.00 | 0.01 | 0.09 |
| 年龄组×意向性自我调节 | | | | | | | -0.01 | 0.01 | -1.11 |
| $\Delta R^2$ | 0.01*** | | | 0.36*** | | | <0.001 | | |

注：性别 a 为虚拟变量，男生＝1，女生＝0；年龄组：小学＝1，初中＝2，高中＝3；* $p<0.05$，** $p<0.01$，*** $p<0.001$，下同。

**表 8-2 未来控制对儿童青少年积极品格的回归分析**

| 预测变量 | 第一步 | | | 第二步 | | | 第三步 | | |
|---|---|---|---|---|---|---|---|---|---|
| | $\beta$ | SE | $t$ | $\beta$ | SE | $t$ | $\beta$ | SE | $t$ |
| 性别[a] | -0.10*** | 0.02 | -6.53 | -0.08*** | 0.01 | -5.49 | -0.08*** | 0.01 | -5.42 |
| 年龄组 | -0.05*** | 0.01 | -5.99 | -0.06*** | 0.01 | -7.64 | -0.05*** | 0.01 | -7.58 |
| 未来控制 | | | | 0.45*** | 0.01 | 62.95 | 0.47*** | 0.01 | 44.84 |
| 性别×未来控制 | | | | | | | -0.04** | 0.01 | -2.60 |
| 年龄组×未来控制 | | | | | | | -0.01 | 0.01 | -1.73 |
| $\Delta R^2$ | 0.01*** | | | 0.20*** | | | 0.000** | | |

格水平也越高。年龄组与未来控制的交互作用不显著($\beta=-0.01$，$p=0.084$)，性别与未来控制的交互作用显著($\beta=-0.04$，$p=0.009$)。如图 8-4 所示，未来控制对儿童青少年积极品格的促进作用在女生中更大。

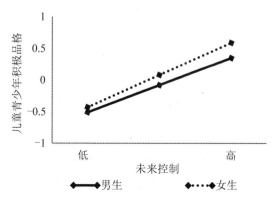

**图 8-4　性别与未来控制的交互作用**

2. 环境层面：亲子沟通、学校心理环境、社区环境

（1）亲子沟通

为考察亲子沟通对儿童青少年积极品格的影响，本研究以儿童青少年积极品格为因变量，亲子沟通为预测变量进行回归分析。将性别和年龄组纳入回归方程，考察性别和年龄组与亲子沟通的交互作用。如表 8-3 所示，在控制了性别和年龄组人口学变量之后，亲子沟通对儿童青少年的积极品格有显著的正向预测作用($\beta=0.40$，$p<0.001$)。性别与亲子沟通的交互作用显著($\beta=0.07$，$p<0.001$)，如图 8-5 所示，亲子沟通对儿童青少年积极品格的促进作用在男生中更大。年龄组与亲子沟通的交互作用显著($\beta=-0.06$，$p<0.001$)，如图 8-6 所示，亲子沟通对儿童青少年积极品格的促进作用在低年龄组儿童青少年中更大。

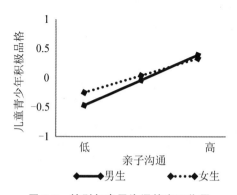

**图 8-5　性别与亲子沟通的交互作用**

表 8-3 亲子沟通对儿童青少年积极品格的回归分析

| 预测变量 | 第一步 | | | 第二步 | | | 第三步 | | |
|---|---|---|---|---|---|---|---|---|---|
| | $\beta$ | SE | t | $\beta$ | SE | t | $\beta$ | SE | t |
| 性别[a] | -0.10*** | 0.02 | -6.56 | -0.04** | 0.02 | -2.68 | -0.04** | 0.02 | -2.69 |
| 年龄组 | -0.05*** | 0.01 | -5.89 | -0.01 | 0.01 | -1.42 | -0.01 | 0.01 | -1.02 |
| 亲子沟通 | | | | 0.40*** | 0.01 | 53.78 | 0.37*** | 0.01 | 37.01 |
| 性别×亲子沟通 | | | | | | | 0.07*** | 0.02 | 4.90 |
| 年龄组×亲子沟通 | | | | | | | -0.06*** | 0.01 | -8.67 |
| $\Delta R^2$ | 0.01*** | | | 0.16*** | | | 0.01*** | | |

表 8-4 学校心理环境对儿童青少年积极品格的回归分析

| 预测变量 | 第一步 | | | 第二步 | | | 第三步 | | |
|---|---|---|---|---|---|---|---|---|---|
| | $\beta$ | SE | t | $\beta$ | SE | t | $\beta$ | SE | t |
| 性别[a] | -0.10*** | 0.02 | -6.56 | -0.05*** | 0.01 | -3.33 | -0.04** | 0.01 | -3.15 |
| 年龄组 | -0.05*** | 0.01 | -5.90 | -0.02** | 0.01 | -3.24 | -0.02** | 0.01 | -3.30 |
| 学校积极心理环境 | | | | 0.51*** | 0.01 | 73.59 | 0.50*** | 0.01 | 49.72 |
| 性别×学校积极环境 | | | | | | | 0.01 | 0.01 | 0.40 |
| 年龄组×学校积极环境 | | | | | | | -0.06*** | 0.01 | -8.52 |
| $\Delta R^2$ | 0.01*** | | | 0.26*** | | | 0.003*** | | |

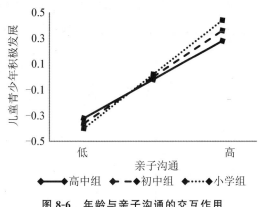

图 8-6 年龄与亲子沟通的交互作用

(2)学校心理环境

为考察学校心理环境对儿童青少年积极品格的影响，本研究以儿童青少年积极品格为因变量，学校心理环境为预测变量进行回归分析。将性别和年龄组纳入回归方程，考察性别和年龄组与学校心理环境的交互作用。如表 8-4 所示，在控制了性别和年龄组人口学变量之后，学校心理环境对儿童青少年的积极品格有显著的正向预测作用（$\beta=0.51$，$p<0.001$）。性别与学校心理环境的交互作用不显著（$\beta=0.01$，$p=0.693$），年龄组与学校心理环境的交互作用显著（$\beta=-0.06$，$p<0.001$）。如图 8-7 所示，学校心理环境对儿童青少年积极品格的促进作用在低年龄组儿童青少年中更大。

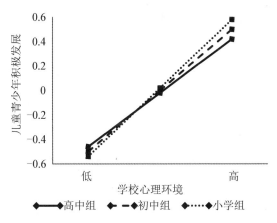

图 8-7 年龄与学校心理环境的交互作用

表 8-5 社区环境对流动儿童积极发展的回归分析

| 预测变量 | 第一步 | | | 第二步 | | | 第三步 | | |
|---|---|---|---|---|---|---|---|---|---|
| | $\beta$ | SE | t | $\beta$ | SE | t | $\beta$ | SE | t |
| 性别[a] | -0.10*** | 0.02 | -6.45 | -0.11*** | 0.01 | -7.95 | -0.11*** | 0.01 | -7.77 |
| 年龄组 | -0.05*** | 0.01 | -5.86 | -0.01 | 0.01 | -1.60 | -0.01 | 0.01 | -1.90 |
| 社区环境 | | | | 0.43*** | 0.01 | 59.79 | 0.41*** | 0.01 | 39.09 |
| 性别×社区环境 | | | | | | | 0.03* | 0.01 | 2.37 |
| 年龄组×社区环境 | | | | | | | -0.04*** | 0.01 | -5.57 |
| $\Delta R^2$ | 0.01*** | | | 0.19*** | | | 0.002*** | | |

（3）社区环境

为考察社区环境对儿童青少年积极品格的影响，本研究以儿童青少年积极品格为因变量，社区环境为预测变量进行回归分析。将性别和年龄组纳入回归方程，考察性别和年龄组与社区环境的交互作用。结果如表 8-5 所示，在控制了性别和年龄组人口学变量之后，社区环境对儿童青少年的积极发展有显著的正向预测作用（$\beta = 0.43$，$p < 0.001$）。性别与社区环境的交互作用显著（$\beta = 0.03$，$p = 0.018$）。如图 8-8 所示，社区环境对儿童青少年积极品格的促进作用在男生中更大。年龄与社区环境的交互作用显著（$\beta = -0.04$，$p < 0.001$），如图 8-9 所示，社区环境对儿童青少年积极品格的促进作用在低年龄组儿童青少年中更大。

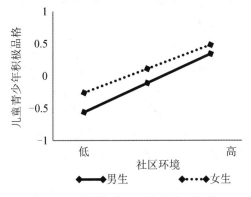

**图 8-8　性别与社区环境的交互作用**

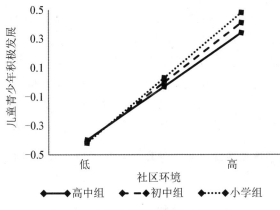

**图 8-9　年龄与社区环境的交互作用**

## 三、讨论与启示

### (一)我国儿童青少年积极品格较为良好，但存在群体内部差异

研究结果发现，我国儿童青少年在积极品格各维度得分上存在显著的年级差异。在积极品格的"志"和"毅"两方面，小学阶段好于初高中阶段；在积极品格的"爱"方面，高中阶段好于初中阶段，初中阶段好于小学阶段。未来需要采用追踪研究设计，更深入地揭示积极发展水平随年龄变化的特点与趋势。

从性别角度看，女生在积极品格的"爱""志""信"三个维度上的得分显著高于男生。可见，男生和女生在积极品格方面存在一定的性别差异，这一结果与"4H"追踪研究中青少年积极发展的性别特点基本一致，即女生比男生发展得更"积极"，表现为积极指标得分较高（Lewin-Bizan et al.，2010；Phelps et al.，2007）。另外，有研究表明（张婵，2013），处在青少年阶段的女生在积极品格上的得分高于男生。这反映了在青少年阶段，学生的积极发展可能受到生理成熟程度的影响，女生相对于男生表现得更加"成熟"，因此具有较高的志向，对同学也更加关爱。但这一结果并不能否认男生的积极发展潜力，未来需要深入探讨男女生随年龄的增长出现的积极发展水平的差异。

从学生类型角度看，相较于农村普通儿童和留守儿童，城市普通儿童和流动儿童的积极品格发展更好。换言之，处在社会支持较丰富、有父母陪伴的环境中更有利于儿童青少年积极品格的发展。从积极青少年发展的资源模型来看（常淑敏，张文新，2013；Scales et al.，2000），区域经济水平在一定程度上反映了青少年发展过程中具有的可利用资源的充分性。经济水平较好的地区同时也具备较多的教育资源，如雄厚的学校师资力量、广泛的学习兴趣课程等。这些可利用的外部资源在一定程度上与青少年内在的心理资源相互作用，共同影响其积极发展。因此，相较于外部资源相对较少的农村普通儿童和留守儿童，拥有较多外部资源的城市普通儿童和流动儿童的积极品格发展更好。

### (二)良好的个体素质和家庭、学校和社区环境均有利于儿童青少年积极品格的发展

发展资源理论提出，生态环境特征（外部资源）与个人技能（内部资源）就像一些动态互连的"积木"，共同抵抗高风险行为的发生（Benson et al.，2007）。发展资源理论包含了20种内部资源与20种外部资源，概括了内外部环境对青少年发展有帮助的支持系统。其中，内部资源包含的"计划与决策"发展资源、"积极的个人前途展望"发展资源分别与"意向性自我调节"概念、"未来控制"概

念类似，外部资源包含的"积极的家庭沟通""关爱的学校氛围""关爱的邻里"分别与"亲子沟通""学校心理环境""社区环境"类似。儿童青少年内外部资源越多，其发展的水平越高，积极品格的发展更好。

对于个体而言，在意向性自我调节和未来控制方面越好的儿童青少年，其积极品格的水平越高，且这种正向的预测作用主要体现在低年龄组阶段。性别在未来控制和积极品格之间具有调节作用，女生的未来控制对其积极品格的促进作用更大。意向性自我调节能力较强的儿童青少年能够为自己设立目标，制订计划并进行反思。未来控制较强的儿童青少年对自己的未来常常抱有积极的态度。这两种内部资源能够促使儿童青少年的发展水平更高，积极品格的发展更好。

对于家庭而言，具有良好亲子沟通的儿童青少年积极品格水平更高。父母对孩子的发展是至关重要的。在外务工的父母可以借助网络、电话等方式多与孩子交流沟通，了解孩子的生活，增强与孩子的亲密感，为孩子提供心理上的支持与帮助。"家庭支持"这一外部资源能够给予儿童青少年高层次的爱与支持，使其拥有的发展资源更多，更可能有较好的发展结果。

对学校而言，儿童青少年所在学校的心理环境越好，其积极品格水平就越高。对于学生阶段的儿童青少年而言，学校是其重要的成长环境。良好的学校心理环境，如教师、同伴的支持和尊重等，能够增加其心理安全感，促进其更好地适应环境。这种外部资源使儿童青少年在学校中感受到关爱、鼓励，促使他们的发展水平更高，积极品格的发展更好。

对于社区而言，良好的社区环境有利于儿童青少年积极品格的发展。社区是除了学校之外另一个儿童青少年较为频繁接触的场所，良好的社区环境能给他们提供安全感和信任感，不良的社区环境可能会影响其树立正确的价值观。因此，各个社区应该加强管理，增强邻里之间的联结，并提供更多的资源支持儿童青少年更加健康地成长。

本研究聚焦于来自个体、家庭、学校和社区多种内外部资源的协同作用，有助于指导多领域的研究与实践工作。大量研究发现，儿童青少年的发展资源越多，其越可能有较好的发展结果(Benson，2003；Benson et al.，1998)。

### (三)建构中国文化背景下儿童青少年积极品格的内涵、结构与测量工具

积极品格具有明显的文化特性，不同社会文化背景下积极品格的内涵、结构均有其特点，揭示积极品格内涵与结构的文化性是未来研究的重要目标之一。中华民族拥有五千多年的文明历史和优秀传统文化，历来崇德重德，"君子进德修业""君子以自强不息""仁爱及物"等均表现出了中华文化重视个人修身养性和优良品格的特色。在我国经济社会发展的新时代，爱国、敬业、诚

信、友善个人层面的社会主义核心价值观既是当代中国精神的集中体现，又是对每一个儿童青少年的基本要求。基于我国传统文化的深远影响力，结合新时代社会主义核心价值观的诉求，深度探索和揭示我国文化背景下儿童青少年积极品格的内涵与结构显得尤为重要。目前无论是品格的三因素还是八因素结构，均建立在西方文化背景之下，不适用于我国文化背景下的儿童青少年。关于我国儿童青少年的积极品格内涵与结构的研究尚处于起步阶段，且理论思辨研究多实证研究少，已有的研究零散，尚不能成体系，缺少中国文化背景下科学有效的积极品格测量工具，因此我们亟须构建基于我国传统文化特色、体现新时代需求又充分吸收世界各国优秀研究成果的积极品格测量工具。基于实证（evidence-based）的量化研究可为积极品格领域的深入研究以及积极品格教育与评价打开一扇大门，奠定坚实的基础。

**（四）重视开展处境不利儿童群体的积极品格教育**

当前我国正处于经济快速发展、城市化进程加速的变迁时期，社会变迁带来了数量巨大的流动儿童、留守儿童、贫困儿童等处境不利儿童。以往的研究更多聚焦在揭示流动儿童和留守儿童等处境不利儿童的学业不良与心理行为问题等消极结果上，对这类儿童的积极品格及其积极品格塑造的研究非常缺少。受到歧视、贫穷、亲子分离等不利成长环境的影响，这类儿童容易出现自卑、孤独、无望感、人际关系紧张等人格和行为特点，培养他们友善、感恩、坚韧、乐观等积极品格尤为重要。我们应重点在处境不利儿童中开展积极品格教育，探讨对此类儿童开展积极品格教育的特殊性和独特性，挖掘出有利于处境不利儿童积极品格培养的有效的个体和环境因素，并将之与心理健康教育等有机地融合在一起，探索积极品格教育对处境不利儿童积极品格塑造、心理健康发展、学业成绩提高的作用机制，以更好地帮助这类儿童应对不利处境，提升问题解决能力，实现积极发展。

# 第三节　以个体为中心的视角：
# 我国儿童青少年积极品格的多样性
# 及其与心理健康的关系

## 一、问题提出

近年来，西方研究者开始将积极品格放到个体与环境互动的情境中理解其定义与内涵。随着关系发展系统元理论和积极青少年发展观的出现，积极品格被视为个体与所处情境相互作用的发展结果（Lerner et al.，2015）。研究者倾向于认为积极品格是一个多维度的动力发展系统，而不仅仅只是个体内部的特质或本质，对儿童青少年的积极发展具有关键的促进或推动作用。因此，积极品格作为我国儿童青少年积极发展的重要维度，值得学者进一步探究其重要价值。

以往有关积极青少年发展的研究绝大多基于以变量为中心的研究视角，其结论往往基于样本平均水平的数据，难以反映潜藏在简单线性关系之下的个体心理和行为发展的异质性特点及差异化类型（赵景欣等，2008）。有关儿童青少年积极品格的研究大多遵循整群同质的思想，隐藏了我国儿童青少年群体内部的有关积极品格的个体差异性。因此，开展注重个体差异的相关研究是十分必要的。本研究从以个体为中心的研究视角对积极品格进行深入研究，以揭示儿童青少年积极品格的多样性特点，并深入探讨积极品格的四种类型特征在不同年龄、不同性别以及不同学生类型之间的差异，从而更加清晰地揭示积极品格类型在儿童青少年群体中的发展特点。与此同时，本研究将儿童青少年积极品格的四种类型与其心理健康状况相结合，以获取积极品格类型与儿童青少年心理健康之间的潜在关系，为后续的干预研究奠定坚实的基础。

本研究将进一步采用潜在剖面分析方法揭示我国儿童青少年的积极品格类型，挖掘个体发展特点的复杂性和差异性，发现积极品格各维度间的相关性，进而回答"儿童青少年的积极品格具有哪几种类型""何种类型的组合对于提升青少年心理健康起重要作用"等问题。以上问题的揭示对于研究者和教育实践者从更科学的角度来理解我国青少年积极品格发展变化的特点，发现整体发展形态下的个体模式的复杂性与差异性具有重要意义。

### 二、研究对象

同本章第二节中的研究对象。

### 三、研究工具

同本章第二节以及第六章第二节中的测量工具。

### 四、数据分析方法

采用以个体为中心的取向进行数据分析，通过潜在剖面分析技术（Collins &

Lanza，2010)探索青少年积极品格的潜在类型以及重要人口学变量对积极品格类型的预测关系。首先，以积极品格的四个子维度的均值为基本指标，进行潜在剖面分析。模型评价的参数包括：对数似然函数值(LL)、Akaike 信息准则(AIC)、贝叶斯信息准则(BIC)、校正的贝叶斯信息准则(aBIC)、似然比检验(LMR)和基于 Bootstrap 的似然比检验(BLR)(王孟成，毕向阳，2018)。上述指标中，贝利斯信息准则常被作为确定最优模型的关键信息指数，其值越小越好(Burnham & Anderson，2004)。此外，Entropy 值也被用来评价潜剖面分析结果的分类精确性，值越大表明模型越好(Nylund et al.，2007)。由于在实际研究中，各评价指标之间可能不完全一致，因此依据先前研究者的建议，本研究将参考信息参数、分类的理论与实际意义及最小比例类别被试的数量，综合确定最终的模型和分类个数；然后分别采用 $F$ 检验和 $\chi^2$ 分析比较不同积极品格的潜在类型在青少年年龄、性别以及学生类型上的分布差异；最后，采用 $F$ 检验探讨儿童青少年积极品格类型与心理健康结果的关系。

## 五、研究结果

### (一)青少年积极品格的潜在类型

如表 8-6 所示，类别从 1—4 逐渐增加时(模型 C1—C4)，总体上 AIC、BIC 和 aBIC 均呈下降的趋势，BLRT 检验值均显著($p$s<0.001)；在类别为 4 时，最少类别组人数比例仅为 1.4%，小于诸多研究者认可的最小组别人数比例的 3% 或者 5%。基于此，我们主要比较 2 类和 3 类的参数指标(C2 和 C3 模型)。从信息指数来看，AIC、BIC 和 aBIC 在 C3 模型中更小，C3 模型 Entropy 值小于 C2。从分类概率来看，C2 模型中，两个类别及相应人数分别为 0.296(4831)、0.704(11486)；C3 模型中，三个类别的分类概率和相应人数分别为 0.071(1158)、0.388(6328)、0.541(8831)。进一步分析发现，C3 模型相比 C2 模型，更加精细地区分了儿童青少年积极品格的不同类型。此外，最少类别组人数比为 7.1%。因此，综合统计参数值和分类的理论与实际意义，本研究选择 C3 模型，即我国儿童青少年样本中可能存在三个潜在的类型组。

具体而言，根据各组在积极品格四个维度上的得分特点，将三个潜在类型组命名为组 1"全面高水平发展组"(54.1%)、组 2"全面中水平发展组"(38.8%)和组 3"全面低水平发展组"(7.1%)。如图 8-10 所示，组 1"全面高水平发展组"在积极品格的"爱""志""信""毅"四个维度上均处于最高水平；组 2

表 8-6 我国儿童青少年积极品格潜在剖面分析的模型指数（$N = 16317$）

| 模型 | $k$ | AIC | BIC | aBIC | Entropy | LMR | BLRT | 分类概率（组人数） |
|------|-----|-----|-----|------|---------|-----|------|------------------|
| C1 | 8 | 139776.82 | 139838.42 | 139812.99 | 1.000 | | | 1.000 |
| C2 | 13 | 121710.24 | 116407.13 | 116349.92 | 0.812 | <.001 | <.001 | 0.296(4831)/0.704(11486) |
| **C3** | **18** | **116268.53** | **103429.85** | **103372.65** | **0.804** | **<.001** | **<.001** | **0.071(1158)/0.388(6328)/0.541(8831)** |
| C4 | 23 | 114412.35 | 114589.45 | 114516.36 | 0.792 | <.001 | <.001 | 0.130(2120)/0.014(226)/0.463(7561)/0.393(6410) |

注：标黑的为最终选择。

"全面中水平发展组"在积极品格四个维度上得分均低于第1组"全面高水平发
展组";组3"全面低水平发展组"在积极品格四个维度上均低于前两组,处于
最低水平。

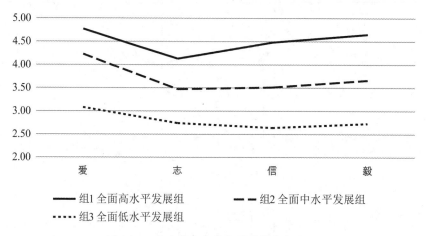

图 8-10  儿童青少年积极品格潜在剖面图

1. 儿童青少年积极品格潜在类型的年龄特点

考察儿童青少年积极品格类型上的年龄差异,方差分析结果显示主效应显
著($F(2, 16279) = 11607.67$,$p < 0.001$)。事后检验发现,组1"全面高水平
发展组"的年龄显著大于组2"全面中水平发展组"和组3"全面低水平发展组"
($p$s$<0.001$)。组2"全面中水平发展组"的年龄显著大于组3"全面低水平发展
组"($p < 0.001$)(见图 8-11)。

年龄(岁)

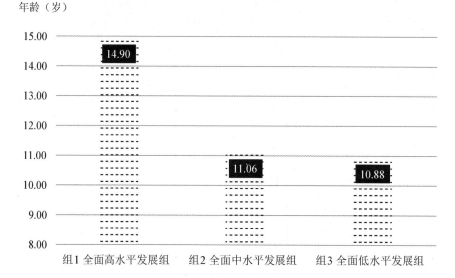

图 8-11  儿童青少年积极品格类型上的年龄特点

## 2. 儿童青少年积极品格潜在类型的性别特点

儿童青少年积极品格潜在类型的性别分布见图 8-12。其中，组 1"全面高水平发展组"中包含 4 093 名男生和 4 341 名女生，组 2"全面中水平发展组"中包含 3 068 名男生和 2 978 名女生，组 3"全面低水平发展组"中包含 662 名男生和 424 名女生。组 2"全面中水平发展组"和组 3"全面低水平发展组"的男生人数略多于女生，组 1"全面高水平发展组"的女生人数略多于男生，3 个组的性别分布存在显著差异（$\chi^2(2)=60.38$，$p<0.001$）。

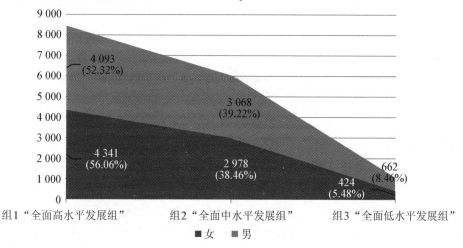

**图 8-12　儿童青少年积极品格类型上的性别特点**

## 3. 儿童青少年积极品格潜在类型的儿童类型特点

儿童青少年积极品格潜在类型的儿童类型特点见表 8-7。其中组 1"全面高水平发展组"中包含的城市普通儿童最多，占城市普通儿童的 58.98%；流动儿童次之，占流动儿童的 56.53%；然后是农村普通儿童，占农村普通儿童的 44.39%；最少的是留守儿童，占留守儿童的 40.33%。组 2"全面中水平发展组"中包含的留守儿童最多（48.85%），农村普通儿童次之（47.37%），流动儿童（35.74%）和城市普通儿童（35.58%）的占比相对较低。组 3"全面低水平发展组"中包含的留守儿童占比最多（10.82%），农村普通儿童次之（8.24%），然后是流动儿童（7.73%），最少的是城市普通儿童（5.44%）。3 个组的学生类型分布存在显著差异（$\chi^2(6)=337.86$，$p<0.001$）。

**表 8-7　我国儿童青少年积极品格的儿童类型特点**

| 学生类型 | 总人数 | 组 1 | 组 2 | 组 3 |
|---|---|---|---|---|
| 流动儿童 | 3 414 | 1 930<br>(56.53%) | 1 220<br>(35.74%) | 264<br>(7.73%) |

| 学生类型 | 总人数 | 组 1 | 组 2 | 组 3 | |
|---|---|---|---|---|---|
| 留守儿童 | 1 691 | 682 (40.33%) | 826 (48.85%) | 183 (10.82%) | |
| 农村普通儿童 | 2 525 | 1 121 (44.39%) | 1 196 (47.37%) | 208 (8.24%) | |
| 城市普通儿童 | 8 265 | 4 875 (58.98%) | 2 941 (35.58%) | 449 (5.44%) | $\chi^2(6)=337.86$, $p<0.001$ |

注：有 422 人未报告学生类型情况。组 1"全面高水平发展组"，组 2"全面中水平发展组"，组 3"全面低水平发展组"。

### (二)我国儿童青少年积极品格类型与心理健康结果的关系

方差分析结果表明(见表 8-8、图 8-13)，不同积极品格类型的儿童青少年在抑郁($F(2,16301)=860.62$，$p<0.001$)，外化问题($F(2,16301)=70.32$，$p<0.001$)和幸福感($F(2,16301)=1588.23$，$p<0.001$)上均存在显著差异。进一步事后检验显示，在抑郁方面，组 1"全面高水平发展组"得分显著低于组 2"全面中水平发展组"($p<0.001$)和组 3"全面低水平发展组"($p<0.001$)，组 2"全面中水平发展组"得分显著低于组 3"全面低水平发展组"($p<0.001$)。在外化问题方面，组 1"全面高水平发展组"得分显著低于组 2"全面中水平发展组"($p<0.001$)和组 3"全面低水平发展组"($p<0.001$)，后两组得分无显著差异($p=0.231$)。在幸福感方面，组 1"全面高水平发展组"得分显著高于组 2"全面中水平发展组"($p<0.001$)和组 3"全面低水平发展组"($p<0.001$)，组 2"全面中水平发展组"得分显著高于组 3"全面低水平发展组"($p<0.001$)。

表 8-8　儿童青少年积极品格类型与心理健康结果的关系

| | 组 1 M(SD) | 组 2 M(SD) | 组 3 M(SD) | F | p | LSD |
|---|---|---|---|---|---|---|
| 抑郁 | 1.69 (0.59) | 2.02 (0.56) | 2.24 (0.54) | 860.62 | <.001 | 组 1<组 2<组 3 |
| 外化问题 | 1.86 (0.64) | 1.98 (0.60) | 1.96 (0.62) | 70.32 | <.001 | 组 1<组 2/组 3 |
| 幸福感 | 4.39 (0.67) | 3.91 (0.68) | 3.38 (0.89) | 1588.23 | <.001 | 组 1>组 2>组 3 |

注：组 1"全面高水平发展组"，组 2"全面中水平发展组"，组 3"全面低水平发展组"。

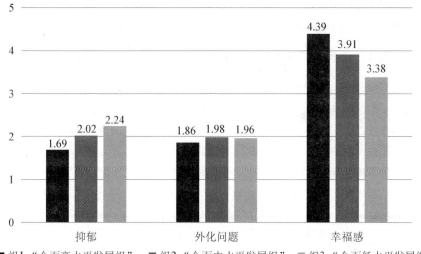

图 8-13　儿童青少年积极品格各类型的心理健康结果差异

## 六、讨论与启示

### (一)我国儿童青少年积极品格的类型特征

从以个体为中心的视角探究积极品格的发展,可将我国儿童青少年划分为3类:"全面高水平发展组""全面中水平发展组"和"全面低水平发展组"。其中"全面高水平发展组"的人数最多(54.1%),"全面低水平发展组"的人数最少(7.1%),这说明我国儿童青少年整体上的积极品格发展水平较高。进一步分析不同组的年龄差异,发现"全面高水平发展组"的青少年年龄显著高于"全面中水平发展组"和"全面低水平发展组",这可能是因为随着年龄的增长,儿童青少年的人格发展健全,其积极品格的各个方面也随之完善。这一结果提示我们,需要在低年龄段就对儿童青少年开展有效的品格教育,以切实促进他们积极品格的发展。

从性别分布角度看,女生更容易达到积极品格全面高水平的发展状态。我们在以变量为中心的积极品格特征分析中发现,儿童青少年积极品格在女生群体中发展更好,该结果与"4H"项目一致,且在以个体为中心的积极品格特征分析中也发现,儿童青少年积极品格仍然在女生群体中较多呈现全面高水平发展。因此,相较于男生,女生积极品格的发展呈现整体水平较高且发展全面的特点。这可能是因为女生比男生早熟,更加关注发展自身积极品格的全面发展(Lewin-Bizan et al.,2010;Phelps et al.,2007)。未来在开展积极品格的主题教育时，应注意关注男生积极品格的发展状态，以便于其拥有更好的心理健康状态。

### (二)我国儿童青少年积极品格类型与心理健康结果的关系

在"爱""志""信""毅"四个积极品格维度上均呈现高水平发展的个体，表现出的抑郁和外化问题远低于其他非全面高水平发展组的个体。基于"4H"数据的研究表明，青少年早期的积极发展水平对抑郁具有负向的预测作用，即青少年积极发展的水平越高，其抑郁的水平越低(Jelicic et al.，2007)。对于积极品格与外化问题的关系，"4H"研究的最初假设是青少年积极品格与问题行为之间应是负向关系，即随着积极品格的发展，问题行为会相应地减少。然而，基于"4H"的纵向研究发现，青少年早期的积极品格与问题行为的发展具有不同的轨迹，并不是简单的负向关系。弗尔普斯等人(Phelps et al.，2007)采用以个体为中心的分析方法，考察青少年积极品格与青少年内化、外化行为问题的发展轨迹之间的关系。结果发现青少年早期的发展轨迹具有多样性，具体表现为：①早期具有较高积极发展水平的青少年之后会有低水平的内化或外化行为；②随着积极品格的减少消极行为更有可能增加；③随着积极品格的增加，内化问题也开始增加。同样基于"4H"纵向研究，勒温·比赞等人(Lewin-Bizan et al.，2010)采用以个体为中心的分析方法对青少年中期的积极品格与问题行为的发展轨迹进行了考察，发现积极品格、行为问题具有复杂的发展轨迹。积极品格得分较高的青少年也可能具有较多的问题行为。因此，未来研究仍需进一步确认积极品格与抑郁、问题行为之间的关系，并探索出现不同研究结果背后的原因和作用机制。

"全面高水平发展组"的个体报告的幸福感同样高于其他组别。帕克(Park)和彼得森(Peterson，2006)对 680 名 3～9 岁儿童的幸福感和积极品格的关系进行了研究，结果发现爱与被爱的能力、热忱、希望与幸福感相关，感恩与幸福感的相关出现在年龄较大的儿童中。针对成人的研究发现(Brdar & Ani，2010)，热情/热忱、好奇心、感恩、希望、爱与被爱的能力与幸福感相关。

总体而言，本研究发现，积极品格具有两方面的作用。一方面，积极品格与积极的发展结果有正向关系，能够对主观幸福感进行正向预测。另一方面，积极品格与消极的发展结果有负向关系，能够负向预测抑郁和外化问题。个体积极品格的发展水平越低，其表现出的抑郁、外化问题越多，主观报告的幸福感越低。当然，积极品格与内外化问题的关系也可能呈现出复杂的关系，对此需要用更多的追踪研究来深入揭示二者之间的关系及影响机制。概括而言，关注我国儿童青少年积极品格的发展对其心理健康有着重要意义。积极品格能够提升青少年的幸福感，并且能够抵御未来发展的风险。因此我们应全面发展儿童青少年的积极品格，以有力地促进儿童青少年积极发展。

### （三）开展儿童青少年积极品格发展轨迹、影响因素及其功能的长期追踪研究

儿童青少年是人生的关键发展时期，此时个体的身心发展均经历迅猛的变化。未来亟须采用有代表性的大样本和长期追踪研究方法，深入探索儿童青少年的积极品格发展轨迹和功能，揭示其随着时间发展而动态变化的过程，进而挖掘出不同关键发展时期不同侧面积极品格的发展特点和轨迹，探索儿童青少年积极品格结构和功能的差异性、发展性和多样性，为后续的积极品格教育实践提供强有力的支持。生态系统理论指出，个体的积极品格发展会受到家庭、学校、同伴乃至社会文化这四个相互联系的生态环境的影响。当个体从童年期走向青春期时，不同环境系统的影响作用会发生悄然变化。每个环境系统之中对积极品格产生关键影响的因素都包括哪些方面，个体与发展情境中的哪些关键因素相互作用推动并影响着儿童青少年积极品格的形成、发展和塑造，都是需要长期追踪研究并深入揭示的问题，也是未来积极品格研究领域的重要方向。

### （四）建立具有中国文化特色的中小学积极品格教育教学体系

立德树人是学校教育的任务，在中小学阶段全面开展积极品格教育是落实立德树人的根本需要。不同于我国中小学现有的德育或思想政治教育，积极品格教育应自成体系。首先，基于我国博大精深的传统文化和新时代对人才培养的迫切需求，根据我国文化背景下儿童青少年积极品格的内涵与结构以及儿童青少年每个发展年龄阶段中关键的积极品格特征，确定中小学积极品格教育的目标和教学内容，在体系化的积极品格教育中充分体现社会主义核心价值观之内涵。其次，建立涵盖幼儿园、小学和中学的积极品格教育课程体系，增强不同年龄段课程内容之间的衔接性和贯穿性，并开发出幼儿园、小学和中学积极品格教育教材与课程标准，既建立标准化的积极品格教育课程和教学体系，又将积极品格教育充分融入日常的思想道德教育、文化知识教育和社会实践教育。再次，探索有效的积极品格教育"教"与"学"的模式，改变以讲授、灌输为主的积极品格教育教学方法，深入研究儿童青少年良好积极品格养成与塑造的规律和特点，尤其突出不同年龄段儿童青少年积极品格塑造的阶段性特征，以适合年龄特点需求、凸显积极品格教育自身特点的方式开展教学，突出积极品格教育教学中的体验性、实践性和日常性，在日常的体验、实践中潜移默化地培养和塑造儿童青少年的良好积极品格，并对积极品格教育的成效进行科学评估，总结提炼出有效积极品格教育的核心原则和要点，以推动积极品格教育向

纵深方向开展。最后，搭建家庭—学校—社区三位一体的儿童青少年积极品格培养立体体系，构建以学校积极品格教育为主，并将积极品格教育延伸到家庭和社区/社会中的全方位、立体化的积极品格教育校内外协同培养体系，考虑建立全国积极品格教育联盟，为全国中小学的积极品格教育提供持续性的指导，突出积极品格教育受到全社会高度重视的重要战略地位。

## 建议阅读资源

Lapsley，D. K. ，Narvaez，D. (2006). Character education. In A. Renninger，In I. Siegel（Eds.），*Handbook of child psychology*，Vol. 4：*Child psychology in practice*(6th ed. ，pp. 248-296). Wiley.

在这一章中，作者从习惯、特质和美德三方面阐述了品格的概念、品格的哲学和教育因素以及品格心理学研究的新方法等，通过介绍品格教育的 11 项有效原则以及关怀性学校集体、服务学习和社区服务、社会情绪学习等项目论述了品格教育的方法，之后展示了品格教育的案例研究，最后提出了品格教育实践应注意的实施问题及其未来发展方向等。作者指出品德教育的核心问题是怎样在道德改革、心理社会干预和青少年项目实施中保持自己独特的看法，品格教育的标志有明确的概念框架(包括发展系统观)，表述了一种积极发展的观点。发展系统观拓展了我们对品格和品格教育的研究视角，把品格教育看成学校中的一种正式课程以及未来教育的一种趋势。

# 第九章　儿童青少年积极发展的个案研究

本章主要采用定性研究(个案访谈)的方法,考察儿童青少年积极发展的基本特点及关键影响因素。第一部分以普通儿童青少年为研究对象,主要探讨城市普通儿童青少年积极发展的特点及关键影响因素。第二部分以处境不利儿童为研究对象,主要探讨农村留守儿童的积极发展特点及关键影响因素。

## 第一节　普通儿童青少年的积极发展个案

### 一、个案基本信息

本次访谈 14 名城市普通儿童,男生 3 人,女生 11 人;小学 10 人,初中 3 人,高中 1 人;年龄范围在 9～16 岁。其中独生子女 12 人,非独生子女 2 人;汉族 13 人,少数民族(蒙古族)1 人。

### 二、个案在积极发展四个方面的表现

本研究通过质性访谈方法考察了城市普通儿童青少年在中国文化背景下积极发展的现状,主要包括能力、品格、自我价值和联结四个方面(林丹华等,2017)。

#### (一)普通儿童青少年能力发展状况

根据以往研究成果(林丹华等,2017),积极青少年发展结构中的能力部分包括学习能力、社会能力和生活

能力三个部分。

1. 学习能力

访谈发现，积极发展的城市普通儿童青少年学业成绩较突出，聪慧好学，对学习保持浓厚兴趣，学习过程中具有好奇心以及反思质疑等批判性思维。"我学习比较好，上课也非常认真听讲，不会走神"；"我属于那种学习能力比较强的，就是说我接受新东西的速度比较快"；"我觉得我可以从学习中得到很多很多好玩的知识，然后能知道一些很好玩的事情，感觉特别有意思"；"平时特别敢说，敢于提出自己的观点，然后表述得也很好，不管对还是错，都要说一说"。他们的学习动力主要来自内因，即努力实现自己的目标或成为更好的自己，如"我比较好强，我一定要成为更好的自己"。

另外，访谈发现城市普通儿童青少年的兴趣广泛，除了一些基本的学科专长，如唱歌、跳舞、画画、书法等，他们还擅长各种器乐（如古筝、钢琴、长笛等）、球类（如篮球、网球、冰球等）以及朗诵表演等。"我的爱好有唱歌、跳舞、弹钢琴"；"我的爱好是摄影、画画还有写作"；"我的爱好很多，如跳舞、唱歌、读书、游泳，然后做手工、画画，反正好多好多……"。尤其年龄最小的一个被访谈者，是一名9岁的女生，不仅学习刻苦，才艺也非常突出，"三岁半开始学舞蹈，五岁开始练钢琴，六岁开始学声乐"，热爱音乐剧，参加过多次国内外演出，更重要的是通过实践活动提高了自己其他方面的能力，如团队意识，"大家除了很喜欢音乐剧，也变得非常团结"。

2. 社会能力

访谈中14名城市普通儿童青少年都表示喜欢现在的教师和同学，愿意与同学交流。"我觉得我的人际关系还是比较好的，平时能认识到很多小伙伴，跟他们的关系也特别好，在一起也很开心"。他们在学校的实践活动中不断增强团队意识和协助能力。"我前段时间参加了一个社会大课堂的综合实践活动，我们班的一组同学合作的产品最后得奖了，然后我能跟他们友好地进行研究、讨论、总结"。另外，城市普通儿童青少年的情绪管理能力随着年龄增长不断提高，如本次访谈里唯一的高中生提道："我觉得我从小就是属于那种比较情绪化的，但是我后来慢慢知道情绪是需要管理的，现在我并不会老跟家里吵架，我觉得我们沟通比较理性……"还有一名10岁的男生提到他最佩服的同学性格非常好，"不会暴躁也不会生气，温柔地和别人说话，从没有骂过别人"。

3. 生活能力

本次访谈发现，城市普通儿童青少年生活自理能力相对不足，"可能在物质管理中有一些问题，我就是房间特别乱"。但是访谈发现儿童青少年都很重视体育锻炼，意识到锻炼有益于健康，"我体育各项全面发展，如跑得越来越快，跳绳跳得越来越多"；身体素质较好，"我对自己身高很满意"。

### (二)普通儿童青少年品格发展状况

根据之前的研究结果，品格主要包括"爱""志""信""毅"四个方面。

#### 1. 爱

"爱"主要涉及儿童青少年与他人交往，与家庭、集体及国家层面有关的品格，如善良、孝顺、感恩、爱集体和爱国等。在访谈中我们了解到，积极发展的儿童青少年表现出乐于助人的优秀品质，"如果后面有人的话，我会一直推着一扇门，直到所有人都进去，也会帮助老人，帮助残疾人"；"有时候有同学忘带什么东西了，然后我会借给他，同学受伤了，我会去扶他，然后再把他带到医务室……"。可见，积极发展的儿童青少年本质比较善良，懂得与他人和谐相处。

#### 2. 志

"志"反映了有助于促进儿童青少年自身取得成就的品格，如勤奋与刻苦、主动与进取、有志向等。访谈发现，积极发展的普通儿童青少年具备勤奋刻苦的品格。他们之所以能在学业和特长上表现突出，除了个人聪慧外，与他们的勤奋努力也分不开，如一名小学生谈道："我不需要家长辅导督促，自己就能够非常积极地学习，每天晚上主动练习……"

#### 3. 信

"信"指为更好地社会化或融入社会所需的诚信、自律和责任心等。积极发展的儿童青少年普遍能意识到责任心的重要性，认为做事要认真，"要有责任心，将来在工作中会有很大帮助……"。一名小学生在谈及自己最敬佩的人时提到了清洁工和志愿者，她认为他们勤劳，有责任心，值得敬佩。另外，积极发展的儿童青少年也能意识到诚实守信是社会交往中的重要品质，"如果有一次不诚实的话，可能就没有人相信自己了……"。

#### 4. 毅

"毅"主要指儿童青少年在成长过程中遇到逆境和困难时所需的良好品格，如乐观与开朗、坚毅和专注等。在访谈中我们可以发现，积极发展的儿童青少年能够意识到坚毅和专注对积极发展的重要性，"坚持不懈是让人走向成功的优秀品格，我认为坚持不懈是我的一大特点，然后能让我成为优秀的人还有一个特点，就是我能专心致志地做某事……"。

### (三)普通儿童青少年自我价值发展状况

自我价值是指个体对自身价值的判断和体验。我国积极青少年发展的自我价值包括自尊自信和自我接纳。通过访谈我们了解到，城市普通儿童青少年表达能力较强，谈到自己满意的方面表现出较高水平的自尊和自信，"学习啊，兴趣方面我都觉得还挺不错的，然后我觉得社交方面也还挺好的"；"我觉得我乐于助人、积极向上，然后阳光开朗一些"；"我对自己的身高挺满意的"。他们对自己的缺点也能客观认识和接纳，"现在我对我自己的课外发展比较满意，但是我觉得语文方面还是不太满意，因为语文方面总体还是不太好"；"我认为我有一些内向，我感觉这样不好，我尽量让自己更加善于交往，更善于表达一些，我正在努力……"。

**(四)普通儿童青少年联结发展状况**

联结是个体对周围世界社会关系的觉察，反映了个体与环境的良好互动(Lee & Robbins, 1995)，包括家庭联结、学校联结和社区联结。在访谈中我们了解到，城市普通儿童青少年能够与父母建立良好的亲子关系，有很多在谈到最崇拜的成年人时都提及了自己的爸爸、妈妈以及其他家人，认为他们身上具备了优秀的品质和能力，"就是爸爸妈妈还有姐姐，特别崇拜他们……"，"比如说我爸爸，我就觉得他适应能力特别强，很厉害，人际关系处理得特别好，他也能把家里的事情管好"；"事实上我很崇拜我妈妈……"。另外，城市普通儿童拥有比较温暖的家庭氛围和良好的互动关系，"我在家感觉挺幸福的"，这对儿童青少年以后的人际关系以及其他方面的积极发展具有重要的影响。但相对处境不利的留守儿童青少年，他们较少参与家庭事务活动，"可能在家里头的话为家里做的事还是比较少，因为平时总是自己去学习，很少为家里去做事情"。访谈中只有一个11岁的蒙古族小男孩表示自己经常参与家务劳动，"就是总是帮家里，老是帮我妈拖地，然后洗碗、扫地扔垃圾什么都是我干"。

另外，访谈中所有的孩子都表示喜欢现在学校的教师和同学，"我喜欢我的学校，因为学校每学期会举办很多实践活动……"；"这个学校的老师很幽默，我们在学习的时候很轻松"；"学校和老师都特别好，经常带我们去活动，活动过程中可以获得很多知识，自己也能比较快乐，在快乐中学习"；"老师特别负责任，同学都相处得挺友好的"。孩子们表示许多优秀的同学和教师都是自己学习的榜样，"我特别崇拜我们现在的数学老师，也是我们现在的班主任"；"最赞赏的同学就是我们班那位同学……"。与此同时，城市儿童青少年参与社区的事务较少，对社区的关心和感知也只局限在对邻里的关心和互助。虽然，相对于农村，当前城市社区作为一个独立机构已日趋成熟，但其充分发挥对儿童青少年积极影响的作用还有待进一步加强。

**(五)典型个案描述与分析**

1. 个案描述

个案1：小泽，16岁，高一，男

能力：班级课代表，对学习有较浓厚的兴趣，成绩突出，业余时间会经常打篮球、游泳、唱歌、弹钢琴等，爱好广泛。理解和领悟能力较强，"对知识的吸收和领悟比别人快一点"。性格沉稳，善于交往，喜欢学校的老师和同学，"老师特别负责，然后同学之间那种团结互助的氛围也让我感觉特别开心"；"可以和大家融到班集体或学校这个大圈子……"；身体健康，经常锻炼，假期会经常参加一些课外社团活动来丰富自己的阅历。

品格：孝顺父母，尊重师长，诚实守信，"这是做人的根本"；团结同学，与同学相处融洽，"不会带有歧视的感觉，对任何人都是平等的态度"；懂得尊重与感恩，"对所有人都保持一种感恩、感激的态度……。我会尊重每一位老师，因为老师教书育人，对我们有特别大的帮助。对每位老师抱着一种感恩的态度，因为每位老师都不容易，都要经历很多事情，作为学生本该尊重与感恩"。个案还表现出他能够吃苦，对自己未来有明确的规划与奋斗目标，"希望能考上一所重点大学，并利用假期接触社会，提高自己的社会实践能力"；"我要做什么，我希望做什么，我想怎样得到它，就是这种模式在大脑里面，不仅要实现自己的价值，还要感恩回馈父母、学校、老师"。

自我价值：自尊自信，对自身的优势能够清晰地判断，"沉稳、肯吃苦、兴趣广泛"，不足之处为"学习成绩方面，主科还可以，就是文综方面还需要进一步提高……"。

联结：亲子关系互动良好，"父母有时候会带我去接触形形色色的事务，出去看一些风景，感受世界的奇妙……"，能够积极参加学校、家庭事务，"作为课代表为同学做发卷子之类的小事情，帮老师搬书本，也会为父母干一些家务活……"。

个案 2：小佳，11 岁，小学，女

能力：学习成绩较好，爱好广泛，喜欢跳舞、唱歌、读书、游泳、手工等，社交能力较强，与老师和同学相处融洽，"特别喜欢老师，老师对我特别特别好，与同学相处得也特别好……"。

品格：勤奋刻苦，有志向和远大目标，"想到哈佛大学去读书"；认为开心快乐与学习同样重要，"思维开拓，爱玩学习又好，长大也有很远大的志向……"；谦虚好学，"要发现别人的长处，这样自己才能进步"；尊重清洁工、志愿者这些辛劳并具有奉献精神的人；孝顺父母，"妈妈喜欢吃玉米，有时候会在路上买两三个烤玉米带回家和妈妈一起吃"；有较好的是非判断能力和独到的见解，"喜欢勤奋、刻苦、上进的穷人家孩子，不喜欢攀比、显摆的富人家孩子"。

自我价值：活泼开朗，阳光自信，对自己的优缺点能够客观地评判，"对自己的学习成绩比较满意，但还需进一步努力，对性格比较满意，能够与别人真诚相处",有较好的情绪管理能力,胜不骄,败不馁。

联结:能够积极参加学校的义务活动,帮父母做力所能及的家务。

2. 个案分析

通过分析上述两个案例可以看到,积极发展的城市儿童青少年能力发展较全面。由于城市具有较好的经济物质条件,他们在游泳、琴类、球类等不同领域有所发展,沟通交友技能也表现得很突出。两个个案主体聪慧好学,思维敏捷,表达和归纳能力较强,如当提到若用三到五个词来形容"儿童青少年最优的发展"时,小泽比较全面地总结到"孝顺的品质、顽强的人格、开创性的思维、尊重他人以及健康的体魄和学习成绩";当问及小佳身边比较优秀的同学及特点时,她认为身边同学各有优缺点,并做了如下归纳:"同学们都各有所长,有一些文静的孩子,特别爱学习,课下不怎么爱玩,就在那儿读书、写作业;还有一些好动的孩子,思维特别开阔,手工特别好,跳绳总能想出一些新奇的玩法;还有一些既学习好又爱玩的,这种人我觉得比较好。"另外,谈到在中国文化背景下的家庭、学校和社区对儿童青少年积极发展的影响时,两人也都有自己的认识和理解。

访谈中我们还发现,小泽和小佳品格的发展也比较全面,品格所包含的"爱""志""信""毅"四个指标都比较突出,孝顺父母,尊敬师长,团结同学,能够适当参与一些家务劳动和学校活动;勤奋刻苦,两人都为自己设立了远大目标,并能够坚持为之付出努力;能够对自己做出客观评价,了解自己的优势与不足。总之,两个个案主体具备了自尊自信、理性平和、积极向上的品质,是儿童青少年积极发展的典型范例。

## 三、影响儿童青少年积极发展的因素

基于"问题"视角的研究范式更多关注如何减少"问题"的发生,基于积极发展视角的研究更多关注影响儿童青少年积极发展的促进因素。本研究主要从环境和个体两方面总结归纳影响儿童青少年积极发展的促进因素。

### (一)积极的环境因素

城市普通儿童主要受到家庭、学校和社区三个层面环境因素的影响。与家庭、学校和社区的良好联结反映了个体与环境互动的质量,是青少年培养优秀能力、良好品格和自我价值的桥梁。能力、品格和自我价值又会促成更多高质量的联结(林丹华等,2017)。

1. 家庭环境的影响

家庭环境是影响儿童青少年积极发展的重要因素之一,关于家庭环境对儿童青少年积极发展的影响长期受到关注。一直以来，发展心理学家从不同的视角强调家庭关系的重要性。这个主题是经典的心理动力学的核心观点，从弗洛伊德（Freud）的性心理发展阶段到马勒（Mahler）的人类共生概念，到鲍比（Bobby）的依恋理论以及埃里克森强调的信任与不信任。除了心理动力学的观点，学习心理学家如班杜拉（Bandaru）和斯金纳（Skinner）强调父母强化模式的作用以及在塑造孩子个性时的榜样行为（Luthar et al.，2015）。可见，家庭环境对普通儿童青少年积极健康发展的促进作用具有重要的理论基础。

以往实证研究表明，家庭教育对儿童青少年积极发展有重要作用，尤其是父母的言传身教有重要影响。访谈中大部分儿童青少年都谈及父母教给了自己很多人生道理，并且他们身上的优秀品质和能力也对自己产生了积极影响。"我妈妈教给我，健康是金、快乐是银、吃亏是福、助人是乐，我觉得这是最重要的，一个人一生要是没有这些，就会感觉很空虚。我爸爸教给我要坚强，要努力，要创造，一个人要是没有这些，就失去了生活的动力……。""我觉得我妈妈很认真，就是凭着自己的一腔热血考到了北师大，然后当上了老师。我以后也想考到北师大，然后做一名老师，这就是我的愿望。"可见，父母优质化的教育能够使儿童青少年在成长过程中受益良多。

2. 学校环境的影响

通过访谈我们发现，学校环境对学生的积极发展非常重要。

首先，学校提供更多丰富多彩的实践活动，有益于学生增长见识，开阔视野，提高团队合作意识，增加学习兴趣。"这学期我们去了国家博物馆，学校还专门给我们分配了任务，让我们一一去完成，我感觉这种实践活动很利于我们成长，让我们不仅增长了见识，而且提高了能力。""在学校，老师经常带我们出去拓展，我们就可以在此过程中寻找到很多我们想知道的东西、更有意思的东西。""学校的体育课，每星期都有四五节，能让我们得到充分锻炼。"

其次，教师的教学方法和亲和力对学生积极发展也会产生重要影响。"老师经常和我们一起踢足球、打篮球，我们一起运动、一起玩。然后他教课也很不错，能让学生在快乐之中学到知识，让我们上每一节课的时候都很愉快。"可见，教师不仅要传授课堂知识，还要重视教学方法，课下也要与学生积极互动，建立良好的师生关系，真正得到学生的尊重与信赖。

最后，同学之间互相激励、互相支持，对学生积极发展具有促进作用。尤其是中学生，他们认为相对于家庭，班级的环境对自己的影响更大。"同学对我影响也很大……我感觉我和××的差距是他的奥数，数学之类的我不如他强，所以我应该在数学上更加努力，和他取长补短，然后就更上一层楼。""我希望通过自身磨炼也能变成跟他们一样优秀的人，他们对我成长还是比较有激励作用的……""平时老师可能会给我们留一些很有意思的作业，我有时候完成不了，就会向我的一些好朋友打电话寻求帮助，第二天到学校我们会以小组的形式交出一份完美的作业。""我觉得学校占的比例比较大，因为平常的同学会影响到你，生活在一个什么样的班集体里，那个班集体就会自动地带着你往同一轨道上走，可能你不是特别好，但是你进了一所好学校、一个好班级，每个人的心态都是积极向上的，那么你也会被带得积极向上。"

总之，随着年龄增长，学校环境对儿童青少年积极发展的影响日益重要，是不可或缺的环境资源。

3. 社区环境的影响

国外实证研究表明，社区的各个方面能在减小处境不利儿童青少年风险方面发挥重要的作用(Ungar et al.，2013)，尤其重要的是邻里之间的社会组织过程，包括凝聚力水平、对社区的归属感、社区成年人对儿童青少年的监督以及对当地组织的高度参与。这种社会组织过程可以通过直接造福儿童或影响父母和家庭来减少社区结构特征的负面影响，如贫穷或暴力等(Leventhal et al.，2009)。但通过访谈我们发现，当前中国文化背景下社区对儿童青少年积极发展的影响较小，还未能充分发挥积极影响和作用。"社区的话，好像影响关系不是很大"；"社区就没有什么太大的帮助了"。可见，未来增强我国社区对儿童青少年的积极影响，充分发挥其功能是重要的事情。

**(二)积极的个体因素**

1. 勤奋好学

通过访谈我们了解到，积极发展的儿童青少年与勤奋好学是分不开的，这也是学业成功的重要条件。"我自己平时会经常向老师请教问题，来开阔自己的视野"；"我属于那种学习能力比较强的，接受新东西的速度比较快……"；"世界上有很多我还不知道的东西，可能这些东西会比我现在知道的更有意思，所以我更特别急切地想学习到这些知识，让自己的学识更广阔，自己也可以得到很多的快乐"。有个9岁的小女孩经常去国外参加演出，但通过勤奋好学从未耽误学业。"我常常利用排练的休息时间做作业。有次去韩国演出，我整个单元都没学，然后那个单元还特别难，我回来的时候就请教同学，请教老师，终于学会了。"可见，培养儿童青少年勤奋好学的精神对个体的学业发展具有重要的影响和现实意义。

2. 真诚友善

真诚友善是中国文化中重要的传统美德。儿童青少年对人友好、真诚，能够关心、宽容他人，有利于在人际交往中提高社会能力，增加积极情绪体验和生活满意度(孙俊才等，2019)。通过访谈我们发现，积极发展的儿童青少年普遍能够与教师、同学以及家人和谐相处，喜欢交往，对自己的学习和生活都比较满意，乐观自信，朝气勃勃。"特别有同情心，平常身边有几个特别好的朋友，在那几个特别好的朋友有困难的时候，她都会帮助她们。""朋友啊，老师的（"啊"），关系都挺好的。""我对现在的自己很满意……"可见，培养儿童青少年真诚友善的品质对个体的社会能力和心理健康都具有重要的价值。

3. 自律

纵向研究表明，自律的儿童青少年较少有肥胖、滥用药物和酒精甚至是犯罪行为，更多具有较高的积极情绪和生活满意度以及较强的适应能力与人际关系（Tsukayama et al.，2010）。因此从长期目标来看，儿童青少年具备对注意、行为和情绪进行自我调节的能力是非常重要的。访谈中我们发现，积极发展的儿童青少年能够努力去实现自己的目标，具有较高的自我调节能力，常常会表现出较多的积极社会适应和较少的问题行为，并且往往会进入一个良性循环，即这些情绪行为反应又会促进与他人的积极互动，带来更多的积极情绪体验。"我学习就比较自主，像一些练习啊什么的，都是我自己每天定时就做了。"这些优秀的个人品质和能力相互促进，共同构成积极青少年发展的核心要素。二者既是儿童青少年在社会中立足的基础，又是实现自我和社会价值的基石。

总之，对影响儿童青少年积极发展的个体资源的研究，主要聚焦于对多种个体资源的不断探索和验证。埃克勒斯和古特曼（Eccles & Gootman，2002）提交的报告《促进积极青少年发展的社区计划》中描述了28种个体资源。这28种个体资源大致可以分为身体发展（如良好的健康习惯）、智力发展（如学业成功、理性思维习惯）、心理与情绪发展（如良好的情绪调节技能、个体效能信念）、社会性发展（如联系感、公民参与义务感）四个维度。尽管积极发展并非要求青少年拥有四个维度中的所有资源，但若同时拥有四个维度中的所有资源则非常有益，因为不同的个体资源之间往往是共生或相互促进的。有研究（Lerner，2004；Worker et al.，2019）表明，个体具备了能力、自信、联结、品格和关心这五种个人品质时，就自然具备了第六种品质——对家庭、社会和世界做出自己的贡献。

### （三）典型个案描述与分析

1. 个案描述

个案1：小泽，16岁，高一，男

家庭环境：父母的民主教育方式和榜样作用对小泽的影响很大，尤其是对他的能力、品格的发展产生了重要影响。首先父母通过民主的教育方式培养了小泽的社交能力与学业能力。"我父母对我的发展有很大帮助，我的家教特别好。父母教育我一定要懂礼貌，跟别人相处一定要融洽，倾听对方的意见，了解对方此时的心情，理解对方。……父母常常会带我出去经历各种事物，看一些美丽的风景，开阔我的视野，陶冶我的情操。""我有时候没考好，或跟同学稍微有些矛盾，我的父母都会开明地引导我，教育我应该怎么做。"此外，小泽通过父母树立的榜样，逐渐内化了一些优秀的品质。"我的父母都是特别孝顺的人，对我的爷爷、奶奶、姥姥、姥爷都非常孝顺。我从父母身上学到了百善孝为先。另外，对别人一定要尊重，不管是老师、同学还是以后的工作同事，一定要抱着尊重的态度，以平和的心态对待他人，这也是从父母身上得到的。"可见，言传不如身教，榜样的示范作用和民主教养方式不仅有利于建立和谐的亲子关系，而且对儿童青少年的积极发展具有重要的意义。

学校环境：访谈中小泽提到了学校的学风对自己的影响。"我们学校学习风气特别浓厚，经常围绕一个问题展开讨论。另外，每次考试抓作弊现象特别好，体现出诚实守信的学风。"另外，教师和同伴对小泽的影响也非常重要。"我的班主任对我的帮助特别大。我刚到高中的时候对环境不适应，是他第一个带动全班同学融入高中的学习，教我们掌握学习方法，考试之后对我们做非常细致的分析，尽到了老师的责任。……还有同伴的激励作用，班级里有很多发展比较好的同学，品行端正，孝顺父母，尊敬师长，团结同学，有吃苦耐劳的精神，有明确的目标，能为这个目标不懈地努力奋斗。"

个体因素：访谈中小泽认为环境因素对他影响很大，也强调了个人因素。"个人勤奋进取，明确的目标也是很重要的。"

个案 2：小佳，11 岁，小学，女

家庭环境：小佳的家庭和睦，家人的勤奋努力对她影响比较大。"我们家特别温馨。"假期父母带着她游玩，开阔视野，陶冶心情。爸爸、妈妈、姐姐和爷爷都是她的榜样。"爷爷以前是一名海军，后来是位数学老师。每次我有不明白的题，爷爷都会耐心地教我，直到我明白为止，对我特别用心。……爷爷都 80 多岁了，每天还坚持听新闻练速记，已经记了三四个笔记本了，还练习毛笔字。"小佳也非常佩服姐姐。"姐姐特别勤奋刻苦，精益求精，写作文都写完一遍了，还是会反复琢磨字词，最终可能要换上 5~6 个词才会满意。"

学校环境：学校搭建了一个很好的教育平台，开设了一些课程以及有利于学生自我发展的实践活动，如学校的舞蹈社团。教师不仅教会学生很多知识和做人的道理，也很关心学生。"老师会经常询问我的心情，在遇到困难的时候也给我一些建议和方法。"

个体因素：除了家庭和学校的支持，还要谦虚刻苦，有志向和奋斗目标。"坚持不懈才能前进，不能总看比你差的，否则就永远进步不了。"

2. 个案分析

首先，家庭环境因素中，家庭氛围、父母的教育方式和榜样示范作用对小泽和小佳的积极发展产生了重要的影响。温馨的家庭氛围有利于父母和子女形成安全的依恋关系。父母经常带他们旅游或娱乐，不仅有利于亲子互动，对增长见识、开阔视野、培养他们的求知欲和创新能力也是非常有益的。另外，父母民主权威的教养方式和家人的榜样示范作用对小泽和小佳的积极发展也是非常有益的，让他们学会了理解、尊重，懂得了坚持、责任等品质。

其次，学校的环境设施、师资力量、学风、校训对学生的成长非常重要。个案中的小泽所在的学校非常重视学生在学习过程中反思、质疑等，这对培养学生的创新思维、诚实守信的人生态度都非常有益。小佳所在的学校除了开设一些常规课程外，还开设了一些培养学生实践能力的课程，对促进学生全面发展非常有帮助。学校的师资力量比较雄厚，老师的素质也比较高，能够真正做到传道、授业、解惑，无论是在学业还是在生活上都能够给学生真正的支持与帮助。

然后，环境资源除了家庭和学校环境，还包括社区环境。目前社区环境对两个个案的积极影响还未凸显出来。"社区环境影响较小，我们邻居都不怎么认识。"可见，我们还不能很好地利用社区平台促进儿童青少年积极发展，这项工作值得进一步探究。

最后，除了环境资源，个体自身的因素对其积极发展也是有益的。个案中的小泽和小佳都聪慧伶俐，也都意识到了自身的勤奋进取对未来的发展也是非常重要的。已有研究表明（Duckworth et al.，2012），勤奋好学和自律都是儿童青少年学业取得成就的特质性预测因素，两者的作用各有侧重，也相互影响，都有助于学生取得更好的学业成绩。

总之，促进青少年积极发展离不开家庭、学校等环境因素和好学自律等个体因素的影响以及它们之间的交互作用。

## 四、启示

### （一）民主型家庭教育有利于儿童青少年积极发展

访谈中我们发现，城市家庭中存在两种不同的教育方式。一种方式是"虎妈狼爸的专制型家庭教育"，父母通常要求孩子严格按照规定去做，以达到某一目标。孩子只能遵守，慢慢养成了过度依赖的习惯。另外一种是民主型支持的教育方式，父母采取相对宽松自由的方式，不过多干涉、攀比，培养他们的自主能力和自信。这两种截然不同的教育方式也许都能促进儿童青少年学业发展，但从长远的角度看，民主平等的方式更能促进儿童青少年积极发展和身心健康。

过于苛刻严格的专制型教育往往会压抑孩子自由成长，甚至使孩子产生抑郁或极端的伤害自己和他人的行为。可见，民主权威的家庭教育模式更能让儿童青少年感到被尊重，从而促进其积极发展(Baumrind，2005)。

总之，在儿童青少年成长的过程中，父母过度的关心和指导可能会被感知为控制和束缚，使亲子产生矛盾和冲突。尤其青春期在个体成长过程中被称为"暴风骤雨期"，波动不安的情绪是青春期孩子主要的特征。父母民主支持型的养育方式会提高孩子的情绪调节能力，有利于良好亲子关系的建立，从而促进儿童青少年各方面的积极健康发展。

### (二)学校优质的环境资源有助于儿童青少年积极发展

首先，学校可以为儿童青少年提供实践活动平台，使儿童青少年全面发展自己的兴趣爱好。其次，学校的校风、校训对儿童青少年的身心健康发展也具有重要的影响。另外，学校教师应努力提高教学能力，改进教学方法，注意调动学生的积极性，利用幽默的语言和生动的例子活跃课堂气氛；课下要表现出亲和力，真正与学生建立起良好的师生关系；还要注重同伴友谊和榜样示范对儿童青少年积极发展带来的重要影响。研究表明，良好的同伴关系能够显著正向预测儿童青少年的学业成绩，使其缓解抑郁、孤独等情绪，降低自我同一性危机(Liem & Martin，2011)。可见，同伴交往互动对促进儿童青少年积极发展具有重要的意义。

### (三)社区机构的优势有利于儿童青少年积极发展

访谈中我们了解到，我国的社区在促进青少年积极发展方面还未充分发挥其功能。国外研究表明，充分利用社区环境资源有利于儿童青少年的积极发展。例如，美国的"4H"项目为低收入社区提供有组织的课外活动，不仅有利于儿童青少年减少反社会行为，也有利于提升儿童青少年的公民意识、领导力、责任感和生活技能。还有研究发现，社区与学校共同组织的儿童青少年担任低年级小学生教师的活动项目，有效促进了儿童青少年在能力、自信、联结、品格、关心以及贡献等方面的发展(Worker et al.，2019)。因此，未来可以基于我国国情基础，借鉴西方国家的相关经验，积极开发社区环境资源优势，使其与家庭、学校环境资源有效结合，共同促进儿童青少年积极发展。

### (四)个体优势和环境资源共同作用有利于促进儿童青少年积极发展

访谈中我们发现，许多积极发展的儿童青少年本身就表现出聪慧好学、勤奋自律等个体优势，个体优势与环境资源共同作用才能最终促进儿童青少年积极发展。因此，我们应在充分发挥青少年自身优势的基础上，对其生活的环境系统进行有效干预，充分利用生态资源，从而促进其全面发展。这与勒纳等人

(Lerner et al.，2015)提出的关系发展系统理论模型的核心思想是一致的，即青少年积极发展是个人—环境相互作用的结果。该理论模型进一步强调环境资源和个体优势在促进个体积极发展的同时，减少了抑郁、犯罪和物质滥用等问题(林丹华等，2017)。

# 第二节 留守儿童的积极发展个案

## 一、个案基本信息

本研究访谈了 5 名留守儿童，男生 2 人，女生 3 人，年龄范围在 11~13 岁，都处于小学阶段。其中父母都外出务工 2 人，父亲外出务工 3 人。

## 二、个案在积极发展四个方面的表现

本研究通过质性访谈考察了留守儿童在中国文化背景下能力、品格、自我价值和联结四个方面的发展状况。这四个方面包含的二级指标、三级指标及编码点与普通儿童相同。

### (一)留守儿童能力发展状况

1. 学习能力

访谈中大部分留守儿童(4 人)学习认真，非常重视学习成绩，明确表示对自己的学习成绩比较满意。"对学习方面非常满意，因为自己成绩挺好的，能得到同学和老师的夸奖，在这方面挺满足的。""学习成绩一直很好。"他们的学习动力主要为改善家庭环境，不辜负父母的期望。"在小时候学好，考上大学找工作很容易。""我一直想着把家里的生活水平提上去，有这个动力会好好学习。""不希望自己辜负爸爸妈妈、老师同学还有好朋友对自己的一片期望。""因为我家并不富裕，然后我想好好学习考上大学之后赚钱。""动力是爸爸在外面干活比较辛苦，自己一定要好好学习，爸爸在外面干活就是为了让我们可以有钱上学，我们不能辜负他的期望，所以我们要好好学习。"还有一名留守儿童提到学习的动力一方面是自己想获得更多的知识，另一方面是可以为祖国做贡献，为父母争光，让他们高兴。

但由于经济条件限制，相对于城市普通儿童，留守儿童可选择的兴趣范围较少。女生主要是喜欢唱歌、跳舞、画画、打羽毛球(家庭条件好的留守儿童还提到书法），男生主要是打乒乓球、玩游戏等活动，但可能由于缺少专业教师的指导而并不精通。"我喜欢画画，但是画不好。""我喜欢唱歌，但是唱跑调。""我喜欢跳舞，但是我跳不好。"但这些活动可以丰富留守儿童的业余生活，给他们带来快乐。

部分留守儿童(2人)还表现出较强的好奇心，能积极思考问题。"老师不叫也好，叫也好，反正自己就是在脑子里很积极地去想这个问题。"领悟能力较强。一个13岁的留守女孩对学校开设的课程能较快领悟。可见积极发展的留守儿童基本学习能力都较好，但批判性思维和研究实践能力还有待提高。可能原因是访谈学生都处于小学阶段，年龄较小。另外，相对于城市普通儿童，教师可能对于批判性思维缺少鼓励和支持，并且课外实践活动机会较少，但这是城乡差异导致的问题，并不是留守儿童群体特有的问题。

2. 社会能力

访谈中留守儿童都表示喜欢现在的教师和同学，愿意与同学交流，尤其是女生表示和同学相处得非常愉快。"学校里我有4个很好的朋友，我们玩得都非常好。""我人缘很好，我很开朗活泼。"但其中两个男孩都提到不太善于同陌生人交往。"在班里可以和同学们聊得开，在外边不善于和陌生人交谈。""跟同学之间的交往可以，跟陌生人就很难说话了。"可见，留守儿童的社交能力还有待进一步提高。

3. 生活能力

访谈中留守儿童都未提及自己体育方面的专长或平时的体育锻炼，只有在问及身边优秀的同学的特点时，有3名同学表示身边优秀的同学在体育方面发展得非常好。"那个同学平时爱多锻炼。""他体育也好，跑步也快。""我感觉他在体育方面不错。"可见，留守儿童知道日常体育锻炼的重要性，但在实际生活中并没有给予足够的重视，这可能也是一些留守儿童身体发展不好的原因。在本次访谈中，4名留守儿童对自己的身高、体重等外貌不满意，如女生主要认为自己太胖太矮了。"我感觉自己太胖了，我们班同学都说我。""不满意的就是比一些同龄人要矮，还有体重更重。"男生提到自己太矮太瘦了。"有的人说我太矮了。""不满意的地方是体重一直没有增。"可见，留守儿童的身体素质要增强，这也应引起留守儿童的照料者和相关教育部门的重视。

**(二)留守儿童品格发展状况**

本次质性研究发现，留守儿童不仅表现出较好的基本学习能力，而且在品格的"爱""志""信""毅"四个方面表现也很突出。

1. 爱

长期的亲子分离确实给留守儿童的情感带来了一定的消极影响，例如，一名父亲外出打工的 12 岁男孩提道:"有的时候,家里需要爸爸,爸爸不在,我心里会比较难受。"但是,父母外出也给他的积极成长也带来了一定的动力,他能够理解父亲打工的辛苦,长期的分离激发了他向上进取的力量。他说:"爸爸在外面干活比较辛苦,自己一定要好好学习,爸爸在外面干活就是为了让我们可以有钱上学,我们不能辜负他的期望,所以我们要好好学习。"访谈中在提到积极发展的内在动力时,积极发展的留守儿童普遍表示要减轻家里的负担,"不辜负爸爸妈妈对自己的期望……"。也有的提到"为国家做出贡献"。可见,积极发展的留守儿童懂得感恩、孝顺。

另外,积极发展的留守儿童具有乐于助人的品质,在学校和日常生活环境中经常帮助同学甚至陌生人。"同学遇到困难了,尽量做自己力所能及的事帮助他们。""我上次在上学途中看到一个收破烂的老爷爷骑着一辆三轮车,上面的东西掉下来了,我赶紧跑过去,帮他捡起来放上去了。"

2. 志

留守儿童自身表现出的积极特征与他们对家庭和社会的志向、责任感有密切联系。例如,一个 11 岁的女孩回顾了他父亲外出打工,母亲照顾她和她姐姐的日常生活。她说:"我有一个幸福的家庭,姐姐成绩非常好,高三那段时间很勤奋,每天都是看书到很晚才睡觉,早上起得很早,一般我还没有起床,她就已经走了。她很有毅力,特别努力、勤奋、诚实,很有责任心。"此外,这个女孩也提到将来要成为特别优秀的人,重要的目的在于"光宗耀祖,为爸妈争光,也为老师争光,为祖国做贡献"。

3. 信

积极发展的留守儿童具备融入社会所需的诚信、自律和责任心等品质。正如上述那个 11 岁的留守女孩在访谈中多次提到最佩服的人是她的姐姐,姐姐不仅非常勤奋,还有责任心,也很诚实,"弄坏什么东西都会主动向妈妈承认",并且人缘很好,幽默活泼,"她经常给我讲笑话"。可见,积极发展的留守儿童往往兼具有善良、勤奋、诚实等中华民族的优秀品格,他们能取得良好的学习成绩也与他们的勤奋、自律等品质分不开。

4. 毅

留守儿童尽管在家庭经济上存在困境,但依然可以从父辈的外出打拼中获得精神上的正能量。例如,一个 12 岁的男孩,父母长年在外打工,他跟随爷爷奶奶及大伯一起生活。他说:"因为我们家的条件不太好,有一些贫困,(我)有动力学习好,想着(将来)在社会上能成功立足……"就父母外出而言,这个孩子被母亲在外打拼感染了。他提道:"她(妈妈)虽然经常在外面打工,虽然不认字,但是努力去做一些工作,一直寻求各种生意去打拼、赚钱……"访谈中我们了解到,积极发展的留守儿童具备积极进取的心态。"就是对于一些什么事情,好事也好,坏事也好,都保持一种坚强、乐观的心态,反正就是想自己进步……""我的朗读天分不是那么好,但是我坚持下来了,所以朗读得非常好……"可见,父母身教的力量对留守儿童在困境中表现出坚毅的品质具有重要影响。

### (三)留守儿童自我价值发展状况

研究要求积极发展的留守儿童用3~5个词来描述自己突出的优点,所有儿童都能对自己做出自我评定,"热心、乐于助人、活泼","积极、乐观向上、好奇心强","积极、乐于助人、善解人意","积极、诚实、活跃","开朗、聪明、字写得好"。其中有3名留守儿童都提到了"积极"这个词,可能是由于小学阶段的儿童还不能准确找到词汇,但也有可能是想表达自己在很多方面都能积极发展。另外,留守儿童对自己的优势和不足也有比较客观的认识。他们普遍对学习成绩和人际关系比较满意,但对自己的外貌不太满意。"学习上比较满意,还有对各种文体活动也比较满意,不满意的就是比一些同龄人要矮,还有那个体重。"另外,谈及对自己满意的地方时,他们表现出自尊自信,"我感觉我的书法很好呀,字写得好……";对自己不足的地方也表现出了积极的态度,"跳舞还好,就是唱歌唱得特别跑调,但是我非常喜欢(唱歌)"。

### (四)留守儿童联结发展状况

留守儿童普遍能够参与到家庭事务中,"在家庭中做一些力所能及的扫地、洗碗、洗衣服之类的事"。他们在学校也能积极参加劳动,有的还成了老师的小助手。"在学校我就很厉害了,老师只要有事,就让我去跑腿了,别人吐了我去拿东西帮他弄掉。""因为有时候老师忙啊,如改试卷有时候改不过来,老师就会找我。老师先打一份样卷让我改,我改得很仔细,每次都不会改错。"

访谈中留守儿童都喜欢学校的老师和同学,能够与同学友好交往,认为与同学打成一片挺好的。当问到最敬佩的成年人和自己学习的榜样时,留守儿童有的提及自己的幽默风趣的老师,有的提到自己勤劳、坚毅的妈妈、爷爷及努力的哥哥和姐姐等,表达出了他们对老师、家人的爱恋与敬佩。总体上来说,城市普通儿童在谈及最敬佩的成人时更多地谈及父母,留守儿童更多地谈及老师,这也符合两类儿童不同的家庭处境以及父母、老师在两类群体中扮演角色的不同。总之,积极发展的留守儿童能够尊重师长,团结同学,拥有乐于助人、积极向上等品格,尤其是相对城市普通儿童而言更能积极地参与到家庭事务中。

学校和社区给予留守儿童更多的是物质上的支持和帮助。访谈中留守儿童表示,"学校不仅给我们知识、鼓励,还给我们提供舒适的学习环境";"我写过一篇作文叫《阳光下成长》，是写家庭、学校、社会的，就是前段时间我们学校有营养餐，那些都是教育局给我们送来的，这都是社会做的贡献"。但相比而言，农村社区发展得还不成熟，留守儿童很少参加社区事务，对社区发展关心很少。

### 三、影响儿童青少年积极发展的因素

以往针对留守儿童等处境不利群体的研究更多是基于"问题"视角，主要关注如何减少"问题"的发生。本研究从积极发展的视角探究家庭、学校、社区等因素对留守儿童青少年积极发展的作用。

#### (一)积极的环境资源

同城市普通儿童一样，留守儿童青少年的积极发展也主要受到家庭、学校和社区三个层面的因素影响。

1. 家庭环境的影响

不论是城市普通儿童还是农村留守儿童，家庭环境对儿童青少年积极发展的影响是至关重要的。最佳的教养方式是民主型教养方式，其特点是高温暖和高预期，并给予适度的控制(Padilla-Walker et al.，2012)。在访谈中我们发现，积极发展的留守儿童的父亲或父母虽然外出务工，但并没有忽视对孩子的关心与支持。留守儿童家庭同样具有温馨的、民主的家庭氛围。"考试偶尔没考好，爸妈是不会说我的，他们总是跟我说只要尽自己最大的努力就好了，只要你尽力了我们就高兴。""我们家比较开放，都不认为小孩必须要听大人的，我们跟爸妈之间就像朋友一样。如果我爸回来，他每天晚上都嘻嘻哈哈的。我爸很幽默，他每天都能让我们笑。"可见，能够感知到家庭的支持与温暖对留守儿童的积极适应具有重要影响，这些儿童表现出更好的人格适应以及学业成就(Suizzo et al.，2012)。

访谈中我们还发现，留守儿童都提及对母亲或爷爷或姐姐或哥哥明显的敬佩和依恋，可见父母、兄弟姐妹或是亲戚都可以成为处境不利儿童潜在的、重要的支持来源。有研究表明，拥有能力突出的年长的兄弟姐妹与年幼的兄弟姐妹日后增加的能力之间存在密切联系(Brody，2004)。另外，亲属的社会支持可以影响父母的幸福感以及学业参与，从而间接促进儿童积极适应(Parent et al.，2013)。

2. 学校环境的影响

与教师形成支持性关系对促进留守儿童的积极发展至关重要。对那些缺少家庭关爱的留守儿童而言，教师的情感支持给予了他们温暖和前进的动力。

"我爸爸妈妈很少会关心我，但老师的鼓励、同学的帮助给了我前进的动力和自信。""听不懂，老师会给我重讲一遍。还有在生活方面，如你生病了，老师就会对你很关心，就像自己的妈妈一样。"可见，与教师形成积极依恋关系具有重要的保护功能，可以改善处境不利儿童的行为问题和学业成绩（Sabol & Pianta，2012）。

访谈中我们还发现，除了学校里的老师，与同龄人建立积极关系也能促进留守儿童的积极发展。以往研究发现，在入学时以及 10～12 岁时，同伴的友谊减弱了家庭逆境和随后外在问题行为之间的联系，同伴的学业辅导可以提高来自低收入家庭青少年的学业成绩（Fantuzzo et al.，2005）。可见，同伴对留守儿童的积极发展具有重要的影响。

3. 社区环境的影响

在中国，人们非常重视邻里在日常生活中的作用。已有研究（Chai et al.，2019）表明，邻里关系资源是儿童青少年积极发展的重要环境资源。尤其对于父母长期不在身边的留守儿童，邻里之间的相互支持、信任和亲密关系对留守儿童的身心健康成长起着关键的作用。但访谈发现，相比于城市，当前中国农村环境中的社区机构功能发展得不完善，对留守儿童的积极发展几乎未发挥任何促进作用，这也是未来需要思考和解决的问题。

### （二）积极的个体资源

1. 意向性自我调节

意向性自我调节是在发展系统理论和青少年积极发展视角下提出的新的研究领域，是青少年积极发展的个体水平的特征（Gestsdottir et al.，2017；贾远娥，张晓贤，2013）。意向性自我调节是青少年协调个人目标与环境资源的匹配关系，以促进自我发展的一系列情境化行动过程。意向性自我调节水平高的个体能够更好地应对所处情境的变化，使得个体和情境相互匹配，从而促进个体积极发展（Gestsdottir et al.，2017）。有研究表明（Gestsdottir & Lerner，2008），青少年的意向性自我调节水平与当下和未来的积极发展指标（自信、能力、联结、品格和关爱）呈现正相关，与当下和未来的消极发展指标（包括抑郁、过失行为和冒险行为）呈现负相关。

意向性自我调节包括三个子成分——选择、优化、补偿。对于家庭处境不利的群体（如贫穷、母亲教育水平落后等）而言，选择策略（通过仔细地选择合适、可及的目标）与他们的积极发展关系更为密切（Gestsdottir & Lerner，2008）。留守儿童群体虽然长期与父母分离，但能够理解父母外出的积极意义，"让自己更好地学习和生活……"，感恩父母的辛苦付出，所以有更坚定的自我实现目标，愿意为之实现付出努力。因此，他们的意向性自我调节中的选择策略尤为突出。研究表明（付鹏等，2019），当留守儿童趋向更高的意向性自我调节时，他们对生活充满信心，更为乐观，增加了希望感。可见，意向性自我调节可以间接促进留守儿童提升社会环境适应能力，尤其是在与社会环境的相互作用中能够获得发展机会，从而提高了留守儿童积极发展的可能性，提升了留守儿童对生活的向往能力、尊师重教的道德品质以及自信水平等。

2. 心理弹性

心理弹性作为积极心理学的重要组成部分，是预测心理健康的重要指标，源于对处境不利儿童心理发展和适应性的关注（Masten，2011）。有研究者假设心理弹性是一个生物心理社会（多水平）的模型结构，类似于身体免疫系统，可以综合内外部资源，通过多水平防御机制保护个体的心理健康水平免受不利处境的影响（Davydov et al.，2010）。

留守儿童处于与父母分离的不利处境中，在一定程度上得到的父母支持与关爱较少，但也正是与父母分离带来的逆境/压力有可能成为留守儿童心理弹性发展的"催化剂"。心理弹性作为留守儿童潜在的个体积极保护因素，可以调节父母分离带来的压力，维护其心理健康。在面对压力时，高心理弹性青少年报告更多的积极情感和较少的消极情绪，且情绪调节策略更为适当（席居哲，左志宏，2012）。高心理弹性青少年拥有更稳定、多样、有力的社会支持系统，并通过利用各种社会支持资源以提高应对能力，减少压力感受和心理痛苦（王玉花，2010）。心理弹性不仅能够从行为层面缓冲处境不利对个体的消极影响，对逆境个体的下丘脑-垂体-肾上腺轴功能以及大脑结构和功能也都具有保护作用（Chi et al.，2015）。可见，留守儿童的心理弹性作为保护因素，是个体心理健康的重要指标之一。

### （三）典型个案描述与分析

受访儿童：小龙，男，12 岁，小学 5 年级。

亲人情况：父母常年在外打工，母亲身体不好，但仍在外努力打拼、赚钱；家庭生活条件比较艰苦，一直由爷爷奶奶照顾，寄居在大伯家里。大伯家有姐姐和哥哥，目前哥哥在外读书，大娘陪读。家里的经济生活来源主要依靠 60 多岁的爷爷，爷爷常年在当地的医务室开票，可以获得相对稳定但微薄的收入。

积极发展四个方面的表现：学习成绩特别优秀，"学习成绩一直在班里很好"；课堂表现良好，积极发言，很活跃，"老师向我提问，我平常都能回答上来，叫我上去做题的时候也能做出来"；能够和同学积极互动交流，"在班里可以和同学们聊得开"；具有勤奋、诚实、感恩、乐于助人等优秀品质；对自己也有比较客观的认识和评价，"在班里和熟人聊得挺好，但在外面不善于和陌生人交谈，对自己的体重不太满意"；肯吃苦，爱劳动，能够积极参加班级的打扫卫生活动，"在扫地的时候不由自主地有责任感"。

积极发展的影响因素：首先，家庭的影响。虽然小龙父母经常不在身边，但在访谈中他表示对自己的家庭很满意，也能够体谅父母。访谈中小龙提到对妈妈非常尊重和钦佩，"妈妈虽然不识字，但是她一直在努力工作，打拼赚钱，去年在商店里当售货员，因为需要治疗腰疼被商店辞退了，现在看看能不能在我的学校里找一份工作"；妈妈不仅努力、坚持，也很乐观；"就算这次我考不上学，妈妈说就当作来旅游的……"，可见妈妈的言传身教对小龙的勤奋努力、乖巧懂事的影响还是非常大的。其次，学校环境的影响。小龙学校的条件相对较好，可以满足他的生活需求，"学校每天都有四菜一汤，8 个人一个寝室，还有空调，班级里还有挂起来的电视。……班级条件很好，会促使我们好好学习，不辜负班级"。然后，小龙在家的时候也有许多邻居在他有困难的时候给予支持和帮助。最后，小龙个人的信念给了他更多前进的动力，"家里是有些贫困，我一直想把家里的生活水平给提上去，将来能在社会上立足，这个动力会促使我努力学习"。

个案分析：小龙学习成绩优异，但由于物质条件不好，与城市普通儿童相比可能没有更多机会培养自己不同的兴趣和爱好。在中国特有的文化背景下，积极发展的留守儿童兼具爱、信、志、毅等优秀品格。正如香港学者的研究指出的，留守儿童虽然长期与父母分离，但可以通过聚焦父母外出带来的潜在好处（如有助于他们的长期发展和健康成长），着力去构建"父母外出打工"的积极意义（Fu & Law，2018）。因此，一部分留守儿童通过化"挑战"为积极发展的"机遇"，获得了成长与进步的动力，对家庭和社会更有责任感，对未来更有希望，对实现自我的目标更加坚定。

总之，像小龙一样积极发展的留守儿童更懂得感恩，具有勤奋、坚毅和吃苦耐劳的品质，并希望通过自己的努力改变命运，回报父母和社会的愿望也更加强烈。尽管没有父母的长期陪伴，积极发展的留守儿童也能够理解和感受到父母的关爱，并在学校、老师、邻里的支持和帮助下健康成长。可见，这些环境资源和个体因素的共同作用对促进留守儿童的积极发展具有重要意义。

## 四、启示

对处境不利群体的社会适应的评定，应该根据该群体自身的社会适应内容来进行，以凸显其价值和意义（Suárez-Orozco et al.，2018）。本研究对于留守儿童的积极发展提出了以下几点建议。

## (一)推广"聚焦意义的应对策略"(meaning-focused coping)

"聚焦意义的应对策略"是一种认知策略,是指在面对不利处境时能从信念、价值观以及目标等方面产生积极的意义,适用于无法改变当前不利处境或需要长期处于不利处境的条件时(Fu & Law,2018)。留守儿童无法改变父母外出务工带来的亲子分离的处境,但是通过采用"聚焦意义的应对策略",能从父母外出务工导致的亲子分离处境中找到积极的意义,从而获得积极发展。

父母外出务工会使留守儿童产生强烈的孤独感。但随着年龄的增长,留守儿童能够理解父母外出务工是为了改善家里的经济条件,供自己读书,不得已才与他们分离的。他们与同伴建立了依恋关系后会逐渐减少分离的痛苦。另外,在中国文化教育背景下,积极发展的留守儿童也习得了克己自律等韧性观念。他们将父母外出务工视为自己独立成长的机会,告诉自己要学会坚强并独自面对和解决问题。另外,访谈中我们也发现,积极发展的留守儿童更懂得珍惜与感恩,希望通过自己的勤奋努力改变当前家庭的贫困环境,不辜负父母的期望,这也是父母外出务工带来的积极意义。可见,积极发展的留守儿童尽管处于不利处境,但采用更多的"聚焦意义的应对策略",能够赋予亲子分离积极的意义,而不是缺少改变命运的勇气和决心。总之,在留守儿童日常学习和生活中推广"聚焦意义的应对策略",对促进其积极适应和发展具有重要意义。

## (二)增强母亲等主要抚养者的主观幸福感

访谈中我们发现,留守儿童与抚养者之间的关系是他们积极发展中重要的环境保护因素,尤其是父亲外出母亲在家的留守儿童。根据以关系为中心的多层交互模型(见图9-1),母亲(或其他重要抚养者)的主观幸福感对留守儿童与抚养者之间的关系质量会产生重要影响。基于此,研究者提出开展处境不利儿童的家庭环境系统干预,可以借鉴西方匿名戒酒互助小组低成本且有效的方法,即尝试增加以人际关系为基础的抚养者干预,不仅有利于抚养者相互学习教育理念和技能,还可以在具有支持关系的环境中提高抚养者的主观幸福感,这是一个不可或缺的"发动机"引擎(Wright et al.,2012)。基于农村社区环境建立留守儿童抚养者学习互助群体,通过提高抚养技能增加该群体的主观幸福感,对提升留守儿童与抚养者之间的关系质量也具有重要意义。

总之,充分发挥家庭和社区环境的重要作用,建立一个多水平、交互的干预系统(Luthar et al.,2015),对促进留守儿童的积极发展非常重要。

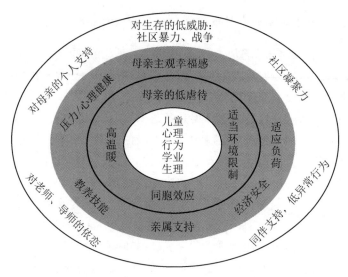

**图 9-1　以关系为中心的多层交互模型(Luthar et al.，2015)**

**(三)重视教师和同伴的情感支持**

留守儿童的不利处境主要是亲子分离导致的情感依恋和联结减少,但这不同于父母离异或死亡导致的亲子分离。因此留守儿童如果能够与教师、同伴建立安全的依恋关系,就能促进自身积极发展,减少物质滥用、网络成瘾等问题行为的发生。本次访谈中我们了解到,与亲戚或积极发展的哥哥姐姐中任何一方建立起安全型依恋,都有利于留守儿童在学业成绩、人际关系等方面的积极适应。对于没有与家人产生依恋的留守儿童来说,在学校环境中得到教师的关心和鼓励、同伴的帮助和支持,也可以起到重要的调节和补偿作用。与教师形成积极的依恋具有重要的保护功能,不仅可以减少留守儿童的问题行为,提升留守儿童的学业成绩,而且对促进留守儿童的身心全面发展尤其重要(O'Connor,2010)。另外,我们还可以设计一些同伴参与的干预方案,促进同伴之间的交流和合作,发挥同伴间榜样的作用。总之,良好的教师和同伴关系可以减少亲子分离或不良教养方式带来的问题,为留守儿童提供足够的支持和帮助。

**(四)加强心理弹性综合干预**

心理弹性综合干预即强调在个体遭遇压力、挫折和逆境时,综合利用个体及其所处环境(如家庭、学校、社区等)的资源,增强个体与环境之间的积极互动,以达到良好适应的目的。心理弹性发挥作用的过程就是在系统论影响下这些保护资源与不利处境相互作用的过程。当儿童青少年的优势与他们所在的家庭、学校和社区的资源一致并得到支持时，他们就能更好地发展成为健康的、有建设性的公民(Lerner et al.，2015)。

近年来众多干预实证研究聚焦心理弹性的综合预防和干预，即整合了个体自身的优势(如意向性自我调节能力、特质心理复原力)与其生存环境中的生态资源(学校、社区等社会关系网络)对积极发展的促进作用，结果表明加强心理弹性综合干预可以很好地预防儿童青少年的危险行为，促进儿童青少年积极发展。有研究者基于积极青少年发展框架，发现社区凝聚力和与照顾者的信任关系对留守儿童的主观幸福感有正向预测作用，心理弹性在一定程度上又调节了社区凝聚力和与照顾者之间的信任关系对主观幸福感的影响。该项研究确定了留守儿童主观幸福感的关键环境和个人因素以及其交互影响作用(Chai et al.，2019)。另外，还有研究从积极青少年发展视角发现留守经历并不是对所有留守儿童来讲都是不利的(Lan & Wang，2019)。具体来说，在有同伴支持和心理弹性的保护的情况下，个体的亲社会行为和自尊水平更高。该研究由此强调了干预或预防项目通过提高心理弹性和同伴关系的质量，促进处境不利儿童积极发展。

**(五)从国家政策角度加大对农村贫困地区的扶持力度，促进社区发展**

留守儿童的父母外出务工主要是为了改善家庭经济条件，但亲子分离对留守儿童的发展极其不利。为此国家应出台相关政策，鼓励优秀人才进入农村地区，带动人才、技术、资本向农村流动，推动农村地区经济发展，增加农民在本地就业的机会，减少外出务工的比例。例如，"妈妈工厂"的出现不仅可以实现乡村振兴，而且可以改变农民"有家的地方没有工作，有工作的地方没有家"的窘境，让留守儿童不再留守。政府、家庭、学校、社区和个人要共同努力，切实促进留守儿童等处境不利群体的积极发展。

## 建议阅读资源

Kalisch, R., Baker, D. G., Basten, U., Boks, et al.(2017). The resilience framework as a strategy to combat stress-related disorders. *Nature Human Behavior*, 1(11)，784-790.

推荐理由：这篇文章是 2017 年由 38 位国际心理弹性研究学者联合在 *Nature Human Behavior* 发表的一篇学术论文。该论文对心理弹性的定义、研究方法、存在的问题进行了明确的阐述，对全面了解心理弹性前沿领域和最新进展具有重要帮助。

Luthar, S. S., Crossman, E. J., Small, P. J.(2015). Resilience and adversity. In R. M. Lerner(Ed.)，*Handbook of child psychology and developmental*

*science*：*Vol*.3.*Socioemotional  processes*（7th  ed.，  pp.247-286）.Hoboken，
NJ：Wiley

推荐理由：《儿童心理和发展科学手册：社会情绪发展过程》（第 7 版第 3
卷）第七章详细介绍了心理弹性研究近 60 年里的重大发展，对处境不利群体易
损性和保护性因素以及未来研究方向的阐述对科学研究者、教育实践者均具有
一定的指导意义，对发展科学研究成果转化为公共政策也具有一定启示作用。

# 第三编
# 应用转化

# 第十章 青少年积极发展的促进与干预及积极发展体系的构建

　　积极青少年发展视角对青少年身心健康发展的理论、实证研究、政策制定及实践均产生了重要的影响，突出体现在对青少年积极发展的促进和心理健康问题的干预上。一方面，基于个体与环境互动的视角，为青少年创设多元的丰富环境，鼓励青少年积极投入支持性的环境，发挥其主观能动性和自身的资源优势，激发青少年的潜能，达到促进青少年最优化发展的目的。促进青少年积极发展的三个方面至关重要，即通过各种青少年培养项目与活动提升他们的社会情绪能力，注重青少年与成人之间建立良好的关系，鼓励青少年更多地参与家庭、学校、社区的各种活动和项目(Lerner et al.，2011)。另一方面，在面临压力和风险时培养青少年应对压力和风险的心理弹性能力也非常重要。通过对心理弹性能力的培养，使青少年(尤其是处境不利青少年)能在压力之下仍然获得良好的适应和发展，达到良好的预防干预的目标，改变"压力必然带来消极结果"的发展路径，发挥青少年自身存在的积极优势，以使其获得良好的发展，甚至达到比之前的发展更好的结果。本章将对以往中西方基于积极青少年发展视角的重要的心理健康促进与干预项目进行回顾和综述，并构建起具有我国文化特点的促进流动儿童/留守儿童积极发展的一体化体系。

## 第一节 积极青少年发展视角下的心理健康促进项目

　　青少年阶段身心变化巨大且非常敏感，是个体发展阶段中较为关键的时期。因受到此阶段特有的生理、心理和环境因素的影响，青少年容易出现抑郁、焦虑等情绪问题，自卑等自我认知问题，吸烟、饮酒、吸毒、高危性行为等健康危险行为。这些通常以"问题群"的方式同时出现。为此，以促进青少年健康发展与减少心理和行为问题为目的的青少年积极发展促进项目受到全世界心理学家、政策制定者、青少年机构的组织者的高度重视，他们开展了长期的、有广泛影响力的青少年积极发展促进项目。该类项目既重视培养青少年的健康生活能力、良好的品格、自信等个人优势，又突出具有支持性的促进青少年积极发展的环境和氛围的构建，并探讨和比较了个人优秀特质与良好环境塑造相互作用来促进青少年身心健康发展的机制和过程，由此达到预防或减少问题行为、提升心理健康水平的目的。下面介绍几个青少年积极发展促进项目。

## 一、社会情绪学习项目(Social and Emotional Learning Project)

1994 年，美国菲尔兹研究所(Fetzer Institute)召集教育科研和实践领域的领军人物进行会晤，提出了社会情绪学习的概念，将社会情绪学习视为一种发展过程。在这个过程中，青少年将学习获得有效应用知识、技能的能力，培养对他人的同理心和建立良好社会关系的能力，以提高他们管理情绪、设定和完成目标的能力，由此预防或减少问题行为并运用其现有的优势与技能(Elias et al.，1997；Greenberg et al.，2003)。在此概念的基础上，大量研究者相继开展了社会情绪学习干预项目。该项目旨在通过利用个体的个人能力、社交技巧和态度等优势和资源，建立具有建设性和支持性的成长环境，以达到促进青少年积极发展、预防或减少消极结果的目的。其基本理念是，不同类型的问题行为均由相同或相似的风险因素引起，最好的学习应发生在具有建设性和意义性的支持性关系中(Taylor et al.，2017)。因此，通常在学校里开展的社会情绪学习项目的目标包含两个方面：一方面要通过各种教育方法教授学生特定的社会情绪能力，另一方面为优化学生的社会情绪能力而创造安全、充满关爱的班级氛围和学校环境。这两方面相互影响，共同促进学生在日常生活、学习等多方面积极发展。

社会情绪学习项目主要通过提高 5 个核心的社会情绪能力进行干预(如图 10-1 所示)，旨在通过提高青少年的技能、改善青少年的态度和行为来有效应对日常挑战，分别为：①自我意识(self-awareness)，即能够准确地识别自我情绪和想法以及这些情绪和想法对行为的影响；②自我管理(self-management)，即能够在不同情况下有效地控制自我以及想法和行为；③社会意识(social awareness)，即能够从不同文化背景下的他人角度去理解行为的社会和道德规范，识别家庭、学校和社会资源与支持；④关系技能(relationship skills)，即能够与不同人群建立并保持良好的人际关系；⑤可靠决策（responsible decision-making），即能够在不同情况下做出具有建设性的选择（Weissberg et al.，2015）。这5项核心干预内容可以在不同的场景中学习，包括班级、学校、家庭和社区等环境。社会情绪学习项目所采取的形式也具有多样性，包括在课上和课外直接对学生实施提升社会情绪技能的基础课程，以及通过对教师的专业培训影响其教学方法等。

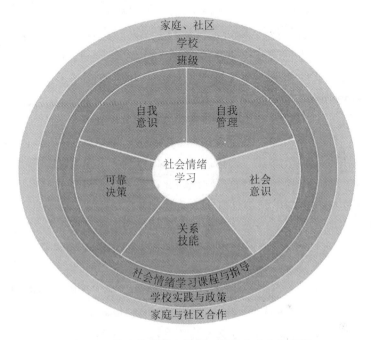

**图 10-1　社会情绪学习干预 5 种核心成分框架图**

　　社会情绪学习项目不仅被教育科研和实践者广泛接受，也被大量实证以及元分析研究证实了具有良好的干预效果。例如，一项对美国教师的全国性调查显示（Bridgeland et al.，2013），95％的教师认为社会情绪能力是可以被教授的，93％的教师表示社会情绪能力对在校学生非常重要，97％的教师报告社会情绪能力可以使来自不同社会经济地位的学生均受益。另外，杜尔拉克等人（Durlak et al.，2011）对 213 个社会情绪学习项目包括 270 034 名从幼稚园至高中的学生进行了元分析。结果显示，与控制组相比，干预组的学生在社会和情绪能力、态度、积极的社会行为、问题行为、情绪困扰和学业表现上均得到了显著的改善。其中 15％的社会情绪学习项目进行了至少 6 个月的追踪调查，干预的持续效果依然显著。一项基于 82 个社会情绪学习项目研究的元分析也得出了类似的结论，即无论是学生的种族、社会经济背景还是学校位置如何，其幸福感的各项指标均得到了明显改善（Taylor et al.，2017）。

## 二、迈阿密青年发展项目(Miami Youth Development Project)

迈阿密青年发展项目缘起于 20 世纪 90 年代美国社会对"问题与风险青少年"(尤其是移民家庭青少年)的干预研究,是积极青少年发展作为一个干预与实践项目的典范(Lerner,Overton,2008),整合多水平干预角度(包括个体和环境)、多种干预环境(包括大学和社区)以及多种研究方法(包括从质性和量性的角度考察干预后的变化水平)对项目进行了深入、全面的评估。该项目以"发展干预科学"(DIS)为理论框架,即整合发展科学、预防/干预科学、积极青少年发展及与此相关的拓展性研究的理论体系,旨在通过基于社区的干预来描述、解释和优化个体的毕生发展过程(Kurtines et al.,2008)。发展干预科学与早期干预的主要区别在于其将"发展性"的理念运用到干预当中,不仅关注特殊儿童,也关注正常人群,关注人的一生的发展(Kurtines et al.,2008)。它主要借鉴应用发展科学(ADS),其理念是个体发展和家庭功能是持续变化的生理、物理与社会环境相互作用的产物。因此,发展干预科学强调在人生不同阶段对青少年实施预估与干预都具有十分重要的意义。

由于这一项目是一个当地社区长期支持的项目,因此在具体的设计和实施方面更贴近青少年的真实生活。不同于预防和干预科学只聚焦于减少某种特定的问题行为或风险因素,该项目主要的干预目标在于帮助青少年建立控制感和身份认同感,从而使消极的生活轨迹转向积极方向。该干预项目整合了心理学和社会学关于"改变过程"的观点,以心理发展理论(Erikson,1968)和生命历程理论(Elder,1998)为理论基础,将改变式教学法(transformative pedagogy)作为干预策略。该方法认为,当个体有意识地识别问题并试图解决这些问题时,他就能在这个过程中成为专家,建立更好的控制感和责任感。干预的主要内容涉及知识技能、态度、自我认识和个人赋能等。

该项目的主要目标是通过基于社区的干预活动(包括个体和团体咨询服务),促进具有不同文化背景、不同发展问题的青少年获得积极发展。干预对象主要为美国迈阿密地区的 4 所非传统学校的高中生,其中多数学生因为在传统学校中长期旷课、学业不佳、有不良问题行为而被当地学校强制转入该类学校,因此该类学校中具有暴力、犯罪和物质滥用行为的学生非常多。此外,这类学生的家庭收入偏低,生活的社区环境有较高的犯罪率。该项目的干预形式较为弹性,既可采用个体干预方式,也可采用团体小组干预方式。例如,该项目对来自美国非传统学校的 14~18 岁非裔和西班牙裔青少年进行 8~12 周(每周一次)的结构化团体小组干预(每组 4~6 个成员),通过 3 个干预过程完成了 4 项结构化的干预内容,分别为讲述生命历程、分享最重要的生活目标、设定生活变化目标、批判性解决问题。研究者(Eichas，et al.，2010)以个人赋能为主要干预内容，采用定量和定性相结合的干预效果评估方法，结果显示干预后学生的情绪表达能力得到提升，内外化问题得分显著下降，并且在干预 4 个月后，这些干预效果依然稳定，其干预效果作用机制主要是身份探索和身份认同在其中起着关键作用。该项目最近研究成果也显示，干预组青少年主要通过探索自我和建构自我获得生活目标感，进而减少内外化问题(Eichas et al.，2017)。这一干预研究也验证了积极青少年发展的自我转化模型(self-transformative model)，即青少年通过实施一些可以挖掘他们潜能的活动来发现自我，通过解决生活难题来构建自我，从而形成积极的身份认同感(Berzonsky，2004)。

## 三、P. A. T. H. S. 项目

中国文化背景下具有代表性的积极青少年发展促进项目是香港的 P. A. T. H. S. 项目，以香港中文大学为首的 5 所香港本地大学共同承担了这一项目。该项目整合了包括 5 所大学、各级政府机构、提供学校社会服务的非政府组织等在内的机构(Shek，2006；Shek et al.，2008)。该项目的实施起始于 2005 年，包含多个子项目。其中一级干预项目是对香港 244 所学校的 7～9 年级学生进行总计 10 小时或 20 小时(每个年级)的课程教学。为了使被干预的学生受益最大化，该项目的具体实施工作由经过 20 小时系统严格培训的教师和社会工作者共同完成。干预内容主要包含 15 个方面的发展目标，即联结、心理弹性、社会能力、情绪能力、认知能力、行为能力、道德能力、自我决定、精神灵性、自我效能、积极同一性、未来信念、积极行为识别、亲社会活动参与机会和亲社会规范。除此之外，由于性是青少年发展阶段的重要内容，因此一些关于约会的内容也被包含在内(Shek & Wu，2016)。例如，除了最后的活动实施总结单元，其他单元均涉及身体形象和爱等内容，其目标是使青少年培养对恋爱关系的正确态度，理解健康的恋爱关系等。该项目强调"5P"因素，并以此保证项目的质量及实施。①项目(program)。项目内容设计全面、合理且可满足学生发展的需要。当项目的内容更全面、更符合学生的发展需要时，项目实施者和学生参加的意愿都更加强烈。②人(people)。项目直接实施者(学校教师)应经过良好的项目基本原理培训。当熟悉干预原理后，他们更愿意去执行项目，进而提升实施质量。此外，校长的支持和学生的积极参与也很重要。③过程(process)。过程中教师使用不同教学技巧，如多鼓励学生表达和分享自己的观点并多与他人互动。④政策(policy)。学校应制定时间安排和人员调配等相关政策，加强行政监管并定期评估项目效果。⑤地点(place)。

学校应有良好的学校文化及充分的硬件支持，可以通过为班级教师创设良好的环境，以便使他们更好地交流、分享经验、彼此支持(Shek & Sun，2008)。

该项目的一个重要创新点就是采用了多种形式的评估方式，包括主观结果评估、客观结果评估、基于焦点小组的定性评估、深度访谈、案例研究、过程评估、每周日记等。参与评估的对象不仅包括学生本人，还包括项目实施者和研究助理。研究者用不同的评估方法证实了该项目在香港青少年群体中的有效性。例如，对1 138名学生的每周日记进行文本分析，日记内容包括与参加此项目有关的经历、感受和评价等，字数不低于200字，结果发现接受干预的学生对该项目、指导教师有更积极的认知，感知到在社会、学校、家庭和人际关系等不同领域均有所受益(Shek & Sun，2012)。另外研究者根据为期3年的追踪数据对干预的长期效果进行了客观结果评估。结果表明，相对于控制组而言，干预组学生在干预后第3年显著表现出较少的问题行为和较好的学校适应(Shek & Sun，2010)。

综上可见，现有的积极青少年发展促进项目大多基于西方国家文化背景而制定和开展，这些项目和计划非常强调研究机构、政府部门和实践机构之间的联结与协作，每一个大型促进项目和计划都是一个系统工程。相比较而言，发展中国家的相关项目和计划还较少。西方发达国家现有的积极青少年发展促进项目通常具有三大突出特征：①侧重提升社会情绪能力与生活技能；②注重将个体独特的优势与他们所处环境的互动过程最优化，如与成人建立长期良好的关系；③强调参与家庭、学校、社区的各种活动和项目的重要作用，并在此过程中培养青少年的领导力(Lerner et al.，2011)，由此促进他们在学习、职业选择和生活上获得成功，减少问题或危险行为。最后，此类促进活动的实施地点具有多样性，既可以在中小学开展，也可以在家庭或社区开展。活动形式也具有很大的灵活性和弹性，包括教师讲授、班级讨论、家庭干预、营地娱乐、社区服务等。开展促进活动的时间也相对固定且持久，时间一般在三个月以上。

## 四、社区关爱项目(Communities That Care)

华盛顿大学的社会发展研究组(social development research group，SDRG)的一个重要使命是促进青少年和成人积极的社会性发展(positive social development)，强调整合预防科学(Prevention Science)和积极青少年发展两种不同的理论取向促进青少年的发展(Catalano et al.，2002)。预防科学的假设是，在发展过程中，可以通过减少或消除危险因素和增加个人及其所处环境中的保护因素来预防消极结果(Coie et al.，1993)。霍金斯(Hawkins)和卡塔拉诺等人(Hawkins，Catalano，et al.，2008)领导的社区关爱项目正是在预防科学的视域下设计的，旨在减小青少年的物质滥用、反社会和暴力行为。其项目干预的理论模型——社会性发展模型(social development model)(Catalano & Hawkins，1996)强调通过保护性因素的增加来抑制问题行为的发展，即为青少年的发展提供各种资源，如图 10-2 所示。社区关爱项目主要通过以下策略促进青少年积极发展(Catalano & Hawkins，1996；Hawkins et al.，2008)。①机会：提供有意义的、亲社会的、与他人互动的机会。②技能：培养一些成功所需的基本技能。③欣赏：给予青少年与他们努力、进步和成就相关的赞赏。④联结：促进与家庭、学校和社区等的积极联结。⑤行为的明确标准：通过培养青少年与家庭等的联结感，促使其遵循个人或组织的行为标准。

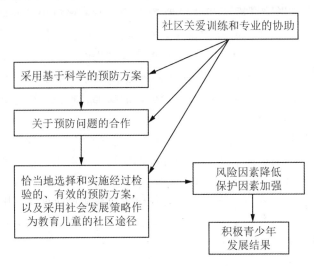

**图 10-2　社区关爱项目理论模型**

　　该项目也得到了实证研究的大力支持。范伯格等人(Feinberg et al.，2010)利用美国宾夕法尼亚州的青少年行为追踪数据监测调查，比较了参加社区关爱项目和未参加社区关爱项目的青少年报告的违纪和风险行为差异。结果显示，参加社区关爱项目的青少年报告的违纪和风险行为显著低于对照组。另外，研究者对美国 7 个州 24 个小镇共计 4 407 名 5 年级的学生实施了该类干预项目，并进行了干预后 7 年的追踪调查。结果显示，当被干预的 5 年级学生到了 12 年级时，其药物使用、吸烟饮酒行为以及违纪或暴力行为依然显著低于控制组(Hawkins et al.，2013)。可见，该项目的干预效果具有较强的稳定性。

## 第二节　积极青少年发展视角下的处境不利
儿童青少年心理弹性干预项目

心理弹性干预指向于身处逆境或遭遇重大压力与创伤的个体。心理弹性干预理论认为压力和逆境对所有个体的影响不一定都是负面的，一些个体在逆境中也能够有良好的适应，甚至对自己、他人、社会和人生的态度会有新的变化，实现优化发展。心理弹性干预致力于发展个体在不利处境中表现出来的积极品质（如积极信念、未来期待、情绪调节能力），充分利用环境中的有力资源（如与成人的支持性关系等），聚焦一些有利于应对逆境或提升心理弹性的关键的保护性因素进行干预。心理弹性干预被广泛运用到贫困儿童、被虐待儿童、艾滋孤儿、离异家庭儿童、经历地震或战争等创伤的儿童青少年中，并收到了很好的效果（Masten，2014b）。诸多国内外心理弹性干预实证研究均发现，心理弹性干预有效减少了处境不利儿童青少年的抑郁、焦虑、强迫症状、问题行为等内外化心理问题（Dray et al.，2017）。一项元分析对 19 项发表于 1994 年至 2015 年的以学校为基础的针对 5～18 岁儿童青少年开展的心理弹性预防与干预研究进行了系统综述，发现心理弹性预防与干预方案有效减少了青少年的吸烟、饮酒和吸毒等物质滥用行为（Hodder et al.，2017）。此外，一些前沿研究整合了多学科的视角，探索了心理弹性干预对儿童青少年大脑功能结构及其神经机制的影响，进一步深化了心理弹性干预在减少逆境的负面影响、提升个体心理健康水平方面的重要意义。

### 一、西方文化背景下开展的心理弹性干预研究

#### (一)宾夕法尼亚大学韧性项目(Penn Resiliency Program)

宾夕法尼亚大学韧性项目是积极心理学家塞利格曼与他的研究团队于 1999 年设计的小组干预项目。该干预项目以埃利斯（Ellis，1962）的情绪 ABC 理论为理论基础，即之所以不同的个体对相同的事件会产生不同的情绪反应，是因为他们对这些事件持有各自独特的信念。宾夕法尼亚大学韧性项目的一个重要目标是帮助 10～14 岁儿童青少年能够采用一些技能来提高其问题解决能力，提高其应对日常压力或重大挫折事件（如失去父母或父母离异）的心理弹性。干预的内容通常包括 14 次 90 分钟的干预课程，主要由经过严格培训和考核的学校辅导员与教师来担任实施者。课程内容涉及自信、协商、社交技巧、

创造性地解决问题和做决定技能等，包含 7 大类要素，分别为：①情绪调节（emotion regulation），即能够识别和表达情绪；②冲动控制（impulse control），即识别和抵制不良冲动的能力；③因果分析（causal analysis），即能够准确识别问题的多个原因；④乐观（realistic optimism），即尽可能地在现实范围内乐观地思考；⑤自我效能感（self-efficacy），即识别和实施问题解决技能的信心；⑥同理心（empathy），即能够准确识别他人情绪状态，并与之建立联结；⑦寻求帮助（reaching out），即乐意与他人建立良好关系，并从中获得支持，以渡过难关。

该项目在不同文化背景下以及不同年龄阶段的群体中均得到了大量的实证研究验证，且研究一致发现其能够有效减少参与者的焦虑、抑郁、适应障碍和行为问题。例如，吉勒姆等人（Gillham et al.，2006）对 271 名 11～12 岁被诊断有抑郁症的美国儿童青少年实施宾夕法尼亚大学韧性项目。结果显示在即时后测 2 年后的追踪中，宾夕法尼亚大学韧性项目均可以改善早期儿童青少年对压力事件的态度，显著预防抑郁和焦虑症状的发生。布伦瑞克等人（Brunwasser et al.，2009）对过去 20 年内 17 个相关干预研究进行了元分析。结果显示宾夕法尼亚大学韧性项目的干预组儿童青少年（10～18 岁）的抑郁症状在即时干预和 1 年后的追踪中均显著地少于控制组儿童青少年，抑郁症状较为严重的男儿童青少年尤其更能从该项目中获益。此外，研究者（Peng et al.，2014）对中国医学院大学生实施为期 10 次（每周 1 次，每次 90～120 分钟）的宾夕法尼亚大学韧性项目。结果显示参加该干预项目的学生的心理弹性、积极情感、认知评价（情绪管理方式）得到了显著发展，消极情绪、表达抑制（情绪管理方式）等均显著地减少。对过去 40 年内 9 项相关干预研究进行的元分析结果也证实了宾夕法尼亚大学韧性项目在减少抑郁和焦虑症状上的有效性（Bastounis et al.，2016）。

### （二）"我的 FRIENDS"青少年项目（My FRIENDS Youth Program）

巴雷特等人（Barrett et al.，2000）实施的"FRIENDS"项目是由世界卫生组织支持的心理弹性干预项目，干预的主要对象包含普通或患有焦虑障碍的青少年和成人。其中一个子项目——"我的 FRIENDS"项目旨在提升 12～16 岁儿童青少年的社会情绪技能水平，从而增强其心理弹性，减少其焦虑和抑郁症状。"FRIENDS"代表青少年在该项目中需要学习到的技能，"F"代表"感受"，"R"代表"放松"，"I"代表"内部有益的想法"，"E"代表"探索解决方案"，"N"代表"即刻奖励自己"，"D"代表"每天实施它"，"S"代表"保持内心坚强"。该项目主要基于认知-行为理论，分别从认知、心理、行为三个层面提升青少年应对压力和焦虑的技能。认知层面包括识别感受和想法、错误信念和不符合实际的自我评价等，心理层面包括加大社会支持力度等，行为层面包括暴露、放松训练、自信心训练、问题解决计划和冲突解决能力等。干预形式具有很大的灵活性，包括小组讨论、手工活动、角色扮演和体验式学习等。干预地点也具有多样性，既可在学校开展，也可以在社区开展。

该项目的有效性在不同文化背景下的群体中均得到了验证，包括非裔美国青少年、伊朗青少年等。除了不同文化背景，该项目在部分处境不利儿童青少年中也得到了广泛推广，如贫困儿童、自闭症儿童等(Slack，2013；Iizuka et al.，2015)。库利·斯特里克兰等人(Cooley-Strickland et al.，2011)从生活在高暴力且贫困的社区中选择了92名患有焦虑障碍的美国非裔青少年实施该干预项目，干预内容包括共计13次的团体课程(每次课程持续1小时，2周一次)，如识别焦虑症状、学习放松技巧、积极地感受和思考等。结果显示干预组青少年的数学成绩显著提升，生活压力感有所降低，受同伴侵害的次数减少。加列戈斯等人(Gallegos et al.，2012)在莫斯科市对9～10岁生活在孤儿院的10名女孩进行了连续10周的心理弹性干预，教授她们一些行为和认知策略，以帮助她们应对压力和焦虑。行为策略包括对情感和想法的自我监控、健康的形象面貌以及放松训练等，认知策略包括识别和关联情感与想法的能力、识别错误认知的能力、对困境的认知重评等。干预前后对比发现，具有焦虑和抑郁症状的女生人数所占比例显著下降。具体表现为，在焦虑症状上，人数所占比例由干预前的50%下降到了干预后的20%；在抑郁症状上，人数所占比例由干预前的40%下降到了干预后的30%。可见，该干预项目能有效提高不同文化群体以及处境不利儿童青少年应对困境的能力，减少其心理健康问题。

## 二、中国文化背景下开展的心理弹性干预研究

除了西方开展的系列心理弹性干预研究外，在中国文化背景下针对特殊儿童青少年群体的心理弹性干预项目也相继取得了巨大成果。

### (一)"基于优势"的儿童青少年心理弹性干预项目

北京师范大学心理学部林丹华教授及其研究团队率先从心理弹性的视角对处境不利儿童开展了实证研究，将这类儿童青少年看成有潜能和能够在逆境中获得良好适应的个体，并在2011年率先对北京市流动儿童青少年开展了一系列有针对性的心理弹性干预项目。虽然这类处境不利儿童青少年面临着巨大的压力与困境，包括家庭经济收入低、教育资源少、遭受歧视等，但是大多数处境不利儿童青少年并没有因此出现心理健康问题。因此，找到促进处境不利儿童正常发展的因素并进行有针对性的干预显得尤为重要。不同于传统的"问题"

和"病理"等缺陷视角，心理弹性视角更关注儿童青少年在发展性逆境中、压力或创伤事件背景下的良好适应乃至积极发展，强调儿童青少年具有很强的可塑性(Garmezy et al.，1984)。心理弹性视角下的干预基于优势取向视角(strength-based model)，强调通过干预增加个体的多种保护性因素(包括自尊、积极的应对方式、认知重建、情绪管理、社会支持等)，并认为每个儿童青少年都有其内在的积极资源和向上的力量，包括流动儿童等处境不利儿童青少年。基于该视角和理念，此心理弹性干预方案旨在通过8次干预活动引导流动儿童认识、欣赏自己身上的优势和品质，看到并利用身边环境中的资源和力量，提升在逆境中的心理弹性，实现健康成长与积极发展。

在项目实施期间，研究者对北京市2所打工子弟学校285名流动儿童开展了心理弹性干预研究(Tam et al.，2020)，以心理弹性的补偿模型为理论基础，强调增加心理健康功能的保护性因素(个体优势、社会资源、文化适应自我效能感、逆境信念、自尊)，以减少逆境带来的不良影响，通过保护性因素的增加达到促进心理弹性发展的目的。这一干预视角的转变是对已有从"问题"和"缺陷"视角研究处境不利儿童青少年群体发展的一个重大突破。该心理弹性干预内容采用多种心理策略，包括ABC理论、积极强化和心理教育；形式多样化，如游戏、视频、角色扮演和绘画活动等。考虑到流动儿童在实际生活中面临的压力和困境(如来自当地人的歧视)，活动主题更具有针对性，包括建立与流动相关的积极期待、制定适应性应对策略、增强文化适应自我效能感、加强与重要他人的社会联结等。干预前后测对比结果如图10-3所示。与控制组相比，干预使流动儿童在文化适应自我效能感、社会资源及对逆境的积极认知方面有显著发展。通过干预，流动儿童更懂得如何欣赏和接纳自己，学会了如何在逆境中积极地调整心态，应对压力和解决问题的能力均得到显著提升。另外，研究还发现，相比较只在北京市流动的儿童，流动性大(流动过一个城市以上)的儿童在接受干预后，其个体优势发挥更显著。

除了评估心理行为指标外，林丹华教授团队还结合生理指标(静息态脑成像指标)以及被试的主观评价对心理弹性干预的效果进行了综合评估，在艾滋孤儿中的心理弹性干预研究即为其中的一个重要代表。在对45篇国内外艾滋孤儿心理健康研究、艾滋孤儿干预实证研究以及相关领域的综述文章进行全面梳理和总结的基础上，结合前期访谈的结果，林丹华教授团队设计了艾滋孤儿心理弹性干预的整体框架，通过增加艾滋孤儿的保护性因素(如情绪管理、感知社会支持、自尊、对未来的乐观等)来调动其个人的内在力量和外在的社会资源，以达到促进其心理行为指标(如抑郁、孤独感、外化问题行为等)提升的目的。

在干预活动的具体实施上，该团队以河南省某孤儿院的20名艾滋孤儿为

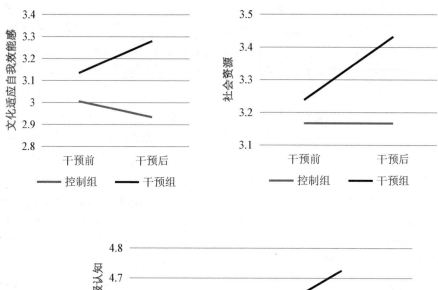

**图 10-3　流动儿童青少年心理弹性干预前后差异(Tam et al. ，2020)**

研究对象进行半结构化的团体干预。干预以心理弹性理论为基础，聚焦帮助处于逆境中的个体充分利用优势和资源，将优势和资源看作改变的焦点，而非仅仅聚焦于降低其遭受的风险(Fergus & Zimmerman，2005；Yates et al. ，2003)。干预共 12 次活动，每周两次，每次 1.5～2 小时，主要通过角色扮演、行为演练、观看视频、小组讨论以及游戏等互动性、体验性的方式帮助艾滋孤儿学习相应的知识和技能。该团队在干预结束 8 个月之后进行了干预效果的强化与追踪。结果显示，在心理行为指标上，无论是即时后测还是追踪测查，心理弹性干预组艾滋孤儿的心理弹性总分得到显著提高，与心理弹性相关的保护性因素在干预后也得到了显著增加，尤其是艾滋孤儿的朋友支持、教师支持和对未来的乐观态度在追踪测查中仍显著好于前测。此外干预后的心理弹性总分和积极认知维度的得分也显著提高。在生理指标上，干预前后的静息态脑功能指标差异显著，即与干预前测相比，干预后测艾滋孤儿的右侧小脑后叶、左侧额下回、右侧颞上回、右侧中颞、尾状核、左侧扣带回、左侧丘脑、左侧胼胝体和右侧扣带回的大脑比率低频振幅(FALFF)值显著升高(卜钰，2017)。这些脑区的变化与情绪管理、认知控制、恐惧反应、奖赏加工等心理功能相关。该心理弹性干预项目一方面从心理和生理两方面评估了对处境不利儿童青少年的干预效果，为进一步推进精准干预奠定了坚实基础；另一方面转变了传统的问题观念，从心理弹性的角度关注艾滋孤儿，为更好地促进他们的积极发展提供了一种崭新视角。

### (二)儿童-抚养者-社区代表心理弹性干预项目(Child-Caregiver-Advocacy Resilience；ChildCARE)

中美研究者合作开展的以受艾滋病影响的儿童为研究对象的儿童-抚养者-社区代表心理弹性干预项目得到了广泛关注(赵国祥等，2013)。该项目始于2005年，历时十余年，主要包括三个阶段。第一阶段主要围绕哀伤与心理需求评估，识别受艾滋病影响的儿童心理适应的危险性因素和保护性因素。第二阶段是干预方案试验阶段，探索最优化的干预方法的实施效果，即使用结构化的儿童小组活动还是一对一的指导性活动。第三阶段是实施以心理弹性为基础的多水平干预，以社会生态系统理论为基础，强调在特定的文化环境中父母感染艾滋病对儿童多层次的影响以及儿童个人资源和具有支持性的社会环境(包括家庭资源和社区资源)在儿童心理弹性发展中的重要作用。图 10-4 为该项目心理弹性干预的理论指导框架。

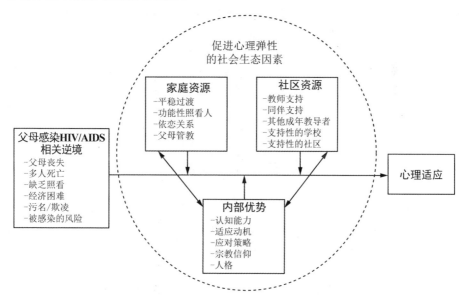

**图 10-4 受艾滋病影响的儿童心理弹性理论框架(Li et al.，2015)**

该干预研究采用严格的随机对照试验，围绕儿童、抚养者及社区三个层面展开对儿童小组活动、抚养者教养技能培训以及社区外展活动等干预，其中

200 名儿童接受儿童小组活动干预，200 名儿童及抚养者接受儿童与抚养者干预，另 200 名儿童及抚养者同时接受儿童、抚养者与社区干预。在儿童层面，干预内容包括以同伴小组的方式对儿童实施 10 次共计 20 小时的培训课程，旨在改变受艾滋病影响的儿童的态度、信念与归因、情绪调节能力、沟通能力、寻求帮助的能力、问题解决能力、自尊与自信。在抚养者层面，干预内容包括对抚养者实施 5 次共计 10 小时的培训课程，旨在帮助抚养者与孩子建立积极依恋关系，关注孩子的发展与需要，提升积极教养技能水平，建立积极合理的期望，提高自我照顾能力。在社区层面，训练社区代表(包括教师、乡村护士等)通过每月家访、社区活动、社区讲座等形式减少社会歧视，为受艾滋病影响的儿童及其抚养者创造具有支持性环境。干预的效果指标包括心理弹性、积极应对、寻求帮助、创伤后成长、希望、控制、自尊、积极情感和情绪调节等，并对干预效果进行了从 6 个月到 3 年的包括 4～5 个时间点的追踪调查。结果表明，在 3 年的时间跨度中，与控制组儿童相比，无论是"儿童干预组"还是"儿童与抚养者干预组"的儿童，其积极应对能力、希望感、情绪调节能力和自我控制能力在即时施测、6 个月及 12 个月的追踪调查中均得到显著的提升，后两组之间不管在即时施测后还是追踪调查中均无显著差异。该项目还提出 4 个未来可值得探讨的研究方向，分别为：①未来干预研究应在积极心理学的框架下，着重探讨提升受艾滋病影响的儿童心理弹性的多层面因素；②干预研究应根据生态系统模型为儿童创造积极的教养及生活环境；③未来研究应考虑干预群体所处的文化环境，设计适应当地文化特色的循证干预方案；④在研究方法上，未来的研究除自我报告法之外，还可以使用生理指标、教师报告等多种方法，从多种渠道获得更加完整、真实的数据。

# 第三节　青少年积极发展的促进与干预工作需关注的重要问题

心理健康促进与干预工作的重中之重在于保证具有长期的效果。为此，在实施面向处境不利儿童青少年的心理健康促进与干预工作时，以下方面显得尤为重要。

## 一、以理论为基础

诸多针对预防与促进研究的元分析发现，基于理论基础之上的预防最为有效。理论为研究的整个过程提供了坚实的依据，使预防的成分更系统、更有针对性，指引了整个预防工作的实施方向。例如，在青少年吸烟行为预防干预研究中，跨理论模型（Transtheoretical Model）是有效的指导性理论；在以学校为基础的青少年锻炼活动预防中，社会认知理论、计划行为理论、自我决定理论等健康行为理论发挥着重要的作用。值得注意的是，关于某个特定的概念，不同的理论有着不同的界定方式以及作用机制假设。例如，"积极自我"的概念，既可以通过埃里克森的理论来界定，也可以基于社会认知理论或者依恋理论的角度来阐述。因此，一个有效的预防与促进方案应明确使其干预效果最大化的理论机制。在确定干预效果的有效理论基础之前，需要考虑文化因素的影响，在干预研究中充分体现文化因素的作用和影响机制。

## 二、有效的方案

采用有效的、针对适用人群及问题的促进和干预方案，是确保促进和干预效果的重要保障。通常情况下可采用以下 2 种方法保证方案的质量。①采用已被广泛验证和认可的促进和干预方案。一些著名方案的有效性已持续被验证。例如，美国的聚焦青少年（Focus on Youth）项目入选美国疾病预防控制中心（CDC）推荐的"可推广的有效行为预防"系列项目，已在美国各州不同人群中验证了预防青少年艾滋病问题的有效性。研究者可根据本国的国情和文化特色，将有效的方案进行适当调整和改变后加以使用。②以理论为指导开发适合特定人群和问题的方案。这类方案需要量身定制，研究者需要以合适的理论为指导，并结合以往实证研究的成果和预防干预人群的特定特点，设计促进和干预方案的整体框架、有效成分、内容和组织形式，开展初步的研究，以考察该方案的有效性，在确认方案的可行性和有效性后方可正式使用，并不断更新，使之更加成熟。

## 三、有保障的实施质量

促进和干预方案中实施者的选择和培训、实施者的实施质量、实施时间长短以及组织形式等问题，均与促进和干预的效果息息相关。首先，实施者的选择和培训。由于心理或教育专家精通相关的促进和干预理论，中小学教师可能了解影响项目实施效果的具体学校因素，社会工作者或同伴更能够理解学生的社会心理需求，因此，实施者通常包括高校的专家、中小学教师、社会工作者以及同伴干预者等。实施者应为动机强、态度积极、愿意开展心理健康促进和干预工作的人。干预之前，研究者需要对实施者重点开展有效的培训和考核，包括：熟悉干预群体的特点，理解干预方案的机制，熟悉干预程序和效果评估程序，关注实施者的自我反思技能和促进自我效能感的提升，以保证实施者对促进和干预工作的整个过程充分了解。其次，实施者的实施质量，包括对促进和干预方案的忠诚度和在实施过程中的能力表现，二者缺一不可。若实施者仅有选择地实施促进和干预方案，那么即使开展活动的能力再强，也不能达到既定的预防效果；反之，忠诚度再高的实施者若能力有限，也不能保证预防的效果。再次，实施的时间不可过短。研究发现，有效的促进和干预方案实施时间一般不少于6周。最后，组织形式和地点应多样化。具体而言，此类促进和干预活动既可以在中小学校中开展，也可以在校外活动、家庭或社区不同层面开展。活动形式也应有较好的灵活性和弹性，除讲授之外，还应该包括团体讨论、行为演练、角色扮演以及社区服务活动等。

## 四、积极青少年发展视角下的心理健康促进和干预研究的未来展望

### (一)从生物-心理-行为等多水平、多角度评估预防干预的效果

效果评估是所有预防干预研究中较为重要的问题，也是预防干预研究的难点所在。一个成熟的儿童青少年心理健康预防干预方案不仅要有即时的干预效果，而且要有长达3个月乃至几年的长期效果。一直以来，研究者采用定性和定量相结合的研究方法评估干预效果：定性方法包括个体或焦点小组进行深度访谈、个体或小组的主观质性评价或个案分析等；定量评估使用个体自我报告的量表在预防干预前后进行2次或数次量化数据收集和分析，以对预防干预的效果进行评估。

近年来，随着神经生物学技术日新月异，研究者开始高度关注(早期)环境因素对儿童青少年下丘脑-垂体-肾上腺轴功能、大脑功能结构以及心理、行为的全面影响，进而开始初步探索针对儿童青少年以及父母教养技能的干预对儿童丘脑-垂体-肾上腺轴功能、大脑功能结构以及心理、行为的改善作用，基于生物-心理-行为多水平、多层面的干预效果评估正成为该领域的前沿研究课题。不仅如此，研究者还致力于进一步探索早期干预对儿童生理、心理和行为等不同层面的改善效果，致力于找到提升儿童心理健康水平的中介路径和内在作用机制。例如，研究发现，早期的养父母教养技能干预可以直接改善福利院儿童的丘脑-垂体-肾上腺轴功能，进而使儿童顺利实现从幼儿园到小学的学校适应，即丘脑-垂体-肾上腺轴功能的改善在干预对儿童学校适应的作用中起到中介的作用(Graham et al., 2018)。从生物-心理-行为多水平评估干预的效果，对深入揭示影响干预效果的关键成分以及后续的精准干预提供了全面、直

接的支持性依据。

### (二)构建具有中国文化特色的儿童青少年心理健康促进和干预体系

构建具有中国文化特色的儿童青少年心理健康促进和干预体系,对我国人力资源强国的建设和人口素质的全面提升意义重大。该体系应充分体现以下的特点。首先,基于积极青少年发展的视角,长期以来,人们倾向于从"病理"和"问题"视角看待儿童青少年的心理健康,尤其是流动/留守儿童、贫困家庭和受虐待儿童等处境不利儿童青少年。基于积极青少年发展视角构建的心理健康模式应突出对普通儿童青少年核心能力和品格的培养,包括对认知、社会情绪和健康生活等核心能力以及关爱、志向、诚信、坚毅等品格的培养。可分年龄段进行持续性的培养,将课程学习和实践活动相结合,达到知行合一。针对处境不利儿童或经历重大创伤(如震后)的儿童开展心理弹性或创伤后成长(posttraumatic growth)干预,培养儿童在逆境中或创伤之后仍能适应的能力,注重构建积极的学校、家庭和社区环境,创设具有支持性的人际关系和成长氛围。其次,结合中国特色理论开展促进和干预活动。当前诸多成熟的促进和干预方案均基于西方文化和理论,我国亟须建立基于中国特色理论的儿童青少年心理健康促进和干预模式,找到影响中国文化背景下儿童青少年心理健康的保护性和促进性因素,开发具有我国文化特色的儿童青少年心理健康促进和干预方案,为建立真正适合我国儿童青少年心理健康水平提升的预防体系打好"中国底色"。然后,充分体现心理健康预防干预模式的科学性,基于实证科学开展儿童青少年心理健康预防干预的全过程,找到影响我国儿童青少年心理健康的关键干预技术,从生物—心理—行为视角揭示预防干预发挥作用的机制、作用路径和过程,深入研究成熟的预防干预方案对不同地区/文化、不同人群的适用性和推广性,建立精准干预的模式和机制,构建世界一流、反映科学前沿水平的儿童青少年心理健康预防干预模式。最后,建立学校—家庭—社区一体化的促进和干预模式。国际先进经验表明,有效的促进和干预模式应综合学校、家庭、社区和社会各方的力量,这一经验对我国同样有效。我们可采用自上而下和自下而上相结合的方式,在政策上将我国儿童青少年心理健康促进工作列为重要的国家发展战略目标,确立积极发展等心理健康促进的基本视角。学校—家庭—社区一体化的促进和干预工作又可为新政策的出台提供坚实的依据,促进每一个孩子健康、充分发展。

### (三)大力推动心理健康促进和干预的推广性研究

推广性研究也是当前国际预防干预研究的热点和前瞻性问题,科学、有效的推广可以使一个成熟的促进和干预方案的作用和受益人群最大化,并最大限度地减少成本，有力推动儿童青少年心理健康体系的构建。推广效果取决于方案实施者的特点、机构与管理者的特点等因素。其中方案实施者（通常是中小学教师或社区的社工）对推广方案的积极态度、实施忠诚度和实施能力，对方案实施者的有效培训，开展推广性干预的学校/机构的管理者的态度和支持度，均是影响方案推广的重要因素。当前，国际上心理健康促进和干预的推广性研究正在积极开展，建立具有我国文化特色的儿童青少年心理健康促进和干预示范性方案，构建基于前沿的"生物—心理—行为"科学研究成果的实践推广平台，将示范性方案有效推广到我国不同地区、不同年龄、不同问题的儿童青少年群体中，并充分发挥学校、家庭和社区的推广力量，体现了科学向政策与实践的创新性转化，是全面推动我国儿童青少年心理健康工作快速发展的重要举措。

# 第四节  流动背景下处境不利儿童青少年积极发展体系构建

目前我国缺乏适合本土文化和国情特点的多层次、多水平、多角度的促进处境不利儿童青少年积极发展的综合体系。切实找出我国文化背景下契合流动儿童和留守儿童人群特点的可被干预与改变的个体促进性因素以及诸多环境促进性因素，不仅对研究我国流动背景下处境不利儿童青少年的积极发展具有重要的作用，而且为政府相关部门制定重要决策提供了重要的参考价值，为家长、学校、社区等实践领域提供了干预方案和活动指南。

## 一、构建处境不利儿童青少年积极发展体系的意义

### （一）构建适合中国文化特点的促进处境不利儿童青少年积极发展的综合体系

当前有关处境不利儿童青少年积极发展的结论主要来自西方国家的青少年研究。考虑到我国的国情、文化特点和教育实践等因素，构建中国文化背景下处境不利儿童青少年积极发展的体系显得尤为必要。从文化差异上来说，处境不利儿童青少年积极发展的具体影响因素会受到不同社会中的价值观、社会规范和道德等因素的影响，这导致了不同文化特点对处境不利儿童青少年积极发展的影响因素可能会存在差异，因此需要充分考虑不同的文化特点对处境不利儿童青少年积极发展的影响，建立起与该文化特点相一致的处境不利儿童积极

发展体系。另外，从我国国情来看，当前我国流动儿童和留守儿童数量巨大，《国家贫困地区儿童发展规划(2014—2020年)》《国务院关于加强农村留守儿童关爱保护工作的意见》(国发〔2016〕13号)以及《乡村振兴战略规划(2018—2022年)》等关爱处境不利儿童青少年的系列政策法规持续出台，我国亟须构建适合中国文化和国情特点的促进处境不利儿童青少年积极发展的综合体系。发现中国文化背景下处境不利儿童青少年的积极发展规律，有助于激发处境不利儿童青少年的潜能，深入探索有助于这些儿童青少年最优化发展和成长的路径、模式与体系，促进我国规模庞大的留守儿童和流动儿童的健康积极发展，切实落实我国国家发展战略，推动我国人力资源强国战略目标的实现。

**(二)缩小处境不利儿童青少年积极发展的研究成果与可持续发展的实践应用之间的"鸿沟"**

加快推动科研成果的有效转化是当前我国科技发展战略的重点之一，体现了把论文写在"祖国大地"上、以科技创新为实践服务的宗旨。构建处境不利儿童青少年积极发展综合促进体系，需要全方位地了解这些儿童青少年身心积极发展的规律、特点以及路径，确定影响他们积极发展的关键核心因素，建构促进他们积极发展的整体框架，把项目的研究成果转化到实践领域中，结合有效的个体和环境促进性因素开发系列干预方案，并把已被大量实证研究证明是切实有效的干预方案推广到更多的地区和处境不利儿童青少年群体中，培训一批促进流动背景下处境不利儿童青少年积极发展的农村基层心理关怀干预队伍，结合实践工作的特点和需求为教师、家长和社区工作人员提供"量身定制"的促进流动背景下处境不利儿童青少年积极发展的有针对性的活动指南，在实践领域建立促进该群体积极发展的计划和体系，以基于科学研究成果的活动促进他们积极发展。有关处境不利儿童青少年积极发展的科研成果转化虽然强调的是成果的应用，但是能否顺利转化，依靠的是科研成果从产生到应用的整个过程。在实际工作中，政府、高等学校、科研院所、公益机构等各个主体部门需要相互协作，协同推动成果转化。

## 二、构建起多部门联动的处境不利儿童青少年积极发展促进体系

在过去的几年间，林丹华教授团队充分深入基层实践，与民政部门、教育部门等政府机构、高校多学科的专业组织和机构(如辽宁师范大学心理学院、河南大学心理学院、中国人民大学社会与人口学院、西安交通大学公共卫生学院等)及社会组织和基金(如中国扶贫基金会、北京师范大学中国公益研究院)等充分合作，探索出了一条多部门联动下的为农村留守儿童青少年等处境

不利儿童青少年提供心理关怀服务的积极发展促进体系和模式。例如，林丹华教授团队与中国扶贫基金会、北京师范大学中国公益研究院紧密合作，探索采用新的模式，为农村社区工作者"童伴妈妈"提供基于心理弹性的心理关怀能力提升培训，受益人群惠及四川、贵州等5个省份50多个区/县的700余个村，覆盖约30万名留守儿童，由此打通了将"心理关怀工作以及系列培训课程和相关资源"送到留守儿童及其家庭、农村社区工作者身边的"最后一公里"，逐步摸索形成了一套可推广、可复制、有实效的农村社区工作者心理关怀能力提升培训模式，为当地培养了一支具有开展心理关怀工作基本能力的童伴妈妈队伍，产生了很好的社会和经济效应。第三方独立评估发现，项目点留守儿童的心理健康水平明显提高，学习成绩有所提升，并得到地方政府及合作伙伴的肯定。鉴于处境不利儿童青少年心理行为问题是个体、家庭、学校、社会等多因素彼此间交互作用的结果，根据我们课题组几年来在实践中的深入探索和总结，我们提出在促进处境不利儿童青少年积极发展过程中，应搭建起多部门、多角度的综合联动工作体系。一方面，推进政府相关职能部门的政策改革和落实；另一方面，加强与企事业单位和非政府组织等社会组织和机构的紧密合作，切实推动资源的有效整合，实现各部门间的优势互补与协同工作，着力构建处境不利儿童青少年积极发展促进体系引领示范机制，持续推出政策资源报告及实践指南，共同促进处境不利儿童积极发展(见图10-5)。

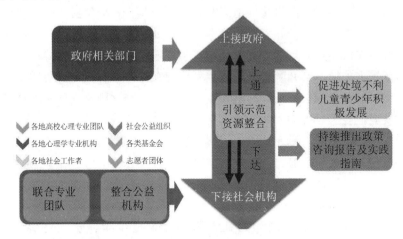

**图 10-5 多部门联动的处境不利儿童青少年积极发展促进体系**

## (一)强化政府的顶层设计

为儿童发展创造良好的发展环境，不仅需要家庭、学校、社区携手努力，而且需要政府在政策方面进行顶层设计，将关爱处境不利儿童青少年工作列为国家人口战略，明确"路线图、责任制、时间表"，加强多部门间的协同推进，构建起集家庭—学校—社区于一体的处境不利儿童青少年积极发展体系。首先，从当前研究趋势来看，对处境不利儿童青少年群体的研究和成果的应用投入不足，对大项目的支持和拉动较为缺乏，研发的层次和深度较为受限，需要相关部门进一步深化科技体制改革，大力重视处境不利儿童青少年相关研究的科研投入和成果产出。其次，完善处境不利儿童青少年社会化关爱体系，将家庭教育纳入政府购买服务内容，努力提高家长家庭教育水平；推进家庭教育立法进程，进一步明确家庭中父母的监护主体责任。然后，政府相关部门应建立服务于青少年的社区工作队伍，并将其作为校外教育的重要部分纳入我国的教育体制系统，加强公共政策对我国社区建设的推动作用，优化青少年发展的社区环境。最后，政府应当汇集社会人才和专业的社会组织的力量，充分激发社会组织的活力，解决青少年发展领域中的重点难点问题，建立并完善包括监护指导、心理疏导、社会融入、行为矫治等方面的处境不利儿童青少年社会心理服务体系。

### (二)重视多学科的交叉合作和转化

处境不利儿童青少年面临的发展困境问题涉及多个方面，如家庭忽视与虐待、监护缺失、心理健康失调等，亟须心理学、公共卫生、教育学和社会学等多学科协作研究，从多角度形成合力提出科学有效、可持续的处境不利儿童青少年关爱保护方案，将研究成果有效地转化到政策制定和实践指导中，将多学科资源有效地整合起来，发挥多学科的综合优势，打造多学科相互渗透、相互支撑的研究和转化平台，运用不同学科的理论和方法，根据处境不利儿童青少年的身心发育特点和规律，有针对性地培养处境不利儿童青少年健康的心理和良好的社会适应能力，从而促进其积极发展。例如，社会学可集中社会资源和个体社会心理资源，聚焦处境不利儿童青少年压力应对的行为模式及策略技巧等；公共卫生学可以通过组织社会资源，使用预防医学、健康促进、环境卫生等技术和手段，为处境不利儿童青少年提供心理疾病预防和健康促进理论和实践指导等。总之，多学科的交叉合作和转化是处境不利儿童青少年积极发展促进体系中不可或缺的重要一环。

### (三)加强专业团队和社会公益机构的紧密合作

建立心理学、教育学等专业团队与社会公益机构的联动机制。一方面，专业团队充分发挥精通相关理论与实践知识的优势，向个体、家庭、学校和社区各个层次提供专业指导，充分发挥家长和学校的作用，高度重视社区的有益补充作用。另一方面，以高校专业人员为核心的专业团队应与富有资源吸纳优势的公益机构保持紧密的合作，包括社会公益组织、各类基金会和志愿者团体等，在合作共生中不断获得丰富的资源和专业建议，从而有效地将各方的资源集中至为处境不利儿童青少年积极健康发展提供有针对性的服务与支持的团队与个人上。在整个合作过程中，社会公益机构可通过集结社会资源，为专业团队提供前期调研资料，建立公共关系网络，协调组织各相关方。专业团队可利用专业化的科学理论和方法，让资源发挥最大的效用，形成专业团体主导以及与社会力量良性互动的机制，从而共同高效参与促进处境不利儿童青少年积极发展的工作体系；鼓励相关社会公益机构和包括学校教师、社区工作者、乡村医生等在内的基层处境不利儿童青少年关爱队伍朝着专业化方向发展，加强对这些人员的定期培训，将培训常规化，选拔其中德才兼备、能力出众的成员成立"种子"队伍，充分发挥"种子成员"在宣传、培训上的作用和影响力，逐步建立督导制度，构建起"基层成员—种子成员—督导"三级儿童青少年关爱保护队伍。总之，建立多层次、多角度、多领域的合作和良性互动机制，切实提升处境不利儿童青少年积极发展和关爱保护工作的专业性、影响力和可持续性，构建起合作共赢的促进处境不利儿童青少年积极发展的完整体系，可以推动我国处境不利儿童青少年的健康发展，为我国处境不利儿童青少年的发展做出贡献。

## 建议阅读资源

Masten，A. S.（2014）. Invited commentary：Resilience and positive youth development frameworks in developmental science. *Journal of Youth and Adolescence*，43，pp. 1018-1024.

推荐理由：这是心理弹性领域领军人物美国明尼苏达大学马斯廷（Masten）教授发表的一篇经典文献，就积极青少年发展与心理弹性的相似与不同之处，从理论根基、操作定义、关注的人群与年龄阶段等多方面进行了系统且深入的论述。

# 第十一章　促进青少年积极发展的
公共政策与数据库平台的建设

　　早期发展心理学进行科学研究的主要目标，一般被概念化为"描述、解释、预测和控制"。尤其是最后的一个目标——"控制"是发展心理学家科学研究的最终归宿之一。近年来，伴随着社会、经济和文化的发展，发展心理学逐渐融合其他相关学科，形成了新兴学科——应用发展科学(张文新等，2009)。应用发展科学的兴起，使得相关的科学研究与实践应用逐步实现统一，尤其表现在促进科学研究结果转化为公共政策并最终实现人类积极发展的目标上(Lerner et al.，1997；Lerner et al.，2000)。应用发展科学将整合理论、研究和实践以促进人类的积极发展作为重要使命(Lerner et al.，2003b)，因此，越来越多的发展心理学家将目标从"控制"逐渐变为"最优化"(optimize)，并希望帮助人们朝着积极的方向发展(Shaffer & Kipp，2013)。例如，在儿童青少年群体中，心理学家希望帮助、支持和促进处于困境的儿童青少年获得积极发展的可能。许多人认为促进儿童青少年"最优化"将日益影响 21 世纪该领域的研究(Fabes et al.，2000；Lerner et al.，2002)。发展心理学家越来越关注解决现实问题，并向公众与决策者传达他们的研究发现所包含的实际含义(Kratochwill，2007)。本章将在回顾我国青少年发展的公共政策现状的基础上，以积极青少年发展观为指导，对我国青少年的发展提出相关的政策建议。

# 第一节　我国青少年公共政策现状

## 一、我国青少年公共政策的主要成就

新中国成立以来，特别是改革开放以来，党和国家高度重视青少年的健康成长，通过一系列法规或政策支持青年一代发展，尤其是在探索符合我国国情的青少年政策方面取得了一定的成就和经验（余雅风，2009）。

### （一）青少年政策的独立性逐步得到确认

是否有必要专门针对青少年制定公共政策？青少年在政策中是否具有主体地位？这些问题长期存在于青少年政策的研究和制定过程中（余雅风，2009；张良驯，2015）。出现这种质疑的根本原因是对青少年发展特殊性认知不足，对青少年发展在党和国家事业发展中的长远重要性认识不到位。可喜的是，这种质疑在我国青少年政策的研究和发展方面已经被打破。

首先，在法律层面，《中华人民共和国宪法》和《中华人民共和国未成年人保护法》等法律明确了青少年作为国家公民具有独立的法律地位，明确了青少年特定的权利和义务。这些基本法律和法规为青少年实现良好发展奠定了法制基础，为保障其权利发挥了基础性作用。

其次，在总体政策层面，党和国家从宏观政策上架构了青少年发展的基本政策依据。例如，《国家中长期教育改革和发展规划纲要（2010—2020年）》明确指出，"要把教育摆在优先发展的战略地位"，"充分调动全社会关心支持教育的积极性，共同担负起培育下一代的责任，为青少年健康成长创造良好环境"。该文件明确了"坚持德育为先、能力并重和全面发展"的育人主题，对一定时期内通过教育促进青少年发展提出了具体要求。党的十八大以来，我国相关部门制定了《中长期青年发展规划（2016—2025）》。这一文件首次鲜明提出了"党管青年原则""党和国家事业要发展，青年首先要发展"的理念，指明了当代中国青少年发展的目标和方向，也明确了全面支持青少年发展的国家机制。这也是首次针对青年群体做出的"发展规划"，有别于国家特定领域的发展规划（如国土资源规划、城市发展规划等），充分说明了青少年在国家和社会发展中的主体地位得到重视。各地方也因地制宜推出了独具特色的地方性青少年发展规划。例如，《浙江省中长期青年发展规划（2017—2025）》专门针对该省青少年发展的重点诉求，提出了"青年马克思主义者培养工程、青年社会主义核心价值观培育工程、青年体质健康提升工程、新生代浙商培育工程、青年安居工程、青年志愿者行动工程、青春助力乡村振兴工程、青年发展新型智库建设工程"八项重点工程，充分彰显了浙江特色。

最后，在专门政策层面，我国教育相关部门针对青少年发展过程中的实际情况，探索性地从政策角度做了一定的引导。例如，就青少年的德育工作而言，2017年教育部颁发了《中小学德育工作指南》。这是一部贴合当下青少年教育实际、切实关切青少年道德发展的指南，具有鲜明的时代特色。《中小学德育工作指南》将学校教育、家庭教育和社会教育相结合，制定了适合不同学段青少年德育工作的目标和内容。再如，针对当前青少年由于不适当使用互联网所诱发的各种身心健康问题，2019年11月国家新闻出版总署发出了《关于防止未成年人沉迷网络游戏的通知》，针对游戏沉迷问题，强调企业、政府和社会协同治理，为青少年健康使用网络保驾护航。总之，青少年政策的独立性日益受到认可，社会已经普遍意识到青少年在社会政策中的特殊性地位，无论是教育政策还是服务政策都会考虑到青少年发展的利益。

### (二)形成了具有中国特色的青少年政策体系

制定国家层面青少年政策的依据在于国家的历史、文化、经济和政治体制。目前来看，我国关于青少年的政策既借鉴了国际上通行的做法，又立足于我国的基本国情，时刻体现着中国特色(张良驯，2015)。《中长期青年发展规划(2016—2025)》中提出，到2020年，初步形成中国特色的青年发展政策体系和工作机制。

首先，青少年政策的总体指导思想是一脉相承的。无论何时，我国青少年政策的总体指导思想总是与党和国家发展的指导思想相一致，并不断地完善和发展的，最根本的目的在于使青少年成为中国特色社会主义事业的建设者和接班人。

其次，坚持中国共产党领导下的以共青团为主导的青年组织体系。共青团及其直接领导的少年先锋队是落实我国青少年政策的重要组织保障，对服务各年龄段青少年的健康发展具有重要作用。对共青团的建设和改革，一方面要使共青团组织真正成为青少年自我管理和自我发展的先进组织；另一方面要以需求为导向，积极服务于青少年的发展，促进青少年与国家发展相融合(陆士桢，2017)。例如，团中央倡导的"西部计划"项目，为广大青年学生服务社会、贡献社会、了解社会和融合社会提供了重要的平台，涌现出了一大批先进和榜样青年。尤其是其间形成的西部计划志愿精神，对青少年的世界观、人生观和价值观具有重要的引领作用，充分反映了团组织在促进青少年贡献于社会中的关键角色(孙靖，2017)。

然后，政府、家庭和社会相互协调落实青少年政策。我国的多个政策都特别强调政府在青少年发展中的主导作用，主张发挥家庭和社会的重要功能。例如，《国务院关于加强困境儿童保障工作的意见》和《国务院关于加强农村留守儿童关爱保护工作的意见》中均指出，要坚持政府主导、家庭尽责和社会力量参与的基本原则。再如，在促进青少年发展的政府职能中，我国政府开始向社会购买青少年事务性管理服务，进而推动公共政策落实。典型的表现为北京市购买青少年课外体育、文艺和科普服务，形成了"校—校"结对子、"政—社"合作、社区教育和"政—企"合作等多种合作形式，一定程度上实现了青少年课外教育服务政策的全方位落实（夏贵霞等，2016）。

最后，形成了较为完备的公共政策体系。从《国家中长期教育改革和发展规划纲要（2010—2020年）》中发现，我国青少年的公共政策已经全面覆盖了各个教育学段（学前教育到高等教育）以及教育的特定形式（如职业教育、继续教育、民族教育和特殊教育等）。从《中长期青年发展规划（2016—2025）》中也可以看到，青年政策基本涵盖了青少年阶段的所有发展领域，如道德、教育权利、健康、婚恋、就业创业、青少年权益、违法犯罪和社会保障等。总之，在我国社会发展的历史进程中，党和国家始终关心和重视青少年的发展，通过各种法规和政策为青少年的长远健康发展奠定了基础，并已经形成了具有中国特色的青少年政策体系。

**(三)心理学科在青少年政策的制定中日益发挥作用**

近年来，我国社会高速发展的过程中，伴随着各种复杂的矛盾和问题。心理学科如何服务社会治理，促进社会及公民健康发展成为我国心理学家关注的焦点问题（辛自强，2018；杨玉芳，郭永玉，2017）。国内心理学的专业期刊，如《心理学报》《心理科学进展》和《心理技术与应用》等通过开辟专栏或特邀文章等方式，立足我国社会发展实际，通过研究报告或理论探讨探索心理学科服务国家和社会发展的方式。在青少年发展领域，心理学也逐渐服务于公共政策的制定和实施的全过程。

首先，在青少年心理健康领域，公共政策不断精细化，为青少年的健康发展提供了政策保障。例如，重大灾难后青少年的心理援助问题等，日益受到政府部门重视。2008年汶川地震后，共青团中央立即启动了"灾后青少年心理援助计划"，帮助青少年实现"心理重建"。国内心理学家在长期的探索中，为相关公共政策的制定提供了重要依据。例如，有研究者提出了专家—教练—教师相结合的创伤干预模式（林崇德等，2018）。在国内心理学研究者的不懈努力下，我国于2016年出台了《关于加强心理健康服务的指导意见》，其中明确提出由教育部牵头，民政部、共青团中央、中国残联按职责分工负责，全面加强儿童青少年的心理健康教育，尤其要关心留守儿童、流动儿童的心理健康，为遭受学生欺凌、校园暴力、家庭暴力、性侵犯等儿童青少年提供及时的心理创伤干预。更重要的是，国家卫健委牵头，于 2019 年年底颁布了"健康中国行动——儿童青少年心理健康行动方案（2019—2022 年）"。该方案从心理健康教育宣教、心理健康环境营造、心理健康促进、心理健康关爱、心理健康服务和心理健康体系完善六个方面，指出了具体的行动措施，彰显了心理学科在公众政策中的具体应用。

其次，在教育改革中，由林崇德（2016）为首席专家的中国核心素养研究提出了青少年全学段教育过程中适应个人终身发展和社会发展需要的必备品格和关键能力，建构了三大领域六个指标的中国学生核心素养体系总框架。这些研究成果已经被教育部采用，指导着我国中小学课程体系建设和青少年教育方案制定。例如，2019 年发布的《国务院办公厅关于新时代推进普通高中育人方式改革的指导意见》中，修订了语文等学科的课程标准，具体表现在文本结构上增加了学科核心素养的内容。再如，2019 年年初启动的义务教育课程修订工作，其中的重要工作就是构建以核心素养为导向的课程体系。

最后，在促进我国青少年在特定学段的发展方面，方晓义等（2014）提出的"高中学生全方位三级发展指导模式"等研究成果，已经在国务院 2019 年出台的《关于新时代推进普通高中育人方式改革的指导意见》中得到充分的应用。《关于新时代推进普通高中育人方式改革的指导意见》专门强调了加强学生发展指导的重要性、具体的内容、目标和工作机制，为促进高中学生品德、学业、心理、生涯和生活五方面的全面发展提供了政策依据。

总体而言，我国心理学家对青少年公共政策的制定发挥日益重要的作用，正将心理学研究的最新成果转化为国家的公共政策，并使政策更加有效和科学，长期来看，必将有力地促进我国青少年的健康发展。

## 二、我国青少年政策面临的挑战

尽管当前我国青少年的政策已经有了相对比较完善的体系，但随着时代的发展，一方面，原有的政策可能不能满足日益发展的青少年的需要；另一方面，青少年发展过程中也有一些新的挑战和新的问题需要政策的支持。概括起来，我国青少年政策面临以下几个方面的挑战。

### （一）青少年服务项目不够体系化

近年来，我国在完善青少年公共政策及提供青少年服务项目方面投入了巨大的人力、物力和财力，客观上为青少年的发展提供了多样化的选择和资源，体现了国家政策主导在保障青少年全面发展方面的优势；但仍然存在一些比较突出的问题，如各部门的沟通和协调机制不够健全，多个部门提供的青少年服务可能存在重复、碎片化的特征，可能在执行过程中存在一定的资源浪费现象。"碎片化"就意味着这些服务项目本应具有统一、完整和协调的政策目标，但实际上却出现了零散、分割甚至是冲突的状态(李利文，2019)。国内学者陶希东(2013)总结的1995—2010年我国中央各部门组织的青少年服务项目正说明了这一问题，如表11-1所示。

表 11-1　1995—2010 年我国中央部委设立并组织的青少年服务项目

| 服务提供部门 | 设立年份 | 项目名称 | 核心服务内容 |
|---|---|---|---|
| 共青团中央 | 2006 | 12355 青少年服务台 | 法律服务、心理疏导、成长指导、就业辅导、就学引导、应急救助、困难帮扶、志愿报名、受理募捐、团务工作等方面内容 |
| 中国青少年宫协会 | 2007 | 青少年空间 | 青少年综合服务场所 |
| 中央文明办、共青团中央、新闻出版总署、信息产业部、文化部、民盟中央、中国社科院、中国关工委、光明日报社 | 2010 | 中国青少年心灵成长"十百千万"工程 | 在各大城市建立青少年心灵家园，由专业的职业导师通过讲座、热线电话、夏令营等形式的公益活动，帮助家长和青少年解决日趋严重的网络沉迷等问题 |
| 司法部 | 2007 | 青少年法律服务站 | 引导法律服务机构和从业人员在学校、街道、社区居委会、妇联、共青团等组织机构设立青少年法律服务站，开通咨询热线，保障青少年能够及时寻求法律帮助 |
| 教育部、关工委 | 2010 | 青少年成长家庭（校园）图书馆 | 包括德育天地、智慧快车、体育博览、美育采风、乐在其中、文学天地、中小学 9 000 题库和中小学英语口语王等八大版块以及新增加的"十大真人朗读系列"，共计 101 卷，内容涵盖了青少年成长必备的"德、智、体、美、乐、学"等内容 |
| 民政部 | 1995 | 流浪儿童救助中心 | 为流浪少年儿童提供救助保护服务 |

　　从表11-1可以看出，从提供青少年项目的组织机构来看，既有中央各部

门，也有媒体机构；从服务的内容或主题来看，涉及法律、就业与职业、心理健康、困难救助、学业发展、体育与健康等多个方面；从服务的形式来看，既有基础设施保障（如提供场所等），又提供多种形式的教育培训和服务等。因此，在一定程度上，这些青少年服务项目存在不够"体系化"的情况，可能在执行过程中会出现效果不好、参与度不高等问题。造成这种现象的原因可能在于公共政策和服务重视供给侧视角，忽视接受服务的需求侧视角（李利文，2019）。

### (二)缺乏统一的理论指导与示范性项目

政策本质上是一种权威性的社会价值的分配方案，带有一定的社会导向性，其科学性和合理性显得尤为重要，因其关系着政策执行的有效性（丁煌，2002）。如何保障政策的科学性和合理性呢？其中一个重要的环节就是确保制定政策的依据中必须包含科学的理论指导。对青少年的政策而言，科学理论的指导显得尤为必要。其中一个重要的原因在于，青少年自身是不断发展变化的，其经历的发展环境也是不断变化的。此外，与青少年相关的科学理论非常多，怎样将这些理论整合在一起对政策进行指导是一个重要的问题。例如，就青少年犯罪而言，就有多种理论（犯罪生物学、犯罪心理学和犯罪社会学）（肖建国，1985）。青少年犯罪预防和控制方面，有社区参与理论、社区警务理论、社会控制理论和一般紧张理论等（黄进等，2013）。更具体的，在青少年心理学中，研究者从家庭功能、自我控制、公共世界信念和情绪（屈智勇等，2006；邹泓等，2005；张文新等，2012）等多个角度探索了青少年犯罪的预测因素。只有将这些不同学科及学科内的不同理论视角整合起来，才能制定有效、科学的公共政策，才可能真正服务于受众群体。

与此同时，青少年政策的执行和落地还需要以一批示范性项目为载体，这是目前青少年政策方面较薄弱的环节。近年来，尽管一些促进青少年发展的示范性项目开始出现，但这些示范性项目在项目内容设计、科学理论指导、项目评估和项目实施方面还存在较多的问题。例如，多数青少年综合示范实践基地仅仅是一个学习、考察和实践的平台，促进青少年全面发展的项目内容设计和专业辅导人员支持等方面还存在较多问题。可喜的是，一些青少年相关的权威社会组织支持的青少年发展项目开始出现。例如，2019年6月，由中国宋庆龄基金会等组织支持的"构建人类命运共同体，促进青少年参与可持续发展"项目正式启动，对于促进青少年参与社会事务、发展创新能力具有重要意义。总之，当前我国青少年政策的实施，还需要组织有效的青少年发展示范项目，从根本上满足青少年的需求。

### (三)理论、实证研究和实践缺乏有机统一

青少年政策的制定与实施必须以科学理论和充足的实证依据为基础，才能确保政策本身的时效性和稳定性。但目前我国有关青少年发展和教育的理论、实证研究和实践缺乏有机统一，这给政策制定带来了一定的挑战，具体表现在以下几个方面。第一，教育研究总体上以理论思辨为主，忽视实证研究。例如，李家清和户清丽(2011)对2010年全国课程论研讨会和教学论年会的研究成果做了分析后发现，思辨研究和历史研究分别在会议研讨成果中占比超过了80%，采用调查或实验研究的论文不足1%。这一现象意味着教育研究在方法学上依然处于较低的水平，用这些成果来指导政策的充分性和客观性尤为不足。第二，实践路径基于经验为多，缺乏理论和实证支持。目前我国中小学生的教育和管理实践路径多基于"先进经验"，缺乏理论上的深入考量(为什么要这么做)和实证研究数据的支持(这样做真的有效吗)。第三，实证研究结果向政策和实践应用的转化不足。实际上，我国社会学家、心理学家在与青少年相关的问题上做了大量的实证研究，也取得了不少有价值的研究成果。例如，北京大学社会学研究中心开展的中国家庭追踪调查、中国人民大学中国调查与数据中心开展的中国教育追踪调查等，为我国青少年的发展规律及发展环境提供了基本的实证依据。但成果转化应用方面仍需要进一步加强，以使这些富有价值的研究和调查发现转化到服务青少年的公众政策上，充分实现理论、实证研究和实践应用之间的有机统一。

### (四)纲领性政策多，但有效的具体指导或操作指南不足

我们通过对青少年公共政策的回顾发现，尽管制定了相对完善的公共政策体系，但是这些政策体系多以纲领性的宏观政策为主，缺乏有效的指导或操作指南性质的具体政策，影响了政策的执行效果。以广受关注的留守儿童为例，我们分析了近些年与留守儿童关爱和保护直接相关的国家层面的公共政策，如表11-2所示。

**表11-2  我国农村留守儿童主要公共政策举例**

| 发布部门 | 年份 | 政策名称 |
| --- | --- | --- |
| 国务院 | 2014 | 《国家贫困地区儿童发展规划(2014—2020)》 |
| 国务院 | 2016 | 《关于加强农村留守儿童关爱保护工作的意见》 |
| 民政部、教育部、公安部 | 2016 | 《关于在全国开展农村留守儿童"合力监护、相伴成长"关爱保护专项行动的通知》 |

| 发布部门 | 年份 | 政策名称 |
| --- | --- | --- |
| 民政部、教育部、公安部 | 2016 | 《关于开展农村留守儿童摸底排查工作的通知》 |
| 卫计委 | 2016 | 《关于做好农村留守儿童健康关爱工作的通知》 |
| 卫计委 | 2016 | 《关于农村留守儿童健康关爱工作任务分工的通知》 |
| 卫计委 | 2016 | 《关于启动实施贫困地区农村留守儿童健康教育项目的通知》 |
| 国务院 | 2016 | 《关于加强困境儿童保障工作的意见》 |
| 民政部 | 2017 | 《关于在农村留守儿童关爱保护中发挥社会工作专业人才作用的指导意见》 |
| 民政部 | 2018 | 《农村留守儿童关爱保护和困境儿童保障工作部际联席会议制度》 |
| 民政部、教育部等 | 2019 | 《关于进一步健全农村留守儿童和困境儿童关爱服务体系的意见》 |

从表 11-2 可以发现，从 2014—2019 年，国务院及各部门在留守儿童关爱和保护方面共发布了 11 项相关的公共政策。通过对政策进行分析我们发现，这些政策主要聚焦于政策执行的主体及责任、目标人群、工作要求、目标和任务、组织队伍和物质保障等方面的内容，对如何落实留守儿童的关爱措施、如何预防和干预问题行为发生和如何促进留守儿童积极发展等方面的具体指导还不够深入。因此，地方政府和各级机构在落实这些政策意见时就显得不够具体。总之，从具体指导或操作指南出发，因地制宜出台地方性的青少年服务公共政策及指南尤为必要。

# 第二节　基于积极青少年发展观的
# 我国青少年公共政策建议

如前文所述，积极青少年发展观及其相关的理论（如关系发展系统理论）或实证模型（如心理弹性、发展资源模型等）（Lerner et al.，2015；郭海英等，2017）是目前青少年研究中重要的也是前沿的取向，对不同国家和文化背景下青少年公共政策的制定具有重要的启示和意义。尤其是基于青少年"优势"而不是立足于"问题与缺陷"的思路，以及基于证据的实践和政策（evidence-based practice and policy）日益成为促进青少年健康发展的重要路径（Bowers，et al.，

2015)。本节尝试从积极青少年发展观的视角，结合我国青少年公共政策面临的挑战和实际状况，一方面从整体层面上提出总体建议，另一方面聚焦于农村留守儿童和流动儿童等处境不利儿童提出具体的建议。

## 一、基于积极青少年发展观的青少年公共政策的总体建议

### (一)公共政策要突出积极发展视角

社会政策的目的通常是减少或预防问题，而不是促进积极结果的产生(Porter，2010)，这是国内外青少年公共政策存在的共同问题。积极青少年发展观强调从强化青少年发展资源和内部优势的角度，促进青少年的积极发展，进而减少青少年的各种问题行为(Lerner et al.，2015)。因此，在制定促进青少年健康发展的公共政策时，要将出发点置于把青少年当作"资源"去培育和促进之上，而不是预设其存在或可能存在问题，进而去预防或干预；即使是一项政策主要的受众群体是处境不利或高风险群体(如留守儿童)，也要相信他们有积极发展的潜能，通过促进其积极方面的发展(如品格、能力、自我价值和联结)，以减少问题的发生。这也意味着青少年公共政策的目标应该是促进青少年积极适应和健康发展，而不是简单消除各种风险/问题行为。

### (二)公共政策要强调发展性原则

积极青少年发展观的提出是以青少年发展的相对可塑性为基础的，且认为这种可塑性是个体与一系列的发展情境系统相互作用的结果(Lerner，1991，2002)。青少年具有一种被称为"适应性的发展调节"的重要内在优势，即个体可能在个体与情境互动的过程中主动选择与之更匹配的情境，同时也会依据情境的特征和变化来调节自身的行动(Heckhausen，1999)。这意味着青少年即使在一段时间内遇到了发展困境，也依然有积极发展的可能性。依据积极青少年发展观的元理论基础——关系发展系统论(Overton，2015)，青少年发展过程中出现的问题可能是个体与情境互动关系不佳，需要修补这种关系。我们需要从发展的角度去看待这些现象，有问题的青少年依然有积极成长的可能性，公共政策应强调从发展的角度促进青少年在各领域的发展。

### (三)公共政策要重视群体内部差异

在理论上，积极青少年发展观非常重视的一个原则是青少年发展的特异性原则(Bornstein，2017；Cantor et al.，2019)，即没有两个青少年会经历完全相同的人生轨迹，发展是一个多维度的个体与情境互动的过程。这意味着青少

年发展的轨迹具有特异性。实证依据上，基于"4H"项目的纵向研究发现了青少年问题行为和积极发展的不同模式（Arbeit et al.，2014），国内研究者也从横向角度揭示了青少年积极发展的不同类型（叶枝等，2017）。总之，政策制定者要充分看到青少年群体的内部差异，尤其是我国各地区在教育资源分布上存在较大差异，这可能对青少年的发展具有长期影响。因此，公共政策也需要探索促进不同类型青少年积极发展的差异化服务模式。

### （四）公共政策的制定要考虑家庭、学校和社区的协同效应

以往积极青少年发展的理论和实证研究都提倡从系统的角度促进青少年的适应发展（Durlak et al.，2007；Naudeau et al.，2008；Lerner et al.，2013b）。从青少年发展资源的角度看，来自各个层面（如家庭、学校和社区）的资源，无论是纵向累积，还是横向累积，都相互影响并作用于青少年发展的结果（Benson & Scales，2011；Benson et al.，2006）。这意味着我们在制定公共政策时，需要考虑到个体与情境相互作用的各种系统之间的协同效应。具体来看，结合我国社会文化的实际，公共政策首先要从家庭开始，为准父母和新父母提供教养儿童青少年的知识和技能，以构建良好的家庭系统；其次，要重视培养青少年与学校的情感联结，使个体与学校教育系统有良好的互动；然后，通过促进青少年参与社区志愿和管理服务，将青少年与社会活动联结起来；最后，强调家庭、学校和社区之间的协作，既有明确分工，又有合作机制，最终使得协同效应充分发挥。

### （五）公共政策要增加评估机制

公共政策的评估有助于进一步完善政策体制，提高政策的质量，对于政策的长期和稳定效应来说至关重要（李长文，2009）。但是，目前我国青少年公共政策的评估机制还不够完善，我们很难知晓先前发布的各种政策对青少年发展的影响如何。一般来说，根据政策编制的 5 个阶段（问题识别、政策分析、对策与政策编制、政策发布和政策实施），需要从 3 个方面来进行政策评估（Brownson et al.，2009），如图 11-1 所示，分别为：内容评估，即政策的内容是否清楚地阐明了政策的目标、实现方式、执行主体等；执行评估，即政策是否按预期执行，这是理解政策有效性的重要组成部分，可能涉及执行的强度、执行过程中的障碍与不利因素等；效果评估，主要包括政策是否产生了预期的结果和影响，可能是短期的结果，也可能是长期的结果。未来制定我国青少年公共政策时，可以参考这 3 个方面的内容，设立政策评估的机制。

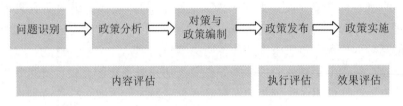

图 11-1　政策编制的阶段和评估类型

## 二、制定留守儿童公共政策的建议

过去 20 年，我国经济政治的快速发展，催生了数量极大的农村留守儿童。民政部 2018 年统计数据显示，全国农村留守儿童，即不满 16 周岁、父母双方外出务工或一方外出务工另一方无监护能力、无法与父母正常共同生活的儿童，人数达到 697 万余人。由于长时间亲子分离，主要照料者的关爱和监护力度欠缺，学校、社区等重要成长环境提供的资源和保护力度有限，农村留守儿童情感淡漠，行为问题突出，有时还出现被严重伤害的极端事件。党和国家高度重视农村留守儿童的健康成长，破解农村留守儿童难题成为近几年我国青少年工作中的重中之重。习近平在党的十八大以来，对留守儿童更是时时挂念。2015 年，他在贵州调研时特别强调，要关心留守儿童、留守老年人，完善工作机制和措施，加强管理和服务，让他们都能感受到社会主义大家庭的温暖。《国家贫困地区儿童发展规划》明确提出要将促进贫困地区儿童发展作为切断贫困代际传递的根本途径。总体来看，关爱保护和促进发展并重，应成为解决我国农村留守儿童根本问题的重要基石。这一新格局的建立是新的历史条件下保障儿童生存和发展权益、提升亿万家庭幸福水平、促进社会公平公正的必然要求，也关系着我国未来人力资源强国的建设，是决胜乡村振兴、全面建设社会主义现代化国家的战略要求和重要部署。我们以目前农村留守儿童关爱保护工作面临的挑战为基础，依据积极青少年发展观的基本观点，就新时代农村留守儿童关爱保护工作提出以下 5 个方面的建议。

### （一）建立"减少风险行为与问题"与"促进积极发展"相结合的留守儿童关爱新思路

以往留守儿童的工作思路，多聚焦于儿童在长期不利处境中表现出的各种问题，如抑郁、孤独、焦虑和品行不端等问题。学校、家庭和社区教育者的工作重心在于采用各种措施预防和减少这些风险行为与问题。但从积极青少年发展的视角来看，夯实发展资源，促进留守儿童的积极发展，是"减少风险行为与问题"并推动儿童全面、健康发展的又一重要路径。这些发展资源既包括外部的来自家庭的支持、邻里的关爱以及良好的师生关系等，也包括儿童自身表现出的内部优势资源，如孝顺与感恩、有志进取等留守儿童身上表现出的积极品格。诸多的研究发现，这些积极的品格优势是留守儿童应对长期亲子分离等发展逆境的重要保护性因素。因此，我们要一方面采用传统的教育工作思路，预防和干预该群体身上表现的各种问题；另一方面要从积极发展的视角出发，综合留守儿童发展的内外部资源，促进留守儿童全面发展。

### (二)建立集家庭—学校—社区于一体的关爱保护和促进发展体系

留守儿童关爱保护工作不仅仅是某一个个人或组织的任务，而是一个不可分割的系统工程，需要家庭、学校、社区之间积极互动。家庭层面，留守儿童父母及主要照料者除了为儿童提供身心健康保障外，还应切实提升自己的亲子沟通能力和教养能力，积极、主动地参与学校、社区组织的关爱儿童的各种活动，充分发挥家庭对留守儿童发展所起的重要的安全、温暖、支持和关爱的作用。学校层面，要充分发挥在留守儿童关爱和发展工作中的作用，大力开展心理弹性干预等团体活动，培养留守儿童在逆境中调动自身力量和外在资源的能力，提升他们在压力和逆境中的心理弹性和自我调节能力，充分利用学校资源与留守儿童所在社区的工作人员、父母及重要监护人共同制定留守儿童关爱和发展促进的个性化方案。社区层面，应提供丰富的图书、体育设施等文化资源，建立"留守儿童之家"等活动中心，使留守儿童能充分参与到这些环境中，在丰富的环境中成长。社区工作者应全方位落实好党和国家有关留守儿童的各项方针政策，走村串户，及时了解留守儿童生活动态，向留守儿童父母、学校教师及上级部门反馈重要信息。

### (三)借助人工智能与大数据等信息技术建立留守儿童信息监测和服务体系

由于外出务工人员具有高流动性，因此留守儿童居住场所等数据信息也时常发生变化，这给基本的数据统计和定向服务工作带来了新的挑战。目前贵州等地通过新科技手段，如为留守儿童配发安全手环等，以手环为载体建立了大数据库，为留守儿童的健康服务、安全指导等提供了更精准的数据库。将外出务工人员信息、职业培训、就业市场等信息通过大数据平台有效对接，利用人工智能等技术可以有效促进留守儿童父母本地就业和创业，进而促进留守儿童家庭团聚，减少留守儿童数量。此外，也可以利用这些数据平台，为留守儿童父母提供家庭教育培训，以促进亲子交流，增强家庭凝聚力，最终达到促进留守儿童健康成长的目的。

### (四)推广有效的促进留守儿童积极发展的方案和活动

搭建有效的推广平台，将一些经过多年探索已被证明有效的积极发展促进方案，如中国扶贫基金会等单位共同开展的"童伴妈妈计划"，有力地推广到我国不同地区、具有不同问题的留守儿童青少年群体，并充分发挥学校、家庭和社区的力量，使各种有效的示范性方案更好地发挥作用。此外，高度重视阅读对促进农村留守儿童积极发展的重要作用。2017年发布的《城乡少年阅读现状白皮书》显示，与城市相比，农村青少年的阅读资源非常有限，父母陪伴更是缺乏。对于经历长时间亲子分离的留守儿童来说，阅读可使他们开阔视野和心胸，丰富知识，深入领悟中西方文化的博大精深，更好地了解自我和社会，是促进留守儿童积极发展的重要补偿性资源。因此，社会各界要发挥各自的力量，关注留守儿童的阅读问题，借助一定的公共平台和项目，如全国妇女联合会与中国儿童少年基金会的"儿童快乐家园"等项目，在留守儿童集中的社区和学校建设图书馆等儿童能够触及的阅读资源。

### (五)建立一支专业的、具有多学科背景的儿童关爱队伍

留守儿童面临的发展问题涉及多个方面，如家庭忽视与虐待、监护缺失、心理健康不佳、家庭功能不良、疾病与健康等，需要心理学、社会学、法学、教育学和公共卫生学等多学科的学者加强协作研究，形成合力，从而提出科学有效、可持续的留守儿童关爱保护方案；需要建立一支包括学校教师、社区工作者、乡村医生等在内的基层留守儿童关爱队伍，并加强对这些人员的定期培训和能力建设，将培训常规化，选拔其中德才兼备、能力出众的成员成立"种子"队伍，充分发挥"种子成员"在宣传、培训上的作用和影响力，逐步建立督导制度，构建起"基层成员—种子成员—督导"三级儿童关爱保护队伍，切实提升留守儿童关爱保护工作的专业性、影响力和可持续性，推进留守儿童关爱工作朝着纵向发展。

## 三、制定流动儿童公共政策的建议

人口流动带来了大量农村留守儿童的同时，一部分农村儿童跟着父母迁往城市生活，由此出现了人数众多的进城务工人员随迁子女，即流动儿童。根据教育部2019年公布的数据，2018年全国义务教育阶段进城务工人员随迁子女超过2 000万人。在过去的20多年中，不同学科的研究者对这一群体的身心健康、教育、适应和相应的公共政策等做了大量的研究。从研究主题来看，这些研究多聚焦于问题与缺陷，探索影响流动儿童各种内外化问题的原因和结

果，对该群体积极发展的结果以及积极的心理品质的探索比较少（申继亮等，2015）。从公共政策的角度来看，这些研究主要关注流动儿童的教育和社会融入方面的政策内容和政策执行方面的问题。例如，教育政策的执行背离了教育公平的原则，政策目标模糊等（刘水云，赵彬，2019）；流动儿童家庭的城市社会融入政策不足等（周佳，2015）。针对这些存在的问题，我们课题组从积极青少年发展的视角，探索了流动儿童发展过程中的积极品质（如心理弹性、自尊、未来取向）和积极发展结果（如品格、能力、联结、自信以及主观幸福感）等方面的内容（柴晓运等，2018；Su et al.，2017a；Ye et al.，2016）。基于这些实证依据和积极青少年发展的相关理论，我们就城市流动儿童的发展提出以下建议。

### (一)从积极青少年发展视角构建流动儿童公共服务政策

从国外有关移民儿童身心健康发展的成功经验来看，基于积极青少年发展视角的心理关怀和干预可以有效地提升流动儿童群体的心身健康水平。该视角的突出特点表现在，将每一个儿童都视为拥有积极成长与发展的潜在能力，强调儿童发展轨迹的积极方面和人类发展中的潜在可塑性。特别是基于心理弹性的干预对流动儿童尤其适用，调动儿童个体内部以及环境中的积极资源可以有效提升他们抵御外界各种逆境和挫折的能力和信心，促进他们积极发展。目前国内研究者也针对流动儿童的心理弹性等积极心理特质进行了一系列干预和促进研究，这些实践结果证明心理弹性干预可提升流动儿童应对逆境和解决问题的能力。因此，我们不能将流动儿童等同于"问题儿童"，仅从问题和缺陷的视角看待这个群体，需打破"处境不利—压力—适应不良"的固定式认知模式，不能低估或忽视流动儿童成功应对困境的能力和成长潜能。

### (二)建设流动儿童积极发展数据库，锚定高危人群建立风险预警体系和机制

基于我国文化和国情特点建设覆盖全国的流动儿童心身健康追踪数据库和系统监测体系可以科学、有效地提升处境不利儿童心身健康水平，并为相关政策的制定与完善提供重要依据。个体测量指标上，可以参考本课题组提出的我国青少年积极发展的四因素多维度结构（Chai et al.，2020；柴晓运等，2020），即主要从品格、能力、自我价值和联结四个层面构建测查指标体系。环境指标上，应主要包括家庭、学校、社区乃至整个社会的积极心理环境等。此外，以此数据库为基础，可依据监测理论、关键指标体系和数据模型，对流动儿童的心理健康问题及周围环境风险进行全方位的评估和预警分析，锚定重点地区或/且具有潜在高风险的流动儿童重点群体，建立动态信息库并及时跟踪管理，

及早识别并预防这些儿童极端问题的发生，建立涵盖"学校—家庭—社区—区域"的全方位风险预警体系，逐步建立并完善由"学校教师—家长/监护人—社区工作者—心理咨询师/心理治疗师"组成的综合性预防体系。

### (三)统筹设计促进流动儿童积极发展的一体化解决方案

促进流动儿童积极发展的解决方案在内容方面应该包括以下几方面。第一，注重成长性思维培养。帮助儿童面对逆境，调整负性思维，建立新的信念体系，培养思维的积极性、灵活性和变通性。第二，注重情绪调控能力培养。培养儿童在面对压力与逆境时的情绪弹性，提升情绪智力水平。第三，注重压力应对和问题解决能力培养。帮助儿童在面对逆境时灵活应对，提升问题解决能力。第四，注重自信心培养。培养儿童自信心和自我价值感，激发儿童在逆境中的内在力量。第五，注重环境中优势资源的感知和利用。帮助儿童充分意识到环境中的优势资源，感受来自家庭、学校、社区的支持，并学会充分利用各种优势资源应对逆境。

干预促进方案的实现形式也应具有多元性和高科技性等突出特点。首先，要开发系列干预课程体系。该课程体系应充分体现儿童的年龄特点，与现有学校心理健康教育教材相辅相成。其次，大力开发线上系列网络干预课程，充分利用互联网平台，结合最新的增强现实技术、虚拟现实技术，打破地域及时间限制，开发同时面向学生、家长、教师和社区工作者群体的线上产品，促进学生自主学习与成长。最后，研发实体类青少年积极发展产品。以上三类产品交叉互补，搭建起促进流动儿童积极发展的立体化产品体系。

### (四)培养流动儿童关怀领域的专业化人才

政策或方案的实施需联合全国心理学以及教育学、社会学等学科的师资力量，构建包括学校教师/校长、家长/监护人、社会工作人员和基层政府工作人员等人群的立体化的培训体系和机制，以提高流动儿童关怀领域基层工作者的专业化水平。第一，重点加强对流动儿童所在学校的教师和居住地的社区工作者的培训。充分发挥这两类人群更"靠近"流动儿童的优势，使他们成为开展流动儿童关怀工作的主力军。第二，注重培训过程中"全面性"和"深入性"有机结合。既注重对全体流动儿童助人工作者的培训，又重点对其中优秀人才开展长期培训。第三，将培训列为各级民政部门、教育部门、团委等部门的常规性工作。总之，要充分认识到关爱流动儿童的健康发展，不是一般性的帮扶工作，而是一项长期的专业化工作；主要目标不仅仅是消除不良问题和风险行为，而是要促进流动儿童全面、积极发展，为家庭、学校和社会的发展做出贡献。

### (五)大力推进家庭、学校、社区等积极心理环境建设

从青少年发展资源的角度来看，积极的家庭、学校和社区环境是促进儿童青少年健康成长的重要资源，且环境生态资源对流动儿童等处境不利儿童的积极正向影响更为突出。因此，加强家庭、学校和社区等环境的建设是流动儿童关怀工作中的重要组成部分。首先，指导流动儿童家庭创建充满关爱和支持的积极家庭心理环境。应该充分发挥城市教育资源丰富、便利的特点，通过高校、非政府组织等资源加强对流动儿童父母的家庭教养培训，指导父母深入了解孩子心理成长的特点，创设充满关爱和支持的家庭环境。其次，创建安全、接纳、公平和自主的积极学校心理环境。要在流动儿童集中的学校开展促进流动儿童积极发展的各种促进和干预活动，培养流动儿童融入学校的能力。要充分发挥同伴、教师、学校领导者的积极作用，并利用心理咨询中心或心理活动小屋等开展团体或个体心理辅导活动，营造积极温暖的同伴关系与师生关系，培养流动儿童对学校集体的自豪感。最后，要创建"营养丰富"、可供流动儿童充分参与的社区心理环境。在流动儿童家庭集中居住的区域，依托社区中心，搭建流动儿童积极发展促进平台，利用传统节日等契机开展多项适合流动儿童的活动，引导流动儿童在活动中发现自我、塑造自我，引导社会各界共同参与，逐步创设社区乃至整个社会的积极社会环境。总之，促进流动儿童积极发展，需要家庭、学校、社区和整个社会积极互动、全力协作，只有这样才能从根本上解决流动儿童的问题。

# 第三节　积极青少年发展数据库及共享平台

## 一、国内外积极青少年发展数据库

### (一)总体介绍

20世纪六七十年代至今，越来越多的西方国家将研究重点聚焦于儿童青少年发展的心理健康状况，尤其是美国、英国、加拿大、澳大利亚以及一些国际组织，在十几年前便相继开展了多项全国范围的针对儿童青少年发展的大型调查项目，在获得大量相关研究成果的同时建立了多个儿童青少年发展的国家基础数据库，这些国外各大数据库基本囊括了项目概要、目标人群、测量指标、追踪时间以及每一次调查所得的全部数据等。

国外对于儿童青少年的发展较为重视，研究的种类多样，范围全面。例如，美国的明尼苏达家长-儿童追踪研究（Minnesota Longitudinal Study of parents and children）和全美儿童研究项目（National Child's Study），澳大利亚的青年追踪调查（Longitudinal Surveys of Australia youth），加拿大的全国儿童青少年追踪研究（National Longitudinal Survey of Children & Youth）等。这些数据库通过深入挖掘和开发项目成果，积极服务于国家经济、文化、教育、健康等一些与人们的生活息息相关的领域。

通过调研我们发现，数据库的建立能够方便更多的科研工作者得到研究项目的第一手资料，为将来进一步深入挖掘数据信息奠定了坚实的基础；更为重要的是，数据库的背后蕴含了心理学对多方资源与力量进行整合利用的能力，体现了该学科能够在大型全国性调查的开展过程中，不断积累丰富的数据，发挥各领域、各学科、各机构共同服务于解决国家重大问题的能力。

解决国家重大问题的研究课题往往是较为综合与复杂的，仅仅单靠一个学科的知识储备是不够的，必须打破传统学科的隔阂，联合多学科共同出力，进行充分的资源整合。因此，国外许多研究项目和机构非常重视跨学科平台的构建，注重整合各个相关学科的各种优势资源，进一步开展合作研究。例如，学龄儿童健康行为项目（The Health Behavior in School-aged Children）与世界卫生组织联合，以完成自陈量表的方式研究幸福、健康行为和环境因素，被试为来自欧洲和北美 48 个国家的青少年。又如，人口学研究的数据共享项目（Data Sharing for Demographic Research）和儿童健康与人类发展研究所联合打造数据共享平台，专门收集、保存和传播与人口研究有关的数据，涉及的主题十分广泛。再如，全美儿童研究项目（National Child's Study）是一项全国性的关于儿童健康、成长和发展的纵向研究，整合了美国国家环境健康科学协会、美国疾病预防与控制中心以及美国环境保护署等多个研究机构的力量。该研究从全国随机招募女性被试，对这些被试的 10 万名后代从出生前一直追踪到 21 岁。该大型研究对样本从出生前到成年之后的发展状况进行调查，探讨遗传和各种物理、化学、心理环境因素如何影响儿童的健康和心理发展。"这是所有国家中第一个专门研究环境因素对新生儿出生、儿童健康和人类发展影响的大型研究，也是第一个系统研究基因—环境相互作用对儿童健康影响的研究。"（Landrigan et al.，2006）该项目的研究结果具有重要意义，适用于妊娠后期、神经发育和行为、身体生长和身体组成以及损伤等各方面。

在我国，跨学科合作也已成为各学科领域重要的共识性目标。2019 年 1 月 5 日至 1 月 6 日，由行为健康学术论坛主办、北京师范大学心理学部和北京大学公共卫生学院共同承办的"第二届跨学科行为健康会议：融合与合作"在北京师范大学成功举办。本次会议旨在促进心理学、公共卫生学、人类学、社会学以及其他学科的交流与合作。参加会议的专家、学者有 270 余人，来自全国 29 个地区，分布于 90 所高校和科研院所。经过两天的学术探讨和圆桌会议，专家、学者在跨学科教学和科学研究方面达成了共识，包括增强跨学科意识，在项目申报中突出多学科交叉特色，在学科建设、科研能力建设方面融合跨学科思维等。这次跨学科行为健康会议增强了多学科之间的理解和融合，初步确立了下一步跨学科合作的行动方案。相信属于我国的多学科交叉的国家基础数据库的建立也将被提上日程。

总体而言，国外自 20 世纪六七十年代开始，日益重视开展国家层面的大型综合研究和国家基础数据库建设，以促进儿童青少年综合素质的提升，进而促进国家整体人口素质的提升。这些全国范围的大型儿童青少年发展调查研究具有以下几个特点：第一，政府重视，高投入，多渠道持续支持；第二，开展长时间的持续追踪研究；第三，在全国范围内取样；第四，多角度、多学科考察儿童青少年发展的诸多重要方面。

国外针对儿童青少年发展建设的数据库可简要概括为三种类型：关注普通儿童青少年发展的数据库、关注处境不利儿童青少年发展的数据库和关注积极发展指标的数据库。

1. 关注普通儿童青少年发展的数据库

国外大多数发展数据库主要针对普通儿童青少年，这些数据库的建设往往基于长时间追踪的大型调查研究，不仅能够获得有关儿童青少年发展的特点、轨迹以及影响因素的丰富数据，还具有极强的代表性和推广性。例如，美国的明尼苏达家长和儿童追踪研究是一项著名的追踪项目，历时持久，主要关注社会关系以及发展的连续性和变化性，试图通过追踪个体的发展探明风险性因素和保护性因素对不同发展结果产生作用的过程（Sroufe et al.，2009）。加拿大的全国儿童青少年追踪调查自 1994 年开始至今，以加拿大 10 个省份近 4 万名儿童青少年为样本，每两年追踪一次，重点测查儿童青少年的成长和健康状况，建立了关于儿童青少年个性发展和生活经历的大型国家数据库（Beran et al.，2008）。

2. 关注处境不利儿童青少年发展的数据库

在国外，政府高度重视以促进儿童青少年发展为核心的研究，包括关心处境不利儿童青少年的发展。有不少研究以处境不利儿童青少年为研究对象，关注他们的心理状况、健康发展等，希望通过了解处境不利儿童青少年的发展特点及所处环境的状况，为相关政策的制定与完善提供帮助。例如，芝加哥追踪研究项目（Chicago Longitudinal Study）来源于一个早期干预项目——"儿童—家长中心"（CPC）项目，主要以美国芝加哥公立学校 3~9 岁的经济困难儿童作为研究对象。该研究分别对父母、教师和儿童进行 3 次与儿童学习相关的纵向测查，旨在为从学前到小学的经济困难的儿童提供全面的教育和家庭支持服务。

### 3. 关注积极发展指标的数据库

近年来，国外对儿童青少年数据库建设的研究出现了多角度考察、越来越关注积极发展指标的趋势，希望通过创设良好的发展环境，提高儿童青少年的幸福感等积极指标，促进其健康成长。例如，由新加坡儿童会（Children Society）组织开展的儿童社会和情绪幸福感项目（Children's Social and Emotional Well-being），关注儿童的幸福感以及与他人（父母、祖辈、兄弟姐妹、朋友）的关系，通过儿童的自我评价和父母评价了解其发展状态，帮助儿童提高社会性能力和幸福感（Shum-Cheung et al.，2008）。

目前，我国也逐渐开展了具有全国代表性的关于儿童青少年发展的大型研究项目，并建立了与之相关的数据库。这不仅有利于对儿童青少年发展的有效评估，及时针对高危儿童青少年开展早期诊疗和干预，而且有利于协助国家相关政策的制定与完善。例如，由北京师范大学董奇、林崇德（2011）主持的"中国儿童青少年心理发育特征调查"是我国第一个对全国儿童青少年心理发育的大型研究。该项目收集了全国31个省（自治区、直辖市）100个区县近10万名6～15岁儿童青少年及其抚养人的全面、系统的数据，涉及认知发展领域、学业领域、社会适应领域和成长环境领域四个方面，建成了我国第一个具有全国代表性的儿童青少年心理发育特征的大型基础数据库，并搭建了我国首个儿童青少年心理发育数据的共享平台，以为使用者提供高质量的使用指导和反馈服务。"中国教育追踪调查"（China Education Panel Survey）数据库从七年级开始追踪，研究重点在于揭示家庭、学校、社区以及社会对个体教育产出的影响，并进一步探究教育产出在青少年阶段乃至个人生命历程中发挥作用的过程（王卫东，宋月萍，2015）。另外，"中国家庭追踪调查"（China Family Panel Studies）也是国内一项全国性的追踪调查项目，其涵盖内容广泛，主要从个体、家庭、社区三个层次收集儿童青少年发展和家庭关系等相关数据，为学术研究和公共政策分析提供了数据基础（谢宇等，2014）。

可见，近几年我国基础数据库的研究已日益展开，然而与国外对儿童青少年心理发展的重视程度相比，我国对儿童青少年心理发展的关注仍然不够，尤其是对处境不利儿童青少年的关注。这不仅制约了对处境不利儿童青少年开展全面、立体的评估，还制约了国家相关政策的制定与完善。事实上，当前我国受人口流动影响的儿童（流动/留守儿童）有数千万人，建设流动背景下处境不利儿童青少年的发展数据库与共享平台具有重要的理论与实践意义。首先，有助于立体且细致地刻画我国流动背景下处境不利儿童青少年身心发展的状况和特点，揭示其发展的关键期和趋势，全面、系统地评估处境不利儿童青少年的发展；其次，通过高质量的数据库以及符合我国国情的测查工具的共享，有助于促进学科发展和科研创新，尤其是推进中国文化背景下积极发展领域的研究进展；最后，便于为家长、学校乃至社区在促进处境不利儿童青少年的积极发展方面提供理论指导，并为政府相关部门制定重要决策提供科学依据，创建推动处境不利儿童青少年积极发展的环境，最终提高其积极发展水平。

我国亟须从积极发展的视角出发，开展具有多年龄段、多区域、有代表性的流动/留守儿童青少年的大型测查，通过学习国外的优秀数据库，提升研究价值，形成多元成果，建立我国流动背景下处境不利儿童青少年发展数据库与共享平台，从而全面、细致地认识这些儿童青少年的发展特点，为心理学、教育学等相关学科的研究者提供数据资源，并服务于政府政策的制定者和实践领域的工作者。

### (二)国外优秀数据库介绍

国外已经建立起一些较为完整的数据库。作为研究项目的数据共享平台，为了方便各领域数据库的使用者使用，提高数据使用的便捷性和科学性，很多数据库还提供了各种数据使用的配套服务和支持系统，包括数据信息平台、数据库使用手册、面向不同需求研究者组织的数据使用和数据分析的专业培训等。下面向大家介绍几个国外已建立的完备的数据库。

1. 美国的明尼苏达家长和儿童追踪研究(Minnesota Longitudinal Study of Parents and Children)

该数据库隶属于美国，具有追踪年限长、测量指标多、影响深远的特点。该项目重点关注社会关系的经验，即人们如何看待他们的经验、风险性因素和保护性因素，以及连续性和变化的问题。该项目的首要目标是追踪个体发展的过程，了解个体取得良好结果或不良后果的影响因素。该项目主要研究在不同的环境中(如学校、家庭、社会关系等)，人们在不同阶段的发展过程。

该数据库始于 1975 年，历时 39 年。研究者招募了 267 名初次生产的孕晚期妈妈，并测量了她们的特质、所处的环境、对孩子的期待、产前检查等变量。在孩子出生后，项目继续对母亲和孩子进行追踪研究，从孩子出生后的第 1 天到孩子 39 岁共进行了 28 次测量。测量指标主要包含以下 9 个方面：依恋、行为问题、亲密关系、发展的连续性、日常照顾、教育和环境、婴儿期、虐待、风险和韧性。

明尼苏达研究是发展心理学历史上最经典的纵向研究之一。基于该数据库的内容，研究者发表近 300 篇文章。更值得一提的是，研究者进一步梳理、整合了各项研究结果，撰写了《人的发展：关于从出生到成年的风险和适应的明尼苏达研究》(*The Development of the Person：The Minnesota Study of Risk and Adaptation from Birth to Adulthood*)。这本书汇集了几十年的研究，形成了一份具有开创性、综合性、全面性的权威报告，使人们重新认识早期经历、亲子关系、人格发展的连续性和变化等。这本书不仅为从事发展精神病理学研究或涉及儿童和家庭研究的专家提供了各个领域的研究新进展，还为从事社会建设、政策制定的人员进行了系统性指导，是许多人推崇的"必读"书目。

2. 学龄儿童健康行为项目(The Health Behavior in School-aged Children)

该数据库具有平台规范、取样范围大、跨国性的特点，始于 1998 年。研究者招募了来自欧洲和北美的 48 个国家的 11 岁、13 岁、15 岁的青少年作为被试，旨在研究幸福、健康行为和环境因素，测量的指标主要包括健康行为、健康状态、风险行为、社会环境以及社会不平等性 5 大方面。数据库每 4 年追踪一次，共进行了 4 次测查。

该项目的研究结果已广泛发表于国家报告、国际报告、期刊文章、图书等作品中。具体而言，截至 2020 年 4 月，研究者共发表了 102 篇国家报告，62 篇国际报告，166 篇文章，出版了 6 本图书。其研究结果不仅对青少年的健康和幸福有了新的认识，了解到健康的社会决定因素，还为改善青少年的生活提供了政策和实践方面的指导方针。此外，本项目还陆续获得了其他 25 个研究项目的资助与合作，包括欧洲预防儿童肥胖平台、欧洲儿童安全联盟、欧洲青年健康信息网络平台等。

3. 澳大利亚青年追踪调查项目(Longitudinal Surveys of Australia youth)

该数据库隶属于澳大利亚，具有学科多样化、子项目数量多、被试数量大的特点。该项目的总目标是理解青年人生活中关键的转变和途径，特别是从义务教育到继续教育、培训和劳动力市场的转变。

该数据库始于 1995 年，研究者选取澳大利亚具有全国代表性的 15 岁青少年作为被试，测量的指标主要包括人口学资料、教育、就业、社会和抽样变量，收集的资料均与教育和培训、工作、财务、健康和社会活动等有关。该项目共有 6 个子项目，分别始于 1995 年、1998 年、2003 年、2006 年、2009 年和 2015 年。每个子项目均进行 10 年追踪，其间进行 11~12 次测查(间隔时间 3~5 年)。

基于该数据库的内容，研究者发表了大量的学术文章。除了在学术领域具有影响力外，在教育实践层面，该项目力求明确学校和教育工作者需要采取的行动，采用更透明的入学标准和途径，以符合青少年的愿望和能力，从而使青少年更好地适应不断变化的未来。在政策层面，该项目通过帮助政府制定相关政策，为青少年提供更有效的支持。

## 二、中国青少年积极发展数据库和共享平台

### (一)总体介绍

该数据库基于国家社会科学基金重大项目资助的课题"流动背景下处境不利儿童青少年发展数据库建设及积极发展体系研究",以积极青少年发展视角为指导,结合全国性大型调查研究以及追踪数据库,参照国内外已有的相关数据库,在发展心理学、教育心理学、公共卫生、社会学、人类学和信息技术等学科理论的指导下,运用一系列科学严谨的方法,建设了涵盖普通儿童青少年以及流动背景下处境不利儿童青少年的积极发展数据库和共享平台(见图11-2)。

**图11-2 数据库共享平台首页**

该数据库的建立具有重大意义。首先,有助于立体、细致地刻画我国流动背景下处境不利儿童青少年身心发展的状况和特点,揭示其发展的关键期和趋势,全面、系统地评估处境不利儿童青少年的发展;其次,高质量数据库以及符合我国国情的测查工具的共享,有助于促进学科发展和科研创新,尤其是推进中国文化背景下儿童青少年积极发展领域的研究进展。最后,该平台可以为家长、学校乃至社区在促进处境不利儿童青少年的积极发展方面提供理论和实践指导,为政府相关部门制定重要决策提供科学依据,创建推动处境不利儿童青少年积极发展的环境。

### (二)数据库和共享平台介绍

为了方便各领域的数据库使用者使用,提高数据的便捷性和科学性,数据库将提供支持系统和使用服务,试图建设内容丰富、界面友好、使用便捷、管理规范的共享平台,从科学研究、政策咨询和实践指导3个方面为不同的使用者提供有针对性的服务。

该共享平台主要包括 3 个方面的内容，即数据共享平台、文档共享平台和实践共享平台（见图 11-3）。

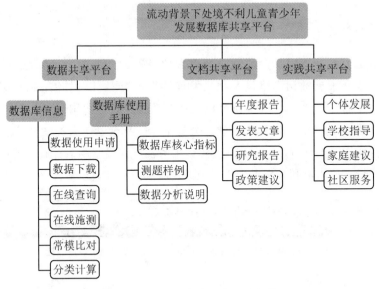

**图 11-3　数据库共享平台理论架构**

1. 数据共享平台

该平台主要为相关领域的研究者提供儿童青少年积极发展数据方面的资源与支持。该平台分为 4 个部分：抽样方案、调查实施、部分数据共享开放以及数据申请。抽样方案部分直观展示了不同层次的取样全过程。调查实施部分具体说明了各省份调查的工作流程以及问卷的施测过程。部分数据共享开放部分不仅展示了某一变量的数据详情，而且能够一键完成数据分析，展示分析结果和相应的分析图等。在数据申请部分，科学研究者可根据要求，按照操作性流程申请使用未开放的数据，进一步对数据进行深入的挖掘与分析。数据的分享和交流可以促进心理学、教育学、公共卫生学、社会学以及人类学等多学科的研究者在儿童青少年积极发展与身心健康关系领域的沟通、交流和对话，促进多学科融合与合作在教学、人才培养和科学研究方面的创新，真正推动我国儿童青少年的积极发展。

该数据库通过严格的操作流程和技术路线，完成了取样、数据收集、数据录入、数据清理、数据合成、常模建立等一系列程序和工作，最终建立了我国第一个基于积极青少年发展视角的具有全国代表性的流动背景下处境不利儿童青少年发展数据库，并建立了免费、开放的共享平台。数据库创建过程如图 11-4 所示。

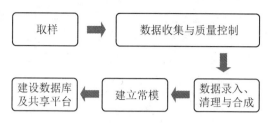

**图 11-4　数据库创建基本流程**

为确保数据库内数据的准确性，在完成取样、数据收集后，研究者对采集到的基础数据进行了一系列的清理合成工作，具体步骤如下。

制定编码手册和编写专业软件程序：在录入数据之前，需根据关键变量的指标制定统一的编码手册，并编写专业的录入软件程序，为高质量的录入工作做好准备。

数据录入：雇用专业的数据录入公司进行录入，实施"实时双录、双库双检、第三库抽检、随机 5% 真实题本抽检"的分阶段录入质量监控程序，使所有数据录入的准确率达到 99.95% 以上。

数据清理：对录入后的数据进行多阶段清理，完成被试编号清理、变量定义、处理异常题目以及处理异常被试等一系列工作。排除异常样本数据以及大面积作答失效、规律作答等无效数据。对于随机缺失值，统计被试缺失和题目缺失的变量个数占有效变量的比例，剔除缺失比例较高的被试或题目；对于非随机缺失值，根据研究目的选取合适的插补方法进行缺失值的插补，弥补数据缺失带来的信息损耗。

数据合成：根据理论假设以及测量工具的内在结构，对基础数据中的原始变量进行数据转换，生成较高层次的合成变量，使得每个被试在各个变量上都拥有可比较、可评价、可用于进一步计算的得分，进一步将原始数据库转化为合成变量数据库。

在完成前期数据整理工作后，针对我国流动儿童、留守儿童、城市儿童以及农村儿童的特点，尝试初步建立儿童青少年积极发展的多类型常模，并进一步按照科学的方法建设数据库。数据库建设主要包括：信息平台建设、共享数据库建设和安全体系建设。具体过程如图 11-5 所示。

2. 文档共享平台

文档共享平台主要展示该项目的重要研究成果，并为政策的提出与完善提供切实可行的依据和建议（见图 11-6）。该平台主要包括 4 个部分：项目整体构想、项目中期报告、项目主要发现以及政策建议与对策。项目整体构想部分整体概括了本项目的总体研究框架和主要研究问题。项目中期报告和项目主要发现部分具体展示了本项目各阶段的研究进展，便于科学研究者继续深入挖掘研

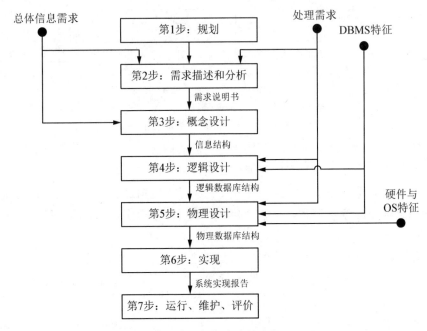

**图 11-5　数据库建设流程**

**图 11-6　文档共享平台界面**

究成果，具体了解该项目调查的维度和指标，理解项目研究的成果和意义。政策建议与对策部分为政府及相关部门的政策制定者展示共享平台提供的报告以及政策建议。

3. 实践共享平台

该平台(见图 11-7)基于项目重要成果及已有的相关政策，展示了部分已经实施的干预实践和工作指南。该平台主要包括两个部分：成长型思维培养和心理弹性干预。成长型思维培养部分展示了成长型思维模式干预的理论依据和主要内容。心理弹性干预部分展示了本研究团队目前已采取的心理弹性项目及干预成果。家长或教育工作者可通过实验共享平台提供的指导方案或活动指南，了解成长型思维培养和心理弹性干预的理论依据、培养和干预内容以及组织形式和方法等。实践平台提供了大量丰富的实践培养指南和干预活动，有利于家长、教师、社会工作者及其他实践工作者了解处境不利儿童青少年的发展特点与培养和干预方法，有利于促进处境不利儿童青少年积极发展。

**图 11-7　实践共享平台界面**

### (三)共享使用机制

该数据库共享平台的适用对象广泛，且对这些对象均具有重要意义。它将为科研工作者开展研究提供数据，为政府和教育、卫生部门提供全国不同区域、不同群体的儿童青少年积极发展的数据信息，为国家决策和各项政策制定提供依据，还向公众提供儿童青少年积极发展的举措和指南，促进相关研究成果在全国范围各相关领域的推广应用。

数据库中的资料对外开放，人们可通过流程性操作快速获取。研究者可以通过申请，在本数据库下载或上传部分数据，开展研究，撰写报告等。政策制定者可以了解我国儿童青少年积极发展的全国或区域特点、总体和亚群体特点及相关因素。一线教师和教育工作者可以通过本数据库了解儿童青少年积极发展的规律和特点，了解有效的儿童青少年积极发展预防促进方案，并据此设计科学恰当的教学内容和方法。家长可以通过了解儿童青少年的发展特点、良好的成长环境以及有效的教育方法和策略，更好地为儿童青少年创设有利于其健康积极发展的环境，科学地开展家庭教育。平台的开放将促进我国多个相关学科的科研创新和发展，并促进研究成果的应用推广及普及。

## 建议阅读资源

Trochim，W. M. K.（2009）．Evaluation policy and evaluation practice. *New Directions for Evaluation*，123，pp. 13-32.

推荐理由：在这篇文章中，作者提出了评价公共政策的基本思想，描述了政策评价、制定和修订的一些通用的模型，对于发展科学研究成果转化为公共政策具有一定的启示。这篇文章的核心要义对于政策制定者、教育实践者和学术研究人员之间成果的转化和共享也有一定的指导意义。

Bowers，E. P.，Geldhof，G. J.，Johnson，S. K.，et al.（2015）．*Promoting positive youth development：Lessons learned from the 4H study*. New York，NY：Springer.

推荐理由：这本书是美国塔弗茨大学发展心理学家勒纳教授领衔的青少年积极发展项目"4H"项目成果的总结。该书描述的主要内容是积极青少年发展理论与研究成果在教育实践和公共政策制定应用中的一个典型案例。

# 参考资料

[1]毕重增,黄希庭.(2010).自信心理研究中的几个问题.西南大学学报(社会科学版),36(1),1-5.

[2]卜钰(2017).心理弹性的神经机制:以艾滋孤儿心理干预研究为例.北京:北京师范大学.

[3]曹新美,刘在花.(2018).流动儿童学校适应在学校氛围与学习投入之间的中介作用.中国特殊教育,(8),74-79.

[4]曾振宇.(2000).儒家孝文化及其影响.理论学刊,(1),116-119.

[5]柴晓运,郭海英,林丹华,等.(2018).情绪调节策略对流动儿童主观幸福感的影响:自尊和心理弹性的序列中介作用.心理科学,41(1),71-76.

[6]柴晓运,李晓燕,曹娟,等.(2020).中国青少年积极发展量表(简版)的编制:基于一个大样本数据.心理与行为研究,18(5):631-637.

[7]柴晓运.(2019).青少年积极发展:测量结构、特点及学校过渡期的促进性因素[博士学位论文].北京师范大学.

[8]常淑敏,张文新.(2013).人类积极发展的资源模型——积极青少年发展研究的一个重要取向和领域.心理科学进展,21(1),86-95.

[9]陈斌斌.(2018).第二个孩子:二孩家庭的过渡与适应.上海:上海教育出版社.

[10]陈芳舟.(2016).美国中小学品格教育的实施状况及特点述评.教学研究,39(6),109-112.

[11]陈劲,张大均.(2007).中国传统诚信观的演变及其特征.道德与文明,(3),28-30.

[12]陈京军,范兴华,程晓荣,等.(2014).农村留守儿童家庭功能与问题行为:自我控制的中介作用.中国临床心理学杂志,22(2),319-323.

[13]陈丽,刘艳.(2012).流动儿童亲子沟通特点及其与心理健康的关系.中国特殊教育,(1),58-63.

[14]陈琼,张玮琦,王长福,等.(2017).信任在受艾滋病影响儿童心理弹性与未来取向间的中介作用.中国特殊教育,(7),91-96.

[15]陈向明.(2000).质的研究方法与社会科学研究.北京:教育科学出版社.

[16]陈业新.(2005).近些年来关于儒家"天人合一"思想研究述评——以"人与

自然"关系的认识为对象.上海交通大学学报(哲学社会科学版),(2),74-81.

[17]陈勇,胡正强.(1995).孔子道德教育思想论析.淮北煤师院学报(社会科学版),(4),37-43,54.

[18]程科,黄希庭.(2009).健全人格取向的大学生心理健康结构初探.心理科学,32(3),514-516.

[19]程培霞,达朝锦,曹枫林,等.(2010).农村留守与非留守儿童心理虐待与忽视及情绪和行为问题对比研究.中国临床心理学杂志,18(2),250-251,253.

[20]池丽萍,辛自强.(2003).小学儿童问题行为、同伴关系与孤独感的特点及其关系.心理科学,26(5),790-794.

[21]代维祝,张卫,李董平,等.(2010).压力性生活事件与青少年问题行为:感恩与意向性自我调节的作用.中国临床心理学杂志,18(6),796-798.

[22]丁煌.(2002).政策制定的科学性与政策执行的有效性.南京社会科学,(1),38-44.

[23]董奇,林崇德.(2011).当代中国青少年心理发育特征:中国儿童青少年心理发育特征调查项目总报告.北京:科学出版社.

[24]董奇.(2011a).中国儿童青少年心理发育标准化测验简介.北京:科学出版社.

[25]董奇.(2011b).当代中国儿童青少年心理发育特征.北京:科学出版社.

[26]杜萍萍.(2006).浅谈程颢的《识仁篇》和《定性书》.教书育人,(12),58-59.

[27]段成荣,周福林.(2005).我国留守儿童状况研究.人口研究,(1),29-36.

[28]方晓义,胡伟,陈海德,等.(2014).构建高中生三级发展指导模式.北京师范大学学报(社会科学版),(1),37-43.

[29]方晓义,林丹华,孙莉,等.(2004).亲子沟通类型与青少年社会适应的关系.心理发展与教育,20(1),18-22.

[30]房超,方晓义.(2003).父母-青少年亲子沟通的研究.心理科学进展,11(1),65-72.

[31]非智力因素及其培养全国协作组.(1995).我国儿童青少年非智力因素发展的研究.心理发展与教育,11(4),1-6.

[32]付鹏,凌宇,腾雄程.(2019).社会支持对希望感的影响:一个多重中介模型.中国健康心理学杂志,27(8),1262-1266.

[33]盖笑松,兰公瑞.(2013).大学生积极发展问卷的编制.心理与行为研究,11(6),786-789.

[34]高瑞泉.(2007)."贞信"在现代道德中的价值.探索与争鸣,(5),36-39.

[35]官群，孟万金，Keller, J.(2009).中国中小学生积极心理品质量表编制报告.中国特殊教育，(4)，70-76.

[36]郭海英，陈丽华，叶枝，等.(2017).流动儿童同伴侵害的特点及与内化问题的循环作用关系:一项追踪研究.心理学报，49(3)，336-348.

[37]郭海英，刘方，蔺秀云，等.(2017).积极青少年发展:理论、应用与展望.北京师范大学学报(社会科学版)，(6)，5-13.

[38]郭海英，朱婉灵，朱倩，等.(2014).亲子沟通与农村青少年幸福感的关系:基本心理需求满足的中介作用.心理发展与教育，30(2)，129-136.

[39]核心素养研究课题组.(2016).中国学生发展核心素养.中国教育学刊，10，1-3.

[40]侯金芹，程祉妍.(2016).青少年抑郁情绪的发展轨迹:界定亚群组及其影响因素.心理学报，48(8)，957-958.

[41]胡宁，方晓义，蔺秀云，等.(2009).北京流动儿童的流动性、社交焦虑及对孤独感的影响.应用心理学，15(2)，166-176.

[42]胡心怡，刘霞，冀巧玲，等.(2010).流动儿童的未来取向及与学业卷入的关系.心理发展与教育，26(5)，502-508.

[43]胡心怡，刘霞，申继亮，等.(2008).社会支持、应对方式对湖南省留守儿童幸福感的影响.心理研究，1(4)，34-38.

[44]胡长舟，冯玉韬，李秋丽，等.(2013).宁夏留守儿童抑郁情绪及相关因素分析.中华行为医学与脑科学杂志，(3)，246-249.

[45]黄广晋，王引兰.(2008).孟子的道德修养论及其德育启示.伦理学研究，(3)，69-72.

[46]黄进，崔春丽，章敏.(2013).社区干预:发达国家预防青少年犯罪的理论与实践.预防青少年犯罪研究，(2)，98-104.

[47]黄希庭，杨雄.(1998).青年学生自我价值感量表的编制.心理科学，21(4)，289-292.

[48]黄希庭.(2002).人格心理学.杭州:浙江教育出版社.

[49]纪林芹，张文新.(2011).发展心理学研究中个体定向的理论与方法.心理科学进展，19(11)，1563-1571.

[50]贾远娥，张晓贤.(2013).青少年积极发展的新视角:意向性自我调节.心理研究，6(2)，90-96.

[51]金明月.(2018).探索流动儿童学校融入途径的个案研究.改革与开放，(9)，108-109.

[52]靳昕，蔡敏.(2011).美国中小学"21世纪技能"计划及启示.外国教育研究，38(2)，50-54.

[53]邝娅,谭千保.(2019).父母参与和流动儿童亲社会行为的关系:亲子亲合的作用.中国健康心理学杂志,29(11),1742-1746.

[54]兰喜并.(2005).老子解读.北京:中华书局.

[55]雷大霞.(2018).城市流动儿童家庭亲子沟通小组工作的实践研究.科技资讯,16(22),244-245.

[56]雷雳,王争艳,刘红云,等.(2002).初中生的亲子沟通及其与家庭环境系统和社会适应关系的研究.应用心理学,8(1),14-20.

[57]黎志华,尹霞云,蔡太生,等.(2014).留守儿童情绪和行为问题特征的潜在类别分析:基于个体为中心的研究视角.心理科学,37(2),329-334.

[58]李丹,陈峰,陈欣银,等.(2011).文化背景与社会行为和适应:城市、农村和流动三类儿童的比较研究.心理科学,34,93-101.

[59]李丹,周同,刘俊升,等.(2018).新时代青少年价值观及其与社会、学校和心理适应的关系:三个地域的比较.心理科学,41(6),14-23.

[60]李红.(2011).工欲善其事,必先利其器——评"中国儿童青少年心理发育特征调查"项目成果.心理发展与教育,27(6),670-672.

[61]李家清,户清丽.(2011).我国课程论与教学论研究现状透视与未来瞻望——基于2010年全国课程论研讨会和教学论年会研究成果的分析.教育研究与实验,(3),23-27.

[62]李娇丽.(2009).英山县初中留守儿童问题行为与亲子沟通、社会支持的关系研究［硕士学位论文].华中师范大学.

[63]李利文.(2019).公共服务供给碎片化研究进展:类型、成因与破解模型.国外理论动态,(1),101-111.

[64]李文桃,刘学兰,喻承甫,等.(2017).学校氛围与初中生学业成就:学业情绪的中介和未来取向的调节作用.心理发展与教育,33(2),198-205.

[65]李晓巍,邹泓,王莉.(2009).北京市公立学校与打工子弟学校流动儿童学校适应的比较研究.中国特殊教育,(9),81-86.

[66]李长文.(2009).我国公共政策评估:现状、障碍与对策.兰州大学学报(社会科学版),37(4),54-58.

[67]梁海祥.(2019).居住社区对青少年健康的影响.当代青年研究,(4),26-35.

[68]林安弘.(1992).儒家孝道思想研究.北京:文津出版社.

[69]林崇德,伍新春,陈秋燕,等.(2018).专家-教练-教师相结合的创伤干预模式的建构——基于汶川地震后心理援助的经验.北京师范大学学报(社会科学版),(2),32-40.

[70]林崇德.(2016).21世纪学生发展核心素养研究.北京:北京师范大学出

版社.

[71]林崇德.(2016).中国学生发展核心素养:深入回答"立什么德、树什么人".人民教育,(19),12-16.

[72]林崇德.(2017).构建中国化的学生发展核心素养.北京师范大学学报(社会科学版),(1),66-73.

[73]林崇德.(2017).中国学生核心素养研究.心理与行为研究,15(2),145-154.

[74]林丹华,柴晓运,李晓燕,等.(2017).中国文化背景下积极青少年发展的结构与内涵——基于访谈的质性研究.北京师范大学学报(社会科学版),(6),14-22.

[75]林丹华,许颖,李晓铭,等.(2011).家庭环境危险性、未来定向与农村青少年的吸烟行为.中国特殊教育,(5),74-79.

[76]林丹华.(2019-02-20).以"全人"角度看待留守儿童成长教育.人民政协报,1-2.

[77]林霜,杨柳英,陈继鑫,等.(2018).学校氛围、意向性自我调节与青少年吸烟行为:不良同伴的中介作用.教育测量与评价,(5),57-64.

[78]刘晨,康秀云.(2015).品格教育新纪元.北京:人民出版社.

[79]刘芳晴.(2015).青少年意向性自我调节水平提升项目(GPS-r)的效果[硕士学位论文].东北师范大学.

[80]刘金塘,郭志刚.(2015).因子分析.见 郭志刚.社会统计分析方法——SPSS 软件应用.北京:中国人民大学出版社.

[81]刘水云,赵彬.(2019).随迁子女教育政策执行偏差的多维度分析.教育学报,15(4),51-58.

[82]刘伟,卢家楣,李玲玲,等.(2010).中国当代青少年生活情感现状调查研究.心理科学,33(6),41-45.

[83]刘霞,胡清芬,刘艳,等.(2016).我国学生发展核心素养的实证调查.中国教育学刊,(6),15-22.

[84]刘霞,黄希庭,普彬,等.(2010).未来取向研究概述.心理科学进展,18(3),385-393.

[85]刘霞,赵景欣,申继亮.(2013).歧视知觉对城市流动儿童幸福感的影响:中介机制及归属需要的调节作用.心理学报,45(5),568-584.

[86]刘在花.(2018).学校氛围对流动儿童学习投入的影响——学校幸福感的中介作用.中国特殊教育,(1),52-57.

[87]卢家楣,刘伟,贺雯,等.(2017).中国当代大学生情感素质的现状及其影响因素.心理学报,49(1),1-16.

[88]卢家楣，刘伟，贺雯，等.(2009).我国当代青少年情感素质现状调查.心理学报，41(12)，1152-1164.

[89]卢家楣，汪海彬，陈宁，等.(2012).我国青少年理智情感现状调查研究.教育研究，(1)，110-117.

[90]卢家楣.(2009).论青少年情感素质.教育研究，10，32-38.

[91]卢锦阳，李乐之，罗学荣，等.(2016).留守儿童心理弹性研究进展.国际精神病学杂志，43(1)，48-49.

[92]陆士桢.(2017).努力搭建中国特色青年工作理论体系的一种探索.青年学报，(2)，15-16.

[93]罗晓路，李天然.(2015).家庭社会经济地位对留守儿童同伴关系的影响.中国特殊教育，(2)，78-83.

[94]罗忠勇.(2016).社区暴力接触对青少年攻击性行为的影响.青年研究，(6)，41-50.

[95]孟万金，官群.(2009).中国大学生积极心理品质量表编制报告.中国特殊教育，(8)，70-76.

[96]孟万金，张冲，Richard，W.(2014).中国小学生积极心理品质测评量表研发报告.中国特殊教育，(10)，62-66.

[97]彭俭.(2015).学前留守儿童与非留守儿童营养状况差异及干预措施研究.牡丹江教育学院学报，(1)，52-53.

[98]邱丹萍，戴抒豪，刘欣.(2015).留守儿童负性生活事件及社会支持情况调查.江苏预防医学，26(1)，109-110.

[99]邱皓政.(2008).潜在类别模型的原理与技术.北京:教育科学出版社.

[100]邱小艳，刘小群.(2017).心理韧性对家庭结构与儿童同伴关系的调节作用.中华行为医学与脑科学杂志，26(5)，450-453.

[101]屈智勇，邹泓，张秋凌.(2006).基于自我控制理论的青少年犯罪研究.中国心理卫生杂志，(10)，22-24.

[102]任真，桑标.(2003).毕生发展心理学的新进展.心理科学，26，634-637.

[103]申继亮，刘霞，赵景欣，等.(2015).城镇化进程中农民工子女心理发展研究.心理发展与教育，31(1)，108-116.

[104]申继亮，刘霞.(2015).留守儿童与流动儿童心理研究.北京:北京师范大学出版社.

[105]沈德立，马惠霞，白学军.(2007).青少年心理健康素质调查表的编制.心理发展与教育，23(1)，107-111.

[106]沈德立，马惠霞，白学军.(2008).中国青少年心理健康素质调查研究.天津师范大学学报(社会科学版)，(5)，71-75.

[107]沈德立,马惠霞.(2004).论心理健康素质.心理与行为研究,(4),567-571.

[108]沈德立.(1997).非智力因素的理论与实践.北京:教育科学出版社.

[109]沈德立.(2009).中国青少年心理健康素质调查研究.北京:经济科学出版社.

[110]师保国,王芳,刘霞,康义然.(2014).国内流动儿童心理研究:回顾与展望.中国特殊教育,(11),68-72.

[111]孙靖.(2011).西部计划志愿精神内涵解读.中国青年研究,(7),48-50.

[112]孙俊才,寻凤娇,刘萍,等.(2019).高善良特质在情绪调节行动控制中的内隐优势.心理学报,51(7),781-794.

[113]陶沙,刘红云,周翠敏,等.(2015).学校心理环境与小学 4～6 年级学生认知能力发展的关系:基于全国代表性数据的多水平分析.心理科学,38(1),2-10.

[114]陶希东.(2013).跨部门协作:青少年服务跨界整合及政策.当代青年研究,(2),53-58.

[115]田录梅,张文新,陈光辉.(2014).父母支持、友谊质量对孤独感和抑郁的影响:检验一个间接效应模型.心理学报,46(2),238-251.

[116]田园,明桦,黄四林,等.(2017).2004 至 2013 年中国大学生人格变迁的横断历史研究.心理发展与教育,33(1),30-36.

[117]王福兴,段婷,申继亮.(2011).美国社会情绪学习标准体系及其应用.比较教育研究,(3),69-73.

[118]王景芝,陈段段,陈嘉妮.(2019).流动儿童自我控制与社会适应的关系:心理韧性的中介作用.中国特殊教育,(10),70-75,89.

[119]王良锋,张顺,孙业桓,等.(2006).农村留守儿童孤独感现况研究.中国行为医学科学,(7),639-640.

[120]王孟成,毕向阳.(2018).潜变量建模与 Mplus 应用.进阶篇.重庆:重庆大学出版社.

[121]王树明,邓德红,周昭红,等.(2010).汉川市农村不同类型留守儿童心理健康状况分析.中国学校卫生,31(6),651-653.

[122]王树涛.(2018).学校氛围对留守与非留守儿童情绪智力影响的比较及启示.现代教育管理,(4),100-105.

[123]王卫东,宋月萍.(2015).中国基础教育状况调查报告——基于 S 市的案例研究.北京:中国社会出版社.

[124]王晓峰,李丹,陈欣银,等.(2018).新时代青少年价值观的构成特征与适应功能研究.心理科学,41(6),1282-1291.

[125]王晓霞.(2000).儒家文化中的人际关系理论.道德与文明,(5),42-44,55.

[126]王玉花.(2010).从心理弹性理论视角看留守儿童的社会支持网络.教育学术月刊,(10),6-7,16.

[127]温忠麟,侯杰泰,马什赫伯特.(2004).结构方程模型检验:拟合指数与卡方准则.心理学报,36(2),186-194.

[128]吴艳,温忠麟.(2011).结构方程建模中的题目打包策略.心理科学进展,19(12),1859-1867.

[129]席居哲,左志宏.(2012).心理韧性研究诸进路.心理科学进展,20(9),1426-1447.

[130]夏扉,叶宝娟.(2017).亲子依恋对青少年烟酒使用影响:有调节的中介效应.中国临床心理学杂志,25(2),382-385.

[131]夏贵霞,马蕊,王华倬.(2016).政府购买青少年课外体育服务的地方实践与制度创新.北京体育大学学报,39(2),84-91.

[132]肖建国.(1985).国外青少年犯罪的主要理论.当代青年研究,(11),23-27.

[133]谢倩,陈谢平,刘传军.(2018).亲子沟通与青少年吸烟行为:抑郁的中介作用及其性别差异.中国临床心理学杂志,26(6),1204-1207.

[134]谢宇,胡婧炜,张春泥.(2014).中国家庭追踪调查:理念与实践.社会,34(2),1-32.

[135]辛涛,姜宇,林崇德,等.(2016).论学生发展核心素养的内涵特征及框架定位.中国教育学刊,(6),3-7.

[136]辛自强,张梅,何琳.(2012).大学生心理健康变迁的横断历史研究.心理学报,44(5),664-679.

[137]辛自强.(2018).社会治理中的心理学问题.心理科学进展,26(1),5-17.

[138]徐杰,张越,詹文琦,等.(2016).亲子沟通对青少年社会适应的影响:社会支持的中介作用.中国健康心理学杂志,24(1),71-74.

[139]杨飞龙,李翔,朱海东.(2019).学校氛围和青少年社会适应的关系:一个有调节的中介模型.中国临床心理学杂志,27(2),396-400.

[140]杨莉萍.(2004).社会建构主义心理学:"反实在论"还是"实在论"?心理科学进展,12(2):312-319.

[141]杨明.(2019).家校环境对流动儿童积极心理资本的影响.中国健康教育,35(6),517-520.

[142]杨晓莉,邹泓.(2005).青少年亲子沟通的研究.心理与行为研究,3(1),39-43.

[143]杨玉芳,郭永玉.(2017).心理学在社会治理中的作用.中国科学院院刊, 32(2),107-116.

[144]杨之旭,辛自强.(2016).应用心理学中的个体指向方法:理论、技术与挑战.心理技术与应用,12(4),744-762.

[145]姚伟.(1991).美国家庭结构的变化对幼儿教育的影响.现代中小学教育, (1),79-80.

[146]叶宝娟,温忠麟.(2012).测验同质性系数及其区间估计.心理学报, 44(12),1687-1694.

[147]叶枝,柴晓运,郭海英,等.(2017).流动性、教育安置方式和心理弹性对流动儿童孤独感的影响:一项追踪研究.心理发展与教育,33(5), 595-604.

[148]叶枝,赵国祥,务凯,等.(2017).积极青少年发展类型特点及其与学校适应的关系:基于潜在剖面分析的实证研究.北京师范大学学报(社会科学版),(6),23-31.

[149]尹星,刘正奎.(2013).流动儿童抑郁症状的学校横断面研究.中国心理卫生杂志,27(11),864-867.

[150]余雅风.(2009).改革开放30年青少年发展政策的回顾与展望.中国青年政治学院学报,(1),19-24.

[151]袁博成,金春玉,杨绍清.(2014).农村不同类型留守儿童的孤独感与社交焦虑.中国健康心理学杂志,22(10),1564-1566.

[152]袁卫,彭非.(2015).中国发展报告.北京:中国人民大学出版社.

[153]负佩红.(2017).父母体罚与青少年网络游戏成瘾关系的内外影响因素研究[硕士学位论文].新疆师范大学.

[154]张婵.(2013).青少年积极品质的成分、测量及其作用[博士学位论文].东北师范大学.

[155]张春妹,武敬,朱文闻.(2019).学校人际关系与流动儿童的自尊:心理弹性的中介作用.中国社会心理学评论,(1),38-55,199-200.

[156]张光珍,梁宗保,邓慧华,陆祖宏.(2014).学校氛围与青少年学校适应:一项追踪研究.心理发展与教育,30(4),76-77.

[157]张国洋.(2016).贫困地区留守儿童和非留守儿童教育状况比较研究——来自一个国家级贫困县的调查.上海教育科研,(8),41-44.

[158]张红英,李新影,王宇宸.(2016).积极心理品质对青少年抑郁症状的影响及性别和年龄的调节作用研究.中国全科医学,19(1),115-118,122.

[159]张良驯.(2015).论我国青年政策的独立性、完整性和专项性.中国青年研究,(2),7-12,20.

[160]张娜.(2017).流动儿童学校适应问题研究——基于社会支持理论视角[硕士学位论文].南京大学.

[161]张文新,陈光辉,林崇德.(2009).应用发展科学——一门研究人与社会发展的新兴学科.心理科学进展,17(2),251-260.

[162]张文新,陈光辉.(2009).发展情境论——一种新的发展系统理论.心理科学进展,17,736-744.

[163]张文新,李静雅,赵景欣.(2012).犯罪青少年公正世界信念与情绪适应的关系.中国特殊教育,(12),77-81.

[164]张文新.(2011).21世纪初期中国儿童青少年心理发育的历史剖面——评董奇、林崇德先生主编"中国儿童青少年心理发育特征调查系列著作".心理科学,34(6),1529-1530.

[165]张忠纲.(2006).恻隐之心为仁——杜甫儒家思想一瞥.孔子研究,(1),57-63.

[166]赵国祥,赵俊峰,李晓铭,等.(2013).受艾滋影响儿童的心理需求追踪评估及心理弹性干预:八年研究之旅.心理科学.

[167]赵景欣,刘霞,申继亮.(2008).留守青少年的社会支持网络与其抑郁、孤独之间的关系——基于变量中心和个体中心的视角.心理发展与教育,(1),36-42.

[168]赵景欣,申继亮.(2010).农村留守儿童发展的生态模型与教育启示.中国特殊教育,(7),65-70,76.

[169]郑会芳.(2009).农村留守儿童亲子沟通,家庭亲密度与其社会适应性关系研究[硕士学位论文].华中师范大学.

[170]郑雪.(2017).人格心理学.暨南大学出版社.

[171]钟引,钟朝晖,潘建平,等.(2012).中国西部两个省(市)农村留守与非留守儿童忽视状况.中华预防医学杂志,(1),38-41.

[172]周翠敏,陶沙,刘红云,等.(2016).学校心理环境对小学4～6年级学生学业表现的作用及条件.心理学报,48(2),185-198.

[173]周佳.(2015).农民工随迁子女城市社会融入政策研究.学术交流,(12),155-159.

[174]周宗奎,田媛.(2011).中国儿童青少年发展研究的里程碑——评"中国儿童青少年心理发育特征调查"系列著作.心理与行为研究,9(4),315-318.

[175]周遵琴,李森,刘海燕.(2015).留守儿童身体健康状况及影响因素分析——以贵州省为例.贵州民族研究,36(6),29-33.

[176]朱键军,张卫,喻承甫,等.(2015).学校氛围和青少年病理性网络游戏使用的关系:有调节的中介模型.心理发展与教育,31(2),246-256.

[177]朱倩，郭海英，潘瑾，等.(2015).流动儿童歧视知觉与问题行为—心理弹性的调节作用.中国临床心理学杂志，23，529-532.

[178]邹泓，张秋凌，王英春.(2005).家庭功能与青少年犯罪的关系的研究进展.心理发展与教育，(3)，122-126.

[179]Aber，J. L.，Brown，J. L.，Jones，S. M.（2003）. Developmental trajectories toward violence in middle childhood：course，demographic differences，and response to school-based intervention. *Developmental Psychology*，*39*(2)，324-348.

[180]Abubakar，A.，Dimitrova，R.(2016).Social connectedness，life satisfaction and school engagement：moderating role of ethnic minority status on resilience processes of Roma youth. *European Journal of Developmental Psychology*，*13*(3)，361-376.

[181]Achenbach，T. M.(1991).*Manual for the Child Behavior Check-list/4-18 and* 1991 *profile*. Burlington：University of Vermont，Department of Psychiatry.

[182]Adams，J.，Nettle，D.（2009）. Time perspective，personality and smoking，body mass，and physical activity：An empirical study. *British Journal of Health Psychology*，*14*(1)，83-105.

[183]Adler，N. E.，Epel，E. S.，Castellazzo，G.，et al.(2000).Relationship of subjective and objective social status with psychological and physiological functioning：Preliminary data in healthy，White women. *Health Psychology*，*19*(6)，586-592.

[184]Agee，V. L.（1979）. *Treatment of the violent incorrigible adolescent*. Lexington，MA：Lexington Books.

[185]Aikins，J. W.，Bierman，K. L.，Parker，J. G.（2005）. Navigating the transition to junior high school：The influence of pre-transition friendship and self-system characteristics. *Social Development*，*14*(1)，42-60.

[186]Alcántara，C.，Molina，K. M.，Kawachi，I.（2015）. Transnational，social，and neighborhood ties and smoking among Latino immigrants：does gender matter? *American Journal of Public Health*，*105*(4)，741-749.

[187]Allan，V.，Côté，J.（2016）. A cross-sectional analysis of coaches' observed emotion-behavior profiles and adolescent athletes' self-reported developmental outcomes. *Journal of Applied Sport Psychology*，*28*(3)，321-337.

[188]Alm, S., Låftman, S. B. (2016). Future orientation climate in the school class: Relations to adolescent delinquency, heavy alcohol use, and internalizing problems. *Children and Youth Services Review*, *70*, 324-331.

[189]Amemiya, J., Wang, M. T. (2018). African American adolescents' gender and perceived school climate moderate how academic coping relates to achievement. *Journal of School Psychology*, *69*, 127-142.

[190]Anderson, S., McDermott, E. R., Elliott, M. C., et al. (2018). Youth-serving institutional resources and neighborhood safety: Ties with positive youth development. *American Journal of Orthopsychiatry*, *88*(1), 78-87.

[191]Aneshensel, C. S., Sucoff, C. A. (1996). The neighborhood context of adolescent mental health. *Journal of Health and Social Behavior*, *37*(4), 293-310.

[192]Apostolidis, T., Fieulaine, N., Soule, F. (2006). Future time perspective as predictor of cannabis use: Exploring the role of substance perception among French adolescents. *Addictive Behaviors*, *31*(12), 2339-2343.

[193]Arbeit, M. R., Johnson, S. K., Champine, R. B., et al. (2014). Profiles of problematic behaviors across adolescence: Covariations with indicators of positive youth development. *Journal of Youth and Adolescence*, *43*(6), 971-990.

[194]Armsden, G. C., Greenberg, M. T. (1987). The inventory of parent and peer attachment: Individual differences and their relationship to psychological well-being in adolescence. *Journal of Youth and Adolescence*, *16*(5), 427-454.

[195]Arnett, J. (2000). Emerging adulthood: a theory of development from the late teens through the twenties. *American Psychologist*, *55*(5), 469-480.

[196]Asparouhov, T., Muthén, B. (2010). *Weighted least squares estimation with missing data*. Los Angeles, CA.

[197]Axinn, W. G., Pearce, L. D. (2006). *Mixed method data collection strategies*. New York: Cambridge University Press.

[198]Bakhshaee, F., Hejazi, E., Dortaj, F., et al. (2017). Self-management strategies of life, positive youth development and academic buoyancy: A causal model. *International Journal of Mental Health and Addiction*, *15*(2), 339-349.

[199]Baltes, P. B. (1987). Theoretical propositions of life-span developmental psychology: On the dynamics between growth and decline. *Developmental Psychology*, *23*, 611-626.

[200]Baltes, P. B. (1997). On the incomplete architecture of human ontogeny: Selection, optimization, and compensation as foundation of developmental theory. *American Psychologist*, *52*, 366-380.

[201]Baltes, P. B., Smith, J. (2004). Lifespan psychology: From developmental contextualism to developmental biocultural co-constructivism. *Research in Human Development*, *1*, 123-144.

[202]Baltes, P. B., Staudinger, U. M., Lindenberger, U. (1999). Lifespan psychology: Theory and application to intellectual functioning, *Annual Review of Psychology*, *50*, 471-507.

[203]Bao, Z., Li, D., Zhang, W., Wang, Y. (2015). School climate and delinquency among Chinese adolescents: Analyses of effortful control as a moderator and deviant peer affiliation as a mediator. *Journal of Abnormal Child Psychology*, *43*(1), 81-93.

[204]Barany, Z. (2002). Ethnic Mobilization without Prerequisites: The East European Gypsies. *World Politics*, *54*(3), 277-307.

[205]Barnes, H. L, Olson, D. H. (1985). Parent-adolescent communication and the circumplex model. *Child Development*, *56*(2), 438-447.

[206]Barrett, P. M., Moore, A. F., Sonderegger, R. (2000). The FRIENDS program for young former-Yugoslavian refugees in Australia: A pilot study. *Behaviour Change*, *17*(3), 124.

[207]Bartlett, M. S. (1950). Tests of significance in factor analysis. *British Journal of Statistical Psychology*, *3*(2), 77-85.

[208]Bastounis, A., Callaghan, P., Banerjee, A., et al. (2016). The effectiveness of the Penn Resiliency Programme(PRP) and its adapted versions in reducing depression and anxiety and improving explanatory style: A systematic review and meta-analysis. *Journal of adolescence*, *52*, 37-48.

[209]Baumard, N. (2019). Psychological origins of the Industrial Revolution. *Behavioral and Brain Sciences*, *42*, e189.

[210]Baumrind, D. (2005). Patterns of parental authority and adolescent autonomy. *New Directions for Child and Adolescent Development*, *108*, 61-69.

［211］Beavers, A. S., Lounsbury, J. W., Richards, J. K., et al. (2013). Practical considerations for using exploratory factor analysis in educational research. *Practical assessment, research & evaluation*, *18*(6), 1-13.

［212］Belsky, J. (1997). Variation in susceptibility to rearing influence: An evolutionary argument. *Psychological Inquiry*, *8*, 182-186.

［213］Belsky, J., Pluess, M. (2010). The nature(and nurture?)of plasticity in early human development. *Perspectives on Psychological Science*, *4*(4), 345-351.

［214］Belsky, J., Houts, R. M., Fearon, R. M. P. (2010). Infant attachment security and the timing of puberty: Testing an evolutionary hypothesis. *Psychological Science*, *21*, 1195-1201.

［215］Belsky, J., Schlomer, G. L., Ellis, B. J. (2012). Beyond cumulative risk: Distinguishing harshness and unpredictability as determinants of parenting and early life history strategy. *Developmental Psychology*, *48*(3), 662-673.

［216］Belsky, J., Steinberg, L., Draper, P. (1991). Childhood experience, interpersonal development, and reproductive strategy: An evolutionary theory of socialization. *Child Development*, *62*, 647-670.

［217］Benninga, J. S., Berkowitz, M. W., Kuehn, P., et al. (2006). Character and academics: What good schools do. *Phi Delta Kappan*, *87*(6), 448-452.

［218］Benson, P. L. (2002). Adolescent development in social and community context: A program of research. *New Directions for Youth Development*, *2002*(95), 123-147.

［219］Benson, P. L. (2003). Developmental assets and asset-building community: Conceptual and empirical foundations. In R. M. Lerner, P. L. Benson(Eds.), *Developmental assets and asset-building communities: Implications for research, policy, and practice*, 19-43. Boston, MA: Springer.

［220］Benson, P. L. (2006). *All kids are our kids: What communities must do to raise caring and responsible children and adolescents* (2nd ed.). Jossey-Bass.

［221］Benson, P. L., Leffert, N. (2001). Childhood and adolescence: Developmental assets. In N. J. Smelser & B. Baltes(Eds.), *International Encyclopedia of the Social and Behavioral Sciences*, 1690-1697. Oxford: Elsevier.

[222]Benson, P. L. , Scales, P. C. (2009). The definition and preliminary measurement of thriving in adolescence. *The Journal of Positive Psychology*, 4(1), 85-104.

[223]Benson, P. L. , Scales, P. C. (2011). Developmental assets. In R. J. R. Levesque(Ed. ), *Encyclopedia of Adolescence*, 667-683. New York, NY: Springer New York.

[224]Benson, P. L. , Leffert, N. , Scales, P. C. , et al. (1998). Beyond the ' village ' rhetoric: Creating healthy communities for children and adolescents. *Applied Developmental Science*, 2(3), 138-159.

[225]Benson, P. L. , Leffert, N. , Scales, P. C. , et al. (2012). Beyond the " village " rhetoric: Creating healthy communities for children and adolescents. *Applied Developmental Science*, 16, 3-23.

[226]Benson, P. L. , Scales, P. C. , Hamilton, S. F. , et al. (2006). Positive youth development: Theory, research, and applications. In W. Damon, R. M. Lerner(Eds. ), *Handbook of Child Psychology* (6th ed, Vol. 1), 894-941. New York: Wiley.

[227]Benson, P. L. ( 2003 ). Developmental assets and asset-building community: Conceptual and empirical foundations. In R. M. Lerner, P. L. Benson(Eds. ), *Developmental assets and asset-building communities: Implications for research, policy, and practice*. Kluwer Academic/ Plenum Publishers.

[228]Bentler, P. M. (2009). Alpha, dimension-free, and model-based internal consistency reliability. *Psychometrika*, 74(1), 137-143.

[229]Beran, T. N. , Hughes, G. , Lupart, J. (2008). A model of achievement and bullying: Analyses of the Canadian National Longitudinal Survey of Children and Youth data. *Educational Research*, 50(1), 25-39.

[230]Bernard, M. E. ( 2014 ). *The strength of self-acceptance: Theory, practice and research*. New York: Springer.

[231]Berzonsky, M. D. (2004). Identity processing style, self-construction, and personal epistemic assumptions: A social-cognitive perspective. *European Journal of Developmental Psychology*, 1(4), 303-315.

[232]Bird, J. M. , Markle, R. S. ( 2012 ). Subjective well-being in school environments: Promoting positive youth development through evidence-based assessment and intervention. American *Journal of Orthopsychiatry*, 82(1), 61-66.

[233]Bireda，A. D.，Pillay，J. (2017). Perceived parental involvement and well-being among Ethiopian adolescents. *Journal of Psychology in Africa*，*27*(3)，256-259.

[234]Bohlmeijer，E.，ten Klooster，P. M.，Fledderus，M.，et al. (2011). Psychometric properties of the five facet mindfulness questionnaire in depressed adults and development of a short form. *Assessment*，*18*(3)，308-320.

[235]Bolland，K. A.，Bolland，A. C.，Bolland，J. M.，et al. (2016). Trajectories of school and community connectedness in adolescence by gender and delinquent behavior. *Journal of community psychology*，*44*(5)，602-619.

[236]Bond，L. A.，Compas，B. E. (Eds.)(1989). *Primary prevention and promotion in the schools*. Newbury Park，CA：Sage.

[237]Bonell，C.，Dickson，K.，Hinds，K.，et al. (2016). The effects of positive youth development interventions on substance use，violence and inequalities：Systematic review of theories of change，processes and outcomes. *Public Health Research*，*4*(5)，1-218.

[238]Boniwell，I.，Osin，E.，Alex Linley，P.，et al. (2010). A question of balance：Time perspective and well-being in British and Russian samples. *The Journal of Positive Psychology*，*5*(1)，24-40.

[239]Bornstein，M. H. (2017). The specificity principle in acculturation science. *Perspectives on Psychological Science*，*12*(1)，3-45.

[240]Borofsky，L. A.，Kellerman，I.，Baucom，B.，et al. (2013). Community violence exposure and adolescents' school engagement and academic achievement over time. *Psychology of Violence*，*3*(4)，381-395.

[241]Bowers，E. P.，Geldhof，G. J.，Johnson，S. K.，et al. (2015). *Promoting positive youth development：Lessons learned from the 4-H study*. New York，NY：Springer.

[242]Bowers，E. P.，Johnson，S. K.，Buckingham，M. H.，et al. (2014). Important non-parental adults and positive youth development across mid to late-adolescence：The moderating effect of parenting profiles. *Journal of Youth and Adolescence*，*43*，897-918.

[243]Bowers，E. P.，Li，Y.，Kiely，M. K.，et al. (2010). The Five Cs Model of positive youth development：A longitudinal analysis of confirmatory factor structure and measurement invariance. *Journal of Youth and Adolescence*，*39*(7)，720-735.

[244]Bowers, E. P., Napolitano, C. M., Arbeit, M. R., et al. (2013). On a pathway towards thriving: Evaluating the effectiveness of the "GPS to Success" tools to promote positive development and intentional self-regulation in youth. *Journal of Youth Development*, *8*(3), 4-31.

[245]Branje, S. J. T., van Lieshout, C. F., van Aken, M. A. (2004). Relations between Big Five personality characteristics and perceived support in adolescents' families. *Journal of Personality and Social Psychology*, *86*, 615-628.

[246]Brdar, I., Ani, P. (2010). Adolescents' life goals, orientations to happiness and psycological needs: which is the best path to happiness? *Psihologijske Teme*, *19*(1), 169-187.

[247]Brewer, M., Kimbro, R. T. (2014). Neighborhood context and immigrant children's physical activity. *Social Science & Medicine*, *116*, 1-9.

[248]Bridgeland, J., Bruce, M., Hariharan, A. (2013). The Missing Piece: A National Teacher Survey on How Social and Emotional Learning Can Empower Children and Transform Schools. A Report for CASEL. *Civic Enterprises*.

[249]Brody, G. H. (2004). Siblings' direct and indirect contributions to child development. *Current Directions in Psychological Science*, *13*, 124-126.

[250]Bronfenbrenner, U. (1979). *The ecology of human development: Experiments by nature and design*. Harvard university press.

[251]Bronfenbrenner, U., Morris, P. A. (2006). The bioecological model of human development. In R. M. Lerner, W. Damon(Eds.), *Handbook of child psychology: Theoretical models of human development*(6th ed., Vol. 1), 793-828.

[252]Brownson, R. C., Royer, C., Chriqui, J. F. et al. (2009). Understanding evidence-based public health policy. *American Journal of Public Health*, *99*, 1576-1583.

[253]Brumbach, B. H., Figueredo, A. J., Ellis, B. J. (2009). Effects of harsh and unpredictable environments in adolescence on the development of life history strategies: A longitudinal test of an evolutionary model. *Human Nature*, *20*, 25-51.

[254]Brunwasser, S. M., Gillham, J. E., Kim, E. S. (2009). A meta-analytic

review of the Penn Resiliency Program's effect on depressive symptoms. *Journal of consulting and clinical psychology*, 77(6), 1042.

[255]Bugajski, J. (1993). The Challenge of Ethnic Conflict: The Fate of Minorities in Eastern Europe. *Journal of Democracy*, 4(4), 85-99.

[266]Bundick, M. J., Yeager, D. S., King, P. E., et al. (2010). Thriving across the life span. In R. M. Lerner, M. E. Lamb, A. M. Freund(Eds.), *The Handbook of Life-Span Development*, 882-923. Hoboken, NJ: Wiley.

[257]Burnham, K. P., Anderson, D. R. (2004). Multimodel inference understanding AICand BIC in model selection. *Sociological Methods & Research*, 33(33), 261-304.

[258]Cantillon, D. (2006). Community social organization, parents, and peers as mediators of perceived neighborhood block characteristics on delinquent and prosocial activities. *American Journal of Community Psychology*, 37(1-2), 111-127.

[259]Cantor, P., Osher, D., Berg, J., et al. (2019). Malleability, plasticity, and individuality: How children learn and develop in context. *Applied Developmental Science*, 23(4), 307-337.

[260]Carnegie Council on Adolescent Development. (1995). *Great Transitions: Preparing adolescents for a new century*. New York: Carnegie Corporation of New York.

[261]Cassidy, E. F., Stevenson Jr, H. C. (2005). They wear the mask: Hypervulnerability and hypermasculine aggression among African American males in an urban remedial disciplinary school. *Journal of Aggression, Maltreatment & Trauma*, 11(4), 53-74.

[262]Catalano, R. F., Hawkins, J. D. (1996). The social development model: A theory of antisocial behavior.

[263]Catalano, R. F., Berglund, M. L., Ryan, J. A. M., et al. (2004). Positive youth development in the United States: Research findings on evaluations of positive youth development programs. *Annals of the American Academy of Political & Social Science*, 591(1), 98-124.

[264]Catalano, R. F., Berglund, M. L., Ryan, J. A. M., et al. (1999). *Positive youth development in the United States: Research findings on evaluations of positive youth development programs*. Washington, DC: U. S. Department of Health & Human Services.

[265]Catalano, R. F., Gavin, L. E., Markham, C. M. (2010). Future directions for positive youth development as a strategy to promote adolescent sexual and reproductive health. *Journal of Adolescent Health Official Publication of the Society for Adolescent Medicine*, 46 (3), S92-S96.

[266]Catalano, R. F., Hawkins, J. D., Berglund, M. L., et al. (2002). Prevention science and positive youth development: competitive or cooperative frameworks?. *Journal of Adolescent Health*, 31 (6), 230-239.

[267]Caughy, M. O. B., Nettles, S. M., O'Campo, P. J., et al. (2006). Neighborhood matters: Racial socialization of African American children. *Child Development*, 77(5), 1220-1236.

[268]Cava, M. J., Buelga, S., Musitu Ochoa, G. (2014). Parental communication and life satisfaction in adolescence. *The Spanish Journal of Psychology*, 17, E98.

[269]Chai, X. Y., Wang, J., Li, X. Y., et al. (2020). Development and validation of the Chinese positive youth development scale. *Applied Developmental Science*. Advance online publication.

[270]Chai, X., Li, X., Ye, Z., et al. (2019). Subjective well-being among left-behind children in rural China: The role of ecological assets and individual strength. *Child: Care, Health and Development*, 45 (1), 63-70.

[271]Chang, L., Lu, H. J., Lansford, J. E., et al. (2019). Environmental harshness and unpredictability, life history, and social and academic behavior of adolescents in nine countries. *Developmental Psychology*, 55 (4), 890-903.

[272]Chaudry, A., Capps, R., Pedroza, J., et al. (2010). *Facing our future: Children in the aftermath of immigration enforcement*. Urban Institute.

[273]Chen, B. (2014). Rural-to-urban migrant children's behaviors and adaptation within migration social contexts in China. In R. Dimitrova, M. Bender & F. van de Vijver(Eds.), *Global perspectives on well-being in immigrant families*, 75-94. New York: Springer.

[274]Chen, B. (2018). Socialization values of Chinese parents: Does parents' educational level matter? *Current Psychology*, 39(2), 511-517.

[275]Chen，B.，Chang，L. (2012). Are 'Machiavellian' Chinese children well-adapted in the peer group? The relationship between resource acquisition strategies and social functioning and status. *Asian Journal of Social Psychology*, *15*, 122-131.

[276]Chen，B.，Chang，L. (2016). Procrastination as a fast life history strategy. *Evolutionary Psychology*, *14*, 1-5.

[277]Chen，B.，Li，X.，Chen，N. (2017). Positive youth development in China. In R. Dimitrova(Ed.)，*Well-being of youth and emerging adults across cultures：Novel approaches and findings from Europe，Asia，Africa and America*, 35-48. New York：Spinger.

[278]Chen，B.，Wiium，N.，Dimitrova，R. (2017). A Life History Approach to Understanding Developmental Assets Among Chinese Adolescents. *Child & Youth Care Forum*, *48*(2), 155-169.

[279]Chen，B.，Wiium，N.，Dimitrova，R. (2018). Factor structure of positive youth development：Contributions of exploratory structural equation modeling. *Personality and Individual Differences*, *124*, 12-15.

[280]Chen，F. F. (2007). Sensitivity of goodness of fit indexes to lack of measurement invariance. *Structural Equation Modeling：A Multidisciplinary Journal*, *14*(3), 464-504.

[281]Chen，P.，Vazsonyi, A. T. (2011). Future orientation，impulsivity，and problem behaviors：A longitudinal moderation model. *Developmental Psychology*, *47*(6), 1633-1645.

[282]Chen，X.，Bian，Y.，Xin，T.，et al. (2010). Perceived social change and childrearing attitudes in China. *European Psychologist*, *15*, 260-270.

[283]Chen，X.，Cen，G.，Li，D.，et al. (2005). Social functioning and adjustment in Chinese children：The imprint of historical time. *Child Development*, *76*, 182-195.

[284]Cheng，C. (2002). Integrating the onto-ethics of virtues(east)and the meta-ethics of rights(west). *Dao*, *1*(2), 157-184.

[285]Cheung，F. M.，Leung，K.，Zhang，J.-X.，et al. (2001). Indigenous Chinese personality constructs：Is the five-factor model complete? *Journal of Cross-Cultural Psychology*, *32*(4), 407-433.

[286]Cheung，G. W.，Rensvold，R. B. (2002). Evaluating goodness-of-fit indexes for testing measurement invariance. *Structural Equation Modeling*, *9*(2), 233-255.

[287]Chi, P. , Slatcher, R. B. , Li, X. , et al. (2015). Perceived Stigmatization, Resilience, and Diurnal Cortisol Rhythm Among Children of Parents Living With HIV. *Psychological Science*, 26(6), 843-852.

[288]Ciocanel, O. , Power, K. , Eriksen, A. , et al. (2016). Effectiveness of positive youth development interventions: A meta-analysis of randomized controlled trials. *Journal of Youth & Adolescence*, 46(3), 1-22.

[289]Clarke, R. V. , Cornish, D. B. (1978). The effectiveness of residential treatment for delinquents. *Book supplement to the Journal of child psychology and psychiatry*, (1), 143-159.

[290]Coie, J. D. , Watt, N. F. , West, S. G. , et al. (1993). The science of prevention: A conceptual framework and some directions for a national research program. *American psychologist*, 48(10), 1013.

[291]Coll, C. G. , Lamberty, G. , Jenkins, R. , et al. (1996). An integrative model for the study of developmental competencies in minority children. *Child Development*, 67(5), 1891-1914. https://doi. org/dgr6xd.

[292]Collins, L. M. , Lanza, S. T. (2010). *Latent class and latent transition analysis: With applications in the social, behavioral, and health sciences*. John Wiley & Sons.

[293]Connell, A. M. , Dishion, T. J. , Deater-Deckard, K. D. (2006). Variable-and person-centered approaches to the analysis of early adolescent substance use: Linking peer, family, and intervention effects with developmental trajectories. *Merrill-Palmer Quarterly*, 52(3), 421-448.

[294]Connor, K. M. , Davidson, J. R. T. (2003). Development of a new resilience scale: The Connor-Davidson Resilience Scale (CD-RISC). *Depression and Anxiety*, 18(2), 76-82.

[295]Conway, R. J. , Heary, C. , Hogan, M. J. (2015). An evaluation of the measurement properties of the Five Cs Model of positive youth development. *Frontiers in Psychology*, 6, Article 1941.

[296]Cooley-Strickland, M. , Griffin, R. , Darney, D. , et al. (2011). Urban african american youth exposed to community violence: A school-based anxiety preventive intervention efficacy study. *Journal of Prevention & Intervention in the Community*, 39(2), 149-166.

[297]Costa, P. T. , McCrae, R. R. (1992). *Revised NEO personality inventory (NEO-PI-R) and NEO Five-Factor Inventory (NEO-FFI)*

*professional manual*. Odessa, FL: Psychological Assessment Resources.

[298]Crespo, C., Jose, P. E., Kielpikowski, M., et al. (2013). "On solid ground": Family and school connectedness promotes adolescents' future orientation. *Journal of Adolescence*, 36(5), 993-1002.

[299]Creswell, J. W., Clark, V. P. L. (2006). *Designing and Conducting Mixed Methods Research* (1st ed.). Sage Publications, Inc.

[300]Creswell. J. W. (2011). Controversies: in mixed methods research. In N: K. Denzin & Y. S Lincoln (Eds), *The Sage handbook of qualitative research* (Vol 4), 269-284. Thousand Oaks, CA, US: Sage Publications, Inc.

[301]Crotty, M. J. (1998). *The Foundations of Social Research : Meaning and Perspective in the Research Process* (1ed.). SAGE Publications Ltd.

[302]Cui, Z., Oshri, A., Liu, S., et al. (2019). Child maltreatment and resilience: The promotive and protective role of future orientation. *Journal of Youth and Adolescence*, 49(10), 2075-2089.

[303]Curran, P. G. (2016). Methods for the detection of carelessly invalid responses in survey data. *Journal of Experimental Social Psychology*, 66(9), 4-19.

[304]Damon, W. (2004). What is Positive Youth Development? *ANNALS of the American Academy of Political and Social Science*, 591(1), 13-24.

[305]Damon, W. (2008). *The path to purpose : Helping our children find their calling in life*. New York, NY: Simon & Schuster.

[306]Davis, G. Y., Stevenson, H. C. (2006). Racial socialization experiences and symptoms of depression among Black youth. *Journal of Child and Family Studies*, 15(3), 293-307.

[307]Davis, L., Tolan, P. H. (1993). Alternative and preventive interventions. In P. H. Tolan & B. J. Cohler(Eds.), *Handbook of Clinical Research and Practice with Adolescents*, (pp. 427-451). New York, NY: Wiley.

[308]Davis, M. H. (1983). The effects of dispositional empathy on emotional reactions and helping: A multidimensional approach. *Journal of Personality*, 51(2), 167-184.

[309]Davydov, D. M., Stewart, R., Ritchie, K., et al. (2010). Resilience and mental health. *Clinical psychology review*, 30(5), 479-495.

[310]Debnam, K. J., Johnson, S. L., Waasdorp, T. E., et al. (2014). Equity, connection, and engagement in the school context to promote

positive youth development. *Journal of Research on Adolescence*, *24*(3), 447-459.

[311]Deci, E. L., Ryan, R. M. (1985). *Intrinsic motivation and self-determination in human behavior*. Plenum Press.

[312]Del Giudice, M., Ellis, B. J., Shirtcliff, E. A. (2011). The adaptive calibration model of stress responsivity. *Neuroscience and Biobehavioral Reviews*, *35*(7), 1562-1592.

[313]Del Giudice, M., Gangestad, S. W., Kaplan, H. S. (2015). Life history theory and evolutionary psychology. In D. M. Buss(Ed.), *The Handbook of Evolutionary Psychology* (2nd ed., Vol. 1: Foundations), 88-114. New York: Wiley.

[314]Del Giudice, M., Hinnant, J. B., Ellis, B. J., et al. (2012). Adaptive patterns of stress responsivity: A preliminary investigation. *Developmental Psychology*, *48*(3), 775-790.

[315]Dewey, J., Tufts, J. H. (1910). *Ethics*. Henry Holt.

[316]Dickerson, K. L., Milojevich, H. M., Quas, J. A. (2019). Early environmental unpredictability: Implications for youth's perceptions and social functioning. *Journal of Youth and Adolescence*, *48*(9), 1754-1764.

[317]Diggs, O. N., Neppl, T. K., Jeon, S., et al. (2017). The association of harsh parenting, parent-child communication, and parental alcohol use with male alcohol use into emerging adulthood. *Journal of Adolescent Health*, *61*(6), 736-742.

[318]Dimakos, I., Papakonstantinopoulou, A. (2012). Providing psychological and counselling services to Roma students: A preliminary report for a three-year longitudinal project. In P. Cunningham & N. Fretwell (Eds.), *Creating Communities: Local, National and Global*, 94-103. London: CiCe.

[319]Dixson, A. F. (1995). Sexual selection and the evolution of copulatory behavior in nocturnal prosimians. In L. Alterman, G. A. Doyle, & M. K. Izard(Eds.), *Creatures of the dark* (pp. 93-118). Springer.

[320]Dolgozat, T. D. (2013). Minority towards majority-What makes Roma students change their self-reported ethnic identity. *Hungary: Corvinus University*.

[321]Doll, E. A. (1918). A brief Binet-Simon Scale. *Psychological Clinic*, *11*(8), 254-261.

[322]Doom, J. R., Vanzomeren-Dohm, A. A., Simpson, J. A. (2016). Early unpredictability predicts increased adolescent externalizing behaviors and substance use: A life history perspective. *Development and Psychopathology*, 28(4pt2), 1505-1516.

[323]Dray, J., Bowman, J., Campbell, E., et al. (2017). Effectiveness of a pragmatic school-based universal intervention targeting student resilience protective factors in reducing mental health problems in adolescents. *Journal of Adolescence*, 57, 74-89.

[324]Dryfoos, J. G. (1990). *Adolescents at risk: Prevalence and prevention*. New York: Oxford University Press.

[325]DuBois, D. L., Keller, T. E. (2017). Investigation of the Integration of Supports for Youth Thriving into a Community-Based Mentoring Program. *Child Development*, 88(5), 1480-1491.

[326]Duckworth, A. L., Peterson, C., Matthews, M. D., et al. (2007). Grit: perseverance and passion for long-term goals. *Journal of Personality & Social Psychology*, 92(6), 1087-1101.

[327]Duckworth, A. L., Quinn, P. D., Tsukayama, E. (2012). What No Child Left Behind leaves behind: The roles of IQ and self-control in predicting standardized achievement test scores and report card grades. *Journal of Educational Psychology*, 104(2), 439-451.

[328]Duineveld, J. J., Parker, P. D., Ryan, R. M., et al. (2017). The link between perceived maternal and paternal autonomy support and adolescent well-being across three major educational transitions. *Developmental Psychology*, 53(10), 1978-1994.

[329]Duncan, S. C., Duncan, T. E., Strycker, L. A. (2002). A multilevel analysis of neighborhood context and youth alcohol and drug problems. *Prevention Science*, 3(2), 125-133.

[330]Dunifon, R. (2013). The influence of grandparents on the lives of children and adolescents. *Child Development Perspectives*, 7, 55-60.

[331]Durlak, J. A., Taylor, R. D., Kawashima, K., et al. (2007). Effects of positive youth development programs on school, family, and community systems. *American Journal of Community Psychology*, 39 (3-4), 269-286.

[332]Durlak, J. A., Weissberg, R. P., Dymnicki, A. B., et al. (2011). The impact of enhancing students' social and emotional learning: A meta-

analysis of school-based universal interventions. *Child development*, *82*(1), 405-432.

[333]Eccles, J. S. , Midgley, C. , Wigfield, A. , et al. (1993). Development during adolescence: The impact of stage-environment fit on young adolescents' experiences in schools and in families. *American Psychologist*, *48*(2), 90-101.

[334]Eccles, J. , Gootman, J. (2002). *Community programs to promote youth development*. Washington D. C: National Academy Press.

[335]Echeverría, S. , Diez-Roux, A. V. , Shea, S. , et al. (2008). Associations of neighborhood problems and neighborhood social cohesion with mental health and health behaviors: the Multi-Ethnic Study of Atherosclerosis. *Health & Place*, *14*(4), 853-865.

[336]Ehrlich, V. A. , Deutsch, N. L. , Fox, C. V. , et al. (2016). Leveraging relational assets for adolescent development: A qualitative investigation of youth-adult "connection" in positive youth development. *Qualitative Psychology*, *3*(1), 59-78.

[337]Eichas, K. , Albrecht, R. E. , Garcia, A. J. , et al. (2010). Mediators of positive youth development intervention change: Promoting change in positive and problem outcomes?. In *Child & youth care forum*(Vol. 39, No. 4), 211-237. Springer US.

[338]Eichas, K. , Montgomery, M. J. , Meca, A. , et al. (2017). Empowering marginalized youth: A self-transformative intervention for promoting positive youth development. *Child Development*, *88*(4), 1115-1124.

[339]Eisenberg, N. , Fabes, R. A. , Murphy, B. , et al. (1996). The relations of children's dispositional empathy-related responding to their emotionality, regulation, and social functioning. *Developmental Psychology*, *32*(2), 195-209.

[340]Elder, G. H. (1998). The life course as developmental theory. *Child Development*, *69*, 1-12.

[341]Elder, G. H. , Johnson, M. K. (2002). The life course and aging: Challenges, lessons, and new directions. In R. A. Settersten (Ed. ), *Invitation to the Life Course: Toward New Understandings of Later Life*, Part II, 49-81. Amityville, NY: Baywood.

[342]Elder, G. H. , Shanahan, M. J. , Jennings, J. A. (2015). Human development in time and place. In R. M. Lerner (Ed. ), *Handbook of*

*Child Psychology and Developmental Science* (7th ed, Vol. 4). Hoboken, NJ:Wiley.

[343]Ellickson, P., Bell, R. (1990). Drug prevention in junior high:A multi-site longitudinal test. *Science*, *247*(4948), 1299-1305.

[344]Ellis, B. J., Del Giudice, M. (2014). Beyond allostatic load:Rethinking the role of stress in regulating human development. *Development and Psychopathology*, *26*(1), 1-20.

[345]Ellis, B. J., Bates, J. E., Dodge, K. A., et al. (2003). Does father absence place daughters at special risk for early sexual activity and teenage pregnancy? *Child Development*, *74*, 801-821.

[346]Ellis, B. J., Figueredo, A. J., Brumbach, B. H., et al. (2009). Fundamental dimensions of environmental risk:The impact of harsh versus unpredictable environments on the evolution and development of life history strategies. *Human Nature*, *20*, 204-268.

[347]Enns, L. N., Barrieau, L. E., Stack, D. M., et al. (2016). Verbal and nonverbal communication in at-risk mother-child dyads:Implications for relationship quality and developing positive social behaviours in middle-childhood. *European Journal of Developmental Psychology*, *13*(1), 1-19.

[348]Erentaitė, R., Raižienė, S. (2015). Lithuanian version of measure of positive youth development based on the Five Cs model. *European Journal of Developmental Psychology*, *12*(6), 701-717.

[349]Erickson, K., Côté, J. (2016). A season-long examination of the intervention tone of coach-athlete interactions and athlete development in youth sport. *Psychology of Sport & Exercise*, *22*(13), 264-272.

[350]Erikson E. H. (1969). On the nature of psycho-historical evidence:in search of Gandhi, Daedalus, Journal of the American Academy of Arts and Sciences, Summer 1968. *International Journal of Psychiatry*, *8*(1), 451-476.

[351]Erikson, E. H. (1968). On the nature of psycho-historical evidence:In search of Gandhi. *Daedalus*, 695-730.

[352]Fabes, R. A., Martin, C. L., Hanish, L. D., et al. (2000). Criteria for evaluating the significance of developmental research in the twenty-first century:Force and counterforce. *Child Development*, *71*(1), 212-221.

[353]Fantuzzo, J., Manz, P., Atkins, M., et al. (2005). Peer-mediated treatment of socially withdrawn maltreated preschool children:Cultivating

natural community resources. *Journal of Clinical Child and Adolescent Psychology*, *34*, 320-325.

[354]Feist, J. (2002). *Theories of personality*. McGraw-Hill Companies.

[355]Fergus, S., Zimmerman, M. A. (2005). Adolescent resilience: A framework for understanding healthy development in the face of risk. *Annual Review of Public Health*, *26*(1), 399-419.

[356]Figueredo, A. J., Vasquez, G., Brumbach, B. H., et al. (2006). Consilience and life history theory: From genes to brain to reproductive strategy. *Developmental Review*, *26*, 243-275.

[357]Flay, B. R. (2002). Positive youth development requires comprehensive health promotion programs. *American Journal of Health Behavior*, *26*(6), 407-424.

[358]Flay, B. R., Allred, C. G. (2003). Long-term effects of the Positive Action program. American *Journal of Health Behavior*, *27*(Suppl 1), S6-S21.

[359]Flay, B. R., Allred, C. G. (2010). The Positive Action Program: Improving academics, behavior, and character by teaching comprehensive skills for successful learning and living. In T. Lovat, R. Toomey, N. Clement(Eds.), *International Research Handbook on Values Education and Student Wellbeing*, 471-501. Dordrecht: Springer Netherlands.

[360]Flay, B. R., Berkowitz, M. W., Bier, M. C. (2009). Elementary school-based programs theorized to support social development, prevent violence, and promote positive school climate: Description and hypothesized mechanisms of change. *Journal of Research in Character Education*, *7*(2), 21-49.

[361]Flay, B. R., Brannon, B. R., Johnson, C. A., et al. (1988). The television school and family smoking prevention and cessation project. I. Theoretical basis and program development. *Preventive Medicine*, *17*(5), 585-607.

[362]Flum, H., Buzukashvili, T. (2018). Identity development and future orientation in immigrant adolescents and young adults: A narrative view of cultural transitions from ethiopia to Israel. *New Directions for Child And Adolescent Development*, (160), 15-30.

[363]Folkman, S., Moskowitz, J. T. (2007). Positive affect and meaning-focused coping during significant psychological stress. In M. Hewstone,

H. A. W. Schut, J. B. F. De Wit, et al. , *The scope of social psychology*: *Theory and applications*, 193-208. New York, NY: Psychology Press.

[364]Ford, D. H. , Lerner, R. M. (1992). *Developmental systems theory*: *An integrative approach*. Thousand Oaks, CA, US: Sage Publications, Inc.

[365]Fredricks, J. A. , Simpkins, S. D. (2012). Promoting positive youth development through organized after-school activities: Taking a closer look at participation of ethnic minority youth. *Child Development Perspectives*, *6*(3), 280-287.

[366]Freire, P. *The pedagogy of the oppressed*. New York: Herder & Herder, 1970.

[367]Fu, Y. , Law, Y. W. (2018). Chinese adolescents' meaning-focused coping with prolonged parent-child separation. *Journal of Adolescent Research*, *33*(6), 752-773.

[368]Furr, R. M. (2010). The double-entry intraclass correlation as an index of profile similarity: Meaning, limitations, and alternatives. *Journal of Personality Assessment*, *92*(1), 1-15.

[369]Futch, V. A. , Fine, M. (2014). Mapping as a method: History and theoretical commitments. *Qualitative Research in Psychology*, *11*, 42-59.

[370]Gable, S. , Belsky, J. , Crnic, K. (1992). Marriage, parenting, and child development: Progress and prospects. *Journal of Family Psychology*, *5*, 276-294.

[371]Gallegos, J. , Alejandra Rodríguez, Graciela Gómez, et al. (2012). The friends for life program for mexican girls living in an orphanage: a pilot study. *Behaviour Change*, *29*(1), 1-14.

[372]Galvin, K. M. , Brommel, B. J. , Bylund, C. L. (2015). *Family Communication*: *Cohesion and Change*. Routledge.

[373]Garmezy, N. , Masten, A. S. , Tellegen, A.. (1984). The study of stress and competence in children: a building block for developmental psychopathology. *Child Development*, *55*(1), 97-111.

[374]Gavin, L. E. , Catalano, R. F. , David-Ferdon, C. , et al. (2010). A review of positive youth development programs that promote adolescent sexual and reproductive health. *The Journal of Adolescent Health*, *46*(3Suppl), S75-S91.

[375]Gaylord-Harden, N. K. , Barbarin, O. , Tolan, P. H. , et al. (2018).

Understanding development of African American boys and young men:
Moving from risks to positive youth development. *American Psychologist*,
*73*(6), 753-767.

[376]Gaylord-Harden, N. K. , Zakaryan, A. , Bernard, D. , et al. (2015).
Community-level victimization and aggressive behavior in African
American male adolescents: a profile analysis. *Journal of Community
Psychology*, *43*(4), 502-519.

[377]Ge, X. , Lorenz, F. O. , Conger, R. D. , et al. (1994). Trajectories of
stressful life events and depressive symptoms during adolescence.
*Developmental Psychology*, *30*, 467-483.

[378]Geldhof, G. J. , Bowers, E. P. , Boyd, M. J. , et al. (2014a). Creation of
short and very short measures of the five cs of positive youth
development. *Journal of Research on Adolescence*, *24*(1), 163-176.

[379]Geldhof, G. J. , Bowers, E. P. , Mueller, M. K. , et al. (2014b).
Longitudinal analysis of a very short measure of positive youth
development. *Journal of Youth & Adolescence*, *43*(6), 933-949.

[380]Geldhof, G. J. , Larsen, T. , Urke, H. , et al. (2019). Indicators of
positive youth development can be maladaptive: The example case of
caring. *Journal of Adolescence*, *71*, 1-9.

[381]Gergen, Kenneth, J. (1985). The social constructionist movement in
modern psychology. *American Psychologist*, *40*(3), 266-275.

[382]Gestsdóttir, S. , Lerner, R. M. (2007). Intentional self-regulation and
positive youth development in early adolescence: Findings from the 4-h
study of positive youth development. *Developmental Psychology*, *43*(2), 508-
521.

[383]Gestsdottir, S. , Lerner, R. M. (2008). Positive development in
adolescence: The development and role of intentional self-regulation.
*Human Development*, *51*(3), 202-224.

[384]Gestsdottir, S. , Bowers, E. , Eye, A. V. , et al. (2010). Intentional self-
regulation in middle adolescence: The emerging role of loss-based
selection in positive youth development. *Journal of Youth and
Adolescence*, *39*(7), 764-782.

[385]Gestsdottir, S. , Geldhof, G. J. , Lerner, J. V. , et al. (2017). What
drives positive youth development? Assessing intentional self-regulation
as a central adolescent asset. *International Journal of Developmental
Science*, *11*, 69-79.

[386]Gestsdottir, S. , Lewin-Bizan, S. , Eye, A. V. , et al. (2009). The structure and function of selection, optimization, and compensation in middle adolescence: Theoretical and applied implications. *Journal of Applied Developmental Psychology*, 30(5), 585-600.

[387]Gillham, J. E. , Hamilton, J. , Freres, D. R. , et al. (2006). Preventing depression among early adolescents in the primary care setting: A randomized controlled study of the Penn Resiliency Program. *Journal of abnormal child psychology*, 34(2), 195-211.

[388]Gold, M. , Mann, D. W. (1984). *Expelled to a friendlier place : A study of effective alternative schools*. University of Michigan Press.

[389]Graham, A. M. , Pears, K. C. , Kim, H. K. , et al. (2018). Effects of a school readiness intervention on hypothalamus-pituitary-adrenal axis functioning and school adjustment for children in foster care. *Development and psychopathology*, 30(2), 651-664.

[390]Greenberg, M. T. , Weissberg, R. P. , O'Brien, M. U. , et al. (2003). Enhancing school-based prevention and youth development through coordinated social, emotional, and academic learning. *American psychologist*, 58(6-7), 466.

[391]Greene, A. L. (1986). Future-time perspective in adolescence: The present of things future revisited. *Journal of Youth and Adolescence*, 15 (2), 99-113.

[392]Greene, B. A. , DeBacker, T. K. (2004). Gender and orientations toward the future: Links to motivation. *Educational Psychology Review*, 16 (2), 91-120.

[393]Greene, J. C. (2007). *Mixed methods in social inquiry*. San Francisco: Jossey-Bass.

[394]Greenspoon, P. J. , Saklofske, D. H. (1998). Confirmatory factor analysis of the multidimensional students' life satisfaction scale. *Personality & Individual Differences*, 25(5), 965-971.

[395]Gresham, F. M. , Elliott, S. N. (1990). *Social skills rating system : Manual* : American Guidance Service.

[396]Griskevicius, V. , Ackerman, J. M. , Cantú, S. M. , et al. (2013). When the economy falters do people spend or save? Responses to resource scarcity depend on childhood environments. *Psychological Science*, 24 , 197-205.

[397]Gutman, L. M. , Midgley, C. (2000). The role of protective factors in supporting the Academic achievement of poor African American students during the middle school transition. *Journal of Youth and Adolescence*, *29*(2), 223-249.

[398]Hamburg, D. A. , Takanishi, R. (1996). Great transitions: preparing American youth for the 21st century-the role of research. *Journal of Research on Adolescence*, *6*(4), 379-396.

[399]Hamilton, S. F. , Hamilton, M. A. , Pittman, K. (2004). Principles for youth development. In S. F. Hamilton & M. A. Hamilton (Eds. ), *The Youth Development Handbook: Coming of Age in American Communities*, 3-22. Thousand Oaks: Sage Publications, Inc.

[400]Hardaway, C. R. , McLoyd, V. C. , Wood, D. (2012). Exposure to violence and socioemotional adjustment in low-income youth: An examination of protective factors. *American Journal of Community Psychology*, *49*(1-2), 112-126.

[401]Harré, R. (2004). Staking our claim for qualitative psychology as science. *Qualitative Research in Psychology*, *1*(1), 3-14.

[402]Harrison, S. E. , Li, X. , Zhang, J. , et al. (2018). A randomized controlled trial of a resilience-based intervention for children affected by parental HIV: Educational outcomes at 24-, 30-, and 36-months. *School Psychology International*, *39*(2), 170-195.

[403]Harter, S. (1982). The perceived competence scale for children. *Child Development*, *53*(1), 87-97.

[404]Harter, S. (1983). *Supplementary description of the Self-Perception Profile for Children: Revision of the Perceived Competence Scale for Children*. University of Denver.

[405]Havighurst, R. J. (1953). *Human development and education*. Longmans, Green.

[406]Hawkins, J. D. , Catalano, R. F. (1990). Broadening the vision of education: Schools as health promoting environments. *Journal of School Health*, *60*(4), 178-182.

[407]Hawkins, J. D. , Brown, E. C. , Oesterle, S. , et al. (2008). Early effects of Communities That Care on targeted risks and initiation of delinquent behavior and substance use. *Journal of Adolescent Health*, *43*(1), 15-22.

[408]Hawkins, J. D., Catalano, R. F., Miller, J. Y. (1992). Risk and protective factors for alcohol and other drug problems in adolescence and early adulthood: implications for substance abuse prevention. *Psychological bulletin*, *112*(1), 64-105.

[409]Hawkins, J. D., Kosterman, R., Catalano, R. F., et al. (2008). Effects of social development intervention in childhood 15 years later. *Archives of pediatrics & adolescent medicine*, *162*(12), 1133-1141.

[410]Hay, D. F., Castle, J., Stimson, C. A., et al. (1995). The social construction of character in toddlerhood. In M. Killen & D. Hart(Eds.), *Morality in everyday life: Developmental perspectives*, 23-51. Cambridge University Press.

[411]Heckhausen, J. (1999). *Developmental regulation in adulthood: Age-normative and sociostructural constraints as adaptive challenges*. New York, NY:Cambridge University Press.

[412]Heilman, C. A. (2011). *A mixed-methods approach examining alpine ski racing as a context for positive youth development* (Doctoral dissertation). Retrieved from ProQuest Dissertations Publishing.

[413]Helaire, L. J. (2006). *My future, my present: Exploring general and domain specific future orientation impact on classroom engagement, educational utility and grade for middle school students* (Publication No. 32248990)[Doctoral Dissertation, University of Michigan]. ProQuest Dissertations and Theses Global.

[414]Henderson, K. A., Powell, G. M., Scanlin, M. M. (2005). Observing Outcomes in Youth Development: An Analysis of Mixed Methods. *Journal of Park & Recreation Administration*, *23*(4), 58-77.

[415]Hill, K., Kaplan, H. (1999). Life history traits in humans:Theory and empirical studies. Annual*Review of Anthropology*, *28*, 397-430.

[416]Hillaker, B. D., Brophy-Herb, H. E., Villarruel, F. A., et al. (2008). The contributions of parenting to social competencies and positive values in middle school youth: Positive family communication, maintaining standards, and supportive family relationships. *Family Relations*, *57*(5), 591-601.

[417]Hills, P., Argyle, M. (2002). The Oxford Happiness Questionnaire:A .compact scale for the measurement of psychological well-being. *Personality and Individual Differences*, *33*(7), 1073-1082.

[418]Hodder, R. K., Freund, M., Wolfenden, L., et al. (2017). Systematic review of universal school-based 'resilience' interventions targeting adolescent tobacco, alcohol or illicit substance use: a meta-analysis. *Preventive medicine*, *100*, 248-268.

[419]Holsen, I., Geldhof, G. J., Larsen, T., et al. (2017). The Five Cs of positive youth development in Norway: Assessment and associations with positive and negative outcomes. *International Journal of Behavioral Development*, *41*(5), 559-569.

[420]Hu, F. (2013). Does migration benefit the schooling of children left behind? Evidence from rural northwest China. *Demographic Research*, *29*, 33-70.

[421]Hu, H., Gao, J., Jiang, H., et al. (2018). A comparative study of unintentional injuries among schooling left-behind, migrant and residential children in China. *International Journal for Equity in Health*, *17*(1), 1-10.

[422]Hu, H., Lu, S., Huang, C. C. (2014). The psychological and behavioral outcomes of migrant and left-behind children in China. *Children and Youth Services Review*, *46*, 1-10.

[423]Hu, L. t., Bentler, P. M. (1999). Cutoff criteria for fit indexes in covariance structure analysis: Conventional criteria versus new alternatives. *Structural Equation Modeling*, *6*(1), 1-55.

[424]Hughes, J. N., Cao, Q. (2018). Trajectories of teacher-student warmth and conflict at the transition to middle school: Effects on academic engagement and achievement. *Journal of School Psychology*, *67*, 148-162.

[425]Huta, V., Hawley, L. (2010). Psychological strengths and cognitive vulnerabilities: Are they two ends of the same continuum or do they have independent relationships with well-being and ill-being? *Journal of Happiness Studies*, *11*, 71-93.

[426]Hwang, K-K. (2019). Positivism Versus Realism: Two Approaches of Indigenous Psychologies. *Journal of Theoretical and Philosophical Psychology*, *39*(2):127-129.

[427]Hwang, W. C. (2006). Acculturative family distancing: Theory, research, and clinical practice. *Psychotherapy: Theory, Research, Practice, Training*, *43*(4), 397-409.

[428]Jackman, D. M. T. (2015). *Future orientation and self-perception minimize risk engagement and promote positive youth development* [Unpublished Doctoral dissertation]. Colorado State University.

[429]Jackman, D. M., MacPhee, D. (2017). Self-esteem and future orientation predict adolescents' risk engagement. *The Journal of Early Adolescence*, *37*(3), 339-366.

[430]Jackson, A. L., Browning, C. R., Krivo, L. J., et al. (2016). The role of immigrant concentration within and beyond residential neighborhoods in adolescent alcohol use. *Journal of Youth and Adolescence*, *45*(1), 17-34.

[431]Jackson, S., Bijstra, J., Oostra, L., et al. (1998). Adolescents perceptions of communication with parents relative to specific aspects of relationships with parents and personal development. *Journal of Adolescence*, *21*(3), 305-322.

[432]Jelicic, H., Bobek, D. L., Phelps, E., et al. (2007). Using positive youth development to predict contribution and risk behaviors in early adolescence: findings from the first two waves of the 4-h study of positive youth development. *International Journal of Behavioral Development*, *31*(3), 263-273.

[433]Jiang, H., Hu, H., Zhu, X., et al. (2019). Effects of school-based and community-based protection services on victimization incidence among left-behind children in China. *Children and Youth Services Review*, *101*, 239-245.

[434]Johnson, R. B., Onwuegbuzie, A. J. (2004). Mixed methods research: A research paradigm whose time has come. *Educational researcher*, *33*(7), 14-26.

[435]Johnson, R. B., Onwuegbuzie, A. J., Turner L. A. (2007). Toward a definition of mixed methods research. *Journal of Mixed Methods Research*, *1*(2), 112-133.

[436]Kaiser, H. F. (1960). The application of electronic computers to factor analysis. *Educational and Psychological Measurement*, *20*(1), 141-151.

[437]Katsiaficas, D., Alcantar, C. M., Hernandez, E., et al. (2016). Important theoretical and methodological turning points for understanding contribution with undocumented undergraduates. *Qualitative Psychology*, *3*(1), 7-25.

[438]Kiang, L. , Ip, E. (2018). Longitudinal profiles of eudaimonic well-being in Asian American adolescents. *Cultural Diversity and Ethnic Minority Psychology*, *24*(1), 62-74.

[439]King, P. E. , Dowling, E. M. , Mueller, R. A. , et al. (2005). Thriving in adolescence: The voices of youth-serving practitioners, parents, and early and late adolescents. *The Journal of Early Adolescence*, *25*(1), 94-112.

[440]Klein, J. , Cornell, D. , Konold, T. (2012). Relationships between bullying, school climate, and student risk behaviors. *School Psychology Quarterly*, *27*(3), 154-169.

[441]Kline, R. B. (2015). *Principles and practice of structural equation modeling*(4th ed). New York: Guilford Press.

[442]Koepke, S. , Denissen, J. J. (2012). Dynamics of identity development and separation-individuation in parent-child relationships during adolescence and emerging adulthood-A conceptual integration. *Developmental Review*, *32*(1), 67-88.

[443]Kratochwill, T. R. (2007). Preparing psychologists for evidence-based school practice: Lessons learned and challenges ahead. *American Psychologist*, *62*(8), 829-843.

[444]Kurtines, W. M. , Ferrer-Wreder, L. , Berman, S. L. , et al. (2008). Promoting positive youth development: The Miami Youth Development Project(YDP). *Journal of Adolescent Research*, *23*(3), 256-267.

[445]Lan, X. , Wang, W. (2019). Direct and interactive effects of peer support and resilience on psychosocial adjustment in emerging adults with early left-behind experiences. *Psychology Research and Behavior Management*, *12*, 277-288.

[446]Landrigan, P. J. , Trasande, L. , Thorpe, L. E. , et al. (2006). The National Children's Study: A 21-Year Prospective Study of 100 000 American Children. *PEDIATRICS*, *118*(5), 2173-2186.

[447]Langenkamp, A. G. (2010). Academic vulnerability and resilience during the transition to high school: The role of social relationships and district context. *Sociology of Education*, *83*(1), 1-19.

[448]Lapsley, D. K. , Narvaez, D. (2006). Character education. In K. A. Renninger & I. E. Sigel(Eds. ), *Handbook of child psychology: Child psychology in practice*(6th ed. , Vol. 4, pp. 248-296). John Wiley & Sons.

[449]Larrañaga, E., Yubero, S., Ovejero, A., et al. (2016). Loneliness, parent-child communication and cyberbullying victimization among Spanish youths. *Computers in Human Behavior*, *65*, 1-8.

[450]Laursen, B., Collins, W. A. (2009). Parent-child relationships during adolescence. In R. M. Lerner, L. Steinberg (Eds.), *Handbook of Adolescent Psychology* (Vol. 2: Contextual influences on adolescent development, 3-42). Hoboken, NJ: John Wiley & Sons.

[451]Lee, R. M., Robbins, S. B. (1995). Measuring belongingness: The Social Connectedness and the Social Assurance scales. *Journal of Counseling Psychology*, *42*(2), 232-241.

[452]Lee, T. Y., Lok, D. P. (2013). Bonding as a positive youth development construct: A conceptual review. *Journal of Alternative Medicine Research*, *5*(1), 51-64.

[453]Leontopoulou, S. Triliva, S. (2012). Explorations of subjective well-being and character strengths among a Greek University student sample. *International Journal of Well-being*, *2*(3), 251-270.

[454]Lerner, R. M. (1991). Changing organism-context relations as the basic process of development: A developmental contextual perspective. *Developmental Psychology*, *27*, 27-32.

[455]Lerner, R. M. (2002). *Concepts and theories of human development* (3rd ed). London: Lawrence Erlbaum Associates.

[456]Lerner, R. M. (2004). *Liberty: Thriving and civic engagement among America's youth*. Thousand Oaks, CA: SAGE.

[457]Lerner, R. M. (2006). Developmental science, developmental systems, and contemporary theories of human development. In R. M. Lerner(Vol. Ed.)& W. Damon & R. M. Lerner(Eds.), *Handbook of child psychology: Vol.1. Theoretical models of human development* (6th ed.), 1-17. John Wiley & Sons Inc.

[458]Lerner, R. M. (2018). Character development among youth: linking lives in time and place. *International Journal of Behavioral Development*, *42*(2), 267-277.

[459]Lerner, R. M., Callina, K. S. (2014). The study of character development: Towards tests of a relational developmental systems model. *Human Development*, *57*, 322-346.

[460]Lerner, R. M., Damon, W. (Eds.). (2006). *Handbook of child psychology:*

*Theoretical models of human development* (6th ed.). John Wiley & Sons Inc.

[461]Lerner, R. M., Kauffman, M. B. (1985). The concept of development in contextualism. *Developmental Review*, *5*, 309-333.

[462]Lerner, R. M., Overton, W. F. (2008). Exemplifying the integrations of the relational developmental system: Synthesizing theory, research, and application to promote positive development and social justice. *Journal of Adolescent Research*, *23*(3), 245-255.

[463]Lerner, R. M., Steinberg, L. (2004). *Handbook of Adolescent Psychology*. New York: John Wiley.

[464]Lerner, R. M., Tolan, P. H. (2016). On the qualitative transformation of developmental science: The contributions of qualitative methods. *Qualitative Psychology*, *3*, 120-124.

[465]Lerner, R. M., Agans, J. P., Arbeit, M. R., et al. (2013a). Resilience and positive youth development: A relational developmental systems model. In S. Goldstein & R. B. Brooks(Eds.), *Handbook of Resilience in Children*, 293-308. Boston, MA: Springer US.

[466]Lerner, R. M., Agans, J. P., DeSouza, L. M., et al. (2013b). Describing, explaining, and optimizing within-individual change across the life span: A relational developmental systems perspective. *Review of General Psychology*, *17*, 179-183.

[467]Lerner, R. M., Almerigi, J. B., Theokas, C., et al. (2005). Positive Youth Development A View of the Issues. *The Journal of Early Adolescence*, *25*(1), 10-16.

[468]Lerner, R. M., Anderson, P. M., Balsano, A. B., et al. (2003a). Applied Developmental Science of Positive Human Development. In I. B. Weiner(Ed.), *Handbook of Psychology*, 535-558.

[469]Lerner, R. M., Dowling, E. M., Anderson, P. M. (2003b). Positive Youth Development: Thriving as the Basis of Personhood and Civil Society. *Applied Developmental Science*, *7*(3), 172-180.

[470]Lerner, R. M., Eye, A. V., Lerner, J. V., et al. (2009). Exploring the foundations and functions of adolescent thriving within the 4-h study of positive youth development: A view of the issues. *Journal of Applied Developmental Psychology*, *30*(5), 567-570.

[471]Lerner, R. M., Fisher, C. B., Weinberg, R. A. (1997). Applied

developmental science: Scholarship for our times. *Applied Developmental Science*, *1*(1), 2-3.

[472]Lerner, R. M., Fisher, C. B., Weinberg, R. A. (2000). Toward a science for and of the people: promoting civil society through the application of developmental science. *Child development*, *71*(1), 11-20.

[473]Lerner, R. M., Lerner, J. V., Almerigi, J. B., et al. (2005). Positive youth development, participation in community youth development programs, and community contributions of fifth- grade adolescents: Findings from the first wave of the 4-H study of positive youth development. *The Journal of Early Adolescence*, *25*(1), 17-71.

[474]Lerner, R. M., Lerner, J. V., Bowers, E. P., et al. (2015). Positive youth development and relational-developmental-systems. In W. F. Overton, P. C. M. Molenaar, & R. M. Lerner(Eds.), *Handbook of child psychology and developmental science: Theory and method*(7th ed., Vol. 1, pp. 607-651). John Wiley & Sons, Inc.

[475]Lerner, R. M., Lerner, J. V., Geldhof, G. J., et al. (2018). Studying positive youth development in different nations: Theoretical and methodological issues. In J. E. Lansford, P. Banati(Eds.), *Handbook of Adolescent Development Research and Its Impact on Global Policy*, 68-83. New Work: Oxford University Press.

[476]Lerner, R. M., Lerner, J. V., Lewin-Bizan, S., et al. (2011). Positive youth development: Processes, programs, and problematics. *Journal of Youth Development*, *6*(3), 38-62.

[477]Lerner, R. M., Tirrell, J. M., Dowling, E. M., et al. (2019). The end of the beginning: Evidence and absences studying positive youth development in a global context. *Adolescent Research Review*, *4*(1), 1-14.

[478]Lerner, R. M., Wang, J., Hershberg, R. M., et al. (2017) Positive Youth Development Among Minority Youth: A Relational Developmental Systems Model. In N. J. Cabrera, B. Leyendecker(Eds.), *Handbook on Positive Development of Minority Children and Youth* (pp. 5-17). Springer, Cham.

[479]Leventhal, T., Brooks-Gunn, J. (2000). The neighborhoods they live in: The effects of neighborhood residences on child and adolescent outcomes. *Psychological Bulletin*, *126*(2), 309-337.

[480]Leventhal, T., Shuey, E. A. (2014). Neighborhood context and immigrant young children's development. *Developmental Psychology*, 50(6), 1771-1787.

[481]Leventhal, T., Dupéré, V., Brooks-Gunn, J. (2009). Neighborhood influences on adolescent development. In R. M. Lerner, L. Steinberg (Eds.), *Handbook of adolescent psychology* (3rd ed., pp. 411-443). Hoboken, NJ: Wiley.

[482]Levin, K. A., Dallago, L., Currie, C. (2012). The association between adolescent life satisfaction, family structure, family affluence and gender differences in parent-child communication. *Social Indicators Research*, 106(2), 287 305.

[483]Lewin-Bizan, S., Bowers, E., Lerner, R. M. (2010). One good thing leads to another: Cascades of positive youth development among American adolescents. *Development and Psychopathology*, 22(4), 759-770.

[484]Lewin-Bizan, S., Lynch, A. D., Fay, K., et al. (2010). Trajectories of Positive and negative behaviors from early- to middle-adolescence. *Journal of Youth and Adolescence*, 39(7), 751-763.

[485]Li, C., Zhang, Q., Li, N. (2018). Does social capital benefit resilience for left-behind children? An evidence from Mainland China. *Children and Youth Services Review*, 93, 255-262.

[486]Li, X., Chi, P., Sherr, L., et al. (2015). Psychological resilience among children affected by parental HIV/AIDS: a conceptual framework. Health Psychology and Behavior Medicine, 3(1), 217-235.

[487]Lickona, T., Schaps, E., Lewis, C. (2002). Eleven principles of effective character education.

[488]Liem, G. A. D., Martin, A. J. (2011). Peer relationships and adolescents' academic and non-academic outcomes: same-sex and opposite-sex peer effects and the mediating role of school engagement. *British Journal of Educational Psychology*, 81(2), 183-206.

[489]Lippman, L. H., Moore, K. A., McIntosh, H. (2011). Positive indicators of child well-being: A conceptual framework, measures, and methodological issues. *Applied Research in Quality of Life*, 6(4), 425-449.

[490]Liu, F., Bowers, E. P., Gai, X., et al. (2020). Enhancing the intentional self-regulation skills of Chinese adolescents living in orphanages: A school-based intervention. *Asian Journal of Social Psychology*, *23*(3), 339-348.

[491]Liu, Q., Fang, X., Deng, L., et al. (2012). Parent-adolescent communication, parental internet use and internet-specific norms and pathological internet use among Chinese adolescents. *Computers in Human Behavior*, *28*(4), 1269-1275.

[492]Liu, Y. L., Chang, H. T. (2016). The role of effortful control in the relationships among parental control, intentional self-regulation, and adolescent obedience. *Journal of Child and Family Studies*, *25*(8), 2435-2446.

[493]Liu, Y. L., Chang, H. T. (2018). Bidirectional association between effortful control and intentional self-regulation and their integrative effect on deviant adolescent behaviors. *International Journal of Behavioral Development*, *42*(6), 543-553.

[494]Lizuka, C. A., Barrett, P. M., Gillies, R., et al. (2015). Preliminary evaluation of the friends for life program on students' and teachers' emotional states for a school in a low socio-economic status area. *Australian Journal of Teacher Education*, *40*, 1-20.

[495]Luk, J. W., Farhat, T., Iannotti, R. J., et al. (2010). Parent-child communication and substance use among adolescents: Do father and mother communication play a different role for sons and daughters? *Addictive Behaviors*, *35*(5), 426-431.

[496]Luthar, S. S. (2006). Resilience in development: A synthesis of research across five decades. In D. Cicchetti, D. J. Cohen(Eds.), *Developmental psychopathology: Vol. 3. Risk, disorder, and adaptation*(2nd ed), 739-795. Wiley.

[497]Luthar, S. S., Crossman, E. J., Small, P. J. (2015). Resilience and adversity. In R. M. Lerner(Ed.), *Handbook of child psychology and developmental science*(7th ed, Vol. 3), 247-286. Hoboken, NJ: Wiley.

[498]Lynam, D. R., Sherman, E. D., Samuel, D., et al. (2013). Development of a short form of the elemental psychopathy assessment. *Assessment*, *20*(6), 659-669.

[499]MacCallum, R. C., Browne, M. W., Sugawara, H. M. (1996). Power

analysis and determination of sample size for covariance structure modeling. *Psychological Methods*, *1*(2), 130-149.

[500]Magnusson, D. (2001). The holistic-interactionistic paradigm: Some directions for empirical developmental research. *European Psychologist*, *6*(3), 153-162.

[501]Magnusson, D., Stattin, H. (1998). Person-context inter-action theories. In R. M. Lerner (Ed.), W. Damon (Eds.) *Handbook of Child Psychology*. (6th ed, Vol. 1), 685-759. New York: Wiley.

[502]Marsh, H. W., Ellis, L. A., Parada, R. H., et al. (2005). A short version of the self-description questionnaire II: Operationalizing criteria for short-form evaluation with new applications of confirmatory factor analyses. *Psychological Assessment*, *17*(1), 81-102.

[503]Mason, C. A., Cauce, A. M., Gonzales, N., et al. (1996). Neither too sweet nor too sour: Problem peers, maternal control, and problem behavior in African American adolescents. *Child Development*, *67*(5), 2115-2130.

[504]Masten, A. S. (1989). Resilience in development: Implications of the study of successful adaptation for developmental psychopathology. In D. Cicchetti (Ed.), *The Emergence of A Discipline: Rochester Symposium on Developmental Psychopathology* (Vol. 1), 261-294. Hillsdale, NJ, US: Lawrence Erlbaum Associates.

[505]Masten, A. S. (2011). Resilience in children threatened by extreme adversity: Frameworks for research, practice, and translational synergy. *Development and Psychopathology*, *23*, 493-506.

[506]Masten, A. S. (2014a). Invited commentary: Resilience and positive youth development frameworks in developmental science. *Journal of Youth and Adolescence*, *43*, 1018-1024.

[507]Masten, A. S. (2014b). Ordinary magic: Resilience in development. Guilford Press.

[508]Masten, A. S., Coatsworth, J. D. (1998). The development of competence in favorable and unfavorable environments: Lessons from research on successful children. *American Psychologist*, *53*(2), 205-220.

[509]Masten, A., Barnes, A. (2018). Resilience in Children: Developmental Perspectives. *Children*, *5*(7), Article 98.

[510]Matjasko, J. L., Grunden, L. N., Ernst, J. L. (2007). Structural and

dynamic process family risk factors:Consequences for holistic adolescent functioning. *Journal of Marriage and Family*, 69(3), 654-674.

[511]Mayo，E. (1949). Hawthorne and the western electric company. *Public administration:Concepts and cases*, 149-158.

[512]McDonald，R. P. (1999). *Test theory:A unified treatment*. Hillsdale: Erlbaum.

[513]Mcgrath，R. E. (2015). Character strengths in 75 nations:An update. *The Journal of Positive Psychology*, 10(1), 41-52.

[514]Mcgrath，R. E.，Walker，D. I. (2016). Factor structure of character strengths in youth:Consistency across ages and measures. *Journal of Moral Education*, 45(4), 400-418.

[515]Mecca，A. M.，Smelser，N. J.，Vasconcellos，J. (1989). *The social importance of self-esteem*. Berkeley，CA:University of California Press.

[516]Melendez-Torres，G. J.，Dickson，K.，Fletcher，A.，et al. (2016). Systematic review and meta-analysis of effects of community-delivered positive youth development interventions on violence outcomes. *Journal of Epidemiology and Community Health*, 70(12), 1171-1177.

[517]Menard，S.，Covey，H. C.，Franzese，R. J. (2015). Adolescent exposure to violence and adult illicit drug use. *Child Abuse & Neglect*, 42, 30-39.

[518]Meng，X.，Yamauchi，C. (2017). Children of migrants:The cumulative impact of parental migration on children's education and health outcomes in China. *Demography*, 54(5), 1677-1714.

[519]Mertens，D. (2009). *Transformative research and evaluation*. New York:Guilford.

[520]Mesman，J.，Stoel，R.，Bakermans-Kranenburg，et al. (2009). Predicting growth curves of early childhood externalizing problems: Differential susceptibility of children with difficult temperament. *Journal of Abnormal Child Psychology*, 37, 625-636.

[521]Moore，H.，Benbenishty，R.，Astor，R. A.，et al. (2018). The positive role of school climate on school victimization，depression，and suicidal ideation among school-attending homeless youth. *Journal of School Violence*, 17(3), 298-310.

[522]Morgan，D. L. (2007). Paradigms Lost and Pragmatism Regained: Methodological Implications of Combining Qualitative and Quantitative Methods. *Journal of Mixed Methods Research*, 1(1), 48-76.

[523]Morgan, G. A. , Wang, J. , Liao, H.-F. , et al. (2012). Using the dimensions of Mastery Questionnaire(DMQ)to assess mastery motivation of English-and Chinese-speaking children. In K. C. Barrett, N. A. Fox, G. A. Morgan, et al. , *Handbook of self-regulatory processes in development: New directions and international perspectives*, 305-336. New York: Routledg.

[524]Morin, A. J. S. , Scalas, L. F. , Vispoel, W. , et al. (2016). The Music Self-Perception Inventory: Development of a short form. *Psychology of Music*, 44(5), 915-934.

[525]Morrissey, K. M. , Werner-Wilson, R. J. (2005). The relationship between out-of-school activities and positive youth development: An investigation of the influences of communities and family. *Adolescence*, 40(157), 67-85.

[526]Mu, R. , De Brauw, A. (2015). Migration and young child nutrition: evidence from rural China. *Journal of Population Economics*, 28(3), 631-657.

[527]Mueller, M. K. , Phelps, E. , Bowers, E. P. , et al. (2011). Youth development program participation and intentional self-regulation skills: Contextual and individual bases of pathways to positive youth development. *Journal of Adolescence*, 34(6), 1115-1125.

[528]Muthén, L. K. , Muthén, B. O. (2012). *Mplus user's guide (Seventh edition)*. Los Angeles, CA: Muthén & Muthén.

[529]Myers, D. G. (2000). Hope and happiness. In J. E. Gillham(Ed. ), *The science of optimism and hope: Research essays in honor of Martin E. P. Seligman*, 323-336. Philadelphia: Templeton Foundation Press.

[530]Napolitano, C. M. , Bowers, E. P. , Gestsdottir, S. , et al. (2011). The role of parenting and goal selection in positive youth development: A person-centered approach. *Journal of Adolescence*, 34(6), 1137-1149.

[531]National Research Council and Institute of Medicine(NRCIM). (2002). *Community programs to promote youth development: Committee on community-level programs for youth* (J. Eccles, J. A. Gootman, Eds. ) [Division of Behavioral and Social Sciences and Education. Board on Children, Youth and Families]. Washington, DC: National Academy Press.

[532]Naudeau, S. , Cunningham, W. , Lundberg, M. K. A. , et al. (2008). Programs and policies that promote positive youth development and prevent risky behaviors: An international perspective. In N. G. Guerra, C. P. Bradshaw(Eds. ), *Core competencies to prevent problem behaviors and promote positive youth development. New Directions for Child and Adolescent Development*, *122*, 75-87.

[533]Nettle, D. (2010). Dying young and living fast: Variation in life history across English neighborhoods. *Behavioral Ecology*, *21*, 387-395.

[534]Niu, G. , Chai, H. , Li, Z. , et al. (2020). Online parent-child communication and left-behind Children's subjective well-being: The effects of parent-child relationship and gratitude. *Child Indicators Research*, *13*(3), 967-980.

[535]Nucci, L. , Krettenauer, T. , Narváez, D. (2014). *Handbook of moral and character education*. Routledge.

[536]Nucci. (2017). Character: A multifaceted developmental system. *Journal of Character Education*, *13*(1), 1-16.

[537]Nurmi, J. E. . (1991). How do adolescents see their future? a review of the development of future orientation and planning. *Developmental Review*, *11*(1), 1-59.

[538]Nylund, K. L. , Asparouhov, T. , Muthén, B. O. (2007). Deciding on the number of classes in latent class analysis and growth mixture modeling: A monte carlo simulation study. Structural Equation Modeling, 14(4), 535-569.

[539]O'Connor, E. E. (2010). Teacher-child relationships as dynamic systems. *Journal of School Psychology*, *48*, 187-218.

[540]O'Connor, M. , Sanson, A. , Hawkins, M. T. , et al. (2012). The relationship between positive development and psychopathology during the transition to adulthood: A person-centered approach. *Journal of Adolescence*, *35*(3), 701-712.

[541]O'Hare, W. P. (2012). Development of the child indicator movement in the United States. *Child Development Perspectives*, *6*(1), 79-84.

[542]Oberle, E. , Schonertreichl, K. A. , Guhn, M. , et al. (2014). The role of supportive adults in promoting positive development in middle childhood: A population-based study. *Canadian Journal of School Psychology*, *29*(4), 296-316.

[543]Oishi，S. (2010). The psychology of residential mobility：Implications for the self，social relationships，and well-being. *Perspectives on Psychological Science*，*5*(1)，5-21.

[544]Onwuegbuzie，A. J，Johnson，R. B，Collins，K. M. (2009). Call for mixed analysis：A philosophical framework for combining qualitative and quantitative approaches. *International Journal of Multiple Research Approaches*，*3*(2)，114-139.

[545]Osgood，D. W. ，Anderson，A. L. (2004). Unstructured socializing and rates of delinquency. *Criminology*，*42*(3)，519-550.

[546]Osher，D. ，Cantor，P. ，Berg，J. ，et al. (2020). Drivers of human development：How relationships and context shape learning and development. *Applied Developmental Science*，*24*(1)，6-36.

[547]Overbeek，G. ，Stattin，H. ，Vermulst，A. ，et al. (2007). Parent-child relationships，partner relationships，and emotional adjustment：A birth-to-maturity prospective study. *Developmental Psychology*，*43*(2)，429-437.

[548]Overton，W. F. (2006). Developmental psychology：Philosophy，concepts，methodology. In W. Damon，R. M. Lerner(Eds. )，*Handbook of child psychology*(6th ed. ，Vol. 1. Theoretical models of human development)，18-88. Hoboken，NJ：John Wiley.

[549]Overton，W. F. (2010). Life-span development：Concepts and issues. In W. R. Overton，R. M. Lerner(Eds. )，*Handbook of life-span development* (Vol. 1. Cognition，biology，and methods across the life span)，1-29. Hoboken，NJ：Wiley.

[550]Overton，W. F. (2013). A new paradigm for developmental science：Relationism and relational-developmental systems. *Applied Developmental Science*，*17*(2)，94-107.

[551]Overton，W. F. (2015). Processes，relations and relational-developmental-systems. In W. F. Overton，P. C. M. Molenaar，R. M. Lerner(Eds. )，*Handbook of child psychology and developmental science：Vol.* 1. *Theory and method* (7th ed. )9-62. John Wiley & Sons，Inc.

[552]Overton，W. F. ，Molenaar，P. C. (2015). Concepts，theory，and method in developmental science. In R. M. Lerner(Ed. )，*Handbook of Child Psychology and Developmental Science*(7th ed. ，Vol. 4)2-8. Hoboken，NJ：Wiley.

[553]Overton，W. F. ，Müller，U. (2012). Metatheories，theories，and

concepts in the study of development. In I. B. Weiner, R. M. Lerner, M. A. Easterbrooks, et al., *Comprehensive Handbook of psychology* (Vol. 6. Developmental Psychology), 19-58. Hoboken, NJ: Wiley.

[554]Padilla-Walker, L. M., Day, R. D., Dyer, W. J., et al. (2012). "Keep on keeping on, even when it's hard!": Predictors and outcomes of adolescent persistence. *Journal of Early Adolescence*, *33*, 433-457.

[555]Parent, J., Jones, D. J., Forehand, R., et al. (2013). The role of coparents in African American single-mother families: The indirect effect of coparent identity on youth psychosocial adjustment. *Journal of Family Psychology*, *27*, 252-262.

[556]Park, C. L., Folkman, S. (1997). Meaning in the context of stress and coping. *Review of General Psychology*, *1*, 115-144.

[557]Park, D., Tsukayama, E., Goodwin, G. P., et al. (2017). A tripartite taxonomy of character: Evidence for intrapersonal, interpersonal, and intellectual competencies in children. *Contemporary Educational Psychology*, *48*, 16-27.

[558]Park, N. (2004a). Character strengths and positive youth development. *Annals of the American Academy of Political & Social Science*, *591*(1), 40-54.

[559]Park, N. (2004b). The role of subjective well-being in positive youth development. *Annals of the American Academy of Political and Social Science*, *591*, 25-39.

[560]Park, N., Peterson, C. (2005). The values in action inventory of character strengths for youth. In K. A. Moore, L. H. Lippman(Eds.), *What Do Children Need to Flourish? Conceptualizing and Measuring Indicators of Positive Development*, 13-23. Boston, MA: Springer US.

[561]Park, N., Peterson, C. (2006). Moral competence and character strengths among adolescents: The development and validation of the values in action inventory of strengths for youth. *Journal of Adolescence*, *29*, 891-905.

[562]Park, N., Peterson, C. (2008). Positive psychology and character strengths: Application to strengths-based school counseling. *Professional School Counseling*, *12*(2), 85-92.

[563]Park, N., Peterson, C. (2009). Strengths of character in schools. In R. Gilman, E. S. Huebner, M. J. Furlong(Eds.), *Handbook of positive psychology in schools*, 65-76. Routledge.

[564]Park, N. , Peterson, C. , Seligman, M. E. P. (2006). Character strengths in fifty-four nations and the fifty US states. *The Journal of Positive Psychology*, *1*(3), 118-129.

[565]Passel, J. S. , Cohn, D. (2010). *A portrait of unauthorized immigrants in the United States*. Pew Hispanic Center Report.

[566]Patterson, G. R. , Chamberlain, P. , Reid, J. B. (1982). A comparative evaluation of a parent-training program. *Behavior therapy*, *13* (5), 638-650.

[567]Peckins, M. K. , Susman, E. J. , Negriff, S. , et al. (2015). Cortisol profiles: A test for adaptive calibration of the stress response system in maltreated and non-maltreated youth. *Development and Psychopathology*, *27*, 1461-1470.

[568]Peng, L. , Li, M. , Zuo, X. , et al. (2014). Application of the Pennsylvania resilience training program on medical students. *Personality and Individual Differences*, *61*, 47-51.

[569]Pertegal, M. Á. , Oliva, A. , Hernando, Á. (2015). Evaluating the school assets that promote positive adolescent development from the perspective of the student. *Cultura Y Educación*, *27*(1), 33-63.

[570]Petersen, A. C. (1988). Adolescent development. *Annual Review of Psychology*, *39*, 583-607.

[571]Peterson, C. , Seligman, M. E. P. (2004). *Character strengths and virtues: A handbook and classification*. Oxford University Press.

[572]Peterson, C. , Ruch, W. , Beerman, U. , et al. (2007). Strengths of character, orientations to happiness, and life satisfaction. *Journal of Positive Psychology*, *2*, 149-156.

[573]Petras, H. , Masyn, K. (2010). General growth mixture analysis with antecedents and consequences of change. In A. Piquero, D. Weisburd (Eds. ), *Handbook of quantitative criminology*, 69-100. Springer.

[574]Phelps, E. , Balsano, A. B. , Fay, K. , et al. (2007). Nuances in early adolescent developmental trajectories of positive and problematic/risk behaviors: Findings from the 4-H study of positive youth development. *Child and Adolescent Psychiatric Clinics of North America*, *16*(2), 473-496.

[575]Phelps, E. , Zimmerman, S. , Warren, A. E. A. , et al. (2009). The

structure and developmental course of Positive Youth Development (PYD) in early adolescence:Implications for theory and practice. *Journal of Applied Developmental Psychology*, 30(5), 571-584.

[576]Phillips, D. C., Burbules, N. C. (2000). *Philosophy, theory, and educational research. Postpositivism and educational research*. Lanham, MD, US:Rowman & Littlefield.

[577]Pilkauskaite-Valickiene, R. (2015). The role of character, confidence, and connection on contribution and subjective well-being. *Procedia-Social and Behavioral Sciences*, 197(1), 265-270.

[578]Pintrich, P. R., Smith, D. A. F., Garcia, T., et al. (1993). Reliability and predictive validity of the Motivated Strategies for Learning Questionnaire(MSLQ). *Educational and Psychological Measurement*, 53(3), 801-813.

[579]Ponterotto, Joseph, G. (2010). Qualitative research in multicultural psychology:philosophical underpinnings, popular approaches, and ethical considerations. *Cultural Diversity and Ethnic Minority Psychology*, 16(4), 581-589.

[580]Porter, R. I. (2010). Invited Commentary:The Positive Youth Development Perspective is an Exciting Direction for Adolescent and Family Policies and Programs. *Journal of Youth and Adolescence*, 39(7), 839-842.

[581]Purkey, W. W., Novak, J. M. (1996). *Inviting School Success:A self-concept approach to teaching, learning, and democratic practice* (3 ed). Belmont, California:Wadsworth Publishing.

[582]Rabinowitz, J. A., Powell, T., Sadler, R., et al. (2020). Neighborhood profiles and associations with coping behaviors among low-income youth. *Journal of Youth and Adolescence* 49(2), 494-505.

[583]Radloff, L. S. (1991). The use of the Center for Epidemiologic Studies Depression Scale in adolescents and young adults. *Journal of Youth and Adolescence*, 20(2), 149-166.

[584]Rahn, W. M., Transue, J. E. (1998). Social trust and value change:The decline of social capital in American youth, 1976-1995. *Political Psychology*, 19, 545-565.

[585]Renshaw, T. L., Long, A. C. J., Cook, C. R. (2015). Assessing adolescents' positive psychological functioning at school:Development

and validation of the student subjective wellbeing questionnaire. *School Psychology Quarterly*, *30*(4), 534-552.

[586]Resnick, M. D. , Bearman, P. S. , Blum, R. W. , et al. (1997). Protecting adolescents from harm: Findings from the national longitudinal study on adolescent health. *Journal of the American Medical Association*, *278*(10), 823-832.

[587]Riesch, S. K. , Anderson, L. S. , Krueger, H. A. (2006). Parent-child communication processes: Preventing children's health-risk behavior. *Journal for Specialists in Pediatric Nursing*, *11*(1), 41-56.

[588]Robbins, R. N. , Bryan, A. (2004). Relationships between future orientation, impulsive sensation seeking, and risk behavior among adjudicated adolescents. *Journal of Adolescent Research*, *19*(4), 428-445.

[589]Roche, K. M. , Ensminger, M. E. , Cherlin, A. J. (2007). Variations in parenting and adolescent outcomes among African American and Latino families living in low-income, urban areas. *Journal of Family Issues*, *28*(7), 882-909.

[590]Roeser, R. W. , Eccles, J. S. , Sameroff, A. J. (1998). Academic and emotional functioning in early adolescence: Longitudinal relations, patterns, and prediction by experience in middle school. *Development and Psychopathology*, *10*(2), 321-352.

[591]Roeser, R. W. , Midgley, C. , Urdan, T. C. (1996). Perceptions of the school psychological environment and early adolescents psychological and behavioral functioning in school: The mediating role of goals and belonging. *Journal of Educational Psychology*, *88*(3), 408-422.

[592]Rogers, A. A. , Ha, T. , Stormshak, E. A. , et al. (2015). Quality of parent-adolescent conversations about sex and adolescent sexual behavior: An observational study. *Journal of Adolescent Health*, *57*(2), 174-178.

[593]Rogers, W. M. , Schmitt, N. (2004). Parameter recovery and model fit using multidimensional composites: A comparison of four empirical parceling algorithms. *Multivariate Behavioral Research*, *39*(3), 379-412.

[594]Rosenberg, M. (1965). *Society and the adolescent self-image*. New Jersey, NJ: Princeton University Press.

[595]Rosenfeld, Michael (2007). *The age of Iindependence: Interracial*

*unions, same-sex unions and the changing American family*. Cambridge: Harvard University Press.

[596]Rossman, G. B. , Wilson, B. L. (1985). Numbers and words: Combing quantitative and qualitative methods in a single large-scale evaluation study. *Evaluation Review*, *9*, 627-643.

[597]Roth, J. L. , Brooks-Gunn, J. (2003). What exactly is a youth development program? Answers from research and practice. *Applied Developmental Science*, *7*(2), 94-111.

[598]Ruch, W. , Proyer, R. T. , Harzer, C. , et al. (2010). Values in Action Inventory of Strengths (VIA-IS): Adaptation and validation of the German version and the development of a peer-rating form. *Journal of Individual Differences*, *31*(3), 138-149.

[599]Rutter, M. (1987). Psychosocial resilience and protective mechanisms. *American Journal of Orthopsychiatry*, *57*(3), 316-331.

[600]Ruus, V. R. , Veisson, M. , Leino, M. , et al. (2007). Students' well-being, coping, academic success, and school climate. *Social Behavior and Personality:An International Journal*, *35*(7), 919-936.

[601]Ryan, K. , Lickona, T. (1992). *Character development in schools and beyond*. Council for Research in Values and Philosophy. .

[602]Ryan, R. M. , Deci, E. L. (2001). On happiness and human potentials:A review of research on hedonic and eudaimonic well-being. *Annual Review of Psychology*, *52*(1), 141-166.

[603]Sabol, T. J. , Pianta, R. C. (2012). Recent trends in research on teacher-child relationships. *Attachment & Human Development*, *14*, 213-231.

[604]Saha, S. , Shukla, P. (2017). A study of positive youth development among adolescents in urban area. *Indian Journal of Positive Psychology*, *8*(3), 454-457.

[605]Sampson, R. J. , Raudenbush, S. W. , Earls, F. (1997). Neighborhoods and violent crime: A multilevel study of collective efficacy. *Science*, *277*(5328), 918-924.

[606]Sawyer, S. M. , Azzopardi, P. S. , Wickremarathne, D. , et al. (2018). The age of adolescence. *The Lancet Child & Adolescent Health*, *2*(3), 223-228.

[607]Scales, P. C. , Benson, P. L. , Leffert, N. , et al. (2000). Contribution of developmental assets to the prediction of thriving among adolescents. *Applied Developmental Science*, *4*(1), 27-46.

[608]Schutte, N. S. , Malouff, J. M. , Hall, L. E. , et al. (1998). Development and validation of a measure of emotional intelligence. *Personality and Individual Differences*, 25(2), 167-177.

[609]Schwartz, S. , Chan, C. S. , Rhodes, J. E. , et al. (2013). Community developmental assets and positive youth development:The role of natural mentors. *Research in Human Development*, 10(2), 141-162.

[610]Seaton, E. K. , Scottham, K. M. , Sellers, R. M. (2006). The status model of racial identity development in African American adolescents: Evidence of structure, trajectories, and well-being. *Child Development*, 77(5), 1416-1426.

[611]Seider, S. (2012). *Character compass:How powerful school culture can point students toward success*. Cambridge, MA: Harvard Education Press.

[612]Seider, S. , Jayawickreme, E. , Lerner, R. M. (2017). Theoretical and empirical bases of character development in adolescence:A view of the issues. *Journal of Youth & Adolescence*, 46(6), 1149-1152.

[613]Seligman, M. E. P. (2002). *Authentic happiness:Using the new positive psychology to realize your potential for lasting fulfillment*. New York: Free Press.

[614]Seligman, M. E. P. , Csikszentmihalyi, M. (2000). Positive psychology. An introduction. *The American Psychologist*, 55(1), 5-14.

[615]Sesma, A. , Mannes, M. , Scales, P. C. (2005). Positive adaptation, resilience, and the developmental asset framework. In S. Goldstein, R. B. Brooks(Eds. ), *Handbook of Resilience in Children*, 281-296. New York:Kluwer Academic/Plenum Publishers.

[616]Shaffer, D. R. , Kipp, K. (2013). *Developmental Psychology:Childhood and Adolescence*(9th ed. ). Cengage Learning.

[617]Shek, D. T. (2006). Adolescent developmental issues in Hong Kong: Relevance to positive youth development programs in Hong Kong. *International journal of adolescent medicine and health*, 18 (3), 341-354.

[618]Shek, D. T. L. , Ma, C. M. S. (2010). Dimensionality of the Chinese positive youth development scale:Confirmatory factor analyses. *Social Indicators Research*, 98(1), 41-59.

[619]Shek, D. T. L. , Siu, A. M. H. , Lee, T. Y. (2007). The Chinese positive

youth development scale: A validation study. *Research on Social Work Practice*, *17*(3), 380-391.

[620]Shek, D. T., Sun, R. C. (2008). Evaluation of Project PATHS (Secondary 1 Program) by the program participants: Findings based on the Full Implementation Phase. *Adolescence*, *43*(172), 807-822.

[621]Shek, D. T., Sun, R. C. (2010). Effectiveness of the tier 1 program of project PATHS: findings based on three years of program implementation. *The Scientific World Journal*, *10*, 1509-1519.

[622]Shek, D. T., Wu, F. K. (2016). The Project PATHS in Hong Kong: Work done and lessons learned in a decade. *Journal of pediatric and adolescent gynecology*, *29*(1), S3-S11.

[623]Shek, D. T., Siu, A. M., Lee, T. Y., et al. (2006). Development and validation of a positive youth development scale in Hong Kong. *International Journal of Adolescent Medicine & Health*, *18* (3), 547-558.

[624]Shek, D. T., Siu, A. M., Lee, T. Y., et al. (2008). Effectiveness of the Tier 1 Program of Project PATHS: objective outcome evaluation based on a randomized group trial. *The Scientific World Journal*, *8*, 4-12.

[625]Shim-Pelayo, H., De Pedro, K. T. (2018). The role of school climate in rates of depression and suicidal ideation among school-attending foster youth in California public schools. *Children and Youth Services Review*, *88*, 149-155.

[626]Shobe, M., Page-Adams, D. (2001). Assets, future orientation, and well-being: Exploring and extending Sherraden's framework. *The Journal of Sociology & Social Welfare*, *28*(3), Article 7.

[627]Shubert, J., Wraylake, L., Syvertsen, A. K., et al. (2018). Examining character structure and function across childhood and adolescence. *Child Development*, *90*(4), 1-20.

[628]Shum-Cheung, H. S., Tan, A., Chua, Y. S., et al. (2008). Children's social and emotional well-being in Singapore. Research Monograph(Vol. 7). *Singapore Children's Society*, *Singapore*.

[629]Simpson, J. A., Griskevicius, V., Kuo, S. I., et al. (2012). Evolution, stress, and sensitive periods: The influence of unpredictability in early versus late childhood on sex and risky behavior. *Developmental Psychology*, *48*, 674-686.

[630]Singh, K., Choubisa, R. (2010). Empirical validation of values in action-inventory of strengths(VIA-IS)in Indian context. *Psychological Studies*, *55*(2), 151-158.

[631]Slack, G. (2013). *An evaluation of the FRIENDS for Life intervention with an autism spectrum population:evaluating the impact on children's anxiety*(Doctoral dissertation, University of Nottingham).

[632]Smith, E. P., Faulk, M., Sizer, M. A. (2016). Exploring the meso-system: The roles of community, family, and peers in adolescent delinquency and positive youth development. *Youth & Society*, *48*(3), 318-343.

[633]Smith, G. T., McCarthy, D. M., Anderson, K. G. (2000). On the sins of short-form development. *Psychological Assessment*, *12*(1), 102-111.

[634]Soldz, S., Vaillant, G. E. (1999). The big five personality traits and the life course: A 45-year longitudinal study. *Journal of Research in Personality*, *33*, 208-232.

[635]Spencer, M. B. (2006). Phenomenology and ecological systems theory: Development of diverse groups. In W. Damon, R. M. Lerner (Eds.), *Handbook of child psychology*, *Vol.* 1: *Theoretical models of human development*(6th ed.), 829-893. John Wiley & Sons.

[636]Spencer, M. B., Dupree, D., Hartmann, T. (1997). A phenomenological variant of ecological systems theory (PVEST): A self-organization perspective in context. *Development and Psychopathology*, *9* (4), 817-833.

[637]Spencer, M. B., Swanson, D. P., Harpalani, V. (2015). Development of the self. In R. M. Lerner (Ed.), *Handbook of Child Psychology and Developmental Science* (7th ed., Vol. 3), 750-793. Hoboken, NJ: Wiley.

[638]Steinberg, L., Lerner, R. M. (2004). The scientific study of adolescence:A brief history. *The Journal of Early Adolescence*, 24(1), 45-54.

[639]Steinberg, L., Albert, D., Cauffman, E., et al. (2008). Age differences in sensation seeking and impulsivity as indexed by behavior and self-report: Evidence for a dual systems model. *Developmental Psychology*, *44*, 1764-1778.

[640]Stoddard, S. A., Zimmerman, M. A., Bauermeister, J. A. (2011).

Thinking about the future as a way to succeed in the present: A longitudinal study of future orientation and violent behaviors among African American youth. *American Journal of Community Psychology*, *48*(3-4), 238-246.

[641]Sturaro, C., Denissen, J. J., van Aken, M. A., et al. (2008). Person-environment transactions during emerging adulthood: The interplay between personality characteristics and social relationships. *European Psychologist*, *13*, 1-11.

[642]Su, S., Guo, H., Lin, D. (2017a). Positive Youth Development Among Chinese Migrant Youth: The Protective Roles of Future Orientation and Social Support. In R. Dimitrova (Ed.), *Well-Being of Youth and Emerging Adults across Cultures: Novel Approaches and Findings from Europe, Asia, Africa and America*, 209-222. Springer International Publishing.

[643]Su, S., Li, X., Lin, D., et al. (2017b). Future orientation, social support, and psychological adjustment among left-behind children in rural china: A longitudinal study. *Frontiers in Psychology*, *8*, Article 1309.

[644]Su, S., Li, X., Lin, D., et al. (2013). Psychological adjustment among left-behind children in rural China: The role of parental migration and parent-child communication. *Child : Care, Health and Development*, *39*(2), 162-170.

[645]Suárez-Orozco, C., Hernández, M. G., Casanova, S. (2015). "It's sort of my calling": The civic engagement and social responsibility of Latino immigrant-origin young adults. *Research in Human Development*, *12*(1-2), 84-99.

[646]Suárez-Orozco, C., Motti-Stefanidi, F., Marks, A., et al. (2018). An integrative risk and resilience model for understanding the adaptation of immigrant-origin children and youth. *American Psychologist*, *73*(6), 781-796.

[647]Suizzo, M., Jackson, K. M., Pahlke, E., et al. (2012). Pathways to achievement: How low-income Mexican-origin parents promote their adolescents through school. *Family Relations*, *61*, 533-547.

[648]Sukarieh, M., Tannock, S. (2011). The positivity imperative: A critical look at the 'new' youth development movement. *Journal of Youth Studies*, *14*(6), 675-691.

[649]Sun, R. C. F., Shek, D. T. L. (2010). Life satisfaction, positive youth development, and problem behaviour among Chinese adolescents in Hong Kong. *Social Indicators Research*, *95*(3), 455-474.

[650]Sun, R. C., Shek, D. T. (2012). Positive youth development, life satisfaction and problem behaviour among Chinese adolescents in Hong Kong: a replication. *Social indicators research*, *105*(3), 541-559.

[651]Super, S., Hermens, N., Verkooijen, K., et al. (2014). Enhancing life prospects of socially vulnerable youth through sport participation: a mixed methods study. *BMC Public Health*, *14*(1), Article 703.

[652]Tabak, I., Mazur, J., Granado Alcon, et al. (2012). Examining trends in parent-child communication in Europe over 12 years. *Journal of Early Adolescence*, *32*(1), 26-54.

[653]Tam, C. C., Li, X., Benotsch, E. G., et al. (2020). A resilience-based intervention programme to enhance psychological well-being and protective factors for rural-to-urban migrant children in china. *Applied Psychology: Health and Well-Being*, *12*(1).

[654]Taylor, C. S., Smith, P. R., Taylor, V. A., et al. (2005). Individual and ecological assets and thriving among African American adolescent male gang and community-based organization members: A report from wave 3 of the "Overcoming the Odds" study. *Journal of Early Adolescence*, *25*(1), 72-93.

[655]Taylor, L. C., Clayton, J. D., Rowley, S. J. (2004). Academic socialization: Understanding parental influences on children's school-related development in the early years. *Review of General Psychology*, *8*(3), 163-178.

[656]Taylor, R. D., Oberle, E., Durlak, J. A., et al. (2017). Promoting positive youth development through school-based social and emotional learning interventions: A meta-analysis of follow-up effects. *Child development*, *88*(4), 1156-1171.

[657]Thapa, A., Cohen, J., Guffey, S., et al. (2013). A review of school climate research. *Review of Educational Research*, *83*(3), 357-385.

[658]Thelen, E., Smith, L. B. (2006). Dynamic systems theories. In W. Damon & R. M. Lerner(Eds.), *Handbook of child psychology*(6th ed., Vol. 1. Theoretical models of human development), 258-312. Hoboken, NJ: John Wiley.

[659]Theokas, C., Lerner, R. M. (2006). Observed ecological assets in families, schools, and neighborhoods:Conceptualization, measurement, and relations with positive and negative developmental outcomes. *Applied Developmental Science*, 10(2), 61-74.

[660]Tolan, P. (2014). Future directions for positive development intervention research. *Journal of Clinical Child & Adolescent Psychology*, 43(4), 686-694.

[661]Tolan, P., Deutsch, N. L. (2015). Mixed methods for developmental psychology:A fuller picture. In R. M. Lerner(Ed.), *Handbook of Child Psychology and Developmental Science* (7th ed., Vol. 1, 713-757. Hoboken, NJ:Wiley.

[662]Tolan, P., Lovegrove, P., Clark, E. (2013). Stress mitigation to promote development of prosocial values and school engagement of inner-city urban African American and Latino youth. *American Journal of Orthopsychiatry*, 83(2-3), 289-298.

[663]Toner, E., Haslam, N., Robinson, J., et al. (2012). Character strengths and well-being in adolescence:Structure and correlates of the values in action inventory of strengths for children. *Personality & Individual Differences*, 52(5), 637-642.

[664]Trommsdorff, G. (2012). Development of"agentic" regulation in cultural context:The role of self and world views. *Child Development Perspectives*, 6(1), 19-26.

[665]Trommsdorff, G., Lamm, H., Schmidt, R. W. (1979). A longitudinal study of adolescents' future orientation(time perspective). *Journal of Youth and Adolescence*, 8(2), 131-147.

[666]Tsukayama, E., Toomey, S. L., Faith, M. S., et al. (2010). Self-control protects against overweight status in the transition from childhood to adolescences. *Archives of Pediatrics and Adolescent Medicine*, 164, 631-635.

[667]Türken, S., Nafstad, H. E., Phelps, J. M., et al. (2016). Youth's future orientation and well-being:Materialism and concerns with education and career among Turkish and Norwegian youth. *International Journal of Child, Youth and Family Studies*, 7(3-4), 472-497.

[668]Ungar, M. (2013). Resilience after maltreatment:The importance of social services as facilitators of positive adaptation. *Child Abuse and Neglect*, 37, 110-115.

[669]Urban, J. B. , Lewin-Bizan, S. , Lerner, R. M. (2010). The role of intentional self-regulation, lower neighborhood ecological assets, and activity involvement in youth developmental outcomes. *Journal of Youth and Adolescence*, *39*(7), 783-800.

[670]Urban, J. B. , Lewin-Bizan, S. , Lerner, R. M. (2010). The role of intentional self-regulation, lower neighborhood ecological assets, and activity involvement in youth developmental outcomes. *Journal of Youth and Adolescence*, *39*(7), 783-800.

[671]van de Schoot, R. , Lugtig, P. , Hox, J. (2012). A checklist for testing measurement invariance. *European Journal of Developmental Psychology*, *9*(4), 486-492.

[672]Verschueren, K. , Koomen, H. M. Y. (2012). Teacher-child relationships from an attachment perspective. *Attachment & Human Development*, *14*(3), 205-211.

[673]Vierimaa, M. , Erickson, K. , Côté, J. , et al. (2012). Positive youth development: A measurement framework for sport. *International Journal of Sports Science & Coaching*, *7*(3), 601-614.

[674]von Eye, A. , Bergman, L. R. (2003). Research strategies in developmental psychopathology: Dimensional identity and the person-oriented approach. *Development and Psychopathology*, *15*, 553-580.

[675]Von Eye, A. , Bergman, L. R. , Hsieh, C. (2015). Person-oriented methodological approaches. In W. F. Overton, P. C. Molenaar(Eds. ), *Theory and method: Vol. 1. Handbook of child psychology and developmental science* (7th ed. ), 789-841. Wiley.

[676]Von Eye, A. , Mair, P. , Mun, E. Y. (2010). *Advances in configural frequency analysis.* Guilford Press.

[677]Wagner, L. , Ruch, W. (2015). Good character at school: Positive classroom behavior mediates the link between character strengths and school achievement. *Frontiers in Psychology*, *6*, Article 610.

[678]Wagnild, G. M. , Young, H. M. (1993). Development and psychometric evaluation of the Resilience Scale. *Journal of Nursing Measurement*, *1*(2), 165-178.

[679]Wang, B. , Li, X. , Barnett, D. , et al. (2012). Risk and protective factors for depression symptoms among children affected by HIV/AIDS in rural China: A structural equation modeling analysis. *Social Science & Medicine*, *74*(9), 1435-1443.

[680]Wang, J., Hilliard, L. J., Hershberg, R. M., et al. (2015). Character in childhood and early adolescence: Models and measurement. *Journal of Moral Education*, 44(2), 165-197.

[681]Wang, J., Liu, K., Zheng, J., et al. (2017). Prevalence of mental health problems and associated risk factors among rural-to-urban migrant children in Guangzhou, China. *International Journal of Environmental Research and Public Health*, 14(11), Article 1385.

[682]Wang, L., Mesman, J. (2015). Child development in the face of rural-to-urban migration in China: A meta-analytic review. *Perspectives on Psychological Science*, 10(6), 813-831.

[683]Wang, M. T., Degol, J. L. (2016). School climate: A review of the construct, measurement, and impact on student outcomes. *Educational Psychology Review*, 28(2), 315-352.

[684]Wei, C., Huang, Z. (2019). Relationship among school atmosphere, self-esteem and loneliness of left-behind children. *Advances in Social Science, Education and Humanities Research*, 300, 6-10.

[685]Weissberg, R. P., Greenberg, M. T. (1998). School and Community Competence-Enhancement and Prevention Programs. In W. Damon, I. E. Sigel, K. A. Renninger(Eds.), *Handbook of child psychology: Child psychology in practice*, 877-954. John Wiley & Sons Inc.

[686]Weissberg, R. P., Caplan, M., Harwood, R. L. (1991). Promoting competent young people in competence-enhancing environments: a systems-based perspective on primary prevention. *Journal of Consulting and Clinical psychology*, 59(6), 830-841.

[687]Weissberg, R. P., Durlak, J. A., Domitrovich, C. E., et al. (2015). Social and Emotional Learning: Past, present, and future. In J. A. Durlak, C. E. Domitrovich, R. P. Weissberg, T. P. Gullotta (Eds.), *Handbook of Social and Emotional Learning: Research and Practice*. New York: Guilford.

[688]Weissbluth, M., Poncher, J., Given, G., et al. (1981). Sleep duration and television viewing. *The Journal of pediatrics*, 99(3), 486-488.

[689]Wen, M. (2017). Social capital and adolescent substance use: The role of family, school, and neighborhood contexts. *Journal of Research on Adolescence*, 27(2), 362-378.

[690]Wen, M., Lin, D. (2012). Child development in rural China: Children

left behind by their migrant parents and children of nonmigrant families. *Child Development*, 83(1), 120-136.

[691]Wen, M., Su, S., Li, X., et al. (2015). Positive youth development in rural China: The role of parental migration. *Social Science & Medicine*, *132*, 261-269.

[692]Werner, E. E., Smith, R. S. (1982). *Vulnerable but invincible: A study of resilient children.* New York: NY: McGraw-Hill.

[693]*West, D. D. (1974). Youth development: A new look at an old concept. Youth Reporter. December:* 5-8. *Silver Spring, MD: National Clearinghouse on Families & Youth.*

[694]Whitaker, D. J., Miller, K. S., Clark, L. F. (2000). Reconceptualizing adolescent sexual behavior: Beyond did they or didn't they? *Family Planning Perspectives*, *32*(3), 111-117.

[695]Wickrama, K. T., Wickrama, K. A., Bryant, C. M. (2006). Community influence on adolescent obesity: Race/ethnic differences. *Journal of Youth and Adolescence*, *35*(4), 641-651.

[696]Wilder, S. (2014). Effects of parental involvement on academic achievement: A meta-synthesis. *Educational Review*, *66*(3), 377-397.

[697]Woolley, C. M. (2009). Meeting the mixed methods challenge of integration in a sociological study of structure and agency. *Journal of Mixed Methods Research*, *3*(1), 7-25.

[698]Worker, S. M., Iaccopucci, A. M., Bird, M., et al. (2019). Promoting Positive Youth Development Through Teenagers-as-Teachers Programs. *Journal of Adolescent Research*, *34*(1), 30-54.

[699]World Health Organization. (2004). *International statistical classification of diseases and related health problems: Tabular list* (Vol. 1). World Health Organization.

[700]Wray-Lake, L., Syvertsen, A. K. (2011). The developmental roots of social responsibility in childhood and adolescence. *New Directions for Child and Adolescent Development*, *134*, 11-25.

[701]Wright, B. A., Lopez, S. J. (2002)Widening the diagnostic focus: A case for including human strengths and environmental resources. In C. R. Snyder, S. J. Lopez. (Eds.), *Handbook of Positive Psychology*, 26-44. Oxford University Press.

[702]Wright, E. M., Fagan, A. A., Pinchevsky, G. M. (2013). The effects of

exposure to violence and victimization across life domains on adolescent substance use. *Child Abuse and Neglect*, 37(11), 899-909.

[703]Wright, M. O. D., Fopma-Loy, J., Oberle, K. (2012). In their own words: The experience of mothering as a survivor of childhood sexual abuse. *Development and psychopathology*, 24(2), 537-552.

[704]Wright, M. O. D., Masten, A. S., Narayan, A. J. (2013). Resilience processes in development: Four waves of research on positive adaptation in the context of adversity. In S. Goldstein, R. B. Brooks (Eds.), *Handbook of Resilience in Children*, 15-37. Boston, MA: Springer.

[705]Wu, Q., Lu, D., Kang, M. (2015). Social capital and the mental health of children in rural China with different experiences of parental migration. *Social science & medicine*, 132, 270-277.

[706]Wynne, E., Ryan, K. (1997). *Reclaiming our schools: Teaching character, academics, and discipline*. Merrill.

[707]Xin, Z., Zhang, L., Liu, D. (2010). Birth cohort changes of Chinese adolescents' anxiety: A cross-temporal meta-analysis, 1992-2005. *Personality and Individual Differences*, 48, 208-212.

[708]Yates, T. M., Egeland, B., Sroufe, L. A. (2003). Rethinking resilience: A development process perspective. En S. S. Luthar(Ed.), *Resilience and vulnerability. Adaptation in the context of childhood adversities*, 243-266. Cambridge, RU: Cambridge University Press.

[709]Ye, Z., Chen, L., Harrison, S. E., et al. (2016). Peer victimization and depressive symptoms among rural-to-urban migrant children in china: The protective role of resilience. *Frontiers in Psychology*, 7, Article 1542.

[710]Yin, R. K. (2006). Mixed methods research: Are the methods genuinely integrated or merely parallel? *Research in the Schools*, 13(1), 41-47.

[711]Ying, L., Yan, Q., Shen, X., et al. (2019). Economic pressure and loneliness in migrant children in China: The mediating roles of parent-child communication and parental warmth. *Child Psychiatry & Human Development*, 50(1), 142-149.

[712]Yoshikawa, H., Weisner, T. S., Kalil, A., et al. (2013). Mixing qualitative and quantitative research in developmental science: Uses and methodological choices. *Qualitative Psychology*, 1(S), 3-18.

[713]Youngblade, L., Theokas, C., Schulenberg, J., et al. (2007). Risk and promotive factors in families, schools, and communities: A contextual

model of positive youth development in adolescence. *Pediatrics*. *119*(Suppl 1). S47-53.

[714]Yu, C., Li, W., Liang, Q., et al. (2019). School climate, loneliness, and problematic online game use among Chinese adolescents: The Moderating effect of intentional self-regulation. *Frontiers in Public Health*, *7*, Article 90.

[715]Zhang, J., Yan, L., Yuan, Y. (2019). Rural-urban migration and mental health of Chinese migrant children: Systematic review and meta-analysis. *Journal of Affective Disorders*, *257*, 684-690.

[716]Zhang, J., Zhao, G., Li, X., et al. (2009). Positive future orientation as a mediator between traumatic events and mental health among children affected by HIV/AIDS in rural China. *AIDS Care*, *21*(12), 1508-1516.

[717]Zhao, C., Zhou, X., Wang, F., et al. (2017). Care for left-behind children in rural China: a realist evaluation of a community-based intervention. *Children and Youth Services Review*, *82*, 239-245.

[718]Zimmerman, S. M., Phelps, E., Lerner, R. M. (2008). Positive and negative developmental trajectories in US adolescents: Where the positive youth development perspective meets the deficit model. *Research in Human Development*, *5*(3), 153-165.

# 牵手与牵心

## ——园长指导家长工作能力的提升

苏 婧　丛书主编

朱继文　本书主编

北京师范大学出版集团
BEIJING NORMAL UNIVERSITY PUBLISHING GROUP
北京师范大学出版社

**图书在版编目(CIP)数据**

牵手与牵心：园长指导家长工作能力的提升/朱继文主编. —北京：北京师范大学出版社，2017.4 (2022.1重印)
(幼儿园园长专业能力提升丛书 / 苏婧主编)
ISBN 978-7-303-22277-3

Ⅰ. ①牵…　Ⅱ. ①朱…　Ⅲ. ①幼儿园—家长工作(教育)
Ⅳ. ①G616

中国版本图书馆 CIP 数据核字(2017)第 068234 号

营 销 中 心 电 话　010-58802181　58805532
北师大出版社高等教育分社网　http://gaojiao.bnup.com
电 子 信 箱　gaojiao@bnupg.com

出版发行：北京师范大学出版社　www.bnup.com
　　　　　北京市西城区新街口外大街12—3号
　　　　　邮政编码：100088
印　　刷：天津旭非印刷有限公司
经　　销：全国新华书店
开　　本：787 mm×1092 mm　1/16
印　　张：13
字　　数：230 千字
版　　次：2017 年 4 月第 1 版
印　　次：2022 年 1 月第 4 次印刷
定　　价：34.00 元

策划编辑：罗佩珍　　　　　　　责任编辑：王　蕊
美术编辑：焦　丽　　　　　　　装帧设计：锋尚设计
责任校对：陈　民　　　　　　　责任印制：马　洁
封面插图：郭逸萱(北京市丰台区第一幼儿园)
指导教师：陈文超